高等学校旅游管理类专业系列教材

旅游经济学

主　编　李金铠
副主编　席建超　邓爱民

高等教育出版社·北京

内容简介

旅游经济学是普通高等教育旅游管理专业的核心课程。本书以经济学理论框架为分析基础，分十二章全面论述了旅游产业发展和旅游经济活动过程中的经济现象和经济关系规律，主要内容包括绪论、旅游产品与旅游产业融合、旅游需求与旅游供给、旅游市场与旅游价格、旅游消费、旅游卫星账户与旅游产业关联、旅游经济效益与评价、旅游投资与决策、旅游企业经营、旅游经济结构、政府旅游经济管理与旅游产业政策、旅游经济发展模式和发展战略。除章节论述外，各章还设置本章导言、学习目标、本章重点与难点、本章小结、本章思维导图、基本概念、思考题、即测即评、案例分析、推荐阅读部分，供读者参考选用。

本书可作为高等院校旅游专业的教材，供旅游管理、酒店管理、会展及相关专业本科、研究生使用，也可作为旅游从业人员培训教材使用。同时，对喜欢旅游和关注旅游业发展的读者，也是一本增长旅游知识的读物。

图书在版编目（CIP）数据

旅游经济学 / 李金铠主编. -- 北京 : 高等教育出版社，2022.3（2024.10重印）
ISBN 978-7-04-057960-4

Ⅰ. ①旅… Ⅱ. ①李… Ⅲ. ①旅游经济学－高等学校－教材 Ⅳ. ①F590

中国版本图书馆CIP数据核字(2022)第013337号

Lüyou Jingjixue

策划编辑 张 欣 姚建婷　　责任编辑 姚建婷　　封面设计 张 志　　版式设计 张 志

插图绘制 李沛蓉　　责任校对 高 歌　　责任印制 存 怡

出版发行	高等教育出版社	网　　址	http://www.hep.edu.cn
社　　址	北京市西城区德外大街4号		http://www.hep.com.cn
邮政编码	100120	网上订购	http://www.hepmall.com.cn
印　　刷	北京华联印刷有限公司		http://www.hepmall.com
开　　本	787mm×1092mm 1/16		http://www.hepmall.cn
印　　张	21.75	版　　次	2022年3月第1版
字　　数	400千字	印　　次	2024年10月第4次印刷
购书热线	010-58581118	定　　价	48.00元
咨询电话	400-810-0598		

本书如有缺页、倒页、脱页等质量问题，请到所购图书销售部门联系调换

物 料 号 57960-00

《旅游经济学》编委

主　编

李金铠	北京理工大学经济学院	教授

副主编

席建超	中国科学院地理科学与资源研究所	研究员
邓爱民	中南财经政法大学旅游研究院	教授

编委会成员（按姓氏笔画排序）

王　镜	郑州大学文旅规划与管理系	副教授
邓爱民	中南财经政法大学旅游管理系	教授
厉建梅	郑州大学文旅规划与管理系	副教授
田孝蓉	郑州大学文旅规划与管理系	副教授
刘　佳	中国海洋大学管理学院旅游系	教授
李　锋	海南师范大学旅游学院	教授
李金铠	北京理工大学经济学院	教授
吴　冰	陕西师范大学地理科学与旅游学院	副教授
张立生	上海师范大学旅游学院	教授
郑　鹏	郑州大学文旅规划与管理系	教授
赵现红	河南财经政法大学旅游与会展学院	教授
郭　旸	复旦大学旅游学系	副教授
席建超	中国科学院地理科学与资源研究所	研究员
程金龙	洛阳师范学院国土与旅游学院	教授

前言

当前，我国旅游业已经进入大众化旅游时代和高质量发展阶段。大陆居民年旅游者人数已达 60 多亿人次，出境旅游超过 1.5 亿人次。人民群众的旅游需求已经成为刚性需求，成为追求美好生活的重要内容和不可或缺的生活方式。大力发展旅游产业是解决新时代我国人民日益增长的美好生活需要和不平衡不充分的发展之间主要矛盾的重要抓手。《中华人民共和国国民经济和社会发展第十四个五年规划和 2035 年远景目标纲要》明确提出要坚持扩大内需战略基点，加快培育完整内需体系，形成强大国内市场，并强调要创新旅游产品体系，改善旅游消费体验，健全旅游基础设施和集散体系，建立旅游服务质量评价体系等举措。快速发展的旅游产业必将成为保障消费，扩大内需，构建新发展格局，推动经济高质量发展的支柱产业和统筹中华民族伟大复兴战略全局与世界百年未有之大变局的战略支撑。

作为旅游管理专业的必修与核心课程，旅游经济学是以旅游经济活动为研究对象，以经济学理论框架为分析基础，从微观、中观、宏观三个层面研究旅游产业发展和旅游经济活动过程中的经济现象和经济关系规律的科学。旅游经济学课程在我国已经有近三十年的开设历史，课程内容相对固定，课程体系相对完整，对了解和分析旅游现象提供了重要理论支撑和分析工具，为我国旅游管理专业人才培养发挥了重要作用。

但是，随着我国经济发展进入新的发展阶段，尤其在国内大循环为主、国内国际双循环相互促进的新发展格局下，旅游产业在国民经济中的地位更加突出，旅游经济活动呈现新变化和新特征，亟待开展新探索。同时，我国高等教育改革不断深化发展，“新文科”建设与改革对课程提质、专业优化和模式创新等都提出了新要求。因此，旅游经济学教材亟待优化革新。

基于上述背景，本书在郑州大学“旅游经济学”国家一流本科课程团队的牵头和高等教育出版社的支持下，结合了多年来学校旅游经济学课程的教研实践和经验，吸收了国内外旅游业研究的新成果。本书不断丰富、更新和优化旅游经济学课程内容，坚持面向和适应新时代立德树人的新要求、科学技术发展的新趋势、经济社会发展的新特征、旅游产业发展的新业态，坚持保持课程内容的时代性、前沿性、理论性、科学性、高阶性、创新性和挑战度。这既是课程改革本身的需要，更是培养知中国、爱中国、堪当民族复兴大任新时代文科人才的需要。

本书主编为旅游经济学国家一流本科课程负责人、国家万人计划哲学社会科学领军人才、北京理工大学经济学院李金铠教授；副主编为旅游管理专家、中国科学院地理科学与资源研究所席建超研究员和国家万人计划教学名师、中南财经政法大学旅游研究院院长、旅游管理系主任邓爱民教授；编委成员均为国内长期从事旅游经济学教学与研究的专家学者和经验丰富的一线教师。

本书的撰写参考了国内外其他相关教材，借鉴了相关专著、论文等文献资料，在此一并表示感谢。由于时间和水平有限，本书难免存在一些不足之处，敬请读者批评指正，本编写组将不断进行修正完善。

目 录

第一章 绪论

本章导言

旅游经济学是随着旅游经济活动的产生和发展而产生的，是对旅游经济活动的理论概括和总结。随着社会经济的发展，在旅行活动发展到一定阶段时产生了旅游经济活动，旅游经济活动是旅游需求者和旅游供给者之间所发生的经济联系，以及由此产生的经济现象和经济关系的运动、变化和发展的总和。世界旅游经济的蓬勃发展，使旅游经济研究迅速发展和不断深入。

学习目标

通过本章的学习，了解旅游经济活动产生和发展的过程、条件以及目前旅游经济发展和旅游经济研究的状况，掌握旅游经济活动中的主要矛盾、经济关系和旅游经济发展的一般规律。

本章重点与难点

重点：旅游经济学的研究对象和内容

难点：旅游经济活动中的矛盾、经济关系和规律

第一节　迅速发展的世界旅游经济

旅游包括旅行与游览两部分内容，旅行是人们由一地至另一地的空间转移，游览则是人们借助旅行对目的地的观赏。二者虽有联系但也存在差别。在历史上，旅行活动早于游览活动。在生产力极不发达的原始社会，人类迫于生活环境与生存的需要，常常由一地迁徙至另一地；直至近代，地球上一些游牧民族，仍然没有固定的居住地区，随着季节的变化和牧草的生长情况，他们年年被迫迁往他地，这种空间上的转移就是一种旅行活动。严格地说，它不能称为旅行，而只是一种原始的生产活动。

随着社会经济的发展，人类从事探险、科学考察、宗教信仰与商业旅行的活动逐渐发展起来。虽然这些旅行活动包含某些游览的内容，但其主要目的是进行各种不同目的的旅行活动。只有少数帝王和贵族，进行了以游览为目的的消遣旅游活动。因此，在这个时期，旅游活动不过是少数特权阶级享乐的代名词。在这种旅游活动中，虽然也包括了吃、住、行、游等多方面，也支付了一定的货币，有经济活动的成分，但那只是极少数人的行为，并未形成社会的经济活动，并不具有普遍的社会意义，也没有人以谋取经济利益为目的来组织或经营这种活动。在这一历史时期，由于旅游需求与供给的水平很低，尚未出现从事旅游经济活动的专门机构，所以这时旅游经济活动还没真正出现。

19 世纪以后，旅游活动大规模开展起来，旅游活动逐渐同社会经济活动结合了起来。1841 年，英国人托马斯・库克包租了一列火车，第一次组织了 570 人到洛赫伯勒参加禁酒大会，当时每人包价 1 先令。尽管他没有赚到很多利润，但从组织这次活动中，他看到了组织这类活动的意义和潜力。1845 年，在他组织的从利物浦至苏格兰的旅游活动中，为方便旅游者，他第一次印发了旅行证，作为旅游者住旅馆结账的凭证，并从中部县城铁路公司得到了票价 5%的佣金，托马斯・库克成了历史上第一个职业性旅游组织者。后来他把旅游活动的组织进一步扩展到英国以外的地区，先后组织人到美洲、欧洲、亚洲、北非以至环球旅游。由于他组织的旅游活动很成功，人们受到了启发。美国与欧洲其他国家先后成立了旅行社，专门从事旅游活动的组织和经营。这时参加旅游活动的除皇室、贵族和大商人之外，也有一部分有时间和金钱的中产阶级，旅游活动开始具有了以谋取经济利益为目的的性质，它不再仅仅是一种社会的、文化的活动，同时也成为一种经济活动。

旅游业务经营的专业化使旅游经济活动发生了一次质的飞跃，是旅游经济逐步成熟的标志。旅游活动的迅速发展，使组织团体旅游和散客旅游的旅行社和类似的专业机构相应出现。人们一般认为英国的托马斯·库克是世界上最早创办旅行代理处的创始人。在1841年初夏，他与米德兰铁路公司签订包租火车专列的合同，应该说是旅游经济活动发展的标志。此后，托马斯·库克又在1845年开设了包括吃、住、行业务在内的旅行社。在当时，托马斯·库克父子公司已经成为世界上最大的专门经营旅游供给业务的企业，它在美洲、非洲、亚洲都设有分公司。之后，在法国、德国、美国等一些较发达的国家相继出现了一些名称不同、内容相似的旅行社，旅游经济活动有了新的起点。

19世纪40年代，世界上第一家专门经营旅游业务的托马斯·库克父子公司成立，标志着旅游产业的产生，此后旅游经济活动迅速发展。到1992年，世界旅游业的产值已经超越了钢铁、石油、汽车等传统产业，成为世界第一大产业。旅游业作为一个新兴的产业部门，自第二次世界大战之后到现在一直保持持续的增长与发展势头，呈现如下主要特征。

一、旅游经济规模迅速扩大

旅游经济的规模包括国内旅游和国际旅游两部分，其衡量指标是旅游总收入或旅游总产值、旅游行业规模。在旅游业总收入方面，第二次世界大战后的新技术革命及其在生产中的运用，促使国际贸易大规模发展，商务旅游活动空前发展，居民可支配收入大幅度增加，各国纷纷制定了带薪休假制度，以及便捷、廉价的交通运输，促使旅游总产值的规模不断扩大。

根据世界旅游及旅行业理事会（以下简称：WTTC）报告显示，在2010年至2018年期间，旅游行业的平均增长率为4.4%，是国内生产总值增长第二快的行业，国际游客人数大幅增加（从2010年的9.52亿人增加到2018年的14亿人）为其提供了支撑。2018年，旅游业对全球经济贡献8.8万亿美元，占全球国内生产总值的10.4%，同比增长3.9%，并且在全球共维持了3.19亿个直接、间接和诱导性工作岗位（占所有工作岗位的10%）。2019年，旅游业为全球经济贡献9.2万亿美元，对全球国内生产总值贡献率为10.4%。为全球提供了3.34亿个就业岗位，旅游就业人数占总就业人数的10.6%。

在旅游行业规模方面，旅游产业要满足游客在旅游过程中对吃、住、行、游、购、娱等多方面需要。旅游业的发展还表现在旅游行业规模的不断扩大方面，以中国为例，1978年入境旅游只有181万人次，2019年增加到1.45亿人次；2019年全国纳入统计范围的旅行社共有38 943家，全年实现旅游业总收入6.63万亿元人民币，同比增长11%。旅游业对GDP的综合贡献为10.94万亿元，占GDP总量的11.05%。中国2010—2019年旅游业发展规模见表1–1–1所示。

表 1-1-1　2010—2019 年中国旅游业发展规模

年份	出境人数（万人次）	入境游客（万人次）	旅行社数（个）	星级饭店总数（个）	A 级旅游景区数（个）	旅游总收入（万亿元）
2010	5 738.65	13 376.22	22 691	13 991	4 521	1.57
2011	7 025.00	13 542.35	23 690	13 513	5 573	2.25
2012	8 318.27	13 240.53	24 944	12 807	6 042	2.59
2013	9 818.52	12 907.78	26 054	12 517	6 604	2.95
2014	10 727.55	12 849.83	26 650	12 037	7 359	3.73
2015	11 688.58	13 382.04	27 621	12 327	7 951	4.13
2016	12 202.79	13 844.38	27 939	11 685	8 659	4.69
2017	13 050.71	13 948.24	29 717	10 645	9 450	5.40
2018	14 971.84	14 119.83	37 309	8 962	11 924	5.97
2019	15 463.25	14 530.78	38 943	8 920	12 402	6.63

资料来源：《中国旅游年鉴》（2010—2017）；《中国文化和旅游年鉴》（2018）；《中国文化和旅游统计年鉴》（2019）；《中国文物文化和旅游统计年鉴》（2020）。

二、旅游业增长速度大大快于世界经济的增长率

旅游业是世界经济发展的重要支柱，将持续助力世界经济发展。从 20 世纪 60 年代开始，旅游业加快了发展速度，成为世界上最重要的经济活动之一，行业收入增长速度远超过全球经济增长速度。据《世界旅游业发展趋势》统计，1950 年至 2010 年的 60 年中，年平均增长率达 6.90%。WTTC 的《经济影响力报告》（*Economic Impact Report*，以下简称“EIR”）表明，就全球范围看，2019 年旅游业 GDP 增长率为 3.5%，全球经济 GDP 增长率为 2.5%，旅游业连续 9 年超过了全球经济 GDP 的增长率，2019 年它是 GDP 增长排行第三的产业。EIR 还表明：亚太地区是全球旅游业增长率最高的地区，增长率为 5.5%，其次是中东，增长率为 5.3%，美国和欧盟的增长率均为 2.3%。综合报告还显示，国际入境游客消费总额为 9 065 亿元人民币，占中国出口总额的 4.9%。

世界旅游经济迅速增长，以中国为例，1978 年入境过夜旅游人数仅为 71.6 万人次，旅游外汇收入 2.63 亿美元。到 2019 年，中国入境过夜旅游人数 6 572.52 万人次，国际旅游收入 1 312.54 亿美元，分别比上年增长了 4.4%和 3.1%。全国国内旅游人数 60.06 亿人次，比上年增长 8.4%，全国国内旅游收入 57 250.91 亿元人民币，比上年增长 10.4%。EIR 数据显示：中国旅游业的增长连续 5 年超过了总体经济的增长。报告印证了中国国内旅游消费将是经济复苏阶段的关键因素。

表 1-1-2　2010—2019 年中国旅游业主要发展指标

年份	入境游客（万人次）	国际旅游外汇收入（亿美元）	国内旅游人次（亿人次）	国内旅游收入（亿元）
2010	13 376.22	458.14	21.03	12 579.77
2011	13 542.35	484.64	26.41	19 305.39
2012	13 240.53	500.28	29.57	22 706.22
2013	12 907.78	516.64	32.62	26 276.12
2014	12 849.83	1 053.80	36.11	30 311.86
2015	13 382.04	1 136.50	39.90	34 195.05
2016	13 844.38	1 200.00	44.35	39 389.82
2017	13 948.24	1 234.17	50.01	45 660.77
2018	14 119.83	1 271.03	55.39	51 278.29
2019	14 530.78	1 312.54	60.06	57 250.92

资料来源：《中国旅游年鉴》（2010—2017）；《中国文化和旅游年鉴》（2018）；《中国文化和旅游统计年鉴》（2019）；《中国文物文化和旅游统计年鉴》（2020）。

可见，旅游业发展速度之快，潜力之大。因此，旅游业被人们喻为可持续发展的“永远的朝阳产业”。另外，根据 WTTC 预测，预计“十四五”期间全球旅游业将保持 3.8% 的平均增长率，旅游业对 GDP（国内生产总值）的直接贡献率平均增长速度在 3.9%左右。科技革新、交流与互动将进一步成为世界旅游业发展的全新动力，中国等新兴国家旅游产业的发展和升级将进一步推动全球旅游要素流动和要素组合的变化。

三、旅游人均花费额不断提高

世界旅游业的迅速发展，不仅在表现在广度上，而且反映在深度上。一方面旅游人次的不断增长，另一方面旅游者人均花费额的不断提高。据世界旅游组织统计，20 世纪 90 年代世界国际旅游接待人数的增长率要小于世界旅游总收入的增长率。世界国际旅游收入的增长率明显高于世界国际旅游接待人数的增长率，这反映旅游人均花费额不断提高的特点。国际旅游人均花费逐渐增加的趋势将在 21 世纪继续下去，显示出旅游业的经济效益不断提高。

人均旅游消费水平反映了旅游消费升级的质的特征。以中国为例，从 2010 年到 2019 年，中国国内旅游人均花费整体呈现长期、持续、快速上升的态势。2010 年中国国内旅游收入 12 579.77 亿元，其中城镇居民旅游消费 9 403.81 亿元，农村居民旅游消费 3 175.96 亿元。全国国内旅游出游人均花费 598.2 元，其中城镇居民国内旅游出游人均花费 883.0 元，农村居民国内旅游出游人均花费 306.0 元；2019 年，中国国内旅游收入 57 250.92 亿元，城镇居民花费 47 509 亿元，农村居民花费 9 741.9 亿元。全国国内旅游出游人均花费 953.3 元，其中城镇居民国内旅游出游人均花费 1 062.6 元，农村居民国内旅游出游人均花费 634.7 元。从中，我们可以看到，国内城镇居民旅游人均花费高于平均水平，国内农村居民旅游人均花费低于平均水平。随着城镇化水平的发展和国民经济的增长，中国国内旅游人均花费将继续保持不断增长的势头。

四、提供了大量的就业机会

旅游业属于劳动密集型产业，旅游业的发展意味着可以为社会提供更多的就业机会，同样的产业规模下，旅游业可以提供的就业机会远远超过其他行业。旅游行业提供的就业机会增加，意味着人们的收入的增加、消费的增长和生产的发展。

旅游业与就业的关系十分密切，这从世界旅游日的主题口号上就可见一些端倪。1997 年，世界旅游日的主题口号是“旅游业：21 世纪创造就业和倡导环境保护的先导产业”；2004 年，世界旅游日的主题口号是“旅游拉动就业”。世界旅游理事会早在 1993 年就提出：“全世界范围内，旅游作为一个整体已经成为世界上创造新增就业机会最多的行业。”旅游和旅游业仍然是世界各地创造就业机会的重要驱动力，也是就业机会的动力引擎。此外，WTTC 经济影响报告指出，在全球新冠疫情暴发之前，2014—2019 年全球旅行和旅游业岗位数量（包括其直接、间接和诱发影响）占全球创造的所有新工作岗位数量的四分之一。2018 年，旅游和旅游业在全球共提供了 3.19 亿个直接、间接和诱导性工作岗位，占所有工作岗位数量的 10%。2019 年旅游为全球提供了 3.34 亿个工作岗位，占所有工作岗位数量的 10.6%。而中国旅游研究院（国家文化和旅游部数据中心）发布的《2019 年旅游市场基本情况》显示，2019 年我国国内旅游直接就业 2 825 万人，旅游直接和间接就业人数合计 7 987 万人，占全国就业总人口的 10.31%。

综上，自第二次世界大战结束至 2019 年，全球旅游业经历了连续 70 多年的快速发展，在旅游业发展规模、增长速度、旅游消费、旅游就业人数等方面表现较为显著。以中国为代表的东亚地区旅游业发展更为迅猛，不仅在过去 40 多年保持着连续的快速发展，而且在未来也将持续表现高质量发展的强劲势头。

2020 年，新冠肺炎疫情席卷全球，作为以人的移动和交流为主要特征的旅游经济，受疫情影响尤其显著。为控制疫情扩散，大多数国家和地区出台旅行禁令，全球旅游业在消费需求、旅游投资、区域格局、产业链条、企业生存、人员就业等方面遭受诸多挑战。新冠肺炎疫情是对全球经济和旅游产业的一次重击，第二次世界大战之后 70 多年所形成的世界旅游经济运行逻辑被打破，旅游业在重启过程中将发生结构性变革。根据世界旅游城市联合会发布的《世界旅游经济趋势报告（2021）》，受新冠肺炎疫情影响，2020年全球旅游总人次（含国内旅游人次和国际旅游人次）降至72.78亿人次，同比下降40.8%；2020年全球旅游总收入下降至2.92万亿美元，相当于在全球GDP的占比锐减至3.6%，但是，随着疫苗在全球范围内的投入和接种率的增长，新冠肺炎疫情将逐步得到控制，全球旅游业也将逐步复苏。

第二节　旅游产业地位的提升

一、旅游产业地位的层次性

由于区位条件、资源条件及其他经济条件的差异，在比较成本和机会成本共同作用下，使得旅游产业的经济地位和作用因地而异。根据产业经济学的理论，依照产业在地区经济体系中所发挥的作用，可将产业分为四大类型：主导产业、支柱产业、关联产业和基础产业。

（一）主导产业

主导产业指在所有产业中处于主要支配地位、能推动产业结构升级演化的产业，它在整个地区经济发展中起“领头羊”作用。主导产业在地区经济发展中具有明显的经济优势和较强的产业优势。一般来讲，主导产业在地区或国内生产总值（GDP）中所占比例在20%以上。

（二）支柱产业

支柱产业是在某一时期内占某个国家（地区）的经济总量的较大比重、对支撑整个国民经济具有决定性意义的产业或产业群体。支柱产业往往具有较强的产业优势，根据产业发展规律，当旅游产业增加值占GDP的比重达到5%～8%时，旅游业将成为国民经济的支柱产业，产业带动、产业辐射能力将极大增强，旅游业综合功能将进入快速释放期。当旅游产业增加值占GDP的比重达到8%以上时，就上升为战略性支柱产业。据统计，截至2011年年底，全国30个省市区将旅游业定位为支柱性产业。

虽然有些经济发达地区的旅游产业相当发达，但由于一些更具优势、更具潜力的产业迅速发展，提高了旅游业发展的机会成本，在一定程度上抑制了旅游业经济优势的发挥。在地区经济中支柱产业的地位一般要低于主导产业，而且一个城市或经济中心的支柱产业数量往往多于主导产业。

（三）关联产业

关联产业是与主体产品或服务运行密切相关的产业。关联产业是直接配合和围绕主导产业发展起来的产业，它在投入产出或工艺、技术方面与主导产业的联系最直接也最密切，可以说是为主导产业的建设发展而存在的，直接配合主导产业的产业。旅游业作为关联产业往往是因为该地区具有一个开放性的、更为强大的特殊产业功能，如具有国际（地区）意义的金融中心、交通枢纽、商贸集散地等功能。尽管该地区旅游业本身也具有较强的产业优势，但从区域经济发展的整体看，旅游业仅从属于这些主导产业，充当配角作用。

（四）基础产业

基础产业指保证经济活动和社会事业顺利发展的配套产业，如满足区域内自给性生产，以及能源、交通、科技、教育、文化等产业。对于那些资源和产业都不具有产业区域优势的地区，旅游业仍然可以作为满足本地居民在双休日和特定假日的休闲、娱乐、求知等基本需求的产生。只是其产业规模和水平要远低于支柱产业，旅游项目吸引游客的地域范围较小，旅游产业的收入在地区 GDP 中所占的比重较低。作为基础产业，旅游业的社会效益往往重于经济效益，并且旅游产业提供的外部经济效应会在一定程度上推动当地社会经济发展。在我国大多数中小城市中，旅游业至少可以成为当地基础产业中的一部分。总之，旅游业在地区经济中的作用是多元的、分层次的。

国民经济作为一个有机整体，要求各个产业之间保持一定的比例关系。这种比例关系，在客观上反映各个产业在国民经济中所处的地位。由于各个产业在其发生与发展的进程中呈现动态变化，因此各自的地位也处于变动之中。例如，有的产业在一定时期内处于主导地位，而在另一时期却退居次要地位。由此可见，各个产业在国民经济中的地位，取决于各自的发展规模和运行状况。

旅游业是世界经济中持续高速稳定增长的重要战略性、支柱性、综合性产业，随着经济全球化和世界经济一体化的深入发展，世界旅游业进入了快速发展的黄金时代。当今世界，大众化和全球化旅游时代已经来临，旅游日益成为现代社会重要的生活方式和社会经济活动，旅游业已经成为全球规模最大和发展势头最强劲的战略性产业。

1950 年，全球国际旅游总人次（包括国内旅游人次和入境旅游人次）仅为 2 528.2 万人次，全球国际旅游总收入（包括国内旅游收入和入境旅游收入）为 21.0 亿美元；2019 年，全球旅游总人次为 123.10 亿人次，较 2018 年增长 4.6%。旅游业为全球经济贡献 9.2 万亿美元，对全球国内生产总值贡献率为 10.4%。

2019 年，中国旅游经济继续保持高于 GDP 增速的较快增长。国内旅游市场和出境旅游市场稳步增长，入境旅游市场基础更加稳固。2019 年全年，国内旅游人次 60.06 亿人次，比 2018 年同期增长 8.4%；入出境旅游总人次 3.0 亿人次，同比增长 3.1%；全年实现旅游总收入 6.63 万亿元，同比增长 11%。旅游业对 GDP 的综合贡献为 10.94 万亿元，占 GDP 总量的 11.05%。据 WTTC 发布数据显示，10 个最大的旅游城市中，6 个位于亚洲，其中上海和北京名列前三。

二、我国旅游产业地位的不断提升

自新中国成立以来，旅游产业从无到有，从弱到强，旅游产业对国民经济的贡献不断增加，政府对旅游业的重视程度也在不断提高。一个国家的旅游产业政策影响着旅游产业的发展方向、要素配置、结构的调整与升级。尤其是 21 世纪以来，中国旅游业的产业地位逐步提升，经历了从国民经济“新的增长点”到培育成国民经济的“战略性支柱产业”和“人民群众更加满意的现代服务业”，再到新时代下旅游业“全面融入国家战略体系”，走向国民经济建设的前沿，到最终成为国民经济“战略性支柱产业”，中国旅游业正在由旅游大国向旅游强国的目标迈进。

（一）旅游产业起步阶段

从新中国成立到 1978 年，我国对旅游业的基本定位是事业属性，承担外事接待功能，尚不具备现代产业的特征。1978 年开启的改革开放国策，使人们对旅游业产业属性的认识，迈出了历史性步伐，从外交事业转变到经济性产业。中国现代旅游业从无到有，旅游产业规模不断扩大，已从计划经济下的单一接待行业走向了市场经济下的多元服务行业，旅游经营单位也基本由事业单位转变为企业。

（二）旅游产业稳步发展

国内旅游蓬勃发展，1995 年，我国实行双休日制度，特别是 1999 年开始实行黄金周制度，中国旅游业开启大众旅游时代，国内旅游市场开始持续发育。旅游产业作为经济产业的定位得到完全认可是在 1998 年，中央经济工作会议明确提出将旅游业确定为国民经济新的增长点。这才真正实现了旅游业从外交事业到经济产业定位的转变，标志着旅游产业的地位进一步提升。2001 年，国务院《关于进一步加快旅游业发展的通知》中，提出进一步发挥旅游业作为国民经济新的增长点的作用，同时又提出要树立大旅游的观念，充分调动各方面的积极性，这标志着旅游业从经济产业定位上升为综合性产业。

（三）旅游产业高速发展

2002 年以后，随着社会主义市场经济体制的建立和逐步完善，中国旅游业高速发展，中国从旅游小国成长为旅游大国，旅游业实现了由国家经济增长点向战略性支柱产业的转型。2006 年《中国旅游业发展“十一五”规划纲要》明确提出，要把旅游业培养成国民经济的重要产业。这些政策的出台无疑进一步强化了旅游产业在国民经济中的突出地位，而且推动了国内旅游市场强劲增长的态势，旅游业规模在这个时期不断发展壮大。

这一时期旅游产业定位的标志性事件是 2009 年国务院在《关于加快发展旅游业的意见》中指出：把旅游业培育成国民经济的战略性支柱产业和人民群众更加满意的现代服务业。该意见将旅游业首次定位为国民经济的战略性支柱产业，这标志着我国的旅游业发展正式纳入国家战略体系，旅游业在国家层面的产业地位得到进一步提升。

（四）旅游产业高质量发展

随着社会主义市场经济的逐步深化，中国经济从高速增长转向高质量发展，旅游业也逐渐从高速增长向高质量发展转型，其战略性支柱产业地位更加巩固。旅游新业态不断出现，产业融合不断深入，旅游业的综合功能日益凸显，中国正在向旅游强国目标迈进。

2014 年，国务院《关于促进旅游业改革发展的若干意见》提出，旅游业是现代服务业的重要组成部分，加快旅游业改革发展，是适应人民群众消费升级和产业结构调整的必然要求，对于扩就业、增收入，推动中西部发展和贫困地区脱贫致富，促进经济平稳增长和生态环境改善意义重大，对于提高人民生活质量、培育和践行社会主义核心价值观也具有重要作用，并强调了旅游产业的经济功能、社会功能和生态功能。2016 年，国务院印发的《“十三五”旅游业发展规划》指出，改革开放以来，我国实现了从旅游短缺型国家到旅游大国的历史性跨越。“十二五”期间，旅游业全面融入国家战略体系，走向国民经济建设的前沿，成为国民经济战略性支柱产业。2016 年，国办发〔2016〕85 号文件《关于进一步扩大旅游文化体育健康养老教育培训等领域消费的意见》，在该文件中旅游产业被认定为五大幸福产业之首，其地位之高，前所未有。2018 年“两会”后，文化部和国家旅游局合并，组成文化和旅游部，这便是新时代对旅游业定位变化推动的结果。2021 年，文化和旅游部印发的《“十四五”文化和旅游发展规划》发展目标提出，要使旅游业体系更加健全，旅游业对国民经济综合贡献度不断提高，大众旅游深入发展，旅游及相关产业增加值占 GDP 比重不断提高，国内旅游和入境旅游人次稳步增长，出境旅游健康规范发展。

综上，随着对旅游业定位的变化，旅游业承担的功能也日渐丰富。40 多年的发展，旅游业从承担经济功能，转变为承担经济功能、社会功能、政治功能、外交功能。从经济功能来看，旅游业已经成为经济增长的新引擎。2019 年旅游业对 GDP 的综合贡献为 10.94 万亿元，占 GDP 总量的 11.05%；从社会功能来看，旅游业已经成为吸纳就业和摆脱贫困的主要渠道。2019 年，我国国内旅游直接就业人数 2 825 万人，旅游直接和间接就业人数合计 7 987 万人，占全国就业总人口的 10.31%。旅游业的发展已使超过 10%的国内贫困人口脱贫；从政治功能来看，旅游业已经成为爱国主义教育和践行社会主义核心价值观的重要手段，尤其是红色旅游的发展，带来了极为重要的政治效益。据测算 2019 年中国红色旅游接待量达 14.1 亿人次。不少革命旧址成为百姓出游的重要选项和网红打卡地，年轻人也逐步成为红色旅游的生力军；从外交功能来看，旅游外交从边缘走向中心，旅游外交成为民间外交的重要载体，为国家间正式的外交夯实了交流的根基；通过旅游外交，促成不同地区和国家之间大批普通民众在自然、社会、知识、文化、人际关系等层面上实现了真实的交流，对消除分歧和偏见具有积极意义，成为发出自身声音、讲好自己故事、加强与世界联系的重要平台。2019 年，我国的出境旅游市场仍然保持增长态势，规模达到 1.55 亿人次。

从国际环境来看，从第二次世界大战后至新冠肺炎疫情暴发前，世界旅游经济一直在不断发展。从国内来看，中国 40 多年来旅游产业的不断转型升级以及旅游发展的政策利好是中国旅游产业升级面临的良好发展机遇。从改革开放以来的旅游事业、旅游产业到旅游支柱产业、旅游战略性支柱产业，中国旅游产业经历了多次的产业定位，旅游产业也逐渐从高速增长向高质量发展转型，其战略性支柱产业地位更为巩固。而今，旅游战略性支柱产业的定位为中国旅游业未来的发展提出了新的目标，但其更提出了一个挑战，即如何构建和实现旅游产业升级，促进旅游产业的高质量发展，以便更好地建设旅游战略性支柱产业。旅游产业对推动中国经济起到了重要作用。随着新冠肺炎疫情的逐渐控制，旅游业将为中国经济的复苏做出重要贡献。

第三节　旅游经济学的研究对象和内容

旅游经济学是从经济角度来研究旅游活动的，它的研究对象是旅游经济活动中的经济现象、经济关系和经济规律以及旅游经济活动中的各种矛盾，如图 1–3–1 所示。

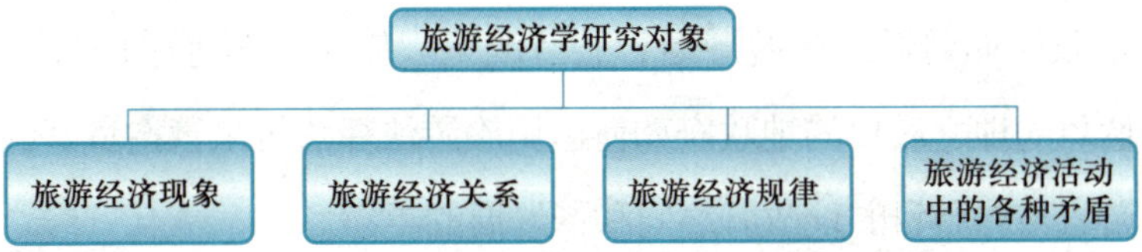

图 1–3–1　旅游经济学研究对象

一、旅游经济活动所反映的经济关系

旅游经济活动是由旅游需求者和旅游供给者构成的，旅游需求和旅游供给之间的矛盾贯穿旅游经济活动的始终，决定了旅游经济学的内容和特色。旅游经济活动是旅游需求者和旅游供给者发生经济关系的过程，这种关系主要反映在以下三方面，如图 1–3–2 所示。

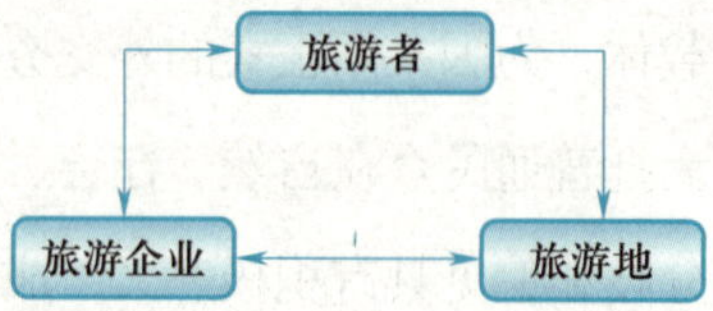

图 1–3–2　旅游活动反映的经济关系

（一）旅游者与旅游企业之间的经济关系

旅游者支付一定的费用，旅游企业给旅游者提供各方面的服务，他们之间是一种经济关系。如何既能满足旅游者需求又实现旅游企业的利润，这是经济关系的焦点。

（二）旅游企业之间的经济关系

各旅游企业之间既有相互依赖关系，又有竞争关系。在旅游活动过程中，旅游者的吃、住、行、游、购、娱都需要得到社会有关方面的配合和支持。随着人们消费水平的提高，旅游者对旅游供给的要求越来越高，对旅游目的地的选择越来越多，形成了旅游供给者之间的竞争，这就要求旅游供给者必须提供现代化的旅游设施和优质服务，从而促进社会有关行业改进技术、迅速发展。旅游企业内部各部门的发展还要求协调发展，某一方面的落后，都会成为制约旅游业发展的因素，影响其他旅游部门的经济效益。

（三）旅游者与旅游地居民、政府之间的经济关系

旅游者到一地旅游，涉及吃、住、行、游、购、娱等活动。旅游者的到来，一方面要获得新的旅游经历和体验，另一方面会给旅游目的地居民带来正面或负面的经济影响、社会影响和环境影响。这些影响的程度会决定旅游目的地居民对待旅游者的态度和行为，从而决定两者之间的关系是否融洽和谐。

旅游目的地政府如何通过旅游规划、旅游政策、旅游营销等手段吸引旅游者前来旅游，旅游者到达目的地之后目的地政府如何运用旅游法律法规来营造良好的、安全的旅游环境等，是旅游者与旅游目的地政府之间和谐发展的重点。

二、旅游经济活动中的矛盾

贯穿在旅游经济领域的主要矛盾是旅游需求与旅游供给间的矛盾，它决定了旅游经济领域中的一切矛盾。旅游经济领域中的矛盾主要表现在以下四方面。

（一）旅游者方面的矛盾

旅游者的需求欲望与可自由支配收入之间的矛盾。个人可支配收入是个人收入减去直接负担的各项税款（如所得税等）和非税性负担（如会费、交通罚款等）之后的余额，做了这项扣除后，消费者的收入才成为消费者个人可以支配的收入，或用于消费支出或用于储蓄。个人可自由支配收入是个人可支配收入减去维持生活所必需的支出（如食品、服装、住房等）和社会消费（健康人寿保险、老年退休金和失业补贴的预支等）所剩下的那部分个人收入。人们有可自由支配的收入才有可能具备产生旅游需求的经济条件，如果人们有旅游的愿望，但没有充足的可自由支配收入也不可能使旅游需求得以实现。

旅游者需求欲望与闲暇时间的矛盾。闲暇时间指在工作时间、生理需要的生活时间和社会活动时间以外的个人可自由支配时间。闲暇时间是人们实现旅游活动的又一个必要条件。旅游需要消耗时间，即使人们有出游的愿望，也有充足的可自由支配收入，倘若没有闲暇时间，旅游需求的欲望亦无法实现。随着社会经济的发展，科技的进步，劳动生产率的不断提高，人们拥有的闲暇时间也在逐渐增多。我国的双休日，特别是“五一”“十一”的小长假，使国内旅游需求大幅度增长，成为我国旅游业的黄金周。可见人们闲暇时间越长，对旅游需求的可能性就越大。特别是带薪假期的长短对旅游需求有很大影响，带薪假期的增加为人们远程旅游创造了便利条件。

旅游者的需求欲望与旅游者自身文化、身体素质之间的矛盾。例如，一般来说，进行探险、狩猎等特种旅游要受身体素质等方面的条件限制。

旅游者之间争夺“热线”“热点”的矛盾。由于不同地区、不同旅游点和不同线路的旅游资源和设施存在差异，故会形成旅游热线和热点，造成旺季时旅游者争夺热点、热线的矛盾。例如，每年一、二月去海南旅游人数很多，致使当地该季节房价涨幅很大。

旅游者的需求与一个国家或地区的政治制度、现行政策以及经济发展水平之间的矛盾。具体见图 1–3–3。

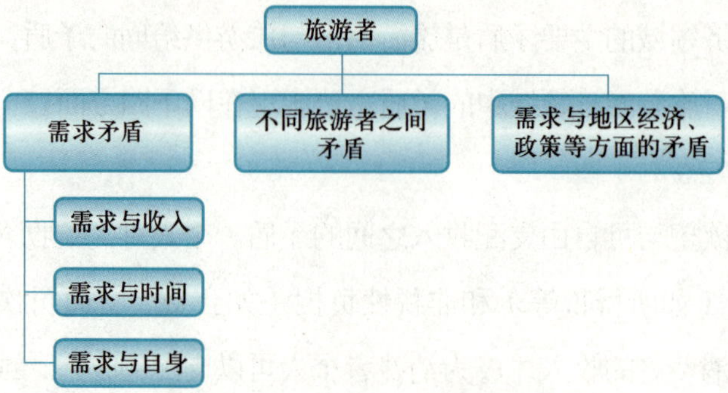

图 1–3–3 旅游者方面的矛盾

（二）旅游经营者方面的矛盾

各类旅游企业之间的矛盾。由于我国旅游业处在买方市场条件下，各企业之间争夺客源的矛盾很激烈，旅行社与其他旅游企业在争夺客源和收入分配上也会存在矛盾，这表现在：

旅游部门内部各产业之间和各产业内部的矛盾。比如旅行社之间的客源竞争，旅行社和饭店之间的协调配合等。旅游部门包括景区景点、旅行社、饭店、餐饮处所等。

旅游部门与非旅游部门之间的矛盾。非旅游部门包括商业、交通运输业等，这些产业是旅游业的支撑产业，他们的发展对旅游业的健康发展至关重要。

旅游企业收益与成本、劳动消耗与劳动成果之间的矛盾。作为经营者，要考虑如何用最少的劳动消耗取得最大的经济效益，而旅游者考虑的是如何用最少的支出，获得最大的满足，两者之间会产生一定的矛盾。

旅游业宏观效益与微观效益的矛盾。这实际上是整体与局部利益的关系问题。例如：有些企业为了自己的局部利益乱提价，从而影响了整个旅游业的声誉，造成了很坏的影响。具体见图 1–3–4。

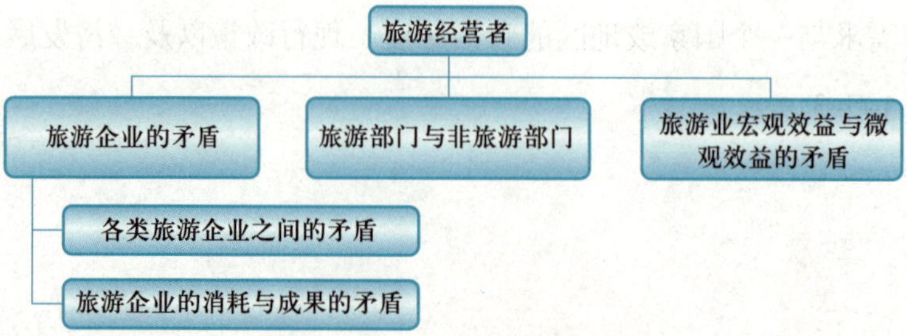

图 1–3–4 旅游经营者方面的矛盾

（三）旅游者与旅游经营者之间的矛盾

旅游者的支付能力与旅游价格之间的矛盾。旅游价格制定过高，会影响消费者的购买；而价格太低，旅游经营者便无利可图。因此，旅游经营者要制定让消费者能够接受且旅游企业有利可图的合理价格。

旅游者的旅游需求内容与旅游经营者提供的旅游服务项目之间的矛盾。如我国旅游项目中普遍存在旅游观光项目多、参与项目少的问题；走马观花项目多、深入了解项目少的问题等。为了更好更快地发展旅游业，旅游经营者应在国家法律、政策允许的范围内想方设法为旅游者提供丰富多彩的服务项目。

旅游需求的高度灵活性与旅游供给的相对稳定性之间存在矛盾。旅游者的需求是在不断变化的，而旅游供给则具有相对稳定性。如建一所饭店，一经建成要想改变结构和用途则很困难，因为饭店建设需要一个建设周期。

旅游者的需求内容与旅游服务质量的矛盾。旅游需求与旅游供给同一国国民经济乃至世界政治经济形势之间的矛盾，如战争爆发、社会政治动乱对旅游需求与供给会产生很大的抑制作用，而和平环境则会促进旅游需求与供给的增加。具体见图 1–3–5。

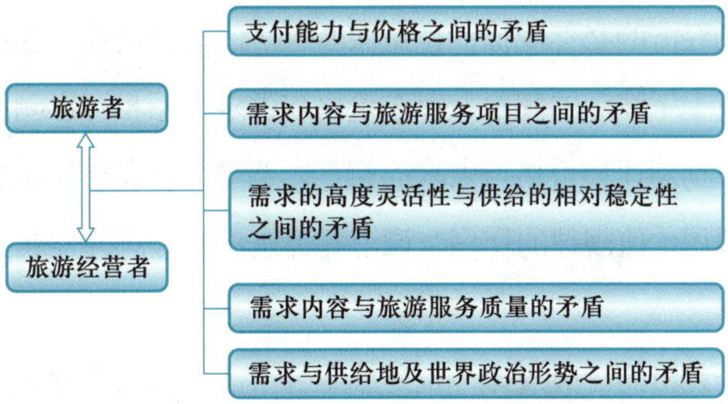

图 1–3–5　旅游者与旅游经营者的矛盾

（四）旅游经营者和当地政府、当地居民之间的矛盾

政府和旅游经营者之间是管理和被管理的关系，也是服务和被服务的关系。这中间既有经济利益关系，又有非经济利益关系。在旅游业发展中，处理好政府和企业的关系，有利于旅游业的健康稳定发展，也有利于国民经济的健康有序发展。

旅游经营者和当地居民之间的关系，主要是经济利益方面的关系。尤其是现在有些景区经营权转让给企业后，对于在经营中经营者和当地居民的矛盾，处理不当就会影响旅游景区的稳定发展，甚至可能成为制约旅游业发展的因素。具体见图 1–3–6。

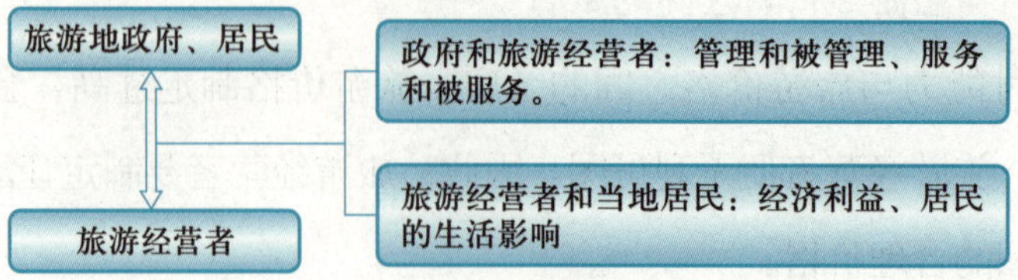

图 1–3–6　旅游者与旅游经营者的矛盾

旅游经济活动就是由这许多的矛盾运动变化而推动的，旅游经济学的任务就是对这些矛盾进行深入的研究，以便更好地解决这些矛盾。

三、旅游经济学研究的主要任务

旅游经济活动中存在各种各样的经济规律，旅游经济学的任务就是揭示客观经济规律，以便人们利用规律，促进旅游经济协调、稳定、持续发展。

在旅游经济活动中发挥作用的客观经济规律主要包括价值规律、供求规律、竞争规律、按比例协调发展规律。

（一）价值规律

价值规律是市场经济的必然规律，也是旅游经济的必然规律。在旅游经济活动中，必然存在价格围绕价值上下波动的问题，存在价格与供求关系相互影响问题。研究价值规律就是要探讨价格的波动规律和价格与供求的相互影响规律，以便在旅游经济活动中能够认识价值规律，充分利用价值规律的作用，调节和促进旅游经济的发展。

（二）供求规律

供求规律是市场经济的一般规律，也是旅游经济活动中的重要规律。了解供求规律的内容及其在旅游经济活动的作用，有利于我们充分利用供求规律，调节旅游经济的发展。

（三）竞争规律

竞争规律也是市场经济的一般规律，在旅游经济活动中发挥着重要的作用。特别是近年来我国旅游市场的激烈竞争，反映了竞争规律的作用与特点。了解竞争规律，可以使我们更好地引导旅游市场中的竞争，使其朝着健康的方向发展。

（四）按比例协调发展规律

按比例协调发展规律是社会化大生产的一般规律，在旅游经济活动中必然要发挥作用，并且要求旅游经济活动按照按比例协调发展规律的要求来安排旅游业各方面的发展速度，使旅游各要素之间结构合理，相互促进。

旅游经济学的任务还在于揭示影响旅游经济活动的基本经济因素和经济关系。影响旅游经济发展的经济因素有国内生产总值、国民收入、经济增长率、居民可自由支配收入、消费物价指数、消费结构等，旅游经济学的任务就是从这些经济因素中探索出旅游经济活动的规律性。

在研究旅游经济活动规律的基础上，寻找获取最佳经济效益和社会效益的途径。作为经济活动，旅游业的发展既要重视经济效益又要讲究社会效益，经济效益和社会效益有矛盾又有统一。讲究经济效益时还要处理好微观经济效益和宏观经济效益的关系，这二者也是既有矛盾又有统一。如何调节各种因素，协调和处理好各方面的关系，是旅游经济学研究的重要任务。

为制定旅游经济发展的政策方针提供理论指导。旅游经济发展的方针、政策是指导旅游业发展的基本准则，是协调旅游业内部各方面关系的行为规范。旅游经济学是旅游经济运行的科学总结，它揭示旅游经济活动运行过程中的经济规律，对旅游业的发展必将起到指导作用。具体见图 1–3–7。

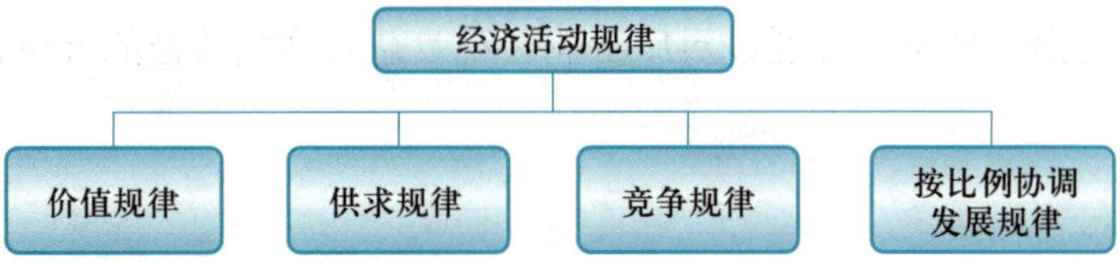

图 1–3–7　旅游经济活动规律

四、旅游经济学研究的主要内容

旅游经济学的研究是围绕旅游经济活动的进行而展开的，通过分析旅游经济活动的各个侧面、旅游经济活动进行的条件、影响旅游经济活动进行的因素、旅游经济活动同社会经济活动乃至世界经济活动的关系等，揭示旅游经济活动过程中各种经济现象、经济关系的本质，探索旅游经济活动的规律性。概括地说，旅游经济学研究的内容包括旅游经济活动运行的各个主要环节及其相互关系。主要包括以下七部分内容。

（一）旅游产品的生产与供给

旅游产品主要表现为无形的服务，而服务的提供（或生产）又有其自身的特点。因此，研究旅游产品供给问题，必须研究旅游产品的定义、构成及特点，旅游活动商品化，旅游产品组合等，同时还要研究在产业融合过程中旅游产品的不断创新。从影响旅游供求的诸因素中，揭示旅游供求矛盾的规律性。根据旅游供求规律制订合理的旅游产品开发策略，向旅游者提供适销对路、使其能获得最大满足的旅游产品，实现旅游产品的供求平衡。

（二）旅游市场和旅游产品的价格

旅游产品价格是旅游市场的晴雨表。旅游市场和旅游产品的价格部分要分析旅游市场的特点、旅游市场细分等内容，以及旅游价格的影响因素、旅游价格体系以及掌握各种科学的定价方法和策略，促进旅游产品的销售。

（三）旅游产品的消费

旅游产品的消费不同于发生在生产活动之外的物质产品消费，而是在生产活动进程中的现场消费。因此必须研究旅游者消费行为、消费结构和消费倾向，研究旅游产品消费与供给的关系，以实现旅游者消费的最大满足。

（四）旅游收入、分配与效益

旅游经济效益是旅游产业及企业所追求的经营目标，它是判断旅游业对国民经济贡献大小的主要标志。旅游收入、分配与效益部分主要研究的是旅游收入相关问题，旅游产业在国民经济中的产业关联及波及效应问题。介绍旅游企业经济核算及经济效益的评价，衡量旅游经济效益的指标体系，并通过对旅游业宏观效益与微观效益的分析，对旅游经济效益进行评价。

（五）旅游投资与决策

旅游投资是一个国家或地区旅游经济发展必不可少的前提条件，也是旅游业实现扩大再生产的物质基础。这部分相关内容研究旅游投资项目的可行性、旅游投资项目决策的程序和方法以及投资风险问题，为我国旅游项目投资提供经济评价的方法和选择标准。

（六）旅游经济结构与旅游经济发展战略

旅游经济活动涉及方方面面的关系，既有旅游供给国或地区各级旅游主管部门之间、不同旅游企业之间、旅游主管部门与企业之间以及它们同国民经济有关部门之间的关系，也有旅游供给国或地区同旅游客源国或地区之间的关系。这些关系都是一定经济联系的反映，它们对旅游经济的发展都在不同程度、不同方面产生影响。因此，要研究旅游产业结构及同国家（地区）经济的联系，研究旅游经济发展模式和战略。

（七）政府对旅游经济的管理及产业政策

主要介绍市场经济条件下，政府对旅游经济管理的必要性、职能、手段及国际上主要国家对旅游经济管理的模式，为我国旅游经济管理体制的改革提供借鉴。

从分析旅游市场失灵入手，阐明不同阶段政府在旅游经济活动中的职能及 20 多年来我国政府在旅游经济活动中发挥的作用。在政府干预、政府规划比较分析的基础上，研究旅游“市场失灵”的政府干预行为，并对“政府失灵”的定义、表现形式及我国旅游市场“政府失灵”的产生原因进行分析，提出旅游经济活动中“市场失灵”和“政府失灵”的规避途径。

五、旅游经济学的学科特点

旅游经济学是现代经济学的分支，是以现代经济学的理论为指导，研究旅游活动中的经济问题或者是站在经济的角度来研究旅游问题的。旅游经济学具有不同于其他学科的特点，表现在：

（一）应用性

旅游经济学是把经济学的基本理论、基本知识和一般原理应用于旅游经济的研究，揭示旅游经济活动中的发展规律及其作用的条件、范围及表现形式，从而指导旅游经济活动健康地发展，所以旅游经济学具有较强的应用性，属于应用经济学。

（二）边缘性和交叉性

由于旅游经济活动具有综合性特点，所以，对旅游经济的研究就需要运用多学科的理论及研究成果来丰富旅游经济学的研究内容。如要利用经济学、旅游学、心理学、地理学、社会学、统计学、市场学等学科的理论和方法，来综合考察旅游活动在经济领域中的各种反映，才能加深对旅游经济内在规律及其运行机制的认识，更好地把握旅游经济的理论和方法。

（三）基础性

旅游经济学以旅游学基本理论为导论，揭示旅游活动在经济领域中所发生的矛盾运动、经济关系和经济规律等。因此，旅游经济学是旅游管理的基础学科，是经济学、旅游学和旅游管理的基础和延伸。

（四）产业性

旅游经济学本质上属于产业经济学的范畴。产业经济学专门针对某一经济领域的活动进行研究，从而揭示该领域经济运行的内在规律。旅游经济学作为一门产业经济学，是专门研究旅游经济活动过程中各种经济现象之间存在的内在关系，揭示旅游经济活动过程中的特殊矛盾及固有规律，以促进旅游产业健康、持续地发展的学科。

第四节　旅游经济学的学科体系及学科地位

一、旅游经济学的学科体系

目前，我国出版了多种版本的旅游经济学教材，各个版本的教材虽然内容各有特点，但基本上可以分为两大体系。

（一）以西方经济学为依托的体系

这类教材是把西方经济学的理论应用于旅游经济的研究，侧重于定量分析和规范分析，包括以下主要内容：

①旅游需求基本理论

②旅游消费行为

③旅游供给基本理论

④旅游目的地竞争

⑤旅游供给与需求的均衡

⑥旅游经济发展中的政府

⑦旅游产业市场结构

⑧旅游产业市场行为

⑨旅游经济影响与衡量

（二）以政治经济学为依托的体系

这类教材是把政治经济学的理论应用于旅游经济的研究，侧重于定性分析和实证分析。主要内容如下：

①旅游产品

②旅游需求与供给

③旅游价格

④旅游消费

⑤旅游收入与分配

⑥旅游经济效益

⑦旅游投资与决策

⑧旅游经济结构

⑨政府对旅游经济的管理

⑩旅游经济发展战略

二、旅游经济学的学科地位

旅游经济学是一门具有独立性的专门学科，有独立的研究内容和特点，同时旅游经济学又是一门边缘学科，与其他学科有着密切的联系。研究旅游经济学必须借助相关学科的研究成果，综合考察旅游活动在经济领域中的各种表现，以加深对旅游经济活动规律的认识。

（一）旅游经济学与经济学的关系

经济学是研究经济发展过程中的经济现象、经济关系以及经济规律的学科，它把社会经济关系作为一个整体，在生产、分配、交换和消费诸环节的内在联系及其矛盾运动中阐述了经济发展的重要特征和经济规律。它是建立部门经济学的基础，也是旅游经济学的基础。旅游经济学是经济学理论在旅游产业的延伸和应用。

旅游经济学是研究旅游经济活动的运行及其运行过程中所产生的经济现象、经济关系和经济规律的一门学科，由于它研究的领域是整个社会经济活动中的一个部门，因此，旅游经济活动的运行必然要遵循社会经济发展的一般规律，如价值规律、竞争规律和供求规律等。由此可见，旅游经济学的研究必须用经济学的基本原理作指导。但是，社会经济发展的一般规律在旅游经济中是以特殊的形式表现出来的，旅游经济学对一般规律的研究，其着眼点在于这种特殊的表现形式。另外，旅游经济作为国民经济中的一种特殊类型，具有矛盾的特殊性。这就决定了旅游经济内部具有其固有的特殊规律。如旅游业在产业结构、旅游消费和旅游市场等方面都有自己的特殊规律。

旅游经济是外向型经济，它的发展一方面要以本国国民经济的发展为依托，受本国经济发展方针和政策的制约；另一方面又同国际旅游市场的变化息息相关，要受国际经济运行机制的作用。而国际旅游市场的运行又受到国际经济运行机制的支配。因此，在研究旅游经济学时，必须运用经济学中有关调节旅游供求、资源分配、市场、价格、竞争、分配和消费等方面的内容。

（二）旅游经济学与旅游学的关系

旅游学是研究旅游活动的各要素及要素之间的相互关系，研究其产生、发展及其活动的最一般规律的科学，它涉及社会心理、文化和身体等方面因素，也涉及自然的、经济的、法律的诸多因素。因此，旅游学研究的范围较广，涉及多种学科，如经济学、管理学、心理学、法学、社会学、历史学、美学等。其中一门学科的理论同旅游的结合便形成旅游经济学、旅游管理学、旅游心理学、旅游法学、旅游社会学、旅游史学、旅游美学等。

旅游学是旅游经济学的基础，旅游经济学是旅游学基本理论在旅游领域研究的延伸和应用。旅游经济学是以经济学的理论和方法研究旅游活动中各要素之间的相互关系，研究旅游发展的经济规律。旅游经济学使对旅游活动的研究进一步深化。

（三）旅游经济学与其他旅游学科的关系

旅游作为一种综合性社会经济现象，从不同侧面在理论上反映和概括这种现象的学科甚多，除上面提到的有关学科之外，还有旅游市场营销学、旅游地理学、旅游文化学、旅游资源学、旅游统计、旅游会计、旅游饭店管理、旅行社管理、旅游交通管理等，旅游经济学和这些学科的关系可分为两类。

第一类是与旅游经济学成平行关系的学科，如旅游心理学、旅游社会学、旅游法学、旅游地理学、旅游美学等，它们分别从旅游活动的不同侧面探讨旅游与有关学科边缘结合的特点和不同规律，都比较专业地担当了旅游活动某一方面或同一层次的研究，与旅游学有着内在联系，都属于旅游学的分支学科。例如旅游地理学把旅游作为一种地理现象进行科学研究，探讨旅游学必须遵循的地理规律，又如旅游心理学研究的是旅游活动中有关人的心理、行为和人与人之间的关系。因此，旅游经济学同它们的关系是平行的，是相互联系、相互渗透和相辅相成的关系。这些边缘学科的产生来自旅游活动这个复杂的社会现象的多面性。

第二类是与旅游经济学成纵向关系的学科，如旅游市场营销学、旅游饭店管理、旅行社管理、旅游交通管理、旅游统计等。其中，旅游市场营销学是旅游经济学的延伸，即以旅游经济学的原理为基础，从宏观和微观的角度出发分别在旅游市场和旅游管理方面对旅游经济活动进一步分析和研究；旅游饭店管理、旅行社管理、旅游交通管理均属于旅游企业管理，它们以旅游经济学的基本原理作指导，仅从微观角度探讨旅游行业中这类企业经营与管理的思想、原则、方法和技术。由此可见，旅游经济学与这些学科的关系是抽象与具体的关系，它们都是旅游经济学的基本理论在某一领域的应用和具体化。

第五节　旅游经济学的研究方法

旅游经济学是一门部门经济学，它的研究必须以经济理论作指导，结合社会科学的特点，运用相应的科学方法。

一、坚持理论与实际相结合的方法

旅游经济学是在长期旅游实践活动基础上产生的，反过来又服务于旅游实践。因此，理论与实际相结合是研究旅游经济学的一个重要方法。坚持理论与实际相结合的观点，要求一切研究必须从旅游经济活动的客观实际出发，解决旅游经济发展中的实际问题。即从我国国情出发，根据目前和今后一段时期社会经济发展状况来规划旅游产品，揭示旅游经济发展变化的客观规律，并将其上升为理论，用以指导旅游经济的实际工作。同时坚持实践是检验真理的唯一标准的原则，把旅游经济理论应用于实践，用实践来检验、充实和丰富旅游经济理论。运用理论与实际相结合的方法研究旅游经济学，还必须建立在旅游经济活动全局的基础上，探索旅游经济活动的运行及各个环节的特点和规律性；另外，必须立足于我国旅游业的实际，并以世界旅游活动为舞台。因为，我国旅游业只是世界旅游业的一部分，其中国际旅游的活动领域是一个世界范围的大旅游市场，它同世界其他国家的旅游业有着千丝万缕的联系。所以，在旅游经济学的研究中，还必须着眼于世界旅游活动这个更大舞台上的旅游实际。

二、实证分析与规范分析相结合的方法

实证分析是经济学研究的基本方法，也是旅游经济学研究的基本方法。实证分析主要是研究经济现象“是什么”，即只考虑经济活动的实际运作而不考虑运作效果的好坏。实证分析有理论研究和经验研究两种。其理论研究是通过实际经济运行状况的考察，归纳可能存在的规律，然后从一定的假设出发，以严密的逻辑推理演绎证明这些规律并推论可能存在的规律。其经验研究是将理论分析中得到的经济规律还原到经济实践中，从而考证规律的正确性。

规范分析是研究经济活动“应该怎么样”，如如何改善旅游企业之间的恶性竞争，旅游企业的竞争怎样公平、有效和促进效率的提高。在我国旅游经济中，规范分析的研究要相对多于实证分析的研究。因为，在旅游经济研究中，逻辑的推理固然重要，但是没有来自实践的支撑的推理和研究往往就失去了理论的解释意义。只有解决了经济发展中的实际问题，理论的分析才有意义。所以，旅游经济研究需要的是实证分析与规范分析相结合的方法。

三、定性分析与定量分析相结合的方法

旅游经济活动中的各种经济现象不仅具有质和量的规定性，而且处在不断变化的过程中。因此，在研究旅游经济学时，对各种经济现象和经济关系必须在研究质的同时研究量的变化。旅游经济学中的许多范畴，如旅游产品、旅游需求和旅游价格等都具有质的规定性，同时又具有量的规定性。我们除确定其性质和特点外，还应对旅游经济现象进行定量

分析，从它们之间量的变动关系中分析旅游经济现象发展变动趋势，揭示其规律性。只有把定量分析和定性分析结合起来，才有利于理论研究，达到事物质量统一。

目前，旅游经济的研究在重视定性分析的同时，更重视定量分析。如经济效益分析、旅游收入分析、投资分析等都要进行大量的定量分析。为了在旅游经济学研究中更好地进行定量分析，学习统计学、数学的方法和计算机技术是非常重要的。

四、系统分析方法

系统分析方法是一种新型的综合分析研究方法，它强调从系统、综合和动态的角度研究事物运动的客观规律，从而克服以往研究中的狭隘、片面、孤立、静止及封闭的观点和方法。

任何系统都是要素的总合，是由若干要素以一定的结构形式联结而构成的具有某种功能的有机整体。整体性、关联性、结构性、平衡性、时序性等是所有系统共同的基本特征，这些既是系统论的基本思想观点，也是系统分析方法的基本原则。旅游经济是一个开放的、复杂的、综合的系统，因此，旅游经济学的研究方法首先应着眼于系统分析的角度，既要研究组成旅游经济系统的各个要素及其相互之间的关系，也要研究这些要素是以什么样的方式连接成为一个有机整体并实现其功能的。系统论观点是旅游经济学研究方法论的基本观点之一。首先，强调整体的观点，研究旅游经济要注重以旅游市场和旅游产业整体优化为导向；其次，强调动态平衡的观点，研究旅游经济要注重旅游市场和旅游产业的动态过程，协调旅游活动各要素及旅游产业各部门间的平衡发展，实现旅游经济发展过程中的整体优化；最后，强调环境适应性观点，旅游经济研究不能仅局限于旅游本身或一个国家、一个区域，应站在一个国家或一个区域社会经济发展战略的高度，将旅游经济活动放在整个国际经济大环境中加以研究。

本章小结

旅游经济学是随着旅游经济活动的发展而产生的，是对旅游经济活动的理论概括，研究旅游经济活动过程中的经济现象、经济关系和经济规律，对指导旅游经济的发展有重要的意义。

基本概念

旅游活动　旅游经济活动

思考题

1. 什么是旅游经济活动？它与旅游活动有什么关系？
2. 旅游经济活动中的利益相关者

及其相互关系是什么？

3. 旅游经济学的研究对象和内容是什么？
4. 旅游经济学研究的方法有哪些？
5. 旅游经济活动中有哪些矛盾？

本章思维导图

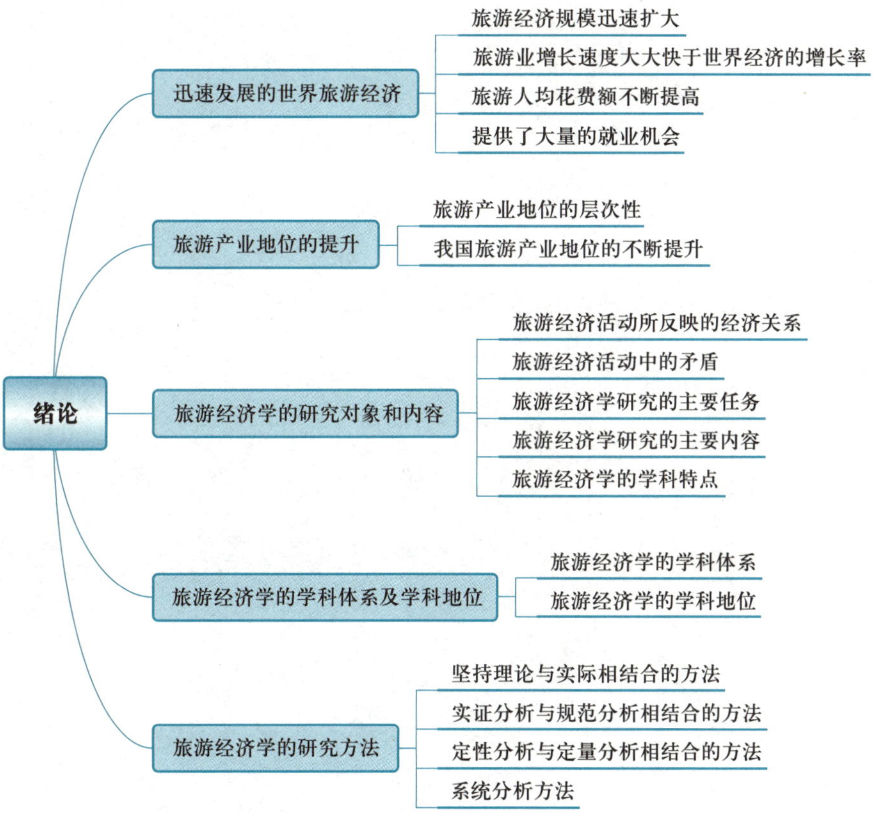

即测即评

案例分析

后疫情时代，旅游业振兴靠什么？

推荐阅读

第二章　旅游产品与旅游产业融合

本章导言

旅游产品是旅游经济的基本“细胞”，现代旅游活动之所以具有经济性，就在于旅游需求与旅游供给双方要交换旅游产品；而随着经济的发展，产业的边界逐渐模糊，产业融合发展已成为近年来国家经济发展与城市建设的重要趋势。本章从分析旅游产品的含义开始，阐述了旅游产品的概念、经济性质、特征、构成以及旅游产品体系，在介绍了旅游产业融合相关理论的基础上，对旅游业与第一、第二、第三产业的融合分别进行系统分析，包括融合的方式、产生的新业态等内容。

学习目标

通过本章的学习，要求学生掌握旅游产品的概念、性质、特征、构成，熟悉旅游产品的类型和体系，了解旅游产业融合的理论，认识旅游产业与第一、第二、第三产业的融合方式及新业态。

本章重点与难点

重点：旅游产品的概念、特征和类型

难点：旅游与第一、二、三产业融合的方式

第一节　旅游产品和旅游产品体系

旅游产品是构成旅游业的基本元素和细胞，每一个小小的细胞都如一颗晶莹璀璨的钻石，反射出旅游业的方方面面，凝聚着旅游经济的全部内容。现代旅游活动之所以具有经济性，就在于旅游需求和旅游供给双方要交换旅游产品。旅游业的兴衰和旅游经济的可持续发展都和旅游产品有密切的关系。

一、旅游产品的概念

旅游产品是经济学上的概念。作为一种以服务为主的综合性产品，旅游产品有着丰富的内涵，在使用价值和价值方面也有着自己的特殊性。

对于旅游产品（tourism product），目前尚无统一的概念。可以从不同角度定义旅游产品。从需求（旅游者）的角度来看，旅游产品指旅游者花费了一定的时间、精力和金钱所换取的一次旅游活动的经历、感受和回忆。从供给（旅游经营者）的角度来看，它是旅游经营者凭借着旅游资源、旅游设施，向旅游者提供的满足其在旅游活动中综合需求的服务与产品的总和。从旅游市场的角度看，旅游产品是旅游者与旅游经营者在市场上交换的，用于旅游活动中所消费的各种物品和服务的总和。从旅游规划的角度看，旅游产品是旅游活动的客体与对象，指的是旅游资源经过规划、开发建设形成的旅游产品，可分为自然、人文和综合三大类。一般认为，旅游产品是旅游经营者向旅游者提供的，满足其一次旅游活动所需的各种物品和服务的总和。

现实生活中对旅游产品的理解大概有广义、中义和狭义三种情况：广义的旅游产品由旅游资源（吸引物）、设施和服务三类要素所构成；中义的旅游产品指由旅游资源（吸引物）和设施构成的集合体；狭义的旅游产品仅仅指旅游资源（吸引物）。原国家旅游局在 1999 年将旅游产品分为五种类型：观光旅游产品（自然风光、名胜古迹、城市风光等）、度假旅游产品（海滨、山地、温泉、乡村、野营等）、专项旅游产品（文化、商务、体育健身、业务等）、生态旅游产品、旅游安全产品（旅游保护用品、旅游意外保险产品、旅游防护用品等保障游客安全的工具产品）。除此之外，尚有其他多种分类，如按旅游产品组成状况分为整体旅游产品、组合旅游产品和单项旅游产品；按旅游产品形态分为团体包价旅游、散客包价旅游、半包价旅游、小包价旅游、零包价旅游、组合旅游、单项服务等。

由于在市场交换中存在的方式不同，旅游产品通常包括单项旅游产品、组合旅游产品和整体旅游产品三种类型。单项旅游产品主要指旅游者在旅游活动中，所购买的有关住宿、餐饮、交通、游览、娱乐等某一方面的物质产品或服务，如飞机上的一个座位，旅馆里的一间客房或景点内导游人员的一次讲解活动。单项旅游产品通常只能满足旅游者某一方面的旅游需要，是构成组合旅游产品和整体旅游产品的基本单位。组合旅游产品又称为旅游线路产品，指旅游经营者根据旅游者的需求，把多种旅游要素组合而形成的旅游产品。组合旅游产品大多是由旅游开发商根据旅游目的地的旅游资源和接待设施条件，按照旅游者的需求和活动规律，把各种单项旅游产品有机结合而组成旅游线路产品。目前旅行社普遍推出的就是这种产品。整体旅游产品指旅游经营者凭借一定的旅游资源和旅游设施，向旅游者提供的、能满足其在旅游活动中全部需要的物质产品和服务。从旅游者的角度来看，整体旅游产品指旅游者从离家外出开始直至完成全程旅游活动并返回家中为止这一期间的全部旅行经历的总和。这一全部经历由两大部分组成，一部分是往返于居住地与旅游目的地之间的旅行经历，另一部分是在旅游目的地逗留期间的活动经历。由于旅游业通常是以旅游目的地为单位，因而出于实用目的，也可以认为，整体旅游产品指以在旅游目的地的活动为基础所构成的一次完整的旅游经历。每个单项旅游产品都是组合旅游产品、整体旅游产品的有机组成部分，并且存在一定的比例关系，如果违反了这个比例，如旅馆规模过小或交通运输能力较差，就会影响整体旅游产品的实现。

二、旅游产品的经济性质

旅游产品是旅游经营者生产或开发出来用于交换的劳动产品，因此旅游产品也是一种商品，具有商品的基本属性，即具有使用价值和价值且是两者的统一。但旅游产品主要是以服务形式表现的无形产品，即它并不创造任何有形的物质产品，而是通过对旅游者提供服务以满足其旅游活动的需要，从而产生使用价值和生产这些服务的物化和活劳动形成的价值。

（一）旅游产品的使用价值

商品的使用价值指其能满足人们需要的某种属性。旅游产品要能够向旅游者提供基本效用和基本利益，满足旅游者在旅游活动中的各种需求。具体表现在以下三个方面：

1. 提供审美与愉悦体验

旅游产品的使用价值首先表现为能够向旅游者提供审美和愉悦的空间单元。旅游者之所以从事旅游活动，主要是追求旅游活动带来的审美与愉悦的旅游体验。例如海南之旅能为久居中原的旅游者带来感受大海与热带风情的难忘经历。

2. 综合性和多效用性

旅游产品的使用价值具有综合性和多效用性。一般产品的使用价值只能满足人们某一方面的需要，而旅游产品作为一种综合性的产品，其使用价值是综合的和多方面的，能满足旅游者从物质到精神多方面的需求。例如旅游者在旅游目的地品尝风味小吃既能满足维持体力补充营养的生理性需求，又可满足感受当地风土人情等精神需求。虽然旅游经营者可以根据旅游者的需要、旅游产品的成本及旅游市场的供求状况制订出高、中、低档等若干档次的旅游产品及相应的价目表，但无论是哪一规格档次和价格等级的旅游产品，其使用价值都必须是多效用、多功能和综合性的。

3. 暂时性

旅游产品的使用价值对旅游者具有暂时性。一般的商品卖出后，买者支付货币后获得了商品的所有权和使用权，卖者得到货币失去商品的使用价值。而旅游产品（旅游购物品除外）在售出后，旅游者只获得了产品暂时的使用权，不能长期地独占和享受旅游产品的使用价值，产品的所有权也没有发生转移。例如，某风景区的经营者可以在同一时期内，多次、重复地将这一景区的使用价值卖给不同的旅游者，这些旅游者可以一起游览，共同分享旅游产品的使用权，游览结束，他们的使用权限也就结束了。此外，旅游服务作为一种活动，一种直接供旅游者消费的活动，它只存在于旅游活动过程中，一旦旅游活动结束，消费终止，服务行为亦同时完成，即旅游服务具有生产、交换、消费不可分割的性质。

（二）旅游产品的价值

价值是商品的经济本质，是凝结在商品中的一般人类劳动。旅游产品和其他商品一样，也具有价值。其价值指凝结在旅游产品中的无差别的人类一般劳动，主要由两个部分组成：一是转移价值，即旅游服务所凭借的基础设施、接待设施的折旧；向旅游者提供饮食和一切日用品的原材料成本；旅游企业因自身经营管理和服务需要而消耗的各种物资和用品。二是新增价值，包括支付旅游从业人员用以维持劳动力再生产所需消耗物质资料的价值和旅游从业人员创造的新价值。但是，从价值决定和价格形成的角度来看，旅游产品的价值还有其特殊的性质。

1. 旅游服务价值量的确定

旅游服务是旅游产品的核心，服务质量的高低直接影响旅游产品的质量和形象。在服务设施和条件相同的情况下，服务方式、服务效率和服务态度的差别会产生截然不同的服务效果。旅游服务质量的优劣虽然与投入劳动量的多少有一定关系，但二者并不成正比，更重要的是与从业人员的文化素质、性格修养、职业道德水平等影响密切相关，这些素质和修养决定了旅游从业人员服务的态度、方式和技巧，使旅游者产生不同的满意度，从而影响旅游者对旅游产品价值高低的评判。

2. 旅游吸引物价值量的确定

旅游吸引物是旅游者决定流向的主要依据，是旅游产品构成的重要内容。旅游吸引物的种类繁多，在价值量的计算上也差异较大。如自然景观是经过人类开发后具有可进入性的吸引物，但构成这种产品的价值主体成分不是追加的劳动，而是自然的赋予，即其景观上的独特性，在价格上表现为垄断性。人文景观中的历史遗产、文物古迹、建筑物等，除了是前人劳动的结晶外，历代人们在维修保养方面也付出了大量劳动，其劳动价值量难以估量，更重要的是这些旅游资源具有无法替代的历史价值，这种价值不能以消耗多少劳动量去衡量，而这种价值的不可估量性反映在价格上表现为垄断性。社会制度、风土人情、传统生活方式等社会现象则是经过漫长的历史演进积累而成的，其中蕴藏着人类的智慧与创造，是人类脑力和体力劳动的结晶，并具有无法模拟的独特性，社会价值和历史价值不可替代，在价格上同样表现为垄断性。但是，像游乐园、海底世界等纯粹为了发展旅游业而新建造的一些旅游景点、景区，是借助可获得的人力、物力和财力资源的重新组合并经过加工而制造出来的，具有可更新性、可仿建性，其价值量决定于全部劳动投入量。

3. 旅游设施的价值量确定

旅游产品中的旅游设施，同市场上的其他物质产品一样，其价值是由凝结于其中的社会必要劳动量来决定的。但是，这些设施介入旅游活动过程，并受旅游经济活动的特点所影响，因而其在组合为旅游产品的过程中，其价值量会发生改变而产生新的附加值。例如，在某一种产品的生产成本既定的条件下，其进入旅游活动中的产品的价值和价格，要比进入其他经济活动时高一些。这是因为旅游者在旅游活动过程中所享受设施的环境条件和服务内容要比在其他活动中优越得多，而这些环境条件和服务内容是旅游从业人员用劳动创造出来的，其价值和价格自然也就要高些。因此，旅游设施在旅游产品的组合过程中其价值量也会发生变化而产生新的附加值。

综上所述，旅游产品与一般商品一样受价值规律的支配，但独特的、社会的、历史的、自然的因素，使其价格除了主要由价值决定外，还受制于旅游产品各部分所体现的人与人的关系、稀缺因素和垄断因素的影响。

三、旅游产品的特征

旅游产品作为一种比较特殊的以服务为主的综合性产品，同一般的物质产品相比，具有许多自身的特点。

（一）综合性

首先，旅游产品的综合性表现在旅游产品是旅游企业为满足旅游者的各种需要而提供的各种物质产品和服务的组合。尽管在实际经营中，旅游产品可以以单项旅游产品的形式出售给旅游者，或以不同的多项组合形式出售给旅游者，但严格地讲，它们只是一个旅游目的地总体旅游产品的构成部分。大多数旅游者在做旅游购买决定时，都不只考虑旅游目的地某一项旅游产品，而是在综合考虑的基础上进行选择和决策。

其次，旅游产品的综合性还表现为旅游产品的生产涉及众多的部门和行业。有直接向旅游者提供产品和服务的旅行社、旅馆业、餐饮业、交通运输业和景区、景点等旅游企业和部门，也有间接向旅游者提供产品和服务的部门和行业，如工业、农业、商业、制造业、建筑业、轻工业、纺织业、食品业、金融、海关、邮电等。这些行业和部门有的是以物质生产为主，有的是以非物质生产为主，既涉及经济类部门，又涉及非经济类的政府部门和非行业性的组织。旅游产品的这一综合性特点，不仅使其不同于制造业的物质产品，还使其有别于其他服务行业的服务产品。

（二）无形性

一般来讲，旅游产品是一种服务性产品，而服务性产品的基本特征是无形性。旅游产品的无形性首先表现在旅游产品的主体内容是旅游服务。当旅游者到达旅游目的地享受到旅游服务时，才能感受到旅游产品的使用价值。而当旅游者在选择旅游目的地时未体验到旅游产品，无法对旅游产品的质量做出评价，旅游产品只是通过旅行社、报纸、杂志、电视、网络等宣传媒体留给旅游者的一种印象。其次，旅游产品的无形性还表现在旅游产品的价值和使用价值不是凝结在具体的实物上，而是凝结在无形的服务中。只有当旅游者在旅游活动中享受到交通、住宿、餐饮和游览娱乐的服务时，才认识到旅游产品使用价值的大小。也只有当旅游者消费这些服务时，旅游产品的价值才真正得以实现。再次，在一次旅游经历过程中，旅游者买到的主要是对一次经历、一次体验的感受和回忆，即旅游者所得到的有趣经历和新的感受等身心的满足，这种满足或由此而形成的印象都是无形的。

（三）不可转移性

一般情况下，旅游产品的不可转移性主要表现在两个方面：一方面，由于旅游服务所凭借的旅游资源和设施是固定的，所以旅游产品在地点上具有不可转移的特点。旅游产品进入流通领域后，其本身仍固定于原定的地点方位上，旅游者只能到旅游产品的生产地点进行消费，即发生流动的是旅游者，而不是旅游产品。另一方面，旅游产品在销售后，产品的所有权并不发生转移。有形产品通过交换带来所有权的转移，而旅游产品通过交换带来的是旅游者在一个特定时间和地点上对旅游产品的暂时使用权，而不是所有权。旅游产品的所有权在任何时候都属于旅游目的地和旅游经营企业。

由于旅游产品的不可转移性，旅游产品的流通不能通过运输而只能以旅游产品信息的方式传递，以及由此而引起的旅游者流动表现出来。旅游产品信息的传播效率和速度直接影响旅游需求的大小。

（四）生产和消费的同步性

旅游产品一般是在旅游者来到其生产地点时，旅游企业才进行生产并交付其暂时使用权的。服务活动的完成需要由生产者和消费者双方共同参与。在这个意义上，旅游产品的生产和消费是在同一时间和同一地点发生的。在同一时间内，旅游者消费旅游产品的过程，也就是旅游企业生产和交付旅游产品的过程。旅游产品生产和消费的同步性使旅游者和旅游企业从业人员一起直接参与产品的生产过程，二者的互动行为严重影响着旅游服务的质量及旅游企业和旅游者的关系，这给旅游企业的经营管理带来了严峻的挑战。

（五）不可储存性

由于旅游服务和旅游消费在时空上的同一性，所以旅游产品不能像有形产品那样，在暂时销售不出去时贮存起来，留待以后销售。旅游产品的这一特点要求旅游企业对其产品实行差别定价，以及运用各种营销手段来刺激、引导市场需求，以解决不可储存性所带来的产品供求不平衡问题。

（六）敏感性

旅游产品的敏感性，亦称脆弱性、易波动性、易折损性等，指旅游产品容易受到多种因素的影响和制约，造成价格和需求波动，影响其使用价值和价值的实现。这些因素既包括旅游产品内部各组成部分之间的相互关系，又包括外界环境中不可控制因素的制约。

首先，旅游产品是涉及吃、住、行、游、购、娱等多方面需求的综合性服务产品。这些产品要素或产品构成部分之间存在一定的比例关系，一旦比例失调，就会导致旅游产品组合的失败，影响旅游产品功能的发挥。

其次，从影响旅游产品的外部条件来说，自然因素中的地震、恶劣的气候、瘟疫的流行，经济因素中的国际性金融危机，政治因素中的国家关系恶化、国内政局动荡等都会引起旅游需求的较大波动，使旅游产品的生产和销售出现困难。此外，季节变化和节假日等因素也会引起旅游需求量的变化，造成旅游产品销售的淡旺季，影响旅游产品价值的实现。

四、旅游产品的构成

旅游产品的内容十分丰富，分析其构成对保证旅游产品各部分按比例供应，保障旅游活动的顺利进行，有着非常重要的意义。旅游产品的构成可以从不同的角度进行分析，比较常见的是从市场营销、旅游需求和旅游供给角度分析旅游产品的构成。

（一）旅游产品的一般构成

从存在形式上，旅游产品的构成可分成有形旅游产品与无形旅游产品两大部分。有形旅游产品指旅游者在旅游过程中客观使用、看得见、摸得着的物质部分，主要包括旅游吸引物与旅游设施两大部分。旅游吸引物主要包括由地文景观、水域风光、生物景观、天象与气候景观等形成的自然吸引物，遗址遗迹、建筑与设施、旅游商品、人文活动等人文吸引物以及人造吸引物三大类型。旅游设施包括基础设施（旅游目的地的公共设施、交通、能源、通信等）与专门设施（旅游住宿、餐饮、娱乐、交通、购物等设施）。无形旅游产品指旅游者看得见、摸不着、主观上感受的非物质部分，如旅游服务、旅游地的形象与声誉、旅游地居民的态度、旅游地的环境与气氛等。

现代市场营销理论认为，一切产品都是由核心部分、形式部分和延伸部分所组成。核心部分是产品满足消费者需求的基本效用和核心价值；形式部分是构成产品的实体和外形，包括款式、质量、商标、包装等；延伸部分是随产品销售和使用给消费者带来的附加利益。因此，根据现代市场营销理论，旅游产品的一般构成同样由核心部分、形式部分和延伸部分所组成。

1. 旅游产品的核心部分

旅游产品的核心部分是旅游产品的原初状态，具有能满足旅游者愉悦需要的效用和价值，主要指旅游资源，它们能满足旅游者从事旅游活动最基本的需要，是整个旅游产品的基本部分。旅游资源指自然界和人类社会中能对旅游者产生吸引力，可以为旅游业开发利用，并可产生经济效益、社会效益和环境效益的各种事物和因素。它可以是自然的，也可以是人文的；可以是历史的，也可以是当代的；可以是有形的，也可以是无形的。作为旅游产品的基本要素，旅游资源是旅游者选择旅游目的地的决定性因素，也是一个地区能否进行旅游开发的先决条件。

2. 旅游产品的形式部分

旅游产品的形式部分主要指旅游产品的载体、质量、特色、风格、声誉及组合方式等，是促进旅游产品核心部分向生理或心理效应转化的部分，是旅游企业或旅游相关企业围绕旅游产品的核心价值而进行的多重价值追加，这种追加既可以发生在生产领域，也可以发生在流通领域，既可以由旅游产品的生产企业来完成，也可以由旅游产品的销售企业来完成。旅游产品的载体是物化形式反映出来的实体部分，主要指各种旅游接待设施、景区景点、娱乐项目等。旅游产品的形象、品牌、特色和声誉，是旅游产品依托各种旅游资源、旅游设施反映出来的外在价值，是激发旅游者旅游动机，吸引旅游者进行旅游活动的具体形式。由于旅游资源和旅游接待设施等方面的差别，从而形成旅游产品不同的品位、质量、特色、风格和声誉，即旅游产品的差异性，甚至形成某些旅游产品的垄断价值。各种功能和类型互异的旅游产品有各自特殊的组合方式，但组合的目的是要把产品要素有机地组织起来，形成不同的旅游线路和旅游活动，满足旅游者多样化和个性化的需求。因此，旅游产品的组合方式也是旅游产品的形式部分之一。

3. 旅游产品的延伸部分

旅游产品的延伸部分指旅游者购买旅游产品时获得的优惠条件、付款条件及旅游产品的推销方式等，是旅游者进行旅游活动时所得到的附加利益的总和。延伸部分虽然不是旅游产品的主要组成部分，对旅游产品的生产和经营也没有举足轻重的作用，但是，由于旅游者购买的是整体旅游产品，在旅游产品的核心部分和形式部分存在较强替代性的情况下，延伸部分往往成为旅游者对旅游产品进行选择和决策的重要因素和有效的竞争手段之一。因此，在旅游经济活动的分析和研究中，要对旅游产品的延伸部分给予足够的重视。

（二）旅游产品的需求构成

旅游产品是一种直接面向旅游者的最终消费品，因此还必须从消费需求角度出发，从旅游者的消费内容和需求程度两方面来分析旅游产品的构成。

1. 按旅游者的消费内容分析

按旅游者的消费内容，可将旅游产品划分为饮食、住宿、交通、游览、购物、娱乐等组成部分。饮食和住宿是向旅游者提供基本生活条件的消费；交通是向旅游者提供实现空间位移的主要手段；游览是向旅游者提供旅游活动的核心内容；购物是向旅游者提供辅助性消费的内容和形式；娱乐则向旅游者提供一些愉悦的参与性体验和感受。从旅游消费结构来说，旅游产品吃、住、行、游、购、娱六个要素的消费潜力是不同的。通常，饮食、住宿和交通存在着一定的消费极限，增加消费的途径是提高饮食质量、增加服务内容和多档次经营。游览、购物和娱乐的需求价格弹性较大，增加消费的方式是尽可能增加游乐项目，丰富游览内容和大力发展适销对路、品种多样的旅游商品。

2. 按旅游者的需求程度分析

按旅游者的需求程度，旅游产品可分为基本旅游产品和非基本旅游产品。基本旅游产品指旅游者在旅游活动中必需的且需求变动较小的旅游产品，如住宿、饮食、交通等；非基本旅游产品指并非旅游活动必需的且需求变动较大的旅游产品，如旅游购物、医疗保健服务、通信服务等。基本旅游产品和非基本旅游产品的划分，有助于旅游目的地的旅游经营者针对不同的旅游市场，提供不同内容的旅游产品，使旅游产品更好地满足旅游者的消费需求；同时，也有助于旅游者在选择和消费旅游产品过程中，有计划地调整自己的消费结构和档次水平，使旅游活动更轻松舒适，以达到有益身心的目的。

（三）旅游产品的供给构成

从旅游经营者的角度看，旅游产品一般是由旅游资源、旅游设施、旅游服务、旅游购物品和旅游便捷性等多种要素所构成。

1. 旅游资源

旅游资源指自然界和人类社会中能对旅游者产生吸引力，可以被旅游业开发利用，并可产生经济效益、社会效益和环境效益的各种事物和因素。它既是一个地区能否进行旅游开发的前提条件，也是吸引旅游者的决定性因素。因此，一个国家或地区旅游业的兴旺发展主要取决于其所拥有的旅游资源的数量和质量。旅游资源按其成因和属性可分为自然旅游资源和人文旅游资源两个部分。自然旅游资源指以自然物为吸引力本源的旅游资源，它主要包括能使旅游者产生兴趣的气候天象、地文景观、水域风光、生物景观和天然疗养条件等。人文旅游资源指以社会文化事物为吸引力本源的旅游资源，它的种类比较复杂，既有有形的人文资源，也有无形的人文资源；既有历史流传下来的遗产资源，也有为发展旅游业而专门兴建的人造旅游资源，它们主要包括历史文物古迹、民族民俗、宗教园林、重大的体育或文化盛事、富有特色的当代人造旅游吸引物、经济发展和建设成就等。

与其他资源相比，旅游资源最显著的特征是具有吸引功能。根据不同旅游资源的特点，通过开发和组合可以为旅游者提供各种观光、度假、科学考察、探险寻秘、文化交流等旅游活动，以满足旅游者丰富生活、增长知识、陶冶情操等多方面的需求。旅游资源是旅游业赖以存在和发展的基础，旅游资源开发合理得当，会使旅游资源得到永续利用，并产生良好的经济效益、社会效益和生态效益，促进旅游业的可持续发展。

2. 旅游设施

旅游设施指直接或间接向旅游者提供旅游服务所凭借的各种设施、设备和相关的物质条件，是构成旅游产品的必备要素。旅游设施代表旅游目的地旅游业的接待能力，这种旅游接待能力的大小反映一个国家或地区旅游业的实力和发展规模。旅游设施一般分为专门设施和基础设施两大类。

专门设施是旅游经营者用来直接服务旅游者的凭借物，通常包括旅游运输设施、游览娱乐设施、餐饮设施、住宿设施、旅游购物设施等。旅游运输设施指旅游者赖以实现其空间位移的客运设施和设备。游览娱乐设施指旅游景区、景点中供人们登临、游览、休憩、娱乐的各种设施和设备，如凉亭、扶杆、栈道、指示牌、游乐场、表演馆等。这些设施往往是当地旅游吸引物的重要组成部分。餐饮设施是向旅游者提供餐饮服务的场所和设备，包括各种餐馆、冷饮店、咖啡厅、饮食店等。住宿设施是旅游者在旅行途中的“家”，如饭店、度假别墅、汽车旅馆等。旅游购物设施指可供旅游者进行购物的场所及其相关设备。一些国家和地区，旅游购物在其旅游收入中占有相当大的比重，旅游购物设施的方便程度以及其提供商品的特色、质量等，对旅游者的购买兴趣有重要影响，甚至可以构成吸引旅游者来访的吸引因素。旅游目的地拥有专门设施的规模、质量和水平直接反映了旅游产品的数量、质量和水平。

基础设施指旅游目的地城镇建设的公共设施，包括交通、通信系统，水、热、电、气供应系统，废水、废气、废物排污处理系统，环境卫生系统，安全保卫系统，城镇标识系统，绿化系统等。基础设施虽然不是专门为旅游者提供服务，但在旅游经营中是保证旅游部门和企业正常运转的前提条件，上述专门设施都是建立在基础设施上的，如果没有这些方面的设施和设备，上述专门设施的功能就不可能得到有效地发挥。

3. 旅游服务

旅游服务是旅游产品的核心，旅游经营者除了向旅游者提供少量有形旅游产品外，其提供更多的是各种各样的无形的旅游服务。旅游服务从经营阶段上可分为售前服务、售中服务和售后服务三个阶段。售前服务是旅游经营者为旅游者提供的旅游活动前的各种准备性服务，包括旅游产品设计、旅游线路安排、各种咨询、出入境手续、货币兑换等；售中服务是旅游经营者在旅游活动过程中直接向旅游者提供的吃、住、行、游、购、娱等服务；售后服务是当旅游者结束旅游离开旅游目的地时，旅游经营者提供的各种服务，包括手续办理、托运行李、代办保险等服务。从旅游目的地旅游供给的角度讲，旅游服务既包括商业性的旅游服务，又包括非商业性的旅游服务。前者一般指旅行社的导游服务、饭店的食宿服务、交通部门的客运服务、旅游购物服务等，这些是旅游目的地旅游创收的主要来源。后者主要包括旅游目的地为旅游者提供的旅游问询服务、出入境服务以及当地居民为旅游者提供的义务服务。这些服务虽然不能直接创造旅游收入，但是在很大程度上反映当地居民对外来游客的友善态度，并直接影响旅游目的地的整体形象与声誉。

4. 旅游购物品

旅游购物品指有实用性、纪念性、礼品性的各种物质形态的商品，也叫旅游商品。旅游购物品反映了旅游目的地国家或地区的文化、艺术和工艺水平，能够使旅游者更好地了解旅游目的地国家或地区的文化传统，并留下美好的回忆。旅游购物品一般富有浓郁的地方特色，承载着满足旅游者购物需求和传播旅游目的地形象的双重价值，是一张“属地名片”，不仅能够为旅游地带来丰厚的经济效益，而且能够更好地宣传旅游目的地旅游品牌和形象。旅游购物品主要有菜品饮食、农林畜产品与制品、水产品与制品、中草药材及制品、传统手工产品与工艺品、日用工业品、其他物品等多种类型。它们大多数价格不高，消费潜力较大，可以反复被购买，因此是旅游产品的重要组成内容，也是旅游创汇的重要来源。

5. 旅游便捷性

旅游便捷性又称为可进入性，指旅游者进入旅游目的地的难易程度和时效标准，主要表现为进入旅游目的地的游览点、服务设施和参与旅游活动所付出的时间和费用。旅游便捷性除了受交通工具和旅游目的地基础设施条件的制约外，还受政府政策和经营方面因素的影响。旅游便捷性是旅游产品构成中的基本因素之一。它不仅是连接旅游组成部分的中心线索，而且是旅游产品能够组合起来的前提条件。

旅游便捷性的具体内容一般包括以下四个方面：（1）良好的通达条件。如现代化的交通工具和方式、国际和国内交通运输、网络衔接与联系的方便程度等。（2）通信的方便条件。包括通信设施具备与否，其配套状况、规模、能力以及线路布置等是否方便、快捷。（3）出入境签证手续的难易、出入境验关程序、服务效率和咨询信息等。这不仅影响旅游目的地的客流量大小，而且对旅游产品的成本、质量、吸引力等都有重要的影响作用。（4）旅游目的地社会的承受能力。主要指当地社会公众对旅游开发的态度、社会公众舆论、社会治安状况、社会管理水平、人口密度、交通管理等状况。

五、旅游产品体系

旅游者对旅游产品的需求是多样性的，因此旅游产品体系构成丰富，内容涉及面广。

旅游产品可根据不同的标准划分为不同的旅游产品类型。旅游产品体系可依据资源特点和市场需求设计兼容不同类型的单项旅游产品和组合旅游产品，

（一）从旅游者的参与程度划分

从旅游者的参与程度来看，旅游产品一般可划分为观光型旅游产品、主题型旅游产品、参与型旅游产品和体验型旅游产品等。

1. 观光型旅游产品

观光型旅游产品是在旅游业发展初期成长起来的一种产品，旅游方式以参观为主，旅游者在游览过程中主要是被动地“饱眼福”，旅游者对旅游经营者提供的旅游产品没有更多的个性化要求，旅游的目的主要是观景，旅游的对象主要是旅游目的地中知名度较高的自然或文化景观。如北京的长城、故宫、天坛、香山，杭州的西湖、断桥、雷峰塔等。旅游者消费这些旅游产品时共同的特征是“走马观花”，旅游活动中参与性的内容较少。

2. 主题型旅游产品

这一类旅游产品的旅游方式仍然带有较多参观的成分，但参观的内容和范畴与观光旅游相比显然已经有所分化。旅游者仍然倾向于到旅游目的地级别较高的景点和景区旅游，但这些景点和景区之间需要存在某些历史、文化或其他方面的联系，例如“丝路旅游”和“三国旅游”。旅游者的旅游行为有明确的指向性，不再是泛泛地满足一般的好奇心，旅游产品的历史和文化内涵较高，附加价值较高，旅游方式已由参观逐渐深入学习参与。

3. 参与型旅游产品

旅游产品和项目的设计要尽量调动旅游者的积极性，使旅游方式由被动地接受转为主动地参与。在旅游产品生产和消费的过程中，旅游者同旅游经营者以及旅游目的地居民之间的关系是互动的。旅游者通过身心的调动得到愉悦的感受，参与活动的兴趣更加被激发出来；旅游经营者和当地居民在轻松融洽的气氛中提供服务，服务的质量更有保障。例如“乡村旅游”“烹饪旅游”和傣族的“泼水节狂欢”。这一类型的旅游产品，对旅游目的地及其景观的知名度没有很高的要求，旅游产品组合的关键在于必要的旅游设施、特定的主题和必要的行为示范。

4. 体验型旅游产品

例如探险旅游、登山旅游、攀岩旅游等。旅游者对旅游产品的选择和购买具有强烈的主观意愿且较少受到外界的干扰。在旅游活动的过程中，旅游者全身心投入，对旅游产品的价值和使用价值体验深刻，并能从中得到满足。这一产品类型的旅游者通常愿意花较多的钱去购买产品，进行专业化的组合是旅游产品获得成功的重要手段。随着人们旅游需求

日渐多元化和细分化，体验型旅游产品被越来越多的旅游者认可和接受，因此，体验型旅游产品可以挖掘的市场空间还会更大。

（二）从旅游产品的功能划分

按旅游产品的功能划分，可以划分为享受旅游产品、康体旅游产品、特种旅游产品和探险旅游产品。

1. 享受旅游产品

享受旅游产品是目前许多国家和地区积极发展的新兴旅游产品。其特点是旅游设施豪华、旅游服务专业、娱乐项目多，旅游活动自由度大、旅游价格高。典型的如豪华游轮巡游，游轮上的游泳池、健身房等各种豪华设施，使高收入的旅游者认为海上旅行比其他旅游方式更能使人放松。在筋疲力尽地游玩以后，旅游者可以舒适地躺在船上，慢慢向目的地靠近。海上巡游市场因其高度享受性，目前已经吸引了较多的老年人、中年人和青年人。

2. 康体旅游产品

康体旅游产品拥有较多的旅游消费群体，其突出的特点是运动性强、需要特定的场所和特定的设备器材。典型的康体旅游产品如体育旅游和保健旅游，体育旅游有高山滑雪、漂流、滑草、冲浪、潜水等；保健旅游有温泉疗养、森林浴、沙疗等。

3. 探险旅游产品

探险旅游产品的消费者数量不多，但相对稳定，对个体自我价值的实现有着强烈的要求，如对挑战极限怀有强烈的兴趣，喜欢冒险，喜欢新鲜事物的年轻人。产品的突出特点是危险性较高，要求特殊的消费场所和一定的专业知识。优点是惊险、刺激，能充分满足旅游者的好奇心，令旅游者时刻处于高度紧张和兴奋的状态，给旅游者留下深刻的记忆。典型的探险旅游产品有原始森林探秘、海底旅游、火山旅游等。

4. 特种旅游产品

特种旅游产品主要是满足旅游者某一方面的特殊需要，是一种积极的旅游活动。其突出的特点是：较强的业务性和较强的教育功能。典型的特种旅游产品如森林观鸟旅游、研学旅游、工业旅游、园艺旅游、考古旅游、生态旅游等。由于旅游的内容大多是与专业有联系的活动，因而通过轻松、直观的旅游学习，旅游者可以增长知识、开阔视野、启迪智慧，求知欲得到较大的满足。

（三）从旅游产品的开发程度划分

从旅游产品的开发程度可分为改进型旅游产品、换代型旅游产品、创新型旅游产品和仿制型旅游产品。

1. 改进型旅游产品

改进型旅游产品是在原来旅游产品的基础上，对产品构成要素中的某些部分加以改进，以此来增加旅游活动内容，提高旅游服务质量，增强旅游产品吸引力，巩固和拓展客源市场。例如西安市大雁塔，景区原有的范围较小，游览内容较单一，为了适应不断变化的旅游市场，景区新建了部分仿古建筑，增加了一些佛教造像和壁画、浮雕，对延长旅游者的逗留时间起到了一定作用。

2. 换代型旅游产品

换代型旅游产品是对现有旅游产品进行较大规模改造后的旅游产品。例如宾馆、饭店对原有的硬件设施进行更换，扩建新楼，增加服务内容，提高饭店档次。又如旅行社重新编排原来的旅游线路，把一日游改为二日游、三日游，丰富了活动的内容。

3. 创新型旅游产品

创新型旅游产品是旅游经营者为了满足旅游者的新需要，运用新技术、新方法、新手段设计生产出来的旅游产品。包括新的酒店、新的景点、新的旅游线路、新的旅游项目和新的娱乐设施等。创新型旅游产品研制开发时间较长，对资金和技术的要求较高，因此开发的风险较大。

4. 仿制型旅游产品

仿制型旅游产品是模仿市场上已有旅游产品的基本原理和结构设计、生产出来的旅游产品。最多见的仿制型旅游产品是人造景观、微缩景观等。

第二节　旅游产业融合

产业融合指不同产业或同一产业不同行业相互渗透、相互交叉，最终融合为一体，逐步形成新产业的动态发展过程。产业之间的渗透融合是 21 世纪的发展趋势。

2009 年《国务院关于加快发展旅游业的意见》（国发〔2009〕41 号）中明确提出“大力推进旅游与文化、体育、农业、工业、林业、商业、水利、地质、海洋、环保、气象等相关产业和行业的融合发展。”这一政策，明确了旅游产业融合的发展方向，并将融合范畴扩充到三大产业之中，成为近年来旅游创新发展的重要途径。

目前，工业、农业、文化产业、医疗产业、体育产业等众多产业已经开始了与旅游的融合发展，并取得了一定成效。例如，以美国迪士尼主题公园为代表的文化产业与旅游业融合，以中国台湾宜兰为代表的农业与旅游业的融合，以韩国美容旅游为代表的医疗美容业与旅游业的融合等。

一、旅游产业融合的纽带

区域旅游产业的融合发展，需要自发融合和政策引导的双重作用。其中，自发融合是内在动力，是旅游与其他产业融合的重要前提。在一个旅游区域中，进行融合的相关产业的选取，主要是以可融合程度来确定，可融合程度关注产业间融合的必要性和可行性。必要性表现在旅游市场对该产业的需求趋势，看其是否有发展潜力的市场；可行性则关注该产业的发展现状，看其是否具有融合基础。

基于此，旅游规划者或者旅游企业在进行旅游产业融合规划时，首先需要把握旅游市场的需求趋势。从区域旅游人群需求角度，关注未来旅游的发展方向。其次，考察该产业的发展现状及前景。一般而言，应选择产业发展基础和前景较好的产业。相关产业的根基较好，则其纵向延伸和横向的容纳能力相对较强，融合的可行性较高。旅游业与其他相关产业之间，以四大元素为联系纽带实现相互渗透和交叉。

（一）资源纽带

某些相关产业资源，随着旅游需求的扩展，被纳入旅游资源范畴，产生相互交叉。通过联合开发，一方面相关产业得到升级，同时拓展了旅游的开发利用范围。例如，以土地、植物等资源为纽带，农业和旅游业相互融合，产生休闲农业；以森林为纽带，林业与旅游业融合，产生森林旅游；以节庆活动为纽带，节庆会展业与旅游业融合，产生节庆旅游等。

（二）技术纽带

旅游的创新，需要依托一定的技术和手段。在旅游发展过程中，旅游业关注众多产业的技术革新，并应用到旅游开发之中，由此产生了新的旅游业态和新型旅游产品。例如，以现代信息技术为纽带，产生了在线旅游业；以动漫技术、影像技术为纽带，在众多著名景区开发了印象系列山水实景剧，成为大受追捧的旅游休闲产品。

（三）产品纽带

以产品为纽带，关注旅游业与相关产业功能方面的补充，以此延伸构建拥有上、中、下游产业的完整产业链，强化旅游发展的根基。例如，以制造业所生产的产品为纽带，商业与旅游业融合，产生商贸旅游。

（四）市场纽带

通过寻找与相关产业共同的消费者，并以此为专业细分市场，拓展市场空间，以此实现旅游业与其他产业的融合，主要有房地产业、会展业、商务会议等产业。例如，海南琼海市博鳌镇以会议市场为纽带，开发商务旅游产品，实现会议与度假市场共享，两者以市场共拓发展，拉动本地经济发展。

需要强调的是，产业融合并非单一点融合，一般多为两个及以上元素共同作用。根据不同产业特性的差异以及发展基础，可融合程度不一。一般而言，产业发展基础越好，与旅游的融合空间越大。通过产业要素解构，资源、技术、产品和市场是旅游业与其他产业融合四大关键点。在产业融合过程中，一般通过多点进行相互渗透和交叉。

二、旅游产业融合的方式

目前，旅游业与其他产业融合的主要方式有功能模块嵌入式、上下链条延伸式和混合联动发展式三种。

（一）功能模块嵌入式

由于旅游产业的边界较为模糊，众多产业将旅游业作为一个功能模块，嵌入其产业价值链中，以此拓展和提升相关产业的增值空间，新的旅游业态的发展和旅游外包服务的出现，都是旅游作为功能模块嵌入其他产业的结果。以商务旅游为例，针对众多企业商务会议、商务考察的需求，旅行社部分业务融入企业的整体运作，成为一个服务模块，被分包出来，形成现有的旅游服务外包。

（二）上下链条延伸式

通过功能补充，实现相关产业链延伸。从旅游业角度来看，以工业、农业等生产性产业为代表的上游产业，和以文化为代表的下游产业是旅游业延伸的主要内容。

（三）混合联动发展式

混合联动发展式即以上两种方式兼有的融合方式。以农业与旅游业融合为例，一方面，通过农家乐、农业休闲园等产品，旅游功能融入农业产业，提升农业产值；另一方面，蔬菜、水果等农产品生产，作为上游产业，向农业旅游提供原材料。也就是说，通过资源、技术、产品和市场的四重融合，旅游业与农业的融合发展，实现了旅游功能的嵌入，同时也延伸了农业旅游产业链条。

旅游业与其他产业融合的这三种方式应用各有侧重。一般而言，生产性产业，如农业、工业，多为混合联动发展式；休闲功能较强的产业，如会展业、体育、医疗、教育等，多为功能模块嵌入式；专业技术功能较强的产业，如环保、商业、船舶等，多为上下链条延伸式。

第三节　旅游产业和第一产业融合：产品体系

根据国民经济行业分类标准，我国的第一产业指农业、林业、牧业和渔业。旅游产业与第一产业融合即旅游业与农业、林业牧业以及渔业的融合，但由于我国牧业和旅游业的融合还处于萌芽时期，产品体系还不够成熟，本节仅涉及旅游业与农业、林业和渔业的融合。

一、旅游业与农业融合

近年来，随着全球农业产业化的不断发展进步，人们也逐渐发现现代农业不仅具有生产性功能，还能够改善生态环境质量，具有提供观光、休闲、度假等生活性的功能。此外，人们收入水平不断增加，可以随意支配的空闲时间也不断增加，人们对旅游渴望趋于多样化，尤其是快速的生活节奏带来的压力使人们希望能在典型的农村环境中放松自己。因此，农业与旅游业交叉融合形成了新型产业。农旅融合指在一定的消费基础、环境以及产业条件下，因受政策以及市场需求的影响，广大农户、政府与企业等为实现经济效益、社会效益、生态效益所实施的农业旅游的开发、运行管理、产品生产以及市场销售等的总称。

（一）农业与旅游的要素融合

农业旅游是一个典型的旅游业与农业延伸融合的例证，就其产生过程而言，始于技术融合，经历了产品融合和业务组织触合，最后达到市场融合状态。

1. 技术融合

技术融合不仅要保证传统农业的生产功能继续发挥作用，还要根据旅游消费的需求、遵循旅游产业发展的需要，以旅游产业的发展方式、技术和程序来对农业进行革新，使得农业生产的要素、过程以及结果都能符合旅游产品和服务的要求，成为具有旅游特征的现代农业产业。技术融合的方法如下：

（1）田园生态景观化。该方法要求对景观学、园林学、美学等理论进行综合运用，在各项生物技术的改造下，提高原有农业自然景观和生态景观的旅游审美，将之改造为路相通、渠相连、林成网、水相映、四季常青的现代农业田园景观，吸引更多的旅游者体验农业风貌、农村生活和休闲娱乐。

（2）生产技术园艺化。这一方法要求将农业生产地改造为现代农业科技示范园，向旅游者展现农业与生物技术、基因工程、电子技术等多种现代科学技术融合的情景，这样既能利用科技发展农业，又能通过农业科技吸引旅游者。

（3）农业劳作休闲化。可以将农业劳动开发成参与性较强的休闲活动。让旅游者参与农业生产，自己动手种植、饲养、捕钓、采摘，在模仿、习作和体验中获得一定的成就感，在这一过程中，旅游者可以学习到农业生产知识和技术，在参与中获得休闲、放松的体验感受。

（4）农业产品旅游化。即可以本着绿色、环保、生态的理念，对一些初级农业产品进行加工、包装，作为旅游产品出售，使旅游者获得消费上的满足。

2. 产品融合

在技术融合的基础上产生的农旅合一的旅游产品，兼具农业与旅游业的双重特点：一方面具有常规性的农业生产功能，比如可以进行粮食、蔬菜、水果、花草、药材类以及禽类产品的生产，发挥自身农业产品的价值；另一方面还可以让旅游者进行观赏、品尝、购物、务农、娱乐、疗养、度假等活动，并从中体验休闲旅游的快乐，这就具备了旅游产品的基本特点。

3. 业务和组织融合

农业旅游在进行业务和组织融合的时候，实际上就是传统的农业和旅游业产业链解体并重组的过程，两大产业链融合形成新农业旅游产业链。

（1）产业链的解体。农业与旅游业进行融合的时候，旅游产业链解构为吃、住、行、游、购、娱等环节，并作为产业融合的一方要素得以保留。传统的农业产业链分解为播种、生产、收获、销售等环节，并作为产业融合的另一方要素得以保留。

在满足旅游消费者需要的市场力量引导下，从农业产业链中选取具有旅游价值的农业生产、农村风貌、农民劳动和生活场景等环节，并将旅游产业链诸要素与之匹配、结合，最终成为集合了旅游资源的策划、研发、组合、设计、交通、餐饮、住宿、游玩、商贸、营销还有质量管理等活动环节的融合型农业旅游产品。

（2）产业的整合。农业旅游是一个“农业服务化，农业旅游化”的过程。在整合的时候，农户和农业企业必须对之前的产业链进行再一次的构建，将产业链的中心从农业生产转移到满足旅游者需求方向上来。经过重建之后，观光农业的产业链与原来的纯粹农业产业链有了根本上的区别，一改原有的将农作物生产和销售当作产业链中心的模式，转而开始将旅游者需求和旅游设施建设作为产业链发展的重心。新构建的农业旅游产业链既包含农业产业链应有的核心价值活动，还包含旅游产业链的核心价值活动，并将两者完美融合，应用到农业旅游产业中。

4. 市场融合

当融合型的旅游产品得到市场承认，市场规模越来越大、效益越来越好时，农业与旅游业的融合程度才能得到进一步提高，融合关系才能进一步走向成熟。农业与旅游业的市场融合实际上来自产品质量与市场营销两方面因素的影响。

（1）通过对农业旅游的质量标准和相关法规的制定，对农业旅游的发展进行规范升级，保证农业旅游的质量标准，严格规定农业旅游的准入标准。比如成都市制定了《农家乐开业基本条件》（DB 510100/T004—2004）《成都农家乐旅游服务质量等级划分及其评定》（DB 510100/T005—2004）两个地方标准来规范当地农业旅游水准，对不同形式的观光农业景点进行分类管理。

（2）强化营销。农业旅游要想在旅游市场中获得良好的发展，离不开营销。观光农业不同于传统农业，它具有旅游业的非实物性、生产与消费统一性等特征，并且具有很强的体验性。消费者无法在购买前对其产品和服务进行提前体验，所以农业旅游必须要加大宣传力度。

（二）农旅融合的模式

现阶段，农旅融合不仅能够开发农村生态资源，还能够带动广大农民增收、促进乡村发展。农旅融合的模式通常有观光农业、生态农业、体验农业和度假农业，通过组织旅游活动来吸引旅游者，进而实现旅游产业与农业的有效融合。

1. 观光农业

观光农业是一种以农业和农村为载体的新型生态旅游类型。狭义的观光农业指合理地开发利用农业自然资源，把农业生产经营活动和发展旅游结合起来，提供观光游览、调剂性劳动、学习及享用新鲜食物的一种农业；广义的观光农业指广泛利用农村空间、农业自然资源和农村人文资源进行旅游开发，扩大农业与农村的观光旅游功能，满足不同层次的需求。

2. 生态农业

农业生态旅游是把农业、生态和旅游业结合起来，利用田园景观、农业生产活动、农村生态环境和农业生态经营模式，吸引旅游者前来观赏、品尝、作息、体验、健身、科学考察、环保教育、度假、购物的一种新型的旅游和农业开发类型，采取高效、低耗、环保以及节能的生态农业已经渐渐成为农业发展的潮流。

3. 体验农业

体验农业指利用田园景观、自然生态及环境资源，结合农林渔业生产经营，经过规划设计与建设，使旅游者体验农业及农村生活，达到休闲观光、娱乐为目的的农业经营形态。通常以“住农家屋”“吃农家餐”为主，早在 20 世纪 60 年代，体验式农业已在美国出现，并且陆续影响到了英、法、德、日等经济发达国家。

当前，在城乡统筹发展的语境下，体验式农业有更现实的意义。一是可以满足许多市民当“农民”，回归自然、返璞归真的愿望；二是可迅速促进城乡互动，让城市的人流、资金流、信息流向乡村汇聚，有利于加速农业产业化进程；三是可促进城乡文化融合，让农村成为市民教育子女的“天然课堂”。

4. 度假农业

度假农业是利用农业景观资源和农业生产条件，发展观光、休闲、旅游为一体的一种新型农业生产经营形态；也是深度开发农业资源潜力，调整农业结构，改善农业环境，增加农民收入的新途径。在综合性农业度假区，旅游者不仅可以观光、采果、体验农作、了解农民生活、享受乡土情趣，还可以住宿、度假和游乐。

5. 田园综合体模式

田园综合体模式是集现代农业、休闲旅游、田园社区为一体的乡村综合发展模式，目的是通过旅游助力农业发展、促进三产融合的一种可持续性模式。2017 年 2 月 5 日，“田园综合体”作为乡村新型产业发展的亮点措施被写进中央 1 号文件，原文如下：“支持有条件的乡村建设以农民合作社为主要载体、让农民充分参与和受益，集循环农业、创意农业、农事体验于一体的田园综合体，通过农业综合开发、农村综合改革转移支付等渠道开展试点示范。”

综上，旅游产业与农业融合发展体系可归纳为表 2-3-1。

表 2-3-1　旅游产业与农业融合发展体系

要素产业	吃：农家餐饮 住：农家酒店　民宿　农家宾馆 行：农家交通 游：农家景观　农业景观 购：农家特产　旅游农产品 娱：农家活动
融合产业	农业旅游：农业观光　农家体验　乡村休闲　民俗展馆　乡村购物 旅游农业：直销农业　供应农业

续表

延伸产业	农业旅游	现代农业观光 生态农业观光 农业主体公园 农事体验馆 农家乐　渔家乐　牧家乐　垂钓公园 森林养生苑 乡村客栈 休闲庄园 土特产购物园 民俗博物馆　农耕博物馆
	旅游农业	农业采摘园 度假农场 家庭农园 绿色农园 垂钓庄园 粮菜、畜产品、水产品供应基地 瓜果供应基地 旅游农产品生产园区

二、旅游业与林业融合

现代林业的发展催生了森林旅游业，拓宽了林业科学的研究领域。现代林业和旅游业的融合发展，为林业、旅游业的发展提供了一次历史性的重大机遇。

从市场层面来看，“十三五”期间我国森林旅游者超过了 75 亿人次，随着旅游者规模的不断扩大，林业与旅游业的融合发展也成为市场的呼唤。目前，市场上森林旅游已成为继经济林产品种植与采集业、木材加工与木竹制品制造业之后，年产值突破万亿元的第三个林业支柱产业。

当下，我国的林业与旅游业的融合发展才刚刚开始，森林旅游处在起步阶段，未来还有很长的路要走，对每个特定的地域来说，需要在全域旅游的语境下进行森林旅游发展模式的创新，针对森林旅游的痛点问题，形成完善的应对策略。

（一）林旅深度融合的基础

1. 生态基础

我国在城市化、工业化水平不断提高的同时也付出了巨大的环境代价，如雾霾的出现。生态文明的理念逐渐深入人心，人们开始向往田园生活，追求更加低碳的生活方式。森林覆盖区本身就是一个良好的生态系统，森林具有调节气候、抑制沙尘、降低城市“热岛效应”的功能，林业与旅游业的融合拥有先天性的整合基础。

21 世纪以来，我国确定了以生态建设为主的现代林业发展战略，推动我国林业生态建设快速发展。据国家林业局发布的有关数据，1990 年国家森林公园仅 16 个，到 2015 年已增加至 826 个。回顾我国森林公园的发展历史，不仅有数量的变化，而且有投资主体的变化——社会投资建设森林公园的积极性越来越强烈。许多村级组织、经济合作组织以良好的村级生态环境通过吸收外来资金、技术和管理经验，开发本地的森林旅游资源，建设森林景区、森林人家和森林小镇等。

2. 市场基础

城市化和工业化带来城市环境问题，在许多城市里，“望得见山、看得到水、记得乡愁”成为一种奢望。城镇居民把走进森林、回归自然为特点的森林旅游作为重要的出行选择。根据国家林业局的统计信息，到 2015 年年底，我国森林旅游人次占旅游总人次的比重已到四分之一。

森林旅游相对于其他旅游项目而言，具有投资少、收益时间长的特点，其产品价格相对也比较低，拥有更广泛的游客消费群体，可以满足不同消费能力游客的多元化需求。因此，林业与旅游业的融合有广阔的市场基础。

3. 激励机制

森林旅游对林业和旅游业的发展提供了良好的契机。对林业而言，通过融合发展，可以优化林业产业机构，提升三产收入，扭转林业产业发展难、林农增收难的困境。对旅游业而言，林业可以提升旅游产品的质量和内涵，完善旅游链条。

森林旅游与其他工作，如新农村建设、扶贫搬迁等工作结合起来，能够成为扶贫攻坚的有效手段。很多地方通过发展森林人家，有效实现闲置劳动力的利用。可以说，发展森林旅游，能够实现多赢的局面。

（二）林旅融合的新业态

现代林业不再像以前的林业一样，仅代表传统的部门利益，林业主要服务于社会公众，公益建设、森林多功能服务和可持续林业、特色林业已成为主要的经营内容。人们不仅期望森林发挥供给、支持、调节等服务功能，更希望它成为文化资源。在提倡保护森林生态系统的同时，森林的游憩休养及文化等多种功能也逐渐得到重视，催生出森林旅游的新业态。

1. 森林小镇

在森林资源丰富、生态环境良好的国有林场和国有林区、林业局的场部、局址、工区等适宜地点，以提供森林观光游览、休闲度假、运动养生等生态产品与生态服务为主要特色，融合产业、文化、旅游、社区功能的创新发展平台。我国比较著名的森林小镇有浙江长兴龙山街道森林小镇、深圳梅沙森林小镇等。

2. 森林公园

以森林为主体，具有地形、地貌特征和良好生态环境，融自然景观与人文景观于一体，经科学保护和适度开发，为人们提供原野娱乐、科学考察及普及、度假、休息疗养服务。

森林公园主要 10 个基本类型：（1）山岳型森林公园：以奇峰怪石等山体景观为主的森林公园；（2）江湖型森林公园：以江河、湖泊等水体景观为主的森林公园；（3）海岸—岛屿型森林公园：以海岸、岛屿风光为主的森林公园；（4）沙漠型森林公园：以沙地、沙漠景观为主的森林公园；（5）火山型森林公园：以火山遗迹为主的森林公园；（6）冰川型森林公园：以冰川景观为特色的森林公园；（7）洞穴型森林公园：以溶洞或岩洞型景观为特色的森林公园；（8）草原型森林公园：以草原景观为主的森林公园；（9）瀑布型森林公园：以瀑布风光为特色的森林公园；（10）温泉型森林公园：以温泉为特色的森林公园。

森林以其独有的魅力，吸引着越来越多的人到森林里从事游憩、观光、野营、野餐、避暑、度假、疗养、登山、森林浴、狩猎、滑雪、垂钓、摄影、考察、观赏野生动植物等旅游活动。这些活动是对孕育人类文明的大自然的回归，是生活在现当代文明社会中的人们对山林野趣的寻觅，因而促进了森林旅游产业的发展。森林旅游产业的快速发展既体现了森林本身的游憩价值，也提高了人们对现代林业的整体认识水平。

三、旅游业与渔业融合

近年来我国渔业经济面临着渔业生产技术落后、渔业经济发展不平衡、产业综合竞争力减弱、渔业资源衰退等一系列问题。随着海洋捕捞“零增长”的目标的提出，我国渔业生产必须改变以往单纯追求产量增长、过度捕捞的粗放型渔业经济增长方式，加快渔业结构战略性调整，而渔业与旅游业的互动融合无疑是一条重要的路径。

休闲渔业（leisure fisheries）是渔业经济与旅游产业融合发展的新型业态，它集休闲、旅游、娱乐、渔业生产体验为一体，可显著提高渔业经济的社会、经济和生态效益。渔业经济与旅游业融合发展，对充分利用我国的渔业资源、延长渔业经济产业链具有重要作用。

发展渔业旅游要坚持“保护渔业生态环境，发展渔业生产力，优化渔区产业结构，繁荣渔区经济，美化渔村环境”的原则，合理地利用各地特有的自然资源，构建不同的产品模式。旅游业与渔业融合的模式主要有：

1.“渔家乐”模式

有效利用渔区、渔港、渔船、渔业设施以及渔民专业技能，实现旅游者在参观海岛风景的同时还能体验渔民的生活。例如进行张网、流网、拖虾、笼捕、海钓等活动，在休闲度假中感受自然。

2.“农家乐”模式

“农家乐”模式需要人为进行创设，需具备相当规模的专业海水养殖网箱、淡水养殖池塘以及餐饮、交通、钓具、饵料等服务设施，结合当地的自然条件，开发建造一些娱乐项目，形成独特的休闲渔业农家乐模式。

3.“旅游观光”模式

在海洋资源丰富处，有效利用渔港、浅海、岛礁等海洋自然生态资源，创设海上旅游、海钓基地，设计海上旅游观光项目，例如海上游览、海上捕鱼、海底观光、海上运动和潮间带采集等活动。

第四节　旅游产业和第二产业融合：产品体系

根据国民经济行业分类标准，我国第二产业包括采矿业、制造业、电力、热力、燃气及水生产和供应业以及建筑业。旅游业与第二产业中的采矿业和制造业融合发展程度更高，产品体系较为完善。

一、旅游业与工业融合

旅游业与工业的融合产生了工业旅游，依据《国家工业旅游示范基地规范与评价》（LB/T 067–2017），工业旅游是以运营中的工厂、企业、工程等为主要吸引物，开展参观、游览、体验、购物等活动的旅游。

工业旅游需被各主体重视，它具有观光游览、科技普及和宣传促销三重功能，是一种既受旅游者欢迎，又会被旅行经营者看重，也容易为工矿企业所接受的旅游方式。它对旅游者来说是了解现代文明、学习科学知识的窗口，对工矿企业来说是企业办三产、延伸产业面、提高企业知名度和树立企业形象的一种新方式，对旅行经营者来说又是丰富旅游产品的一个新途径。

（一）工业旅游的发展

工业旅游最初在国外产生，1815 年英国伦敦举办第一届工业产品博览会，吸引了 600 多万人次的参观者，此为工业旅游的萌芽。50 年代后工业旅游在西方国家发展起来。比较有代表性的国家有：（1）法国。法国的三大汽车公司雷诺、标致以及雪铁龙每年接待的旅游者达到 20 万人次，另外还开发了核电站旅游接待活动；（2）美国。几乎所有的大机构、大公司都有对外开放的制度，如国家造币中心、宇航中心、福特公司、波音飞机制造公司等；（3）英国。英国政府积极推动工业旅游，1964 年就有 69 家企业开辟了自己的博物馆。

我国在 20 世纪 90 年代开始开发工业旅游项目。1994 年，长春第一汽车集团组建了旅行社，对外开放了卡车生产线、红旗轿车生产线、汽车研究所样车陈列室等。2001 年，国家正式启动工农业旅游项目。2010 年，共有 271 家工业企业被授予“全国工业旅游示范点”。自 2017 年我国启动国家级工业遗产申报以来，已分两批次筛选出 53 处国家级工业遗产，其中 14 处为关闭矿山所包含的矿业遗迹，占全部工业遗产的 26.42%。可以预见，随着旅游者对工业旅游认识的深入，更多的工厂和企业将会开发工业旅游项目。

（二）工业旅游的模式

1. 工业博物馆模式

该模式通常以工业文化资源为依托，集工业旅游景点和主题博物馆于一体，旅游者参与体验的同时销售产品。如在美国康宁玻璃中心，旅游者可以观看和自己制作玻璃工业品，美国康宁玻璃中心拥有世界上收藏玻璃最多的博物馆，其展品超过 45 000 件，展示 3 000 多年来玻璃工艺发展史，年接待旅游者 20 万人次。

2. 创意产业园模式

该模式以工业遗址为依托，利用原有厂房稍做装修和修饰，使之变成为富有特色的艺术展示和创作空间，成为新的旅游景区。例如北京的 798 艺术区，它由 20 世纪 50 年代民主德国援建的北京华北无线电联合器材厂改建而成，90 年代末以其独特的包豪斯建筑吸引了众多中国当代艺术家前来租房并进行艺术创作。2004 年至 2005 年 798 艺术区旅游者达到 50 万人次，2007 年达 150 万人次，2008 年北京奥运会期间被确定为重要的接待点。

3. 工业主题旅游模式

工业城市和工业企业可以根据自身特点，为旅游者开发各具特色的主题旅游。

在奔驰汽车公司，旅游者可穿上工作服去拧几颗螺丝，到工人食堂吃饭，体验“奔驰人”的生活；大众汽车公司为了吸引旅游者，特地在德累斯顿建设了一个通体透明的生产车间，旅游者可以全景参观轿车的生产过程；青岛啤酒集团为发展工业旅游开辟了以“创业之路”“创新之路”为主题的工业旅游线路。

4. 旅游综合模式

综合模式即把工业参观与自然景观、文化古迹等相结合，突出综合旅游优势。如三峡库区。

（三）工业旅游产品类型

旅游实践中将工业旅游产品按照功能属性分为观光、体验、购物三类产品。

1. 观光类产品

观光类产品是指以企业场景、设施设备及其他具有景观价值的工业旅游资源为主体，开发的供游客观光、游览线上企业环境和景观的旅游产品。这种观光类工业旅游产品与传统的观光旅游产品相比，具有受季节变化影响小、受交通限制小、有较强的科普意义等特点。

一般的观光类旅游产品具有明显的淡季和旺季，而观光类工业旅游产品依赖的是工业资源，一般是工厂车间、车间内的流水线等，大多处于封闭的室内，受季节变化影响不大。这类旅游产品所依托的是工业资源，大多是坐落于大城市的大型工业企业。

根据对观光类工业旅游产品特点和市场需求的分析，将观光类工业旅游产品的旅游者分为三类：出游率高的一般旅游者，他们多以团体形式出游，喜欢接受新的事物；对工厂有感情的怀旧旅游者；基于对知识的渴望或者父母、学校安排来参观的青少年旅游者。

2. 体验类产品

体验与工业旅游结合起来的体验类工业旅游产品，正在满足体验经济时代旅游者追求新奇、追求个性和参与体验的需求。体验类工业旅游产品借助工业企业的厂房设备等资源，使得设备和技术可以在旅游开发中以另一种形式表现出来，很大程度上丰富了旅游产品的内容，这类产品强调参与性。开发体验类的工业旅游产品，必须为旅游者提供个性化的产品和服务。

根据对体验类工业旅游产品特点和市场需求的分析，将体验类工业旅游产品的旅游者分为三类：体验类旅游者、“品牌型”旅游者和一般旅游者。体验类旅游者：这类旅游者希望能从所购买的旅游产品中获得意想不到的体验，并且渴望在旅游活动中得到个性化的服务，他们参加旅游要满足求新求异的需求，并想从中获得新知识和新体验；“品牌型”旅游者：此类旅游者对某一家企业产品品牌十分认可，有一定忠诚度，希望对企业有更多的了解，例如产品是如何生产的、企业文化如何等；一般旅游者：这类旅游者希望从一次旅游经历中获得多方面体验，并不刻意要求或突出旅游产品的“体验”特性，而是要求旅游产品的内容更加丰富和乐趣，获得难忘的经历。

3. 购物类产品

旅游购物是旅游业的重要组成部分，是整个旅游过程中的一个环节。购物类工业旅游产品是旅游者以购买工业旅游企业的特色工业旅游商品为主的购物。

工业旅游购物按照组织模式可以分为旅游超市模式、现场观摩模式、体验模式、前店后厂模式。旅游超市是一种旅游者自选的销售方式，以销售旅游食品、旅游日常生活用品为主，一般选择在景区内外或旅游饭店餐厅内外；现场观摩模式：工业旅游的重要内容是引导旅游者参观工业产品的生产流程，在参观过程中，由专业人员讲解，介绍产品专业知识，同时可以诱导旅游者现场购买自己喜欢的产品；体验模式：对旅游者进行专业知识培训，让旅游者掌握一些简单的工业品生产技能，允许旅游者参与工业产品的制作过程，他们更乐意购买自己亲手制作的商品，也会使他们得到难忘的体验；前店后厂模式：在生产厂区或参观景区设置销售门店，可以方便旅游者先参观后购物。

综上，可以将旅游产业与工业融合发展体系归纳为表 2–4–1。

表 2–4–1 旅游产业与工业融合发展体系

<table>
<tr><th>类别</th><th colspan="2">内容</th></tr>
<tr><td>要素产业</td><td colspan="2">吃：工业主题餐饮
住：工业主题酒店
行：工业主题交通
游：工业景观
购：工业特产　旅游专业用品　旅游纪念品
娱：工业活动娱乐</td></tr>
<tr><td>融合产业</td><td colspan="2">工业旅游：工业观光　工业体验　工业休闲
旅游工业：旅游用品生产　旅游购物品加工</td></tr>
<tr><td rowspan="2">延伸产业</td><td>工业旅游</td><td>循环工业生产基地
工业企业游览区
工业生产体验园
现代工业文明成果展示园
历史工业文化遗迹展示园
工业博物馆</td></tr>
<tr><td>旅游工业</td><td>旅游纪念品生产基地
旅游装备、旅游用品生产基地
土特产品加工基地
名优产品生产基地</td></tr>
</table>

二、旅游业与采矿业融合

矿区在经济转型过程中与旅游产业融合形成矿业旅游。目前对于矿业旅游尚无公认的定义，较为普遍的理解是利用采矿业现行或遗留的生产场地、流程、大型设备、建筑物、工人宿舍以及产业文化等，对其赋予新的有利于旅游业发展的功能，进而开展旅游活动的一种形式。大同煤业集团的井下旅游、阜新海州露天国家矿山公园等都属于矿业旅游。矿业旅游的模式主要有：

1. 矿山公园模式

矿山公园指利用废旧矿山遗址留下的矿产地质遗迹、采矿及办公设施所含有的科学文化内涵，在治理、恢复生态的基础上，创立的可供公众科考、科普、观光、休闲的场所。我国自 2004 年开始建设矿山公园，截至 2018 年年底，自然资源部已经分 4 批次，共批准 88 家国家矿山公园的建设资格，各省分布上百家省级矿山公园。

2. 地质公园模式

保护地质遗迹、保护自然环境，传播地球科学知识，促进全民族科学素质的提高，开展旅游活动、促进地方经济社会可持续发展，是建设地质公园的任务。我国自 1985 年开始筹备建设国家地质公园，经过 30 多年的发展，截至 2018 年年底，全国范围内已经批准和建成世界地质公园 37 家、国家级地质公园 270 家、省级地质公园 343 家。地质公园的申报主体为公园所在地政府，管理部门为相应级别的地质公园管理处，批准权限按照资源价值进行审批，分为世界级（联合国教科文组织审批）、国家级（自然资源部审批）和省、市级（自然资源厅、局审批）。

3. 矿业博物馆模式

全国现有各类博物馆接近 5 000 座，2017 年全国各级各类博物馆参观人数已经超过 9 亿人次。目前，国外以博物馆模式开展矿业旅游的案例比较多，如德国然梅尔斯贝格矿山博物馆、波兰贵都煤矿博物馆、波兰维利奇卡盐矿博物馆等，国内比较知名的有河北海盐博物馆，其建立基础是海丰镇古制盐遗址，曾有“万灶青烟皆煮海”盛况，馆内通过多种高科技手段再现了当时壮观场面，同时展现我国自 4 000 多年前就开始的盐业生产和盐民生活的多层文化面貌，展现出我国盐业发展的辉煌成就。

4. 休闲度假模式

对于周边环境条件好、交通区位方便、基础设施配套完善以及位于成熟旅游景区周边的关闭矿山，应以打造休闲度假模式为主，采用休闲度假模式改造建成的景区可以不限于珍贵的或稀有的矿业遗迹为载体，因而灵活度更高。休闲度假模式的矿业景区既可以满足各层次人群的矿业旅游需要，又可以延续矿区的文化。如山东威海华夏城景区，前身为长达 50 多年的露天采石场，经过整治完成了 61 个采石场的生态修复和改造，如今，在这片曾经的废墟上，一座“环保生态城”景区拔地而起，30 余处湖泊星罗棋布，20 多处景观顺势绵延，并成功晋升为国家 5A 级景区，是全国范围内科学治理关闭矿山地质环境、合理开发矿业遗迹、做大做强矿业文化产业的成功典范。

5. 综合开发模式

重视矿业活动遗留的矿业遗迹资源的属性特征，根据矿山开采方式、所处地理位置、周边环境条件等要素，因地制宜，合理开发矿业旅游。如辽宁省抚顺市将煤矿西露天场充水成湖，将上部矿山开采时的泵站系统改造形成瀑布，周围造林绿化，是矿坑成为城区内人文、工业景观的旅游胜地；上海佘山世茂洲际酒店位于佘山脚下的关闭石场采坑内，坑底海拔 −88m，酒店依附深坑崖壁而建，是世界首个建造在废石坑内的自然生态酒店，是全球海拔最低的五星级酒店，被誉为“世界建筑奇迹”。

第五节　旅游产业和第三产业融合：产品体系

第三产业即服务业，指除第一产业、第二产业以外的其他行业。范围比较广泛，包括批发和零售业、交通运输、仓储和邮政业、住宿和餐饮业、信息传输、软件和信息技术服务业、金融业等。

一、旅游业与文化产业融合

习近平总书记指出：“文化产业和旅游产业密不可分，要坚持以文塑旅、以旅彰文，推动文化和旅游融合发展。”文化和旅游部 2021 年印发的《“十四五”文化和旅游发展规划》以及《“十四五”文化产业发展规划》进一步提出推动文化产业和旅游产业深度融合发展，完善文化和旅游融合发展体制机制等方面的要求。新时代背景下，促进文化与旅游业融合、发展文化旅游已成为新目标和新使命。

（一）文化旅游的概念

世界旅游组织对文化旅游的定义包括广义和狭义两方面。广义定义：“文化旅游包括旅游的各个方面，旅游者从中可以学到他人的历史和遗产，以及它们的当代生活和思想。”狭义定义：“人们处于文化动机而进行的移动，诸如研究性旅行、表演艺术、文化旅行、参观历史遗迹、研究自然、民俗和艺术、宗教朝圣的旅行、节日和其他文化事件旅行”。

（二）文化与旅游业融合的基础

文化与旅游业融合的基础包括以下三点内容。第一，旅游业直接利用文化资源加强发展和创新。旅游资源和文化资源天生存在很多交叉现象。文化资源主要包括人类在发展中创造的物质财富和精神财富，如物质文化遗产和非物质文化遗产。第二，旅游业对文化资源进行创意改造，打造出全新的旅游产品或对原有的旅游产品进行升级改造。比如，米老鼠和唐老鸭的形象就是迪士尼公司打造的全新的旅游产品形象，创造了主题公园。白雪公主的形象来自童话故事，迪士尼公司进一步优化白雪公主的形象，通过现代技术制作动画片、文创衍生品等，延长了产业链。第三，旅游市场和文化市场强强结合，优势互补，实现共赢。文化与旅游相融合，互相补充，打造出的文旅产品在市场上越来越受欢迎，成为旅游市场上重要的组成部分。

（三）文化与旅游业融合的目的

文化和旅游是人们生活的重要内容，是个人和社会提升幸福价值的重要方式之一。一方面，在人类历史的长河中，人类本身就是文化的存在，是文化的创造者和传播者，是文化发展的重要力量来源。人类生活在一定文化氛围中，可以更好地领悟生命的含义、更好地感受人生的幸福价值。另一方面，旅游业的发展有利于人们感受生命的意义，体会生活的乐趣，提升幸福感。旅游可以让人们在体验中感受生命的意义，提升人生幸福感。文化和旅游业的融合发展能够促进人们体验生活，感悟生活，追寻人生幸福，实现社会幸福。

（四）文化与旅游业融合的模式

文旅融合的方式符合一般产业的融合方式，其融合模式以及路径主要如表 2–5–1 所示。

表 2–5–1　文旅融合模式分类

融合模式	融合路径	主要表现形式	典型案例
渗透	资源渗透	文化景观	庐山瀑布
延伸	市场延伸	旅游演艺	宋城千古情
	产业价值链延伸	特色小镇	景德镇瓷器小镇
重组	功能重组	旅游节庆	西塘汉服文化节
	产品创意重组	文创开发	故宫文创
一体化	产业价值链一体化	主题公园	迪士尼乐园

（五）旅游与文化创意产业融合

文化创意旅游产品是文化产业中的创意产业和旅游产业相融合而来的。文化创意产业分 7 大类 13 小类，分别与旅游产品进行联系，得到各类衍生产品，即文化创意旅游产品，见表 2–5–2。

表 2–5–2　文化创意产业分类

文化创意产业分类	衍生文化创意旅游产品
软件开发	IT 园旅游、动漫乐园
出版	书城旅游、报业工业参观、文化产业园参观
广告、广播、电视电影	影视基地及电影城
设计视觉艺术	个人作品展览、美术馆、雕塑园、主题公园
工艺制作	手工作坊
博物馆	特色博物馆
曲乐、节事及表演艺术	音乐庆典、文艺表演、戏曲、节庆节事

注：主题公园只包括文化类主题公园，不包括游乐园、动物园、农庄等；特色博物馆不包括革命类、城市发展类、历史博物馆。

旅游与文化创意产业融合形成动漫旅游、影视旅游和旅游文化演出等特色文化旅游项目。

1. 动漫旅游

动漫旅游是以动漫资源为基础进行深度综合开发的新型专题旅游活动。代表性的旅游地有迪士尼乐园。2004 年，杭州宋城集团按照网络游戏《传奇世界》内的场景，将游戏中的铁匠铺、药店、杂货铺等真实再现，动用了 50 多位蒙古骑士表演《传奇世界》中经典的行会“沙城”攻城战，该项目“五一”期间 7 天内吸引力 35 万人次的旅游者，获得 1 800 万元的收入。

2. 影视旅游

通过将影视基地与特色旅游结合起来，形成一种新型的旅游类别，影视旅游满足了旅游者的寻梦心理和审美寄托，创造了巨大的社会、经济效益。根据电影业和旅游业之间融合的不同水平，把影视旅游业分为三个层面：影片外景地或旅游景区、影视拍摄基地或影视城、电影节或主题公园。

3. 旅游文化演出

旅游文化演出包括三种类型：①大型山水实景演出；如“印象”系列，西安的《长恨歌》等；②景区景点内的娱乐表演；如锦绣中华推出的“中华百艺盛会”等；③戏曲、茶馆酒店、剧场、夜总会等的娱乐表演。

二、旅游业与交通业融合

旅游业和交通业的融合有两个方向，一是产业外部的供给主体向内渗透，表现在本来是为旅游业提供生产要素或者支撑平台的机构，现在直接呈现旅游供应商的特征；另一个方向是产业内部的运营商向外渗透。

（一）民航业

自 20 世纪 70 年代开始，航空公司对饭店业的直接投资以及航空公司和饭店的结盟为旅游者提供了“机票 + 酒店”式的一体化服务。例如，春秋国旅在 2005 年组建了春秋航空股份有限公司，该公司旅游产业链上下游融合，形成“旅游 + 航空”的模式。2006 年年底海南航空控股股份有限公司整合内外部航空、酒店、景区等资源成立大型旅游企业集团。商业模式由传统的旅游为航空公司服务向航空公司为旅游服务转变。

（二）铁路运输业

铁路运输与旅游的融合有两种方式：一是直接投资旅游业，如兴办旅行社、饭店等。二是列车运营策略上采取旅游导向式服务，如旅游专列、观光列车。例如，东方快车是集交通、观光、住宿等为一体的旅游载体，主要针对当时的政客、商人、社会名流、旅游爱好者等，提供充满“神奇色彩和异国情调”的远游，并在开罗、巴黎、北京等地修建豪华饭店，供旅游者落地时使用。这种方式逐渐被我国引进。

1990—1998 年是我国铁路旅游业发展的集中期，组建了如上海铁旅集团、北京铁旅集团等旅游企业集团。2007 年济南铁路局新组建旅游广告集团公司，专门围绕动车组推出了系列旅游新产品，旅游专列、“朝发夕至”列车、卧铺动车组等作为流动的宾馆，日益成为商务和旅游者出行的首选。

（三）公路运输业

旅游业与公路运输业的融合主要是旅游业和汽车业融合。新业态主要有：

1. 房车旅游与房车俱乐部

房车旅游在 20 世纪 80 年代成为新兴的休闲方式。如今外形豪华、内设齐全、配有卧室、电视、音响、冰箱、化妆台、卫生间等的旅行房车越来越多。房车旅游集旅行、住宿、烹饪、淋浴、工作为一体，已成为我国高端休闲人群进行休闲旅游的首选。

2. 汽车营地

为了与房车旅游相适应，汽车营地大量兴建。美国约有 16 000 家公立和私立的露营地，并且具有完备的管理运营体系和星级划分标准，而我国的汽车营地发展还处于起步阶段。

3. 汽车餐厅、汽车旅馆

早期的汽车餐厅选址在高速公路休息场或公路路口，有专门的汽车道，专门的点餐、取餐窗口和醒目的车道旁餐牌，后来发展到像汉堡王、麦当劳一样，在餐厅周围预留出汽车道，开车人先在一个窗口点餐，再开到另一个窗子取食品。汽车旅馆同时为顾客提供停车位与房间，多位于高速公路交流道附近。美国第一家汽车旅馆于 1952 年开业；法国雅高集团的“一级方程式”廉价汽车旅馆于 1985 年开业，并在短短的 15 年里在全球开设了 1 000 家分店。

另外，还有自驾车旅游服务相关机构、汽车租赁服务等。

（四）水上运输业

旅游业与水上运输业融合产生的旅游产品有邮轮旅游、海外邮轮包船运作模式。2007 年，众信国际旅行社包下歌诗达邮轮公司的爱兰歌娜号，开发了邮轮旅游，线路从天津开始，游历韩国济州岛、日本长崎，最后返回天津，此为我国首次做的包船旅游。

三、旅游业与房地产业融合

旅游业与房地产业的融合指旅游业与房地产业之间通过相互融合与渗透，使彼此的边界模糊化，形成同时具有两大产业特征的新型产业——旅游房地产的过程。

旅游房地产是依托旅游资源（包括自然旅游资源、人文旅游资源和人造旅游资源等），以房地产开发为手段，通过整合规划设计、开发建设、项目策划、营销管理、物业服务等各个环节，以本地区以外的人群为主要销售对象的、具有一定盈利性的一种全新的产业模式。

与国外的分时度假产品相比，我国的旅游房地产包含的范围更广、类型更多、发展变化更快。目前，中国旅游房地产业发展态势不断转好，多数旅游城市已将旅游地产作为当地发展经济的支柱产业之一。整体来说，2010—2016 年，中国旅游房地产数量保持逐年增长的态势，2012—2014 年增长速度高达 134.57%。截至 2016 年年底，累计旅游房地产项目总数为 8 918 个，全年旅游房地产项目数量增速虽有所下降，但中国旅游房地产实际完成投资额高达 12 997 亿元，达到历史新高点。我国旅游房地产的开发一直保持着飞速发展的势头。

（一）旅游房地产的特征

旅游房地产的特征整理如表 2–5–3 所示。

表 2-5-3　旅游房地产的特征

	环境特征	功能特征	投资特征	经营特征	策划特征	消费特征	设计要求
旅游房地产	依托于独特旅游资源丰富的地区（包括自然景区、人造景区）	既要有住宅的基本功能，又要满足度假旅游的特殊需要，重视旅游物业服务水平	投资回收率高，基建比重相对较小	消费的可储存性和期权消费，可异地经营	前期更有意义，符合休闲度假的人性化设计	消费档次高，把握社会价值与回报的平衡	概念主题，强调外部环境的设计，侧重于配套设施的建设
传统房地产	局限于小区的绿化环境，无独特性	相对单一，满足日常生活工作起居（如住宅、商务或工业）	以基建为主	经营本地化，很难跨地区经营	高度完备的系统组织，关注产品生活功效	消费层次多样，以商业性为主	参照专门的建筑标准

（二）旅游与房地产融合的新业态

旅游业与房地产业的融合形成多种新业态，具体如下：

1. 旅游房地产

旅游房地产是将旅游业与房地产业有效集成起来进行开发，集旅游、休闲、度假、居住于一体的现代房地产项目，它以一定的旅游资源、旅游产品为基础，以满足休闲度假或置业投资需求为主要目的，通过销售渠道卖给旅游者住宅设施等，这些住宅设施主要包括“分时度假”型、“产权酒店”型和常规购房置业型的住宅房地产。

旅游房地产是融旅游、休闲、度假、居住为一体的置业项目。主要是休闲度假村、旅游景区休闲主题公园、分时度假酒店、海景住宅、景区住宅等。

2. 旅游综合体和田园综合体

旅游综合体是借鉴城市综合体而产生的一种新兴的旅游导向型土地综合利用方式，谋求人工要素与传统资源，旅游产业与其他产业关联整合。1990 年以来主题公园（主题景区）开始出现综合化趋势，进一步融入度假、会展、康体、房地产等功能而发展为第三代的综合型人工旅游区。

旅游综合体模式的表现特征：①综合性突出，休闲产品多样。主要包括土地开发的综合性、产业发展的综合性、功能的综合性、项目开发的综合性；②以旅游休闲功能为主导，休闲地产产品为核心；③多元混合性突出，服务品质高；④政府参与主导，资金依赖性强。

田园综合体模式是集现代农业、休闲旅游、田园社区为一体的乡村综合发展模式，目的是通过旅游助力农业发展、促进三产融合的一种可持续性模式。

3. 新型住宿服务

新型住宿服务主要指短租公寓和露营地服务，涉及与“房地产业”融合发展后形成的一些新型住宿服务。

四、旅游业与信息产业融合

信息业在旅游业中的应用推动了旅游业实现旅游目的地信息化、旅游企业管理信息化、旅游服务信息化，出现了不少的旅游电子网站。

（一）旅游产业与信息产业融合的动力机制

旅游产业与信息产业融合的动力系统包括：原动力子系统、支撑力子系统、推动力子系统构成。满足消费者效用最大化是旅游产业与信息产业融合的原动力；企业追求利润最大化是旅游产业与信息产业融合的推动力，也是驱动企业从事生产活动的重要动力源；旅游产业与信息产业融合发展包括政治、经济、文化和科技四个方面的支撑力子系统。

（二）旅游与信息产业融合的新业态

1. 114 号码百事通

号码百事通是中国电信在转型过程中推出的新型信息查询服务，是一切基于中国电信114 台的增值业务的统称，其目的是要在充分挖掘和整合用户号码信息的基础上，延伸和拓展传统的查号业务，满足用户现实和潜在的各类信息查询需求，将 114 台打造成一个综合类信息服务平台，提高中国电信差异化服务优势。无论身在何处，都可通过拨打 114，登录互联网和移动互联网查询餐饮、娱乐、家政等全方位生活信息，同时还提供酒店、机票、旅游预订等全程服务。

2. 酒店完美联盟

酒店完美联盟是中国电信针对不同类型酒店客户的经营管理需求、酒店住客的信息通信服务诉求以及消费行为特征，整合并定制差异化的基础通信、信息服务和行业应用整体解决方案。通过与合作酒店建立优势互补、利益分成、共赢发展的合作关系，签订合作协议，为住在酒店的客人提供电话畅聊服务以及丰富多彩的增值应用服务，包括客房电话免费计划、视屏娱乐等。

3. 旅游电子网站

旅游电子网站主要有三种类型：①旅游供应商网站，如饭店、航空公司等旅游供应商建设的网站；②传统中间商网站，如春秋旅游网、遨游网等；③新型的旅游服务商，如携程网。

（三）旅游产业与信息产业融合的四个层次——以中国邮政为例

技术层面：中国邮政提升了旅游的技术含量；

业务层面：中国邮政丰富了旅游业务的内容；

市场层面：中国邮政推动了旅游的市场推广；

企业层面：中国邮政提升了旅游产品与服务品质。

具体见表 2–5–4。

表 2–5–4　中国邮政与旅游融合的层次

融合层次	基本内容	典型外化形式
技术融合	旅游电子商务	线上网购和线下零售购物服务等
	旅游基础设施建设	提供车辆代办、商旅、机票、礼仪服务等
	旅游市场规范管理	景区邮政所、邮政 EMS 速递收寄专柜、电子门票与门禁智能化管理系统、游客监督卡等
业务融合	旅游金融服务	为旅游企业、乡村旅游提供贷款、旅游保险服务
	旅游速递物流服务	快递物流、“家乡包裹”、包裹预约
	旅游邮务类服务	旅游邮资门票、门票明信片册、旅游类商业信函、旅游纪念邮戳等
市场融合	旅游市场推广 旅游文化宣传	旅游咨询服务、网络预定、旅游代理业务、旅游幸运卡、旅游主题项目、策划旅游手册等
企业融合	紧密型融合	中国邮政直接开办旅行社
	松散型融合	邮政企业参与景区基础设施建设、邮政储蓄银行为旅游企业提供金融服务、邮政为旅游交通企业代理票务、邮政为旅行社销售旅行产品代理旅游业务、酒店开办信函、商函代理业务等

五、旅游业与体育业融合

体育与旅游产业融合指体育产业与旅游产业之间的相互渗透，相互交叉，形成了旅游新业态和体育新业态。

（一）旅游业与体育业融合的模式

体育与旅游融合的过程就是两大产业在资源、产品、市场方面全面对接的过程，体育与旅游业的交叉渗透是双向的，既包括体育向旅游业的渗透，也包括旅游向体育产业的渗透。

（1）体育向旅游业的渗透。竞赛表演的旅游开发，例如世乒赛、特奥会，以及每年都要举办的 F1 大奖赛、国际田联钻石联赛、网球大师赛；休闲健身的旅游开发，如滨海休闲和登山越野。体育景观、训练基地、体育用品生产区域的观赏与体验的旅游开发，如鸟巢和水立方，云南海埂足球训练基地和李宁运动装备生产线。

（2）旅游向体育产业的渗透。主要是在旅游产品设计、生产、销售和服务环节主动融入体育元素。绿水青山的大自然美景为休闲健身及体育赛事提供广阔平台，如环青海湖国际自行车赛。文化厚重的人文景观所蕴含的体育元素为开展体育文化旅游活动提供资源和环境。如河南开封的清明上河园，在景观中融入了一系列北宋民俗体育风情表演，不仅再现了女子马毬“蹴鞠表演”“水上秋千”“斗鸡”“斗狗”等，而且还开发了“古代攀岩”“水上竞标”等宋代体育游乐项目，成为中国最大的古代娱乐集中表现地。

（二）体育旅游的类型

体育旅游包括观赏性体育旅游活动，如观赏体育赛事、体育节、体育表演等内容的旅游活动；体验性体育旅游活动，如参与滑雪、帆船、帆板、漂流、马拉松等运动的旅游活动；景区体育旅游活动，如户外宿营、徒步骑行、汽车露营等形式的旅游活动，它涉及与“体育航空运动服务”“健身休闲活动”等产业类别的融合发展。

六、旅游业与其他第三产业融合的新业态

基于 2018 年 8 月 14 日国家统计局关于印发《新产业新业态新商业模式统计分类（2018）》的通知（国统字〔2018〕111 号），以现行《国民经济行业分类》（GB/T 4754-2017）为标准，对旅游业与其他第三产业融合发展而产生的一些新业态进行具体划分和界定。需要说明的是，以下产业类别是目前我国已经初具规模、并且有一定产业基础的类别。

（一）生态旅游

“生态旅游”指在自然保护区、野生动物保护区、野生植物保护区、风景名胜区、国家公园、森林公园、湿地公园、沙漠公园、地质公园、自然遗产等旅游游览。生态旅游涉及到与“自然生态系统保护管理”“自然遗迹保护管理”“野生动物保护”“野生植物保护”“动物园、水族馆管理服务”“植物园管理服务”“其他自然保护”等产业类别的融合发展。

（二）健康疗养旅游

健康疗养旅游主要指健康疗养旅游和自然康养服务。“健康疗养旅游”包括旅行社提供的健康疗养旅游，疗养院的活动，中医院为游客提供的中医治疗活动；“自然康养服务”指以强身健体、调节机能、修身养性、延年益寿为目的，利用森林、草原、湿地等自然生态环境、景观和文化等资源，开展的保健养生、康复疗养等服务活动。涉及与“中医医院”“疗养院”“游览景区管理”等产业类别的融合发展。

（三）研学旅游

研学旅游是以中小学生为主体对象，以集体旅行生活为载体，以提升学生素质为教学目的，依托旅游吸引物等社会资源，进行体验式教育和研究性学习的一种教育旅游活动。

（四）特种旅游

特种旅游主要指需要特别审批的专题旅游，例如以低空游览、邮轮旅游、游艇游览等为主的特种旅游类。涉及与“观光游览航空服务”“海上旅客运输”“内河旅客运输”等产业类的融合发展。

（五）数字旅游

数字旅游主要指数字博物馆和数字创意与融合服务在旅游领域中的应用。“数字博物馆”指运用虚拟现实技术、三维图形图像技术、计算机网络技术、立体显示系统、互动娱乐技术、特种视效技术，将实体博物馆及现实展品、实物、解说、背景等，以数字博物馆（或数字）形式呈在观众面前，主要涉及博物馆与“互联网其他信息服务”等产业类的融合发展；数字创意与融合服务在旅游领域中的应用，主要是旅行社及相关服务、旅游会展服务、体育会展服务和文化会展服务等，涉及与“其他数字内容服务”“互联网广告服务”“其他广告服务”“科技会展服务”“电子出版物出版”“图书馆”等产业类的融合发展。

本章小结

旅游产品是旅游经济学的核心概念之一，连接了旅游供给和市场需求。从旅游资源特点和旅游市场供需出发，不同类型的旅游产品组成了旅游产品体系，以满足旅游市场多样化和差异化的需求。旅游产业融合是旅游市场和旅游供给发展到一定阶段的产物，旅游业在与第一、二、三产业融合发展中创新出了一系列新的旅游产品，表现出关联带动效应。

基本概念

旅游产品　旅游商品　旅游设施

旅游资源　产业融合　文化旅游

思考题

1. 怎样理解旅游产品的概念？
2. 什么是旅游产品的价值和使用价值，怎样认识它们与一般物质产品价值和使用价值的不同？
3. 旅游产品的特征有哪些？
4. 旅游产品的供给构成包含哪些内容？
5. 旅游产品的体系构成有哪几种类型？

6. 旅游产业融合有哪几种方式，旅游业与其他产业融合具有哪些优势？

7. 旅游产业与农业融合的路径是怎样的，怎样看待旅游农业与传统农业的区别？

8. 文旅融合可以催生哪些新业态，对文化和旅游发展的意义是什么？

本章思维导图

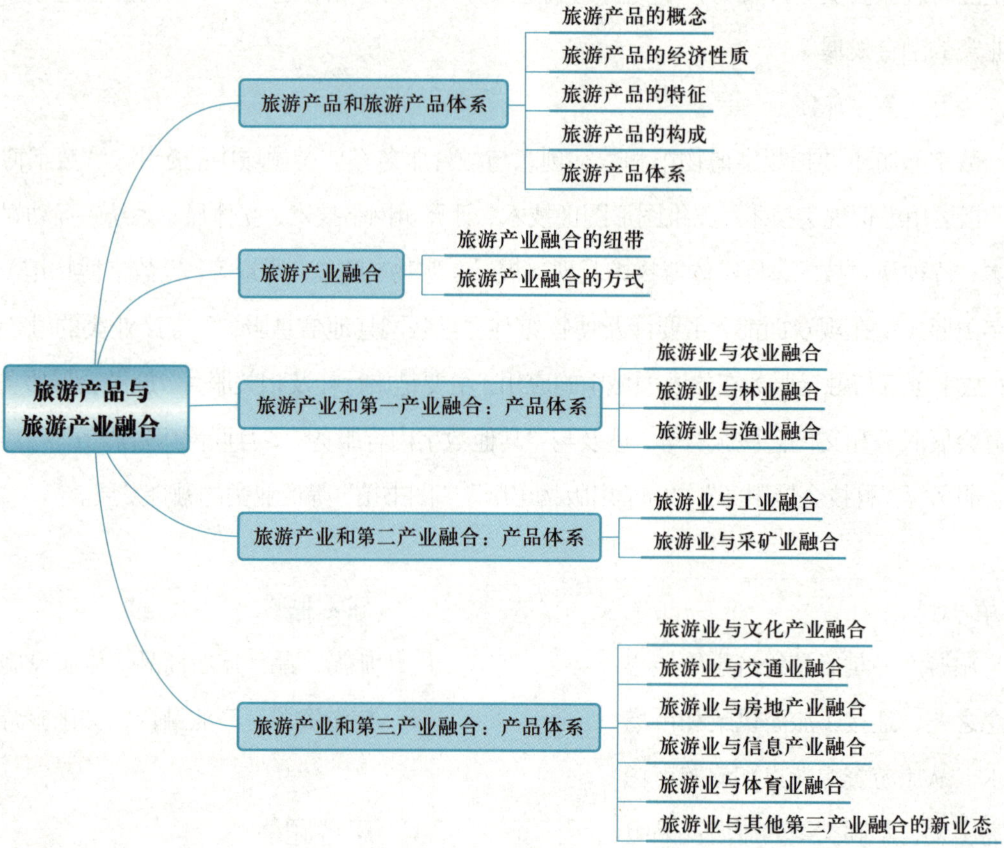

即测即评

案例分析

推荐阅读

陕西汉阴县“文旅+多产业”助推县域经济高质量发展

第三章　旅游需求与旅游供给

本章导言

党的十九大报告中提出：中国特色社会主义进入新时代，我国社会主要矛盾已经转化为人民日益增长的美好生活需要和不平衡不充分的发展之间的矛盾。

国务院《关于加快发展旅游业的意见》国发〔2009〕41号，提出要把旅游业建设成为国民经济的战略性支柱产业和人民群众更加满意的现代服务业。

2018年，全国旅游工作会议上，旅游业被列为“五大幸福产业”之首。

一个产业的发展，由需求和供给两方面构成的，研究旅游需求和旅游供给，就是要研究人民群众想要什么，我们的企业能够给人民群众提供什么，旅游业怎么提高人民群众的幸福感，怎样才能满足人民群众的美好生活需要，怎么让人民群众更加满意。

旅游需求引导旅游供给，旅游需求的规模决定旅游供给的规模，旅游供给的规模决定旅游业在国民经济中的定位。

要把旅游业建设成为国民经济的战略性支柱产业，就要扩大旅游业的规模。所以研究旅游需求和供给对旅游产业来说十分重要和必要。

学习目标

通过本章的学习，明确旅游需求与供给的内涵，了解影响旅游需求和旅游供给的主要因素，充分认识旅游供求规律，熟悉旅游需求指标，掌握旅游需求弹性与旅游供给弹性的含义与弹性系数的计算方法以及旅游需求预测方法，并能够熟练运用供求理论和弹性理论分析问题，把握旅游供求之间的矛盾运动和调节这种矛盾的主要措施。

本章重点与难点

重点：旅游需求规律、旅游供给规律

难点：旅游供求矛盾、旅游供求均衡

第一节　旅游需求

需求，一般指人们在一定条件下对某种事物渴求满足的欲望，是人类一切行为产生的原动力。当人们产生游览观光、休闲度假、探亲访友、健身康体、探险猎奇等旅游欲望时，表明人们具有了旅游的主观愿望，在诸多客观条件具备时，这种主观愿望就会进一步转化为现实旅游需求。旅游需求状况对发展旅游业和旅游经济至关重要，因此必须重视对旅游需求的研究。

一、旅游需求的概念与特点

（一）旅游需求概念

旅游需求指在一定时期内，旅游者在每一可能的价格水平下愿意并且能够购买的某种旅游产品的数量。对旅游需求概念的理解要注意以下四个方面：

（1）旅游需求是一种需求水平的概念，即针对某种旅游产品的各种可能的价格，都有相对应的需求数量，这样一组对应关系构成对这种旅游产品的整体需求水平。

（2）旅游需求体现了旅游者对某种旅游产品的购买意愿。市场中的消费者很多，但并非每个人都想要购买这种旅游产品，只有其中愿意购买这种旅游产品的旅游者才可能构成对这种旅游产品的需求。

（3）旅游需求还表现为旅游者对旅游产品的购买能力。这里的购买能力不仅指经济支付能力，同时还要具备一定的时间，因为旅游产品的消费必须占用旅游者一定的时间，所以如果经济支付能力和时间条件有一个不满足，旅游者仍无法实现其对旅游产品的需求。

（4）旅游需求通常多指对总体旅游产品的需求，并且旅游经济学中所讲的旅游需求是市场有效需求。旅游需求通常包括有效或现实的旅游需求与受抑制的旅游需求，这也是旅游市场学中所讲的旅游需求的内涵。有效或现实的旅游需求指具有主观意愿和客观条件的旅游者在一定时期内对某种旅游产品的购买数量，旅游目的地国家或地区旅游统计中的旅游人次就是这种有效或现实的旅游需求的反映。受抑制的旅游需求指因各种原因在一定时期内不能或暂缓购买该旅游产品的人，可分为潜在旅游需求和延缓旅游需求。其中前者指由于某些条件暂时不具备而无法形成现实旅游需求的部分，当条件转变，具备了上述条件，如原本只是支付能力有限的人收入提高了或原来只是没有闲暇时间的人现在可享受几天带薪假日，则其潜在旅游需求就可转化为有效需求。后者指的是已具备了旅游基本条件，但由于主客体方面的一些原因而推迟的旅游需求。在主体方面，旅游者可能会因家庭突发事情例如家人生病或因子女幼小的拖累而暂时不能出游；在客体方面，旅游目的地的流行疾病传播或景区景点整修等原因也会导致旅游者延迟出游时间。当这类主客体条件改善后，延缓的旅游需求同样可转化为有效的旅游需求。由于有效旅游需求是旅游经济活动的一部分，因此旅游经济学中的旅游需求更强调现实的有效旅游需求。而受抑制的旅游需求反映了旅游市场的潜力，特别是在进行市场开拓时，如何发掘潜在客源，实现受抑制的旅游需求的有效转化，作为旅游目的地国家和地区及旅游经营者应予以充分重视，因此在旅游市场学中对旅游需求的研究还包括这种受抑制的旅游需求。

（二）旅游需求的特点

旅游需求是人类需求的重要组成部分，与一般产品需求相比又有区别。旅游需求的主要特点有：

（1）整体性。即旅游者对旅游产品的需求包含了吃、住、行、游、购、娱多个方面的内容。虽然并非每个旅游者的旅游需求都涉及所有这些方面，但一般不会仅仅涉及其中一个方面，或许在购买时采取零星购买的方式，但其旅游活动的顺利进行仍需对这些方面逐一购买。因此，旅游需求具有整体性。旅游者在进行旅游产品的购买时，必然会综合考虑旅游目的地的景点、住宿、交通、购物等的整体设施状况，以保证自己的各项需求能够在旅游过程中得到综合满足。

（2）多样性。旅游需求受旅游者的文化、健康、个性、环境等因素的影响，因此需求的内容会因人而异，呈现多样性的特点。如有的旅游者喜欢冒险刺激，因而对攀岩、漂流、蹦极等旅游项目需求欲望较强；有的旅游者喜欢轻松舒缓，因此观赏自然风光、欣赏人文景观等旅游项目就成为他们旅游需求的主要内容；有的旅游者则注重养生，所以疗养保健类旅游产品成为他们需求的主要类型；还有些旅游者的工作要求使他们产生公务旅游、商务旅游等旅游需求动机。随着社会发展，人们的个性化越发凸显，这种个性化表现在旅游需求方面则是更加多样化的需求。

（3）指向性。包括旅游需求的时间指向性和旅游需求的地域指向性。旅游需求的时间指向性指旅游需求在不同时间出现有规律的强弱反差。其成因一方面是由于旅游客源地层面，不同国家或地区的社会习俗、假期分布和出游习惯有差别，另一方面则是旅游目的地层面，由不同季节自然气候条件上的差别所造成。这种时间指向性就形成旅游淡季、旺季和平季。旅游需求的地域指向性指旅游需求并非均匀流向不同地域，而是表现为一定的集中性。这种地域指向性就导致部分旅游目的地成为旅游热点地区，多为交通发达、旅游设施齐全、旅游吸引物知名度高的地区。同时部分旅游目的地成为旅游冷点地区，而这些地区旅游需求量少的原因可能是其旅游吸引物的吸引力弱，也可能是该地区旅游信息传递不力，或旅游者对其旅游吸引物的认知问题及一些旅游者的从众心理等。

（4）敏感性。敏感性主要体现在两个方面。一方面，旅游需求是人们在其低层次的生理需求得到满足后，为了满足高层次的社交、自尊及自我实现等需求而产生的旅游需求行为，因此一般对价格变动具有较大的敏感性。另一方面，经济、政治和社会等方面出游环境的变化也容易导致旅游需求出现较大波动。如旅游客源国货币相对旅游目的地国贬值；旅游目的地国家或地区的政治不稳定、社会动乱、恐怖活动、流行性传染病等，这些因素都会造成对相应旅游目的地旅游需求的大幅度减少。

二、旅游需求产生的条件

旅游需求可分为个人旅游需求和市场旅游需求，不同的研究角度产生的结果也有所区别。

（一）个人旅游需求产生的条件

作为个人需求，旅游需求的产生需要具备一定的主观条件、客观条件和出游力。

1. 主观条件

主观条件是人们产生旅游需求的主观动力，一般认为，旅游动机是人们产生旅游需求的主观条件。

动机是发动和维持人的活动并使活动指向一定目的的心理倾向。旅游动机则是指驱使人们有意于外出旅游的心理动因。旅游动机不仅取决于人们自身的心理特征、文化修养、年龄和性别等因素，而且受到其工作、生活环境、经济发展状况等客观因素的影响，因而会产生不同类型的旅游动机。国内外关于旅游动机的研究比较多，有代表性的研究成果主要来自田中喜一、麦金托什和今井吾。具体见表 3–1–1。

表 3–1–1　国外旅游动机典型分类

	基本动机	具体动机/目的
田中喜一	心理的	思乡心、交友心、信仰心
	精神的	知识的需要、见闻的需要、欢乐的需要
	身体的	治疗的需要、休养的需要、运动的需要
	经济的	购物目的、商务目的
	身体健康动机	休息、运动、游戏、治疗等
	文化动机	了解和欣赏其他国家的文化、音乐、艺术、民间风俗和宗教等

续表

	基本动机	具体动机/目的
麦金托什	地位和声誉动机	事物（会议）旅游、考察旅游、求学旅游、与个人兴趣有关
	交际动机	接触其他民族、探亲访友、结交新朋友、摆脱家庭和邻居干扰等
今井吾	消除紧张的动机	变换气氛、从繁杂中解脱、接触自然
	自我完善的动机	对未来的向往、接触自然
	社会存在的动机	朋友的友好、大家一起旅行、家庭团圆

旅游动机是极其广泛的，各种分类方法不一定能够将各种各样的旅游动机全部包含进来，而且旅游者从事旅游活动时往往并不只有一种旅游动机，而是以某种旅游动机为主，兼有其他旅游动机，各种旅游动机同时对人们产生旅游需求发挥着驱动作用。

以上分析主要是针对个人家庭事务性或消遣性旅游需求的。相对而言，个人旅游动机相比公务、会议、商务、奖励和福利等旅游类型需求的内在驱动作用没有那么明显，这些旅游类型的旅游者虽然也有一定的出游动机，但更主要是由单位（政府部门、企事业单位、社会团体）的业务工作需要来推动的。

2. 客观条件

客观条件是人们实现旅游需求的客观保证。从经济学角度分析，决定旅游者产生旅游需求的客观条件主要包括经济支付能力和一定的时间两个方面。虽然对旅游者而言，身体条件也是决定其是否能够真正出游的客观因素，但是这不属于旅游经济学的研究范畴。

在商品化的社会里，任何交换的实现都需要有货币的参与，对旅游需求来说也是同样的，要形成有效的旅游需求，需求主体即旅游者必须具有相应的经济支付能力。由于公务、会议、商务、奖励和福利旅游需求主要由旅游者所在单位支付费用，因此这种经济支付能力与个人收入没有直接关系，但一般这部分人自身也具有一定的经济支付能力。而从个人家庭事务性或消遣性旅游方面看，这种经济支付能力直接表现为个人可支配收入或者是个人可自由支配收入的高低。

个人可支配收入指个人收入中扣除应交纳的个人所得税后的余额。个人可自由支配收入指个人收入中扣除应交纳的个人所得税和日常衣、食、住、行等必需的生活消费开支和必要的社会消费开支后的余额。由于旅游需求往往是人们在满足其基本生活需求后才产生的高层次需求，因此通常认为个人可自由支配收入水平对旅游需求的产生起决定性作用。但是在现实中也有一些人为了参加旅游而节衣缩食，从日常生活消费开支和社会消费开支中节省下一部分，加入可自由支配收入部分来凑足购买旅游产品的钱，此时以个人可支配收入作为人们产生旅游需求的经济条件更加合理。

个人可支配收入或个人可自由支配收入水平对旅游需求的决定作用主要表现在以下四个方面：第一，其决定具有旅游需求欲望的人是否能够旅游；第二，影响旅游者对具体目的地的选择；第三，决定旅游者旅行的距离；第四，决定旅游者的旅行方式与等级。

由于旅游是需要旅游者离开常住地到异地去进行的一项活动，因此一定的时间也是形成有效旅游需求的一个客观必要条件。同样，公务等旅游需求是由旅游者所在单位的工作所决定的，因此时间也由单位决定，可以占用正常工作时间。而个人家庭事务性或消遣性旅游需求则不同，只能利用旅游者自身的可支配时间，这种决定个人旅游需求的时间条件称为闲暇时间。

闲暇时间指的就是人们在进行日常工作、学习、生活和参加必要的社会活动所需时间之外的可以自由支配的时间。旅游需求所需占用的闲暇时间还应具有连续性，过于零碎的闲暇时间无法满足外出旅游的要求。一般旅游者的连续闲暇时间越长，参加旅游的可能性就越大。现实中，学生利用寒、暑假以及在职工作人员利用黄金周和带薪休假时间外出旅游的人数较多，就是这个原因。

3. 综合指标：出游力

出游力是旅游者消费过程中，能够实现的满足自身对旅游需求的能力，即居民对旅游产品的购买能力。

出游力的影响因素：客源地居民收入水平、产业结构、消费水平、休闲旅游文化氛围、交通状况、城乡人口结构、教育水平、健康状况等。

2018 年《中国旅游消费大数据报告》城市出游力指数前 10 名：上海、北京、南京、武汉、杭州、苏州、广州、成都、深圳、郑州。

（二）市场旅游需求产生的条件

现代旅游需求的产生和迅速发展与社会经济发展水平关系密切。

（1）经济发展和收入水平的提高。随着社会科学技术进步，社会生产力水平得以不断提高，社会经济得到长足发展，人们的可自由支配收入有了很大增加。收入的增加使人们的生活有所改善，在基本生理需求被满足后，人们就会产生高层次的需求，因而旅游需求产生并迅速增加。

（2）劳动生产率提高和闲暇时间增加。科学技术进步和社会经济发展使得社会劳动生产率提高，从而劳动时间得以减少。许多国家在减少每周工作时间的同时还以立法形式规定了带薪假期制度，使人们的闲暇时间不断增多。目前有的国家和地区年休假日高达 140 天，占全年时间的比例超过三分之一。闲暇时间的增多大大地推动了市场旅游需求的产生。

（3）现代交通运输业的发展。交通条件是促进旅游需求产生与发展的重要保障性条件。旅游是人的空间位移，离不开交通运输业的发展。现代科技进步为人们外出旅游提供了大量方便快捷的现代交通工具，有效刺激了旅游需求的产生和发展。

（4）社会的发展和工作、生活压力的增大使人们产生了越来越多的旅游欲望。现代信息技术的发展和对外交流的增加开拓了人们的视野，也使人们外出旅游的欲望增加。而各单位、企业工作业务的发展也要求增加对外交流与交往。这些因素就从主观能动上促进并增加了市场旅游需求。

三、影响旅游需求的主要因素

由于旅游需求的综合性和多样性，所以影响旅游需求的因素很复杂。除了以上旅游者旅游动机、收入和闲暇时间等决定旅游需求产生的因素以外，还有许多因素都会影响到旅游需求。主要包括：

（一）价格因素

价格因素包含两个方面的内容，一个是旅游产品自身的价格，另一个是相关产品的价格。一般说来，旅游需求量随着产品自身价格变动而呈反方向变动，即当某种旅游产品价格越高时，旅游者对该产品的需求量就会越小。相反，价格越低，需求量就会越大。

当一种旅游产品本身的价格保持不变，而与它相关的其他商品的价格发生变化时，这种旅游产品本身的需求量也会发生变化。如果两种产品之间是相互替代关系，则另一种产品价格的变化会导致对该产品的需求同方向变化。如果两种产品是互补关系，则对该产品的需求会随着另一种产品价格的变化而呈反方向变化。

（二）人口因素

旅游是人的一种行为，因此人口规模、分布及结构等人口统计因素对旅游需求产生着重要的影响。

人口规模的大小是形成旅游需求的基础，一般总人口数量大则旅游需求也相对较多。第二次世界大战后现代旅游的规模不断扩大的原因之一就在于世界总人口的不断增加。而在旅游人次占总人口比例相同的情况下，总人口数量越多，旅游人次的绝对值也就越大。

人口分布的城乡状况也对旅游需求产生影响。一般而言，城市居民的旅游需求远高于乡村居民。因为一方面城市居民的收入水平高于乡村居民，经济支付能力较强；另一方面城市居民普遍受教育程度较高，希望外出增加对外面世界的了解，加上城市环境污染较严重，工作、生活压力较大，需要外出缓解压力，因此易产生旅游动机，同时发达的交通、通畅的信息、众多的旅游服务机构也给城市居民提供了更多便利。

人口结构指人口在年龄、性别、受教育程度、职业、家庭、民族、宗教信仰等各方面的构成。这些因素造成人口结构的不同对旅游需求也会产生不同影响。如：从年龄构成来看，不同年龄的游客之间旅游需求或许存在差异，青年人、中年人、老年人由于爱好、经济条件、闲暇时间、可支付能力、工作状态等方面的差异，导致其旅游需求也不尽相同；从性别构成看，男性旅游者与女性旅游者的旅游偏好与旅游需求也有所不同，男性旅游者或许更偏爱体育锻炼、探险、度假型旅游活动，而女性旅游者或许表现出更强烈的浪漫、购物、文化等旅游需求；另外职业构成不同，人们的经济收入、消费偏好和闲暇时间也不同，导致人们的旅游需求也存在差异；等等。

（三）旅游供给因素

旅游供给并非完全被动地满足旅游需求，在很多时候它还起到刺激、拉动旅游需求的作用，特别是在对旅游需求的方向即旅游者对旅游目的地的选择方面作用显著，因此对旅游需求也存在重要影响。旅游供给因素包含的内容很多，如旅游资源，吃、住、行、游、购、娱等各方面的旅游设施和旅游服务，以及对旅游目的地和旅游产品的宣传等。其中旅游资源是吸引旅游者产生旅游需求的根本。但具有吸引力的旅游资源只有经过合理开发，并与各种配套设施组合成产品，然后通过有效的促销方式才能转化为经济优势。因此，完善的旅游设施、优质的旅游服务和有效的宣传等因素有助于增强旅游目的地的吸引力进而增加旅游者对该国家或地区的旅游需求。

（四）政策因素

不管是旅游客源国或地区还是旅游目的地国或地区，都会在必要时对当地经济的发展进行调控，其中有关旅游业方面的政策就会因为调控方向的不同而对旅游需求产生不同的影响。从客源地国家或地区来看，政府的政策会直接引起居民旅游需求的变化。如当政府实行包括限制出境所携带外汇数额、提高居民出境税等限制出游政策时，则居民出境旅游需求就会减少，而当政府放松相关管制甚至提供一些优惠政策时，居民旅游需求就会增加。从旅游目的地国家或地区来看，其政府政策对旅游需求的影响也是明显的。如旅游目的地国家政府采取放宽签证、简化入境手续等政策措施就会有利于对该国旅游需求的增大，反之，旅游需求则会减少。

（五）距离因素

旅游客源地与旅游目的地之间的距离对旅游需求也存在较大影响。这种距离因素主要包括空间距离、经济距离和文化距离。空间距离指的是旅游路程的远近，经济距离指从客源地到目的地往返的交通费用。一般空间距离和经济距离与旅游需求呈反方向变动关系，即距离越远，旅游需求就越少，反之则越多。造成这种结果的原因包括：首先，如果旅游路程越遥远，途中所耗费时间就越长，而人们的闲暇时间是有限的，特别是连续时间越长的闲暇时间越难得，所以空间距离与旅游需求常呈反方向变动；其次，旅游客源地与旅游目的地之间的交通费用是人们外出旅游所必须支付的费用，当人们收入一定时，这种费用越高，代表旅游者的支出越多，因此受收入条件的约束，经济距离越大会使旅游需求越少。同时，这种经济距离与空间距离一般是同方向变动关系，空间距离越远的往往其经济距离越大，所以二者对旅游需求的影响也较为一致。

旅游客源地与旅游目的地之间的文化距离指二者之间以语言为主要特征的文化差异程度，包括语言文字差异、风俗习惯差异、宗教信仰差异和思想观念差异等。文化距离对不同旅游者的旅游需求影响是不同的。如对求新求异的旅游者和某些专门研究文化差异的人来说，文化差异会形成对他们旅游需求的推动力，而对其他旅游者，特别是一些因循守旧的人来说，文化距离易使他们产生不安甚至恐惧，从而阻碍他们旅游需求的产生。

（六）技术因素

随着社会经济发展，科学技术也在不断进步，并被越来越广泛地应用在旅游业的发展中，促进了受抑制的旅游需求转化为有效旅游需求。特别是现代互联网技术的发展，使得网络旅游信息交流与流通更加便捷，各种信息更加透明，同时旅游电子商务的普遍应用不仅提高了旅游企业的经营效率，而且降低了旅游者的出游成本，使旅游需求获得有效增加。

（七）其他因素

其他还有许多因素包括消费者预期、汇率、物价水平、政治因素、疾病因素等都会影响旅游需求的状况。

消费者预期主要指消费者对旅游产品价格的预期，在价格上升的过程中，当人们预期价格会继续上升，就会把未来的旅游需求提前，使当前旅游需求呈现随价格上升而增加的变化关系；反之，价格下降时，若人们预期价格会继续下降，就会持币观望，把当前旅游需求推迟，使当前旅游需求出现随价格下降而减少的现象。

汇率和物价水平的变化主要是通过对旅游价格产生影响进而影响旅游需求的，如果旅游客源国的货币相对旅游目的地国家的货币贬值了，则相当于目的地国家旅游产品价格上涨，或者旅游目的地国家出现通货膨胀，旅游产品价格也随着整体价格水平出现上涨，则客源国对旅游目的地国家的旅游需求会减少，同时，客源国国内旅游需求很可能会增加；反之，客源国对旅游目的地国家的旅游需求就会增加，而客源国国内旅游需求则极可能减少。

政治因素包括旅游客源国和旅游目的地国各自的政治环境及客源国和旅游目的地国之间的政治关系，它和汇率及物价水平一样，主要影响的是国际旅游需求。若客源国和旅游目的地国政局稳定、社会治安良好就有助于出境或入境旅游需求的增加，两国之间关系良好则有助于客源国到旅游目的地国旅游需求的增加，反之则会减少。

另外，传染性疾病的流行、旅游目的地国家或地区居民对旅游者的热情友好态度、旅游者的偏好等都会影响旅游需求。

四、旅游需求规律

影响旅游需求的因素众多，如果我们对影响一种旅游产品需求的所有因素同时进行分析，问题就会非常复杂。因此假设其他影响因素保持不变，把注意力集中在一个影响因素上，只分析某一个因素对旅游需求数量的影响，可以将问题简化，有助于分析这种因素对旅游需求数量的影响结果。在这些影响因素中，最直接、最基本的因素就是一种旅游产品自身的价格，所以我们假定其他因素保持不变，仅仅分析一种旅游产品的价格对该产品需求量的影响，发现二者之间存在一定的变化规律，称之为旅游需求规律。

旅游需求规律表明，在其他因素不变的情况下，一般旅游产品的需求量随着其自身价格的变动而呈反方向变动。此规律以函数关系式表示，称为旅游需求函数，表达式可写为：

$$Q_d = f(P)$$

在式中，Q_d 为旅游产品的需求量，P 为旅游产品的价格。

旅游需求量与旅游产品价格之间的关系还可以用需求表和需求曲线的形式表示。表 3–1–2 是某种旅游产品的需求表。从表 3–1–2 中可以清楚地看到旅游产品价格与需求量之间的函数关系，一般二者呈反方向变动。

表 3–1–2　某旅游产品的需求表

价格—数量组合	A	B	C	D	E	F	G
价格（元）	1	2	3	4	5	6	7
需求量（单位数）	700	600	500	400	300	200	100

根据表 3–1–2 可绘制一条旅游需求曲线（图 3–1–1）。

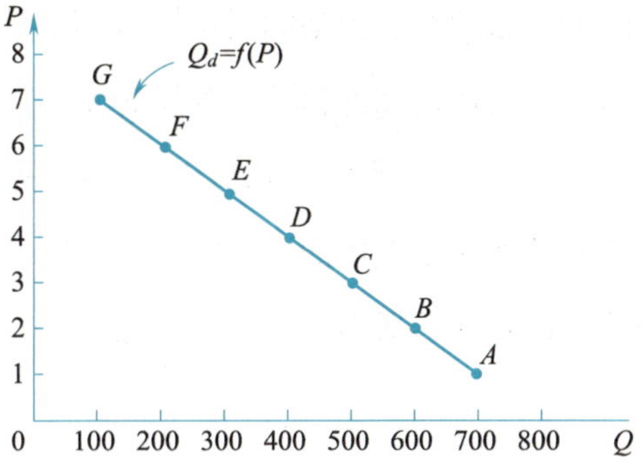

图 3–1–1　某旅游产品的需求曲线

在图 3–1–1 中，横轴表示旅游产品的数量，纵轴表示旅游产品的价格。需求曲线是以几何图形来表示旅游产品的价格和需求量之间的函数关系的。经济学在论述需求函数时，一般都假定商品的价格和相应的需求量的变化具有无限分割性，即具有连续性，因此在图 3–1–1 中将旅游产品的各个价格—需求量的组合点 *A*、*B*、*C*…连接起来，构成一条光滑的连续的需求曲线。

图 3–1–1 中的需求曲线是一条直线，实际上，需求曲线可以是直线型的，也可以是曲线型的。但不管曲线形状如何，根据旅游需求规律，一般情况下需求曲线都是向右下方倾斜的，表示旅游产品的需求量和价格之间具有反方向变动的关系。

旅游产品的需求量和价格之间的这种反方向规律性变化关系是由于两种效应作用的结果。第一，替代效应。当某种旅游产品价格上升时，人们会增加其他产品的需求数量以替代这种旅游产品，从而减少这种产品的需求数量；当某种旅游产品价格下降时，人们则会增加这种旅游产品的购买数量以替代其他产品。因此这种替代效应就会引起旅游产品价格与需求量的反方向变动。第二，收入效应。旅游产品价格变化后，人们的实际购买能力相当于收入发生反方向变化，当旅游产品价格下降时人们可以用同样的支出购买更多的产品，或当旅游产品价格上升时人们用同样的支出所能购买的产品减少，即旅游产品价格的变化也会通过收入效应导致其需求量的反方向变动。

以上分析的是旅游需求的一般规律，但在旅游经济中，也存在例外。美国经济学家维布伦（Veblen）提出的旅游业中的“挥霍消费”现象，某些消费者（大多为有钱阶层）侧重于消费的享受，因此在购买能显示其地位与身份的豪华产品和服务（这类产品称为炫耀品）时，当产品或服务价格上升时，被认为是提高质量，其需求量也随之上升，二者呈现同方向变动关系。

在其他因素一定的条件下，旅游产品价格的变化导致需求量变化的情况在图像上表现为沿着一条旅游需求曲线的点的位移，称为旅游需求量的变动，例如图 3–1–2 中随着旅游产品自身价格的上升，旅游需求量由 *A* 点沿着该旅游需求曲线向 *B*、*C*、*D*…点的位移。如果是由旅游产品价格以外的其他因素变化而引起的该产品的需求数量的变动，称为旅游需求或旅游需求水平的变动，在几何图形中就是由一条旅游需求曲线向另一条旅游需求曲线的移动，如图 3–1–2。

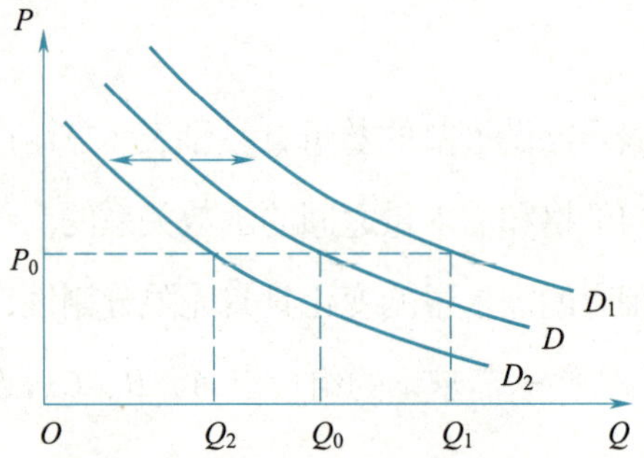

图 3–1–2　旅游需求的变动和旅游需求曲线的移动

图 3–1–2 中原有的旅游需求曲线为 D。在旅游产品价格不变的前提下，如果其他因素的变化使旅游需求增加，则需求曲线向右平移，如由图中的 D 曲线向右平移到 D_1 曲线的位置。如果其他因素的变化使旅游需求减少，则需求曲线向左平移，如由图中的 D 曲线向左平移到 D_2 曲线的位置。由旅游需求变动所引起的这种需求曲线位置的移动，表示在每一个既定的价格水平下，旅游需求数量都增加或者都减少了。例如，人们可支配收入增加时，引起旅游需求增加，需求曲线由 D 曲线向右平移到 D_1 曲线，在既定的旅游产品价格水平 P_0，旅游需求数量由 D 曲线上的 Q_0 增加到 D_1 曲线上的 Q_1；反之，人们可支配收入减少时，引起旅游需求减少，需求曲线由 D 曲线向左平移到 D_2 曲线，在既定的旅游产品价格水平 P_0，旅游需求数量由 D 曲线上的 Q_0 减少到 D_2 曲线上的 Q_2。

五、旅游需求弹性

影响旅游需求的诸多因素中，任何一项因素的变化都会引起旅游需求量的相应变化。我们把旅游需求量对某种因素变化的敏感程度称为旅游需求弹性。旅游需求弹性包括很多方面，这里主要介绍旅游需求价格弹性、旅游需求收入弹性和旅游需求交叉弹性。

（一）旅游需求价格弹性

旅游需求价格弹性表示在一定时期内一种旅游产品的需求量的变动对该产品的价格变动的反应程度。或者说，表示在一定时期内一种旅游产品的价格变化百分之一时所引起的该产品的需求量变化的百分比。其公式为：

$$\text{旅游需求价格弹性系数} = -\frac{\text{旅游需求量变动率}}{\text{旅游产品价格变动率}}$$

由于通常情况下旅游产品的需求量和价格是呈反方向变动的，计算出的旅游需求价格弹性系数为负值，所以为了便于分析比较，在计算时加了一个负号，使旅游需求价格弹性系数取正值。

旅游需求价格弹性的计算方法有两种。

起点基数法：当价格由 P_1 变化到 P_2 时，需求量由 Q_1 变化到 Q_2，需求价格弹性为：

$$E_d = -\frac{Q_2 - Q_1}{Q_1} \div \frac{P_2 - P_1}{P_1}$$

算术平均法：当价格在 P_1 和 P_2 之间变动，需求量在 Q_1 和 Q_2 之间变动时，需求价格弹性为：

$$E_d = -\frac{Q_2 - Q_1}{(Q_1 + Q_2)/2} \div \frac{P_2 - P_1}{(P_1 + P_2)/2}$$

旅游需求价格弹性系数一般大于 0，当然在旅游需求规律例外情况下也会出现小于 0 的特殊情况。当 $E_d > 0$ 时，可分为以下三种情况：

（1）$E_d > 1$，表明旅游需求富有弹性，旅游需求量的变化幅度大于旅游产品价格的变化幅度，也就是说旅游价格变动对旅游需求的影响较大。由于旅游收入是旅游价格与需求量的乘积，此时，提价容易引起旅游需求量较大幅度的减少，从而减少总收益，降价则可以刺激旅游需求量的大幅度增加从而增加总收入。即当旅游需求价格弹性系数大于 1 时，旅游收入随旅游产品价格变动而呈现反方向变动。

（2）$0 < E_d < 1$，表明旅游需求缺乏弹性，旅游需求量的变化幅度小于旅游产品价格的变化幅度，也就是说旅游价格变动对旅游需求量的影响较小。因此在旅游需求弹性系数

小于 1 的情况下，适度的提价可以增加总收益，而降价则会在一定程度上减少总收益，旅游收入随旅游产品价格变动出现同方向变动。

（3）$E_d=1$，称为单位弹性，表明当旅游产品价格出现一定比例的变化，旅游需求量也以同一比例发生反方向变化。因此，在旅游需求价格弹性系数等于 1 的情况下，降低旅游产品价格或提高旅游产品价格对旅游收入没有影响。

影响旅游需求价格弹性的因素很多，其中主要有：第一，旅游产品对旅游者的重要程度，重要程度越高，需求弹性越小。如，商务旅游等与工作息息相关的旅游类型对人们的重要程度相对较高，因此价格的变化对需求量的影响较小。反之，重要程度越低，则需求弹性越大。第二，旅游产品的可替代性。一般来说，一种旅游产品的可替代品越多，相近程度越高，则该产品的需求价格弹性往往就越大，反之，则需求弹性越小。第三，旅游产品的消费支出在消费者预算总支出中所占的比重，比重越大，需求弹性可能越大，反之则越小。因为当支出所占比重较小时，消费者往往不太重视旅游产品价格变化。第四，所考察的旅游者调节需求量的时间。一般所考察的调节时间越长，则需求弹性就可能越大，反之则越小。因为当旅游者决定减少或停止对价格上升的某种旅游产品的购买之前，他一般需要花费时间去寻找和了解该产品的可替代品。

（二）旅游需求收入弹性

旅游需求收入弹性指一定时期内旅游者就某种旅游产品的需求量的变动对消费者可（自由）支配收入变化的反映程度。或者说，表示在一定时期内当旅游者的可（自由）支配收入变化百分之一时所引起的某种旅游产品需求量变化的百分比。它是旅游产品的需求量的变动率和旅游者可（自由）支配收入的变动率的比值。

旅游需求收入的计算方法和旅游需求价格弹性相同。公式：

$$E_i=\frac{Q_2-Q_1}{Q_1}\div\frac{i_2-i_1}{i_1}$$

式中，E_i 为旅游需求收入弹性系数；i_1，i_2 分别为初期、终期的可（自由）支配收入；通常旅游需求量与人们的可（自由）支配收入同方向变动，因此旅游需求收入弹性常表现为正值。但也存在例外情况：有些旅游产品的需求收入弹性为负值，这类产品往往属于低档品，所以当人们的可（自由）支配收入提高时，对它们的需求会减少。如一些大众市场的旅游产品、长途公共汽车旅游产品等。

当旅游需求收入弹性为正值时，一般可分为三种情况：

（1）$E_i>1$，表明旅游需求量的变化幅度大于人们的可（自由）支配收入的变化幅度，也就是说可（自由）支配收入变动对旅游需求的影响较大。此时，人们的可（自由）支配收入如果发生一定比例的变化，会引起旅游需求量更大比例的变化。

（2）$0 < E_i < 1$，表明旅游需求量的变化幅度小于人们的可（自由）支配收入的变化幅度，也就是说可（自由）支配收入对旅游需求的影响较小。此时，人们的可（自由）支配收入如果发生一定比例的变化，只会引起旅游需求量更小比例的变化。

（3）$E_i = 1$，称为单位弹性，表明当人们的可（自由）支配收入出现一定比例的变化，旅游需求量也以同一比例发生同方向变化。

影响旅游需求收入弹性大小的因素主要是旅游者的偏好及旅游产品的类型。旅游者偏好的不同会导致人们在可（自由）支配收入增加时一般对那些偏好程度较高的旅游产品的需求大幅度增加，而对那些偏好程度较低的旅游产品的需求则变动较小。同时，旅游产品的类型也会影响旅游需求收入弹性，如商务旅游等主要受工作推动的旅游类型与个人收入关系不大，因此其需求收入弹性就较小；与一般度假休闲旅游需求相比，探亲访友旅游等事务性旅游的需求收入弹性也较小。

（三）旅游需求交叉弹性

旅游需求交叉弹性表示在一定时期内一种旅游产品的需求量的变动对于它的相关产品的价格的变动的反映程度。或者说，表示在一定时期内当一种旅游产品的价格变化百分之一时所引起的另一种旅游产品的需求量变化的百分比。它是某种旅游产品的需求量的变动率和它的相关产品的价格的变动率的比值。

旅游需求交叉的计算公式为：

$$E_{xy} = \frac{Q_{x2} - Q_{x1}}{Q_{x1}} \div \frac{P_{y2} - P_{y1}}{P_{y1}}$$

式中，E_{xy} 为 X 旅游产品的旅游需求交叉弹性系数；Q_{x1}，Q_{x2} 分别为 X 旅游产品期初、期终的需求量；P_{y1}，P_{y2} 分别为 Y 旅游产品期初、期终的价格。

旅游需求交叉弹性系数可能大于 0、小于 0 或等于 0，这三种情况表明了两种产品之间关系的不同。

（1）$E_{xy} > 0$，即 Y 旅游产品价格的变化会导致 X 旅游产品的需求数量呈现同方向变动，表明两种产品之间存在替代关系，其数值越大说明替代程度越高。例如，两个距离较近且景观较为类似的景区 A 和 B，由于相互替代性较强，因此当 B 景区降价时，原来选择 A 景区的旅游者就会有一部分转向选择 B，则 A 景区的需求会相应减少；而 B 景区提价时，原来选择 B 景区的旅游者就会有一部分转向选择 A，A 景区的需求就会相应增加。

再比如，两家经营同一旅游线路的旅行社甲和乙，当乙旅行社的该产品降价时，甲旅行社对这一产品的需求会减少；反之，则甲旅行社对该产品的需求会增加。

（2）$E_{xy}<0$，即 Y 旅游产品价格的变化会导致 X 旅游产品的需求数量呈现反方向变动，表明两种产品之间存在互补关系。此时 X 旅游产品的需求交叉弹性系数绝对值越大说明 X 产品对 Y 产品的依赖程度越高。例如，航空公司的机票降价后，出国旅游产品的需求明显增加；反之，由于燃油附加费提高而造成的机票价格提高就会使出国旅游产品需求减少。再如，旅游饭店客房价格的提高易导致其餐饮需求的减少，而其客房价格的下降则容易使其餐饮需求增多。

（3）$E_{xy}=0$，即 Y 旅游产品价格的变化不会导致 X 旅游产品的需求数量发生变动，这表明两种旅游产品之间相互独立，互不相关。例如，机票或火车票价格的变动一般对客源地的本地区一日游需求不会产生影响，所以其旅游需求交叉弹性系数为零。

还需要注意的一点是，旅游产品之间的替代关系和互补关系并非一成不变的，在一定条件下，二者可能出现相互转化，因此它们的旅游需求交叉弹性也会出现正负值的变化。例如，铁路、公路交通运输之间往往是互相替代的关系，但通过一定的合作，将二者进行有机结合，配套使用，就能够把这种替代关系转变为互补关系。再如，旅游汽车公司与宾馆之间本来存在互补关系，但宾馆成立了专门的附属车队为旅游者服务，则与旅游汽车公司的部分业务就变成替代关系。

六、旅游需求指标

旅游需求指标，是衡量旅游需求状况的尺度。由于旅游需求的多样性和复杂性，需要运用一系列指标从不同的角度反映旅游需求状况，这些相互联系、相互补充的反映旅游需求状况的一整套指标构成旅游需求指标体系。旅游需求指标体系主要由以下四类指标构成。

（一）旅游者人数指标

旅游者人数指标反映了旅游目的国或地区在一定时期内接待国内外旅游者的数量状况，包括旅游者人数和旅游人次两个指标。

旅游者人数指一定时期内到某旅游目的国或地区的旅游者总人数。

旅游人次指一定时期内到某旅游目的国或地区的全部旅游者数量，旅游者每到访一次统计为 1 人次。

在我国，旅游者人数指标主要有入境旅游人数、出境人数和国内旅游人数，一般以旅游人次来衡量。入境旅游人数指报告期内来我国观光、度假、探亲访友、就医疗养、购物、参加会议或从事经济、文化、体育、宗教活动的外国人、港澳台同胞等入境旅游者。统计时，外国人、港澳台同胞每入境一次统计为 1 人次，既包括入境过夜旅游者，也包括当日出入境的一日游旅游者。不包括外国在我国的常驻机构，如使领馆、通讯社、企业办事处的工作人员；来我国常驻的外国专家、留学生以及在岸逗留不过夜人员。出境人数指中国（大陆）居民因公或因私出境前往其他国家、中国香港特别行政区、中国澳门特别行政区和中国台湾观光、度假、探亲访友、就医疗养、购物、参加会议或从事经济、文化、体育、宗教活动的人数，即出境旅游者。统计时，按每出境一次统计为 1 人次。国内旅游人数指在报告期内在中国（大陆）观光游览、度假、探亲访友、就医疗养、购物、参加会议或从事经济、文化、体育、宗教活动的中国（大陆）居民人数，其出游的目的不是通过所从事的活动谋取报酬。统计时，国内旅游者按每出游一次统计为 1 人次。

旅游者人数指标反映了旅游需求的总体规模，据此可以更好地掌握旅游需求的现状及趋势。需要说明的是，有时人次的减少并非坏事，这或许是停留时间增长导致的结果。

在具体的旅游统计中，旅游者人次分别统计一日游旅游者人次和过夜旅游者人次。并分别统计一日游旅游者和过夜旅游者的消费等各项指标，如消费结构、平均花费额等。

（二）旅游者停留天数指标

旅游者停留天数指标有两个：旅游人天数和旅游者人均停留天数。

旅游人天数，从客源地角度看指一定时期内外出旅游的总人天数，从旅游目的地角度看则指一定时期内接待的旅游者总人天数。它从时间角度反映了旅游者的需求状况，同时也表现了旅游产品吸引力的大小。将旅游人天数和旅游人次指标结合起来，能更全面衡量某一时期旅游需求总量的基本状况。

旅游者人均停留天数指标指一定时期内旅游人天数与旅游者人次数之比。它从平均数的角度反映了旅游需求的现实状况，同时也揭示了不同时期旅游需求的变化趋势。

（三）旅游者消费指标

旅游者消费指标是以价值形态来衡量旅游需求的一项综合型指标，它包含三个子指标：旅游者消费总额、旅游者人均消费额和旅游消费率。

旅游者消费总额指一定时期内旅游者在旅游目的地因购买其所需的各种商品和服务而支付的开支总额，包括餐饮费、住宿费、交通费、娱乐费和购物花费等。对旅游目的国家或地区来说，这一指标反映了该国或地区的旅游收入，具有重要的经济意义。但是一般国际旅游者的消费总额不包括国际交通费，而国内旅游者的交通费则计入旅游消费总额之中。

旅游者人均消费额指一定时期内旅游者消费总额与旅游人次之比，它以价值形态从平均数的角度反映了某一时期的旅游需求状况。可以通过该指标分析各客源市场的消费水平，了解旅游者消费的变化情况，进而确定相应的目标市场和营销策略。

旅游消费率指一定时期内一个国家或地区的旅游消费总额在该国或地区的居民个人消费总额（或国民收入）中所占的比重，它从价值角度反映了旅游需求的强度，用公式表示为：

$$旅游消费率 = \frac{外出旅游消费总额}{居民个人消费总额} \times 100\%$$

（四）其他指标

（1）旅游出游率或称旅游密度。这一指标反映了一个国家或地区居民对外出旅游的需求状况，同时也反映该国或地区作为旅游客源地的可能性程度。该指标又可区分为总出游率和净出游率两种。

总出游率指一定时期内一个国家或地区外出旅游人次与其总人口的比率。用公式表示为：

$$总出游率 = \frac{外出旅游人次}{该国或地区总人口} \times 100\%$$

净出游率指一定时期内一个国家或地区外出旅游者人数与其总人口的比率。用公式表示为：

$$净出游率 = \frac{外出旅游者人数}{该国或地区总人口} \times 100\%$$

（2）旅游重游率或称旅游频度。这一指标反映了一定时期内一个国家或地区的居民外出旅游的频率，以一定时期内一个国家或地区的外出旅游人次与该国或地区旅游者人数之比来衡量。用公式表示为：

$$旅游重游率 = \frac{外出旅游人次}{外出旅游者人数} \times 100\%$$

七、旅游需求预测

旅游需求预测是在市场调查的基础上，依据过去和现在的旅游需求资料，运用已有的知识、经验和科学方法，对未来一定时期内的旅游需求趋势和影响因素的变化，做出科学的判断、估计和推测的过程。预测结果可以为旅游目的地编制旅游发展战略与规划以及为旅游企业制定旅游发展计划和进行营销决策等提供依据。

（一）旅游需求预测的类型

旅游需求预测按照不同的标准可以划分为不同的种类。

按照预测时间的长短可分为短期预测、中期预测和远期预测。短期预测通常指一年以内的预测；中期预测一般指对 1—5 年需求状况的预测；远期预测一般指 5 年以上的预测。

按照预测内容可以划分为来访游客数量预测和旅游收入预测。前者是直接对旅游需求数量的预测，后者则是对旅游者在旅游目的地消费从而为当地创造的收入的预测。

（二）旅游需求预测方法

按照预测方法可分为定性预测和定量分析两大类。

定性预测法也称为直观判断法，适用于难以获取全面资料进行统计分析的情况，主要依靠预测人员所掌握的信息、经验和综合判断能力，预测市场未来的状况和发展趋势。这类方法简单易行，因此在市场预测中得到广泛应用。定性分析方法具体包括经理评判意见法、营销人员意见法、游客意向调查法和专家意见法等。

定量分析法是在数据资料较为充足的情况下运用数学方法特别是数理统计方法进行的测算，主要包括时间序列分析法和因果关系分析法两类。其中时间序列分析法认为从历史数据中观察的动态可以在未来持续一段时间，由此可根据过去递推未来。因果关系分析法则依靠识别旅游需求量与一系列影响因素之间的关系建立回归方程来进行旅游需求预测。目前在定量分析方面普遍认为，在对旅游者人数的预测上时间序列法优于回归模型法；而由于诸多影响因素对旅游者开支的影响远大于对旅游目的地抉择的影响，所以回归模型（尤其是经济模型）在预测旅游者开支时最有效。在对一具体旅游目的地进行需求预测时，应充分考虑各种预测方法的特点、预测问题本身的特点以及时间、人员、费用、相关数据充分程度等制约因素，选择出最合适的方法。

下面介绍三种传统的、简单的、常用的旅游需求预测方法。

（1）营销人员意见综合法

此方法适用于数据缺乏、旅游部门或企业又难于直接接触旅游者的情况，因此可以选择一些对产品销售情况较为了解的营销人员来进行预测。具体方法为：首先，请各位营销人员对某种旅游产品在未来一定时期内的最高销售量、最可能的销售量和最低销售量以及其概率分别进行预测，然后再计算各人的期望值，最后根据各人的权重计算出最终预测结果。

例如，假设现在选择了三名营销人员甲、乙、丙来进行预测，预测情况如表 3–1–3 所示：

表 3–1–3　营销人员预测情况

营销人员	预测项目	预测销售量 X_i	预测概率 P_i	P_iX_i	期望值
甲	最高销售量	9 900	0.3	2 970	9 160
	最可能的销售量	9 100	0.5	4 550	
	最低销售量	8 200	0.2	1 640	
乙	最高销售量	10 500	0.2	2 100	9 100
	最可能的销售量	9 000	0.6	5 400	
	最低销售量	8 000	0.2	1 600	
丙	最高销售量	10 200	0.2	2 040	9 070
	最可能的销售量	9 200	0.5	4 600	
	最低销售量	8 100	0.3	2 430	

如果三人的权重分别为 4, 3, 3，则预测结果为：

$$\overline{X}=\frac{9\,160\times4+9\,100\times3+9\,070\times3}{4+3+3}=9\,115\text{（单位）}$$

（2）游客意向调查法

此方法是在缺乏历史数据情况下通过选择部分旅游者了解其购买旅游目的地或旅游企业产品的意向而进行的预测。具体方法为：设计相应的问卷或表格请消费者填写，然后对填写情况进行汇总，之后计算出游者所占比例的期望值，最后可根据所调查客源地的人口总数预测出旅游需求总量。

例如，假设根据调查得到旅游意向汇总情况如表 3–1–4 所示：

表 3–1–4　旅游意向汇总

旅游意向	肯定出游	可能出游	不一定出游	可能不出游	肯定不出游	合计
人数 X_i	30	80	130	180	80	500
概率 P_i	100%	80%	50%	30%	0	
P_iX_i	30	64	65	54	0	213

出游比例期望值 $E=\frac{\Sigma P_iX_i}{\Sigma X_i}=\frac{213}{500}=42.6\%$

如果该地区总人口为 80 万人，则预计其旅游需求总量为：

80 万人 × 42.6% = 34.08 万人

（3）德尔菲法

此方法为专家意见法中应用最广泛、最重要、最有效的一种方法。首先要选择一定数量的专家，一般认为 15 ~ 20 人是确保预测精确性的最小规模，比较合适的是 20 ~ 50 人。接着向这些专家寄送调查咨询表和有关背景资料，请他们以书面形式回答后匿名寄回，然后将调查结果整理汇总后再寄给这些专家，让他们根据新信息重新考虑并将书面回答寄回。该过程反复进行若干次，直到各位专家预测的结果基本趋于一致为止。德尔菲法能将更广泛范围的不可量化的因素考虑进来，而且提供了综合使用多种预测方法的机会，在不能使用其他方法的情况下，该方法在帮助旅游规划者和政策分析者预测可能的未来发展方向时颇有价值。但是此方法代价较为高昂且比较耗时，因此在实践中主要用于长期预测。

第二节　旅游供给

供给与需求是经济学中互相对应的一组概念，二者的矛盾运动过程就是经济的运行过程。就旅游经济领域而言，旅游供给和旅游需求的矛盾运动构成了旅游经济活动的运行过程。要把握旅游经济运行，促进旅游业发展，必须全方面分析旅游供求，因此对旅游供给的研究十分必要。

一、旅游供给的概念与特点

（一）旅游供给的概念

旅游供给指在一定时期内，旅游目的地或经营者在每一可能的价格水平下愿意并且能够向市场提供的某种旅游产品的数量。根据定义，供给方对该旅游产品必须同时具备提供意愿和提供能力，缺少任何单个条件，则不能形成有效供给，也不能算作供给。

（二）旅游供给的特点

旅游供给受各种因素影响与制约，也存在一些不同于一般产业供给的特点。

（1）多样性。此特点决定于旅游需求的多样性。旅游供给不仅涉及能够满足旅游者吃、住、行、游、购、娱等多方面需求的供应，而且还涉及许多相关的社会供应系统；不仅有有形产品的提供，也有无形服务产品的提供；不仅包含各种文化要素，而且还包括纯粹的自然物。旅游供给方要将这些相应的物品和服务都作为商品来经营并提供给需求方，从而形成其多样性特点。

（2）关联性。旅游供给与国民经济各部门有广泛的关联性。旅游每完成一次供给不仅要涉及国民经济中众多直接相关的部门和行业，还要间接涉及更多的部门和行业，其中既包含经济部门，也包括非经济部门。旅游供给与这些部门的关联度为现有产业之冠。

（3）相对稳定性。旅游供给的相对稳定性主要表现在两个方面。一是不少旅游设施的用途比较固定。如，许多旅游基础设施包括机场、码头、车站、公路、铁路等的用途有较强的固定性，再如，一些人造主题公园，占地面积大，耗资惊人，只能用于旅游，难以转为其他用途。二是旅游设施的建设需要一定的周期，其供给数量较为固定，难以随需求或价格的波动而迅速进行调整。从长期看，旅游企业可以暂停一些处于淡季的产品服务，减少旅游供给；一些景区逐渐被开发，一些过去不被看好的景区被认可，旅游供给逐渐扩大。但即使如此，其中垄断性旅游资源的供给也是固定的，比如一些独特的自然景观、人文古迹等。

二、旅游供给的主要内容

旅游供给实际上就是旅游产品的供给，旅游供给的内容很多，按照旅游产品的构成，可将旅游供给分为基本旅游供给和辅助旅游供给两个方面。

（一）基本旅游供给

基本旅游供给指直接针对旅游者的需要而提供的旅游供给内容，包括借以吸引旅游者来访的旅游资源、为保障其旅游活动的顺利开展而专门开发和建设的各种旅游设施以及为旅游者提供的各种旅游服务，它们构成了旅游供给的核心部分，是旅游供给的三大支柱。

1. 旅游资源

旅游资源指具有经济开发价值，能对旅游者产生吸引力，并可为旅游业开发与利用的各种事物和因素。旅游资源是旅游目的地旅游供给的首要内容，也是旅游者选择目的地的首要因素。根据旅游资源的成因和性质将其分为自然旅游资源和人文旅游资源。自然旅游资源是自然天然赋予的东西，包括奇特的自然地形地貌、水文、气候、特殊的动植物资源以及天然矿泉、泥浴场等天然疗养条件。人文旅游资源指在人类社会发展过程中人类所创造的物质与精神财富，包括文物古迹、民俗传统、神话传说、社会文明风貌、独特的工艺品、土特名产和烹饪技术、现代文化体育活动、现代建筑和美术以及富有特色的当代人造旅游景观等。

2. 旅游设施

旅游设施指为直接开展旅游经济活动，满足旅游者在旅游过程中的吃、住、行、游、购、娱等方面需要而建设的专门设施，是旅游目的地旅游供给的重要内容。旅游设施和相应的旅游服务构成了一个国家或地区旅游业的接待能力。主要旅游设施包括：

（1）旅游交通运输设施。旅游需求的实现必须以旅游者的空间转移为前提，因此旅游供给中能够帮助旅游者从居住地到游览地并在旅游目的地范围内顺畅位移的旅游交通运输设施是必不可少的。同时旅游者还根据自己的经济状况和时间条件去选择交通方式，如果缺乏合适的、方便快捷的交通运输条件，旅游者可能放弃旅游。所以一个国家或地区如果能拥有航空运输、铁路运输、公路和水陆运输等多种可供选择的运输途径，增强旅游目的地的可进入性，将会大大提高旅游产品的竞争力。

（2）食宿接待设施。食宿接待设施为旅游者在旅游目的地期间的基本生活提供服务和保障，包括住宿接待设施和餐饮接待设施，其数量规模是一个国家或地区旅游接待能力的典型标志。旅游食宿设施的舒适、卫生、安全和设备的现代化是现代旅游的基本要求。以现代饭店为代表的食宿接待设施不仅集中体现了餐饮和住宿接待业，还表现为各种会议、商务和娱乐、社交活动的重要场所，旅游需求的六大要素中，除了行和游外，其他要素均可在此得到提供和满足。一些因具有民族风格、地方色彩或因享有盛名的佳肴而闻名于世的饭店本身就是吸引旅游者的一种旅游资源。

（3）游览娱乐设施。游览娱乐设施指能为旅游者提供参观、游览或娱乐活动的场所及其相关设备的总和，如供人们登临、游览、休憩的各种设施和设备，各具特色的游乐场所、博物馆、歌舞厅、音乐厅以及体育俱乐部、运动场馆等。游览娱乐设施可以方便或丰富旅游者的旅游生活，并且娱乐也是旅游活动的目的之一，一些规模大、知名度高的游览娱乐设施如迪士尼乐园、鸟巢等具有旅游吸引物的作用。

（4）旅游购物设施。旅游购物设施指可供旅游者购买物品的设施。旅游购物是旅游活动中的一项重要内容，这些购物设施的方便程度，其中所提供的商品特别是纪念品的品种、特色、质量和价格，对旅游者的购买兴趣和购买数量有着重要的影响。特色鲜明的购物环境与设施也能成为旅游吸引物，例如香港以购物天堂而闻名，许多旅游者主要为了购物而到香港旅游。另外，由于旅游者在购物方面的支出弹性较大，其对增加旅游目的地旅游收入的作用十分显著，因此，对旅游供给方而言，旅游购物设施的建设和布局是非常重要的一项内容。

3. 旅游服务

旅游服务指旅游从业人员通过一定的旅游资源和旅游设施为旅游者直接提供的劳务，包括商业性旅游服务和非商业性旅游服务。具体而言主要有入境签证服务、翻译导游服务、住宿服务、餐饮服务、交通运输服务、购物服务以及各种与旅游直接或间接有关的服务等。旅游服务贯穿旅游活动的全过程，且直接面对旅游者进行，因此旅游服务的质量特别是其中的商业性旅游服务质量会直接影响旅游者对旅游产品的感受与评价。所以旅游供给方应重视旅游服务，以热情、友好、礼貌和高效的基本原则来提供旅游者所需的旅游服务。

（二）辅助旅游供给

辅助旅游供给指为基本旅游供给提供支持和配套服务的基础设施和相关设施，它包括一般公用事业设施和现代社会生活需要的基本设施。具体来说，主要包括供水系统、供电系统、供气系统、排污系统、通信系统、道路系统和相关配套设施（包括公路、铁路、机场、码头、火车站和停车场等公用设施）以及医院、银行、治安管理机构等。这些设施的服务对象主要是当地居民，但是旅游者在旅游目的地停留期间不可避免地直接和间接使用这些设施，否则旅游活动就难以顺利进行，甚至连旅游者的基本生活都无法保障，因此，又称其为保障性旅游供给。这些基础设施是旅游目的地旅游业发展的重要物质基础，是旅游业向深度发展的后盾，也是旅游供给的重要内容。

三、影响旅游供给的主要因素

影响旅游供给数量的因素非常多，其中既有经济方面的因素，也有自然、社会、政治等非经济方面的因素，具体而言，主要包括以下几个方面：

（一）价格因素

这里的价格因素包含三个方面内容，一是旅游产品自身的价格，二是相关产品的价格，三是生产要素的价格。

一般情况下，旅游产品自身的价格会导致旅游供给数量发生同方向变动。即旅游产品价格越高，旅游目的地或经营者提供的旅游产品就越多。反之，旅游产品价格越低，供给数量就越少。

在包括旅游产品自身价格在内的各种因素都不变的条件下，如果其他相关产品的价格发生变化就会导致该旅游产品供给数量的变化。这是因为当相关产品价格变化时，该旅游产品自身价格虽未改变，但相对价格发生了变化，引起相对利润的变化，从而使社会要素资源产生重新配置，使该旅游产品的供给发生变化。

另外，生产要素的价格是旅游产品成本的重要体现，在旅游产品价格不变的条件下，生产要素价格的上升会减少生产者利润，从而使旅游供给数量减少。相反，生产要素价格的下降则会增加利润，从而使旅游供给数量增加。

（二）社会经济发展水平

旅游供给规模的扩大涉及旅游资源的开发、各种旅游设施和基础设施的建设以及旅游服务质量的提高等，这些都需要旅游目的地相关部门和行业有足够的经济实力，投入大量的人力、物力和财力。因此，如果旅游目的地的社会经济发展水平较低，各相关部门和行业的发展水平就相对滞后，这会造成资金短缺，且经济门类不齐全，在此情况下难以对旅游供给的扩大形成有效支持。而在经济比较发达的地区，旅游供给规模的扩大具有良好物质基础，所以其旅游供给水平往往较高。

（三）科学技术发展水平

科学技术水平的提高会使旅游业及相关产业提高劳动生产率，缩短生产周期，降低生产成本，从而增加生产经营者的利润，因此旅游供给会增加，并能够在较短时间内增加。旅游目的地的科学技术水平的提高对当地旅游供给具有正向推动作用。在科学技术发展水平较高的地区，旅游业及相关产业对新的科学技术成果的应用相对较多，这些地区的旅游供给水平一般也较高。如，目前主要包括计算机预订系统、电子问询系统、应用于企业内部各方面管理的信息管理系统以及现代化交通工具等。

（四）政策因素

旅游目的地国家或地区政府的政策对当地旅游供给水平有较大影响。不同旅游目的地国家或地区政府对旅游业的政策有所区别，因此对当地旅游供给的影响也是不同的。多数为支持和鼓励，从而促进当地旅游供给的增加，但也有出于整体经济考虑而在某些时期采取限制政策的，限制当地旅游供给增加；在方式上有的采用直接干预，对旅游供给作用力度较大，有的采用间接方式，相对影响较小。各旅游目的地政府所采取的影响旅游供给的政策主要包括税收政策、投资政策、信贷政策、价格政策、利用外资政策、社会文化政策和土地政策等，以税收的优惠、财政补贴、低息贷款等促进旅游供给增加，或从反方向限制旅游供给的增加。

（五）其他因素

除以上因素外，还有许多其他因素诸如自然历史条件、旅游承载力、社会政治因素、旅游经营者对未来的预期等都会影响旅游供给数量。

旅游资源是旅游供给的基础，旅游目的地的自然历史条件决定了当地的旅游资源是否丰富，而这些自然历史条件是既定的，是由于各个国家和地区所处的地理环境、气候条件以及各民族发展的进程和风俗习惯的不同而产生的结果，非人力所能改变。如，有些旅游目的地国家或地区自然条件优越，风光优美；有些历史悠久，文化底蕴深厚；还有些旅游资源较为匮乏。因此旅游目的地的自然历史条件决定了其对旅游产品的开发方向和特色，影响该地区旅游供给的数量和质量。

旅游承载力是旅游目的地在接待旅游者时既不会对旅游资源和自然环境造成破坏性后果，又不会导致旅游者旅游体验质量下降所能承受的旅游者数量。旅游承载力是旅游目的地旅游供给数量最大程度的体现。旅游承载力包括自然环境承载力和社会环境承载力两方面。如果旅游供给数量超出旅游承载力要求，过量的旅游者将容易导致自然生态环境遭受破坏，旅游目的地社会秩序出现混乱，居民对旅游者产生敌意，以及旅游者满意度下降等问题，旅游目的地旅游业的可持续发展也难以实现。因此旅游供给规模的扩大要考虑旅游承载力因素的限制。

旅游目的地国家或地区的政局稳定状况也影响旅游供给。如果其政局稳定，则能够对旅游供给的发展起促进作用。而如果政局混乱，对当地旅游供给则会产生负面影响。

如果旅游经营者对未来的预期较好，如预期旅游产品前景非常好，需求会大幅度上升，则会增加旅游供给。反之，如果对未来的预期是悲观的，则会减少旅游供给。

四、旅游供给规律

旅游供给的数量受众多因素的影响，一种旅游产品供给量是所有影响其供给量的因素共同作用的结果。如果假定其他因素均不发生变化，只考虑一种旅游产品自身价格对其供给量的影响，则二者之间的变化规律称为旅游供给规律。

旅游供给规律表明，在其他因素不变的情况下，一般旅游产品的供给量随着其自身价格的变动而呈同方向变动。此规律以函数关系式表示出来称为旅游供给函数，表达式可写为：

$$Q_s = f(P)$$

式中，Q_s 为旅游产品的供给量，P 为旅游产品的价格。

旅游供给量与旅游产品价格之间的关系可以用供给表和供给曲线的形式来表示。

从表 3–2–1 中可以清楚地看到旅游产品价格与供给量之间的关系，一般二者呈同方向变动。

表 3-2-1　某旅游产品的供给

价格—数量组合	*A*	*B*	*C*	*D*	*E*
价格（元）	2	3	4	5	6
供给量（单位数）	0	200	400	600	800

根据表 3-2-1 可绘制一条旅游供给曲线，如图 3-2-1 所示。

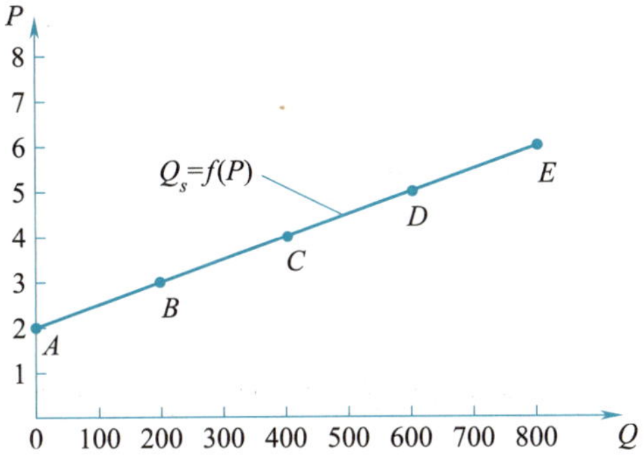

图 3-2-1　某旅游产品的供给曲线

在图 3-2-1 中，横轴表示旅游产品的数量，纵轴表示旅游产品的价格。供给曲线是以几何图形来表示旅游产品的价格和供给量之间的函数关系的。和旅游需求曲线一样，旅游供给曲线也是一条光滑的和连续性的曲线，它是建立在旅游产品的价格和相应的供给量的变化具有无限分割性即连续性的假设上的。并且和旅游需求曲线一样，旅游供给曲线可以是直线型，也可以是曲线型。但不管曲线形状如何，根据旅游供给规律，一般情况下供给曲线都是向右上方倾斜的，表示旅游产品的供给量和价格之间有同方向变动的关系。

旅游供给规律并非在任何时候都成立。由于各种限制因素的作用，当旅游供给数量达到一定数值后，无论旅游产品自身价格如何提高，旅游供给量都会保持不变。也就是说，在此价格区间旅游产品价格的变动对其供给量没有影响，供给量为固定常数，此时的旅游供给曲线为一段垂直直线。

在其他因素一定的条件下，旅游产品价格的变化导致供给量变化的情况在图像上表现为沿着一条旅游供给曲线的点的位移，称为旅游供给量的变动，例如图 3-2-1 中随着旅游产品价格的上升，旅游供给量沿着旅游供给曲线由 *A* 点向 *B*、*C*…点的位移。如果是旅游产品价格以外的其他因素变化而引起的该产品的供给数量的变动，称为旅游供给或旅游供给水平的变动，在几何图形中就是由一条旅游供给曲线向另一条旅游供给曲线的移动，如

图 3–2–2 中旅游供给曲线最初为 S，如果旅游产品自身价格以外的其他因素变动例如生产要素价格提高导致旅游供给减少，则旅游供给曲线变为 S_1，对应于价格 P_0，供给量由 Q_0 减少为 Q_1；反之，生产要素价格下降会导致旅游供给增加，从而旅游供给曲线变为 S_2，对应于价格 P_0，供给量由 Q_0 增加为 Q_2。

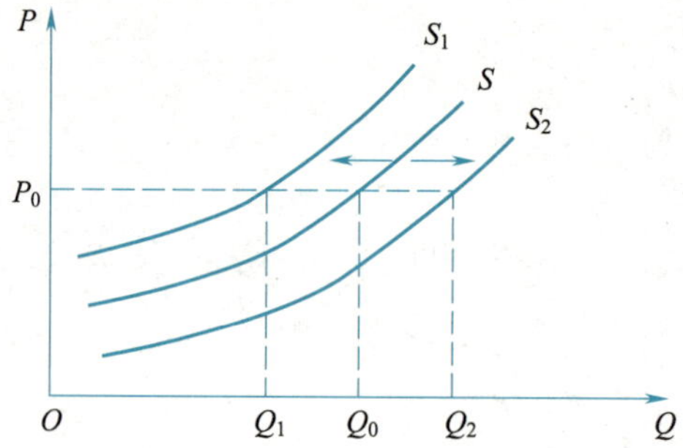

图 3–2–2　旅游供给的变动和旅游供给曲线的移动

五、旅游供给弹性

旅游供给弹性包括旅游供给的价格弹性、旅游供给的交叉弹性和旅游供给的预期价格弹性等，在此考察的是旅游供给的价格弹性，通常简称为旅游供给弹性。

（一）旅游供给价格弹性

旅游供给价格弹性表示在一定时期内一种旅游产品的供给量的变动对该产品的价格的变动的反应程度。或者说，表示在一定时期内当一种旅游产品的价格变化百分之一时所引起的该产品的供给量变化的百分比。它是旅游产品的供给量变动率与价格变动率之比。旅游供给价格弹性的计算和旅游需求价格弹性相同。公式为：

$$E_s=\frac{Q_2-Q_1}{Q_1}\div\frac{P_2-P_1}{P_1}$$

（二）旅游供给价格弹性类别

旅游供给价格弹性系数一般为正值，主要分为以下四种情况：

（1）$E_s>1$，表明旅游供给富有弹性，旅游产品价格一定幅度的变化会引起旅游供给量更大幅度的变化。这种情况通常发生在旅游目的地旅游业发展的初期阶段，旅游供给规模的扩大具有较大空间。另外在旅游食品、旅游纪念品等产品的生产经营方面也易表现出较大的旅游供给弹性。

（2）$0<E_s<1$，表明旅游供给缺乏弹性，旅游产品价格一定幅度的变化只会引起旅

游供给量更小幅度的变化。当旅游目的地的一些因素不利于旅游供给增加时，例如有关生产要素价格较高或生产技术水平有限等，则容易出现旅游产品价格上升较多而旅游供给量增加较少的情况。

（3）$E_s=1$，称为单位弹性，表明当旅游产品价格出现一定比例的变化，旅游供给量也以同一比例发生同方向变化。这种情况极为少见。

（4）$E_s=0$，称旅游供给完全无弹性，即旅游产品价格的变化不会导致旅游供给量的任何变化。有些旅游目的地，如我国西藏的布达拉宫以及不丹国等，为保护旅游资源和生态环境等目的，限定了一定时期内（每日或每年）所能接待的旅游者人数，因此旅游产品价格的变化对其供给量不会产生影响。

（三）影响旅游供给价格弹性的主要因素

影响旅游供给弹性大小的因素有很多，其中时间因素是非常重要的一个因素。当旅游产品价格发生变化时，短期内生产经营者难以迅速调整生产规模以改变产量，因此旅游供给弹性一般较小。但是在长期内，旅游供给量对价格的变动有较充分的反应时间，因此旅游供给弹性会比较大。另外，当其他条件不变时，生产成本随产量变化的情况和旅游产品项目生产周期的长短、旅游资源开发的难易程度等，也是影响旅游供给价格弹性的重要因素。如果产量增加引起生产成本大幅度提高，则旅游供给弹性较小，否则弹性就大。那些生产周期较短的旅游产品项目，旅游生产经营者可以根据市场价格变化较及时地调整产量，旅游供给弹性相应就比较大，反之，生产周期较长则旅游供给弹性会较小。旅游资源开发的难易程度也会影响生产周期，开发难度越大，生产周期越长，旅游供给弹性就会越小，开发难度越小，旅游供给弹性越大。

第三节　旅游供求矛盾与供求均衡

旅游需求与旅游供给作为旅游经济活动的两个侧面，是一对矛盾统一体。旅游供求关系实质上表现为旅游供求之间的矛盾运动过程，他们通过旅游产品价格这一中介，有机地结合起来，从而形成了旅游供给与旅游需求相互依存和相互矛盾的运动规律。

一、旅游供求矛盾的形成

旅游经济的运行是旅游需求和旅游供给两方面共同作用的结果。在旅游市场中，旅游者作为买方，决定需求；而旅游产品的提供者，决定供给。因此旅游需求和旅游供给分别代表旅游市场中的买方和卖方，它们之间既互相依存，又互相对立；既互相适应，又互相矛盾。

旅游需求和旅游供给之间是互相依存的，任何一方利益的实现都以对方的存在为前提。旅游需求的满足需要依靠旅游供给提供相应的产品和服务，同时只有存在相应的旅游需求，旅游供给才有意义，其所提供的产品和服务才能实现价值和使用价值。旅游需求和旅游供给之间又是互相对立的，旅游者总是希望以更少的支出获得更多的满足，旅游产品提供者则总是希望能以更高的价格来销售出产品，从而获得更多的收入，因此双方追求的利益目标的不同使得他们形成了对立关系。旅游经济活动的运行要求旅游供给和旅游需求之间要相互适应。如果旅游产品供给过多，旅游生产经营者无法销售出所有的产品，他们之间必然会因为竞争而降低价格，减少供给量并增加需求量，使供求达到均衡；如果旅游产品的需求过多，部分旅游者的需求无法获得满足，则会通过竞争提高价格，从而减少需求量而增加供给量，使供求趋于均衡。因此在市场经济条件下，由于价格机制的作用，旅游供求会互相适应，旅游产品的经营者愿意供给的数量与消费者愿意购买的数量将趋于一致。但是在旅游市场中，旅游供求的均衡是相对的，不均衡是绝对的。由于影响旅游供求的因素众多，每一个因素的变化都会造成旅游产品价格的波动，导致旅游需求与旅游供给常常处于不均衡状态，形成旅游供求矛盾。在市场力量和价值规律的作用下，旅游供求之间由不均衡趋向于均衡。这种“不均衡——均衡——不均衡……”的循环往复运动过程就是旅游供求矛盾运动的规律，旅游经济活动就是在这种矛盾运动中不断发展的。

二、旅游供求矛盾的表现

旅游供求矛盾主要表现在总量、时间、空间和结构等方面的非均衡状态。

（一）总量上的失衡

旅游供求在总量上的矛盾指一定时期内旅游供给或旅游接待能力与旅游总人次之间的不一致。由于旅游供给涉及资源开发、设施建设等内容，一旦形成一定的供给或接待能力，短期内难以改变，具有相对稳定性；旅游需求则具有多变性，人们的收入水平、消费水平、时间、气候、社会环境、宣传舆论、身体状况等各种因素的影响，都会使旅游需求产生较大的波动，旅游总人次会迅速地增加或减少。因此一定时期内旅游供给与旅游需求在总量上往往难以达到均衡，要么出现旅游人次不足、旅游设施闲置的供给过剩，要么出现市场容量不能满足旅游者人次数量需要的需求过剩的矛盾。

（二）时间上的失衡

旅游供求在时间上的矛盾指由于旅游需求的时间指向性特点而导致的在不同季节旅游供求的不均衡。一方面，旅游需求受客源地节假日分布和季节气候的影响，易产生时间指向性；另一方面，在不同季节，旅游目的地的旅游资源特别是自然资源表现出较大差别，其吸引力存在较大差异，会促使旅游需求产生时间指向性。旅游需求的时间指向性和集中性与旅游设施的常年性和均衡性形成了强烈的反差，因此会造成某一地区的旅游产品在一段时间内供不应求，在另一段时间内则供过于求，形成时间上的矛盾。即使在总量基本平衡的情况下，这种季节性失衡也是始终存在的。

（三）空间上的失衡

旅游供求在空间的矛盾指旅游供求在空间地域上的失衡，也就是说，在同一时间内，即使在总量基本平衡的情况下也会存在部分地区供不应求、部分地区供过于求的失衡局面。由于旅游供给所依托的旅游资源在空间地域上分布的不均衡性，旅游资源位置的固定性，以及旅游设施完善程度的不同，导致了不同旅游目的地的吸引力和旅游供给能力上的差别。而旅游者多流向旅游资源比较丰富、旅游设施比较完善的旅游热点地区，造成其供不应求，那些旅游冷点地区则会出现需求不足、供给过剩的状况。

（四）结构上的失衡

旅游供求在结构上的失衡指的是旅游产品的供给结构和旅游者的需求结构的不相适应，主要表现在：旅游供求在不同类型和项目结构上的不相适应；旅游供求在不同档次或等级结构上的不相适应；旅游供求在消费方式结构上的不相适应等。其原因在于，虽然旅游供给最初在设计时是根据市场需求结构来进行建设和提供服务的，但旅游需求具有多变性，旅游需求结构也是多变的，而旅游供给的相对稳定性使得其结构很难在短时间内根据旅游需求结构的变化做出调整，即使调整了也有明显的滞后性，因此就表现出旅游供求在结构上的失衡。

三、旅游供求均衡

供求均衡是一种状态，在这种状态下的价格达到使需求与供给相等，此状态也叫供求平衡。

（一）旅游供求静态均衡

在旅游市场上，旅游产品价格是影响旅游供给与需求的关键因素，而旅游供求也是影响旅游产品价格的重要因素。当某种旅游产品供不应求时，其价格就会上升，使旅游需求量减少而旅游供给量增加，直至旅游供求大体相当；反之，当某旅游产品供过于求时，旅游产品价格就会下降，使旅游需求量增加而旅游供给减少，直到旅游供求大体相当。当旅游供给量和旅游需求量相等时，旅游供求就达到了均衡，此时的均衡为静态均衡（见图 3–3–1）。

图 3–3–1 中，假设旅游市场最初价格为 P_1，在此价格处，生产者所愿意提供的旅游产品数量为 Q_2，旅游者所购买的数量为 Q_1，$Q_1 < Q_2$，即由于此时价格过高，使得市场处于供过于求的局面。市场中旅游产品难以全部售出，因此价格会下降，旅游业中部分资金便会转投其他产业，从而使供给量减少。伴随着旅游产品价格的下降，旅游需求量在逐渐增加，直到价格降为 P_0，供求量正好相等，都为 Q_0，达到均衡，则各种因素不变时此均衡也不再变化。反之，假如旅游市场的最初价格为 P_2，低于均衡价格 P_0，供不应求的局面会导致价格逐渐上升，旅游业自身会扩大再生产，其他行业资金也会投向旅游业，从而使旅游供给量增加。旅游需求量会随着价格的上升而渐渐减少，直到均衡点 E。

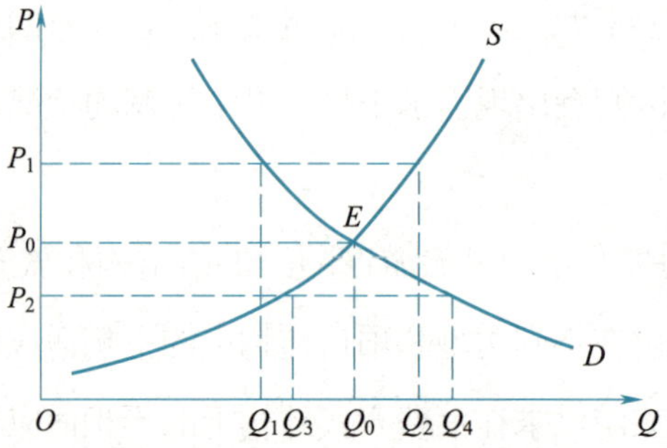

图 3–3–1　旅游市场供求静态均衡

（二）旅游供求动态均衡

在现实旅游市场中，旅游供求均衡多为动态均衡。旅游供给一旦形成便具有一定的稳定性，会在一定范围内随着旅游产品价格变化而变化。因此，对于旅游供给动态均衡，可通过旅游供给曲线和旅游需求曲线的变动加以研究。简单起见，可以假定旅游供给曲线和旅游需求曲线在移动时形态不变，旅游供求动态均衡可以分为以下三种情形。

1. 旅游需求变化

由于社会经济发展和消费水平变化，促进了人们工作时间的调整，工作日减少而休假日增加，从而引起旅游需求水平的变化。图 3–3–2 分析的是旅游需求的变动所导致的均衡的变动。初始旅游需求曲线为 D，市场位于均衡点 E，此时若其他因素的变动使旅游需求增加，变动到 D_1 的位置，则原有的均衡被打破，需求量变为 Q_2，大于供给量 Q_0，因此市场价格会上升，则供给量增加，需求量减少，直到价格升至 P_1，旅游供求达到新的均衡点 E_1。反过来说，如果其他因素的变动使旅游需求减少，如图 3–3–2 所示，新的旅游需求曲线 D_2 与旅游供给曲线的交点 E_2 将是价格机制作用达到的新的均衡点。

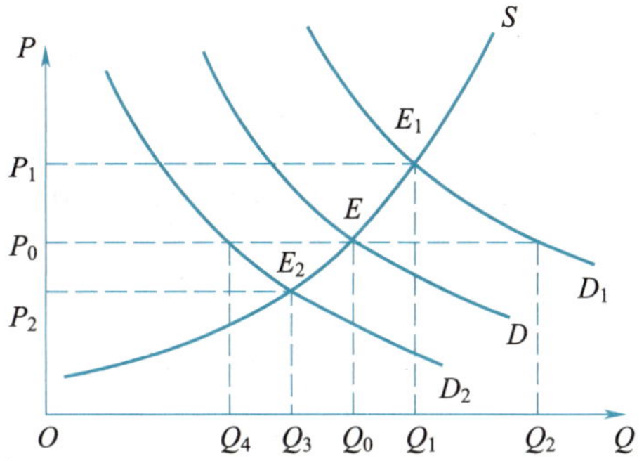

图 3–3–2　旅游需求变动引发的动态均衡

2. 旅游供给变化

影响旅游供给的因素很多，除价格因素外，其他因素发生变化，也都会引起旅游供给的增加和减少，如果旅游需求暂时不变，仅仅由于旅游供给的变化，也会造成市场均衡价格发生变化。如图 3–3–3 所示，旅游供给曲线 S 右移到 S_2，于是在旅游需求水平不变的情况下，旅游供求均衡点由 E 右移到 E_2，旅游供给量相应由 Q_0 增加到 Q_3，供求均衡价格则由 P_0 下降到 P_2，从而实现了在供给增加和旅游价格下降情况下的旅游供求动态均衡；反之，当旅游供给减少时会导致旅游供给曲线左移，引起在旅游需求减少和旅游价格上升情况下的供求动态均衡。

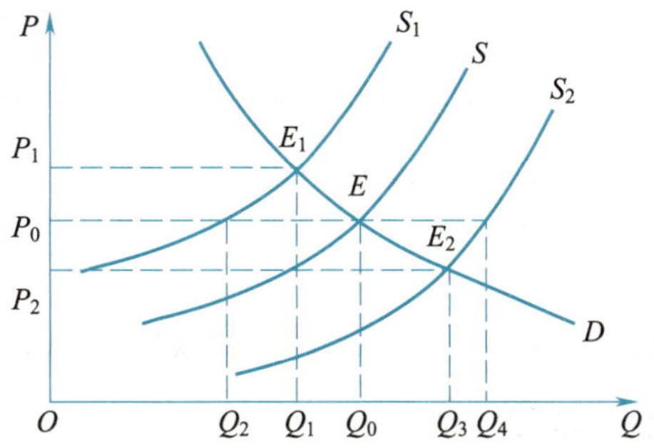

图 3–3–3　旅游供给变动引发的动态均衡

3. 旅游供求同时发生变化

一些外在因素形成后，不仅会影响旅游供给，还会影响旅游需求。所以旅游供给和旅游需求同时发生变化，是市场经济的客观必然。此时对均衡价格的影响是比较复杂的，因为他们既可以同向变动，也可以反向变动；既可以同比例变动，也可以非同比例变动。如果旅游供给和旅游需求反向同比例增加，会引起图 3–3–4 中旅游供给曲线左移而旅游需求曲线右移，使旅游供求均衡点由 E_0 上升到 E_3，并在旅游供求均衡 Q_0 不变的情况下，促使旅游均衡价格由 P_0 上升到 P_3；反之，如果旅游供给和旅游需求曲线同比例反向减少，则会引起旅游供给曲线右移而旅游需求曲线同时左移，使旅游供求均衡点下移，并在旅游均衡产量不变的情况下，促使旅游均衡价格下降。而当旅游供给和旅游需求同向同比例，或者同向不同比例、甚至不同向不同比例同时变化时，将促使旅游供给和旅游需求出现诸多不同情况下的动态均衡。

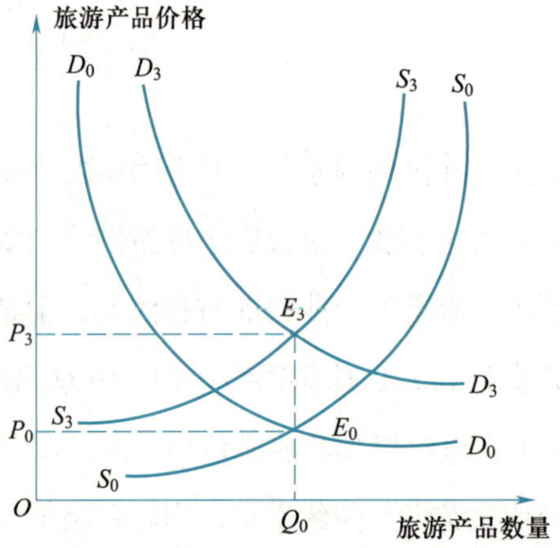

图 3–3–4　旅游供求同时发生变化对均衡价格的影响

（三）旅游供求均衡调控

在市场经济条件下，旅游供求矛盾是依靠市场机制和国家宏观调控机制来共同调节的。其中市场机制是主要的和基础性的调节机制。

1. 市场调节机制

市场调节机制指运用价值规律、供求规律、竞争规律等实现对旅游供求矛盾的调节，主要包括价格调节机制和竞争调节机制等。

（1）价格调节机制。在市场经济条件下，价格是最直接也是最敏感的调节供求矛盾的重要因素。当旅游市场中出现供不应求时，旅游产品的价格就会上升，从而引起旅游需求量的减少和旅游供给量的增加，直到供求均衡；而旅游市场表现为供大于求时，旅游产品的价格就会下降，从而增加旅游需求量并减少旅游供给量，直到供求均衡出现。这种价格的自动调整功能，会使旅游供求逐步走向均衡。

（2）竞争调节机制。竞争是市场经济的重要规律，竞争能够促进旅游资源有效配置，促进技术进步和劳动生产率提高，促使旅游产品生产经营者优胜劣汰，因此，无论从短期还是长期来看，充分竞争既能刺激旅游者消费需求，又能从整体上优化旅游产业结构，提高旅游供给能力和供给水平，并使旅游供求关系更好地实现动态平衡。

为了应对激烈的旅游市场竞争，旅游目的地和旅游产品经营者有必要采取灵活多样的市场竞争策略。旅游市场竞争策略可分为价格竞争策略和非价格竞争策略。价格是市场竞争中经常被使用的一个重要手段，旅游目的地和旅游产品经营者应充分考虑其自身的竞争目标，考虑其产品和目标市场的特点，综合分析竞争对手、相关产品的情况等，进而决定采取何种价格竞争策略。但应注意的是，价格并非市场竞争调节的全部，尤其是竞争对抗的层次性决定了价格调节只是竞争中的初级形式。旅游目的地和旅游产品经营者更应注重运用非价格竞争策略来发挥竞争调节机制的作用。

非价格竞争策略主要包括：一是高质量策略，指同种旅游产品在价格相同的情况下通过不断提高旅游产品质量而扩大市场并在竞争中取胜。在这样的竞争中旅游者的需求能够得到更好的满足。二是促销策略，指旅游目的地和旅游产品经营者利用各种促销手段，将旅游目的地和产品有关的信息向目标市场传递，并与旅游者进行有针对性的信息沟通，以引发旅游者兴趣，激发他们的购买欲望，促进购买行为的产生。三是引导需求策略，指旅游目的地和旅游产品经营者通过产品创新并积极运用各种有效的市场沟通手段，发掘旅游者的潜在需求，从而创造需求、引导需求。

2. 政府宏观调控机制

市场机制的自发调节可以促进旅游资源的配置更加合理，经济效率更高，但在现实中，市场机制作用的发挥具有一定的局限性。并且旅游需求是多方面的，而满足这些多方面需求的旅游供给则是各自独立的。因此有必要发挥政府职能，加强对旅游业的宏观调控，维护市场秩序，弥补市场调节的不足，从而更有效地调节旅游供求矛盾。

政府宏观调控机制就是政府通过运用经济、法律、政策、行政及其他手段，对旅游供给和旅游需求施加直接或间接的影响，使二者的矛盾得到缓解，实现动态平衡。政府对旅游经济进行宏观调控的政策措施主要包括以下三个方面：

（1）健全和完善法律法规。政府通过健全和完善法律法规可以对旅游企业和旅游者的行为进行限制和规范，从而维护良好的旅游市场秩序，创造良好的经营环境，使旅游企业能够在公平合理的市场环境中展开良性竞争。因此健全和完善相关的法律法规是市场调节机制特别是竞争调节机制能够有效发挥作用的基础和前提，有助于调节旅游供求矛盾。

（2）制定旅游发展战略与规划。旅游发展战略与规划是旅游目的地范围内旅游业未来发展的指导方针和计划，主要通过调控旅游供给来实现旅游供求均衡。旅游供给涉及许多各自独立的部门和行业，他们的协调发展对更有效地提供满足旅游者需求的产品至关重要。旅游目的地政府制定旅游发展战略与规划是在市场调研和旅游需求预测的基础上进行的，这不仅可以统筹部署各有关部门和行业的发展任务，促进其协调发展，而且通过合理规划旅游业及相关产业的发展规模和速度，使旅游供给能够适应旅游需求的总体发展，从而对调控旅游供求矛盾具有长远效果。

（3）经济政策调控措施。政府根据旅游经济发展的目标和旅游供求均衡的现实状况，通过制定各种用于指导旅游经济活动运行、调整各方经济利益关系、促进旅游经济发展的政策和措施，来对旅游经济进行宏观调控，对旅游供求变化进行引导或限制，促成旅游供求均衡。这些经济政策主要包括产业政策、货币政策、税收政策、信贷政策等。旅游产业政策是政府为了改善资源配置状况，实现一定时期内的社会经济发展目标而制定的针对旅游产业的各种政策措施，具体可分为旅游产业组织政策、产业结构政策、产业布局政策和产业技术政策等，主要调控的是旅游供给。信贷政策也主要是针对旅游供给所实施的调控措施；税收政策分为针对旅游企业的税收政策和针对旅游者的税收政策，分别对旅游供给或旅游需求发挥作用；货币政策则对旅游供求都会产生影响。利用经济政策调控时需注意，不能用政策性约束替代市场约束，而是要通过科学合理的政策来弥补旅游市场机制的不足，使市场机制能够更有效地发挥出应有的作用。

本章小结

与一般商品供求相比，旅游供求更为复杂。本章阐述了旅游供求的内涵与特点、主要影响因素、旅游供求弹性及其计算方法等，分析了旅游需求和旅游供给在经济中存在的规律性变化、旅游供求矛盾及其调节措施，有助于理解旅游经济的运行，并对推动其良好运行具有重要意义。

基本概念

旅游需求　旅游需求规律　旅游需求弹性　旅游供给　旅游供给规律　旅游供给弹性　旅游供求均衡

思考题

1. 旅游需求与旅游供给各有什么特点？
2. 旅游需求的产生需要具备哪些条件？影响旅游需求的因素有哪些？
3. 什么是旅游需求价格弹性？它的大小与旅游总收入之间有什么关系？
4. 预测旅游需求有哪些基本方法？
5. 影响旅游供给的因素有哪些？
6. 试以图示分析说明旅游需求规律和旅游供给规律。
7. 旅游供求矛盾的主要表现是什么？

本章思维导图

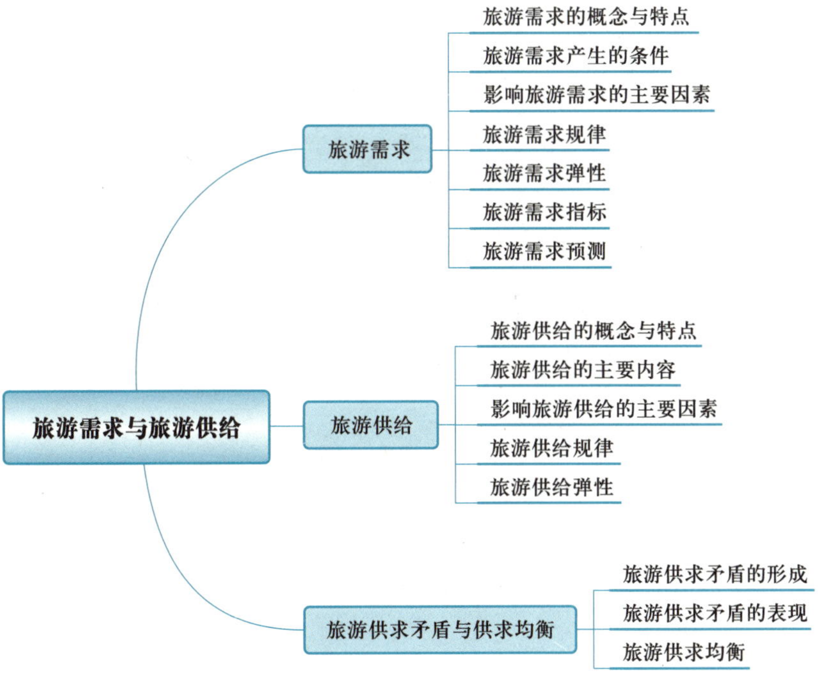

即测即评

案例分析

缓解假日旅游供需矛盾，要下功夫完善保障措施

推荐阅读

第四章　旅游市场与旅游价格

本章导言

旅游市场是旅游产业发展不可或缺的内容，旅游价格则是旅游产品进行交换的重要条件，旅游市场与旅游价格的有机结合是旅游经济顺利运转的关键。把握旅游市场的主要内容和理解旅游价格及其体系，对洞察旅游经济规律，实现旅游经济效益尤为重要。

学习目标

通过本章的学习，要求学生掌握旅游市场的概念、特点、细分、竞争内容及手段、旅游价格，熟悉旅游价格体系、旅游产品的定价方法和策略，能够对旅游市场和旅游价格有全面地认识和了解。

本章重点与难点

重点：旅游市场概念及特点、旅游竞争内容、旅游产品定价方法

难点：旅游目标市场的选择、旅游市场竞争手段、旅游价格体系

第一节 旅游市场概念及特点

一、旅游市场概念

旅游起初只是一种社会现象，并不涉及产品交换。随着生产力发展，人民生活水平提高，旅游活动逐渐盛行，人们的出游需求愈发得到重视，逐渐形成了稳定的旅游需求方与旅游供给方，旅游市场的概念也由之产生。关于旅游市场的概念可以从广义和狭义两个层面进行了解。

（一）广义的旅游市场

广义的旅游市场指旅游产品交换过程中所反映的各种经济现象与关系的总和。对于广义的旅游市场，需要注意到以下三点：

1. 旅游者与旅游经营者是旅游市场交换的主体。旅游者寻求效用最大化，希望以最合适的价格获得最优的旅游体验；而旅游经营者则寻求最大化的收益，希望以较高的价格、较低的成本售出旅游产品。两者看似相互对立，却又相互依存，通过旅游市场紧密联系在一起，在一定条件下，完成旅游产品的购买与出售，实现各自目的。

2. 旅游产品是旅游市场交换的客体。旅游产品是由旅游经营者提供的，用于旅游市场交换的，能够满足旅游者需求的各类产品的总和。旅游产品可以是物质产品，如包价游的旅行线路、车票、船票、飞机票等也可以是无形产品，如导游讲解的服务产品、各地旅游景观介绍的信息产品、旅游网络支持的技术产品等。

3. 交换条件是构成旅游市场的重要一环。旅游市场的交换条件指促进旅游市场交换行为实现的各种媒介，如广告宣传、优惠促销，乃至旅行门店、旅游网站、货币及移动支付。

通过各种交换条件实现的旅游者与旅游经营者的旅游产品交换行为与现象，反映旅游市场供求双方的经济关系，这种供求关系既有一般市场经济关系的通性，又兼具旅游市场的特性。随着旅游市场的发展，旅游者与旅游经营者之间的交换条件、交换行为以及交互关系愈发复杂且多样化。

（二）狭义的旅游市场

狭义的旅游市场，指旅游需求市场或旅游客源市场，或者指旅游产品的现实购买者和潜在购买者。狭义的旅游市场由旅游者、旅游购买力和旅游购买欲望三个要素构成。

1. 旅游者

旅游者是旅游市场的基本要素，它反映了旅游市场的规模大小。现实旅游者或潜在旅游者越多，旅游市场的规模越大，所能产生的旅游收益就越大；反之，旅游市场的规模越小，旅游收益越小。通常来说，旅游者的数量与一个地区的人口数成正比，人口数越多则旅游者可能也越多，但这种关系会受地区经济发展水平、教育水平、交通发展状况、风俗文化、居民生活习惯等因素的显著影响。

2. 旅游购买力

旅游购买力指旅游者购买旅游服务和产品的能力，是旅游市场规模的重要体现。旅游购买力与旅游者的收入密切挂钩，旅游者的可自由支配收入越多，其旅游购买力越强。如果旅游者的可自由支配收入难以支撑旅游者的旅游购买行为，旅游活动就无法实现，旅游市场就只是一种潜在市场。

3. 旅游购买欲望

旅游购买欲望是把旅游购买力向现实购买行为转化的关键条件，是旅游者购买旅游产品的需求与意愿的集中体现。缺乏旅游购买意愿的消费者，其或者没有出游动机，或者没有选择旅游产品的倾向，即使有强大的旅游购买力，也只会是潜在的旅游者，无法形成现实的旅游市场。由此看来，兼具旅游购买力与购买欲望的旅游者才是现实旅游市场的活跃因素。但要同样注重潜在旅游市场的开发，区分有旅游购买力而缺乏购买欲望的旅游者与有旅游购买欲望而缺乏购买力的旅游者，有针对性地推出旅游产品。

二、旅游市场特点

旅游市场作为旅游经济运行的基础，其与一般产品市场、服务市场和生产要素市场相比，既有一定的共性，又有不同的特性，如多样性、季节性、波动性和全球性等。

（一）多样性

旅游市场的主体是旅游者和旅游经营者，旅游者的需求是多样化的，使得旅游经营者要提供多样化的产品以满足旅游需求，这又会不断提升旅游者的要求标准，导致旅游市场愈发呈现多样性特点。现代旅游市场的多样性不仅反映了旅游市场发展变化的特点，而且在很大程度上决定和影响着旅游经营的成败和旅游经济的发展。具体来说，多样性表现在以下三个方面：

1. 旅游产品类型的多样性

旅游产品类型表现出多样性的原因，一方面是各旅游目的地的自然风貌与人文习俗不同导致的旅游资源的多样性；另一方面是旅游者出游的需求或者动机不同，如休闲度假、民俗体验、节庆赛事。旅游资源与旅游者出游需求的多样性共同导致了旅游产品类型的多样性。

2. 旅游购买形式的多样性

旅游购买形式的多样性，是随着旅游需求的多样性和旅游产品的多元化而形成的，并随着现代旅游发展而呈现丰富多样的发展趋势。现代旅游购买形式是多种多样的，如团体包价旅游、散客包价旅游、散客自助旅游、包价旅游与自助旅游相结合的各种旅游购买方式。

3. 旅游交换关系的多样性

旅游交换关系的多样性，指旅游者和旅游经营者之间购销旅游产品的状况，即双方交换的旅游产品可以是单项旅游产品，也可以通过旅行社购买组合（线路）旅游产品，还可以购买综合性旅游产品（旅游地产品）等。

（二）季节性

旅游市场具有显著的季节性特点，一方面，旅游者余暇时间的分布不均衡，使得旅游者的可出游时间比较集中，这也是每逢国家假日，如五一假期、国庆假期等，各大旅游目的地爆满的原因；另一方面，不少旅游目的地景观易受自然、气候条件等的影响，只有在特定时期才能够被旅游者体验或者观赏，如漂流旅游、滑雪旅游、赏花旅游等。因此，旅游目的地应该结合旅游市场淡旺季的特点以及自身情况，合理组织好“旺季”旅游市场的供给，以减少或消除季节性影响，使旅游市场向“淡旺季”均衡化方向发展。

（三）敏感性

旅游市场具有较强的敏感性，很多因素的变化都会引起旅游市场的较大波动。如工资、物价、汇率、危机事件、国际关系、重大节假日或社会活动以及旅游者自身心态的变化等，这些都会导致旅游者构成、旅游流向、旅游价格变化，甚至引起旅游者总人次的变化。旅游市场的这一特点，要求旅游经营者随时关注影响旅游市场变化的因素，科学评估其影响，并根据旅游市场的动态变化，适时调整经营策略，以保持旅游市场的稳定发展。

（四）全球性

第二次世界大战结束后，世界各国生产力普遍提高，交通条件极大改善，社会经济逐步发展，旅游市场经历了一个由国内向国际的发展过程。旅游活动由一个国家扩展到多个国家，区域性旅游市场发展成为全球性旅游市场。一方面，旅游活动具有全球性。物质生活的极大富裕使得大众旅游盛行，旅游作为提高幸福感的重要手段，逐渐成为人们日常生活的重要组成部分。世界各国的旅游业蓬勃发展，人们可以用较少的时间、较少的支出而获得更多旅游需求的满足。另一方面，旅游范围具有全球性。旅游者出行的范围也越来越广，尤其是在现代交通高度发达、国家之间交往日益密切以及经济全球化发展的当下，国际出入境旅游愈发便利，旅游者的活动范围遍布世界各地，甚至无人居住的南北极。

第二节　旅游市场细分及目标市场的选择

一、旅游市场细分

旅游市场细分就是依据旅游者的某些特征，将旅游者整体进一步划分为各类旅游细分群体的过程。相同的细分旅游群体具有相似的需求和购买行为，不同细分旅游群体间具有差异性偏好。市场细分对正确地开展旅游营销，制定针对性的营销策略，实现最大化市场收益有着重要的意义。结合市场营销学的一般原理，旅游市场细分可以从地理区域、社会状况、购买行为和消费心理四个方面来进行。

（一）按地理区域细分

按照地理区域细分指依旅游者所在的地理位置来细分旅游市场。例如，按照世界主要地区可以将国际旅游市场划分为欧洲旅游市场、美洲旅游市场、东南亚及太平洋旅游市场、中东和南亚旅游市场、非洲旅游市场；按照目的地与客源地的距离远近可以划分为远程旅游市场、中远程旅游市场和近程旅游市场；按照城乡地域差别可以划分为城市旅游市场和乡村旅游市场。总体来说，按照地理区域进行划分是一种比较传统的市场细分方法，对企业宏观营销策略制定乃至战略决策都有重要的借鉴意义。

（二）按旅游者社会状况细分

影响人们旅游的社会经济因素有很多，包括年龄、性别、职业、收入、种族、宗教、国籍、家庭结构、社会阶层、受教育程度、文化与血缘关系等，这些社会状况是重要的旅游市场细分划分依据。依据年龄因素细分，可以划分为青少年旅游市场、成年人旅游市场、中年人旅游市场和老年人旅游市场。依据性别因素进行细分，可以划分为男性旅游市场和女性旅游市场。一般来说，男性旅游者独立性较强，更倾向于知识性、运动性、刺激性较强的旅游活动，公务、体育旅游者较多；而女性旅游者更注意旅游目的地的选择，注意财产安全因素，喜好购物，对价格较敏感。依据旅游者的职业与收入，可划分为豪华旅游市场、标准旅游市场和经济旅游市场。总之，按照旅游者的社会状况细分，也是很常见的旅游市场细分办法，旅游经营者需要结合实际需要进行细分。

（三）按消费者购买行为细分

按消费者的购买行为细分旅游市场，如购买目的、追求的利益、购买状况、使用频率、对品牌的信赖程度、价格、服务及广告敏感程度等。购买行为体现了消费者对旅游营销活动的态度及反应，是消费市场细分的最佳依据。

1. 按消费者购买目的细分市场

旅游者由于旅游目的或动机不同，可能被不同的旅游项目所吸引。就一般旅游者外出旅游的目的来划分，大致包括以下几种主要类型的细分市场：休闲度假、探亲访友、商务及专业访问、健康医疗、宗教和其他。具体来说，休闲度假旅游，主要包括观光旅游、度假旅游、娱乐旅游等。探亲访友旅游，是以前往旅游目的地拜访亲友为主要目的的旅游类别，其特点是对价格比较敏感，停留时间较长且旅游目的地较为单一。商务及专业访问旅游，主要包括在惯常环境以外的所有商务和专业访问活动，如商务旅游、公务旅游、会议旅游、奖励旅游和专项旅游等。健康医疗旅游，指离开惯常环境的以健康、医疗为主要目的的旅游，如体育旅游、保健旅游。宗教旅游，指以朝拜、传经布道为目的的旅游活动。其他旅游，指上述各类未列入的其他目的的旅游。

2. 按消费者追求细分市场

不同旅游者进行旅游活动的追求是不一样的，通常来说可以分为以下六种：地位追求者、潮流追随者、保守者、理性者、自我追求者和享乐主义者。具体来说，地位追求者的特点是非常重视该产品能否彰显或提高自己的声望。潮流追随者追求流行，诸如网红打卡、旅游热点等是其不错的选择。保守者偏爱大型、有名望、质量可靠的旅游产品。理性者在购买产品时追求经济、价值等方面的实惠，强调物有所值。自我追求者寻求能够提升自我的旅游吸引物。享乐主义者主要追求感官上的享受。

3. 按消费者消费水平细分市场

根据消费者购买某种旅游产品数量，可以将市场分为批量、适量和少量购买者市场。具体来说，批量购买者的人数也许很少，但往往他们的旅游消费支出却占全市场支出的很大比重，并且重复购买的机会很多，应该受到旅游企业的重视。

4. 按消费者忠诚度细分市场

消费者对品牌的忠诚度，指消费者对某种产品或服务的喜爱程度，按照信赖程度可以将其划分为忠诚型旅游市场、中立型旅游市场、厌恶型旅游市场。忠诚型旅游市场对特定旅游品牌有着较高的忠诚度，一般情况下，都会选择特定的旅游服务提供商，不会轻易改变。中立型旅游市场对旅游品牌并无特定偏好，哪家旅游服务性价比越高，就选择哪家。

厌恶型旅游市场对某些旅游品牌存在明显的抵触心理，往往是因为这些品牌曾曝出严重负面新闻或者旅游者以往在此购买过的旅游服务极其不佳。

二、旅游目标市场的选择

市场细分的目的是选择准确的目标市场，进而更好满足目标旅游者的需求，在细分旅游市场中占据有利地位。在选择目标市场过程中，可采用以下三种策略：无差异性市场策略、差异性市场策略和密集性市场策略。

（一）无差异性市场策略

无差异性市场策略又叫系统化市场营销策略，指以旅游市场整体为服务对象，采用单一的市场营销组合满足整个市场需求。

其优点是：单一的生产线可以大批量地生产和销售，能够降低成本；采用单一的营销策略，从而减少市场调研和广告宣传费用；可以大规模销售，简化分销渠道，形成规模效益。但其也存在着一定的缺点：不能满足不同旅游者的差异性需求，不适用于大多数企业；采用这一策略的企业，必然要设法在整个市场上占有最大份额，因而会在整体市场进行激烈竞争；小的细分市场被忽视，旅游者的多种需求得不到满足，不利于吸引旅游者。

（二）差异性市场策略

差异性市场策略又叫细分化市场策略，指在细分市场的基础上针对不同细分市场的需求，设计不同的旅游产品，采取不同的营销组合手段，分别满足各类旅游需求的市场营销策略。

其优点是：更能适应旅游者的需要，从而增加旅游企业总销售量；企业同时在几个细分市场占有优势，就会大大提高旅游者对企业的信任感，从而扩大企业声誉，提高经济效益；有利于降低企业经营风险。其缺点则是：由于采用差异性市场策略，势必增加企业的产品品种，要求同时具有多种销售渠道、多种销售方法和多种广告宣传，从而增加企业成本；由于产品品种多，数量少，使得大批量销售受到一定限制，在产品经营中难以实现规模经济效益；由于投资大，成本高，经营范围广，给企业经营管理带来困难。

（三）集中性市场策略

集中性市场策略指在市场细分的基础上，只选择某一个或少量细分市场作为其目标市场，集中力量进行专业化生产经营和宣传营销的策略。这一策略所追求的不是在整体市场上占有较大份额，而是力图在较小的细分市场上占有较大的市场份额。

其优点是：由于企业的全部营销活动都集中于某类细分市场，便于企业有针对性地开展营销，在细分市场占有较大份额；经营范围针对性强，容易形成产品特色，从而树立良好的旅游经营企业形象；有利于高效且合理地利用现有资源。其缺点包括：企业需要承担一定的风险，并且有时利润率可能较低。因为目标市场比较狭窄、集中，一旦市场情况发生突变，或出现较强的竞争者，整个企业就可能陷入困境。若能在细分市场抢占先机，并不断做好创新，巩固自身地位，做好应对市场行情变化的充足准备，会取得很好的效果。

第三节　旅游市场的竞争及开拓

旅游市场是实现旅游经济活动不可缺少的条件，旅游供给和旅游需求正是通过市场连接起来的。只要存在市场，就会存在竞争。旅游市场竞争是旅游经济运行得以实现的内在机制，是与旅游经济存在联系的外部强制形式。把握旅游市场竞争的规律，选择恰当的市场竞争手段，并使用正确的旅游市场开拓方法，才能扩大旅游市场占有率，获取更多利润。

一、旅游市场竞争内容

在买方市场条件下，旅游市场的竞争主要体现在旅游产品供应者之间的竞争。国内旅游企业之间的竞争，不同国家之间旅游企业的竞争，都是围绕出售旅游产品、争夺更多的旅游客源、提高市场占有率展开的。旅游市场竞争的主要内容包括争夺旅游者、争夺旅游中间商和提高旅游市场占有率三个方面。

（一）争夺旅游者

争夺旅游者是旅游市场竞争的实质与基础。旅游者是旅游产品的购买人，是旅游企业盈利的来源，旅游企业所拥有旅游客源的多少决定其收入与利润，对旅游企业的成败至关重要。当然，旅游者也有购买力差异，购买力越强的旅游客源群体越应受到旅游企业的重视，但是购买力差的旅游者也不容忽视，薄利多销的盈利手段也能为旅游企业带来大量利润。

（二）争夺旅游中间商

旅游中间商是代理旅游目的地国家或地区以及旅游企业进行旅游产品销售的组织机构与个人，其中以旅行社为主，它们是旅游产品能够完成出售与购买的中间渠道。虽然随着互联网信息技术的快速发展，旅游者能更便利地获取旅游信息，如自驾游、自助游的旅游者越来越多，但经过旅游中间商销售的旅游产品仍占有相当大的比重。争夺旅游中间商实质上是争夺旅游者的一种方式，因为争夺到的旅游中间商越多，争夺到的旅游者越多，就意味着该产品赢得的市场越大，旅游产品销量就越多。因此，必须重视对中间商的争夺，特别是在互联网时代下，加强与各类在线旅游平台中间商的合作尤为重要。

（三）提高旅游市场占有率

旅游市场占有率指的是旅游经营商在一定范围内的旅游市场上所处的地位，可以分为旅游市场绝对占有率和相对占有率。

旅游市场绝对占有率指旅游经营商在同一时间内所接待旅游者人数占一定范围内旅游市场所接待的旅游者总人数的百分比。

旅游市场相对占有率指一定时期及范围内某一旅游经营商的市场绝对占有率与同期同范围内市场占有率最高的其他旅游经营商市场绝对占有率的百分比。提高旅游市场占有率实质上也是在争夺旅游者，市场占有率越高，就越能拥有较高的知名度，越有利于发挥品牌效应，在旅游市场上占据有利地位。

二、旅游市场竞争手段

旅游经营企业之间的竞争是旅游市场竞争中受到关注的主要内容。旅游市场竞争的内容主要是为了争夺客源，获得更多的利润，竞争的手段则主要有价格竞争和非价格竞争。

（一）价格竞争

价格竞争指通过调节旅游产品的价格，来吸引旅游者，增强竞争力的手段，这是旅游市场中最直接的竞争。由于不同消费者对旅游活动的偏好程度不一，同一旅游产品对消费者的需求价格弹性可能是不同的。根据各类旅游产品的需求价格弹性大小，结合现实竞争的状况，通常可采用低价策略、同价策略、高价策略的价格竞争手段。

低价策略指使旅游产品的定价尽可能低于市场平均价格，以实现迅速打开市场，提高旅游市场占有率的目的，或者是出于薄利多销的考虑，塑造亲民品牌形象，从而实现营利。同价策略指使旅游产品的定价尽可能等同于旅游市场平均价格，实施同价策略的主要情况为旅游市场尚未饱和或者竞争尚不激烈，或旅游经营商力图在服务、产品质量或者成本方面实现突破，提高旅游产品的性价比。高价策略指使旅游产品的定价尽可能高于旅游市场平均价格，以实现在短时间内回收资金，缓解资金压力。此外，除了这三种价格策略外还有一些其他价格策略，如季节优惠价、批发价、门市价、试营价等。

（二）非价格竞争

非价格竞争主要指通过一些非价格手段，来吸引旅游者，增强竞争力的手段，这是旅游企业核心竞争力的体现。过度的价格竞争会破坏市场规则，使得新企业、新活力难以进入现有旅游市场，甚至在一定程度上带来市场垄断，不利于市场效率的提高。通常来说，非价格竞争的手段主要有以下四种：高质量策略、新产品策略、专营化策略、延伸产品策略。

1. 高质量策略

高质量策略指结合旅游者的反馈和新技术的发展，不断地改进旅游产品的质量，提高旅游服务水平，增强旅游者的体验感，提升其满意度。始终维持旅游产品高质量的策略，才是积极参与旅游市场竞争的有效手段。同时要注意积极开展宣传营销，在现代市场的激烈竞争下，“酒香不怕巷子深”的谚语在不少情况下都难以适用，通过广泛的宣传让旅游者接触本企业的旅游产品并感知到质量差异，才能尽快实现大规模营利，避免错失先机。

2. 新产品策略

新产品策略指适时地、有针对性地开发新产品的策略，以扩大市场占有率，满足旅游者多样化及新兴的旅游需求。任何产品都有一定的生命周期，有些产品的生命周期可能比较长，但最终都会进入衰退期，旅游产品同样如此。当某一旅游产品发展到后期，其对旅游者的吸引力就会变小，导致企业的收益减少，适时推出新产品是延长产品生命周期的有效方法。此外，随着旅游市场的发展和旅游者的成熟，一般形式的旅游产品已难以满足绝大部分旅游者的需求，为旅游者提供个性化的服务已是大势所趋，这就要求旅游企业根据旅游者的特点出售不同的产品和线路，不断推出新形式的旅游产品，这也是任何旅游企业要想在激烈的市场竞争中站稳脚跟的必要手段。

3. 专营化策略

专营化策略指旅游企业只选择一个或少数几个细分市场作为目标市场，以有针对性的产品和差异化的服务来满足目标顾客的需求。企业经营的专营化是企业发展的必由之路，没有企业能够做到满足各类群体的需求，或者在各个细分市场都独占鳌头。因此，对旅游企业而言，应该选择自身竞争优势比较突出，或者企业熟悉和擅长的细分市场，充分发挥企业的核心竞争力，提升盈利能力和经营效率。同时，专营化竞争策略，也有效地阻止竞争者进入市场，使旅游企业保持稳固的市场地位，并不断扩大旅游市场占有率。

4. 产品延伸策略

产品延伸策略指全部或部分地改变企业原有产品的市场定位，将企业现有产品大类延长的一种行动。主要包括调整产品属性和范围、改变服务方式、重新设计产品的外在形象等三个方面。当旅游企业发展到一定规模和较成熟的阶段，想继续做强做大，攫取更多的旅游市场份额，或是为了阻止、反击竞争对手时，往往会采用产品延伸策略，利用消费者对现有品牌的认知度和认可度，推出副品牌或新产品，以期通过较短的时间、较低的风险来快速盈利，迅速占领旅游市场。

三、旅游市场开拓

旅游市场开拓指为促进旅游产品销售，实现旅游产品的价值、扩大旅游市场占有率而进行的一系列活动。旅游市场的开拓需要在大量市场调查和预测的基础上，综合采用各种合理及灵活的旅游市场营销策略和手段。

（一）旅游市场调查和预测

1. 旅游市场调查的类型

市场调查指运用科学且严谨的方法和手段，针对旅游市场的旅游需求、旅游供给和旅游环境等信息进行搜集、整理、汇总、分析、总结的活动。依据不同的标准可以将旅游市场调查分为不同的类型。

根据旅游市场调查的范围，可分为宏观市场调查和微观市场调查。宏观旅游市场调查主要是为了在全局上把握旅游目的地发展状况，为旅游市场开拓策略的制定提供科学依据。调查内容包括旅游市场总需求、总供给以及影响旅游市场供求变化的外在环境，如经济发展水平、社会风貌、文化教育等状况；微观旅游市场调查是在确定总体发展战略后，为特定营销计划制定所进行的有针对性的市场调查。主要包括旅游者需求调查、旅游者偏好调查和市场竞争状况调查等。

根据旅游市场调查的目的，可分为探索性调查、描述性调查、因果性调查。探索性调查主要用来搜集资料，当并没有实质性问题或仅有一些初步想法时，对旅游市场进行的试探性调查。描述性调查是对市场的客观情况进行如实的记录和反映，通过大量收集旅游市场信息，形成市场报告，对某一旅游市场的发展状况做详尽描述。因果性调查主要是为了掌握一些相关市场现象间的因果关系，了解现象之间的规律，对把握旅游市场运行规则有重要意义。

2. 旅游市场调查方法

旅游市场调查所能获取的信息主要有原始资料和二手资料两种。因此，旅游市场调查的方法主要针对这两种资料该如何搜集或获取。

原始资料搜集的方法主要有四种：观察法、会议法、调查法和实验法。具体来说，观察法是由调查人员在现场观察有关参与者的活动状态及其周围环境状况以达到调查目的，观察的对象可以是产品销售状况、顾客活动、竞争对手经营状况、市场环境等；会议法是通过召集调查会的形式搜集原始资料，尤其注意会议的准备必须充分，并且与会者的水平和素质也很关键，同时要对会议内容进行认真记录与核实；调查法是运用最多、适应面最广的市场调查方法，可以用来搜集各种市场信息资料，比如顾客的行为、动机、态度、意见、竞争对手的动态、市场的热点问题、企业的广告效果、各销售渠道的状况等，但一般需要付出较大的精力，并且要求调查者要尽职尽责且主动积极；实验法是将想要研究的刺激因素引入被控制的环境中，然后系统地改变刺激程度，观察和测量调查对象的反应，往往用于研究某一现象或事物对另一现象或事物是否存在影响或者影响程度大小。

二手资料的搜集来源主要有四种：内部来源、政府来源、媒体来源和商业资料。具体来说，内部来源包括各种会计、审计、统计报表，企业内部的有关记录、凭证、各种经营指标以及历年的企业年度报告；政府来源包括政府发布的有关信息、文件、统计年鉴、社会统计公报等；媒体来源包括各种有关的报纸、杂志、手册、年鉴、书籍、网络、企业名录以及有关机构公布的资料；商业资料包括其他相关企业发布的信息资料，企业咨询机构出售的信息资料和研究报告。

3. 旅游市场预测

旅游市场预测，指对旅游市场的变化及旅游需求趋势做出分析，在此基础上进行合理推断。旅游市场预测的有效性在于根据现实需要，选择正确的预测方法及建立有效的预测模型。常用的旅游市场预测方法有定性分析与定量分析。

（1）定性分析

旅游市场定性分析是通过逻辑分析、演绎归纳等对旅游预测目标的性质及可能预测的发展趋势做出分析，是较早运用旅游市场预测的基本方法，包括购买者意向调查法、销售人员综合意见法、专家意见法（又称德尔菲法）。

购买者意向调查法指通过对旅游者进行调查或征询，了解旅游者的现实意向，由此进行旅游市场预测的一种方法。其具体做法有当面询问、电话询问、写信、要求填写调查表、设意见簿、召开座谈会、网络问卷等。

销售人员综合意见法指在充分咨询和深入考虑旅游企业营销人员意见的基础上，对市场做出预测。使用这种方法的旅游企业，要求每个推销员对今后的销售做出估计，并且营销管理者再与各个推销员一起复审估计数字，逐级上报预测数字和总汇。

德尔菲法指由单位聘请社会上或旅游企业内部的专家进行市场预测。已在第三章第一节说明，此处不赘述。

（2）定量分析

旅游市场定量分析是运用数学和统计等方法，对系统、完整的资料与数据进行分析，从而对旅游市场及其变化做出严谨预测的方法。其中常用的定量分析方法有时间序列分析法和回归分析法。时间序列分析法又包括简单平均法、移动平均法、误差修正分析法、脉冲响应分析法；回归分析法包括一元线性回归、多元线性回归、归并回归、高维回归、惩罚回归等。

（二）旅游市场开拓策略

通过对旅游市场进行细分，并且对现实市场进行调查和合理预测，把握旅游市场发展现状与趋势，在此基础上综合运用市场营销策略和手段，进行旅游市场的开拓。旅游市场开拓策略主要有以下四种：旅游产品策略、旅游价格策略、旅游产品销售渠道策略和旅游促销策略。

1. 旅游产品策略

旅游产品反映了旅游企业的核心能力，是吸引旅游者、开拓旅游市场的基础。在制定旅游产品策略时，首先必须对旅游市场进行充分调查，准确把握市场需求，进行旅游产品的开发。其次，针对不同细分市场，要大力开发具有不同文化特色、地方特色的旅游产品，并结合现代化发展的成果，对旅游产品进行必要更新升级或全新呈现。再次，旅游产品的形式要丰富多样。不仅局限于团队包价游、散客包价游等，新的旅游形式也应得到重视。

2. 旅游价格策略

旅游价格制定是否合理，在一定程度上决定旅游产品的市场竞争力，对旅游市场开拓有着重要影响。制定旅游价格时，首先，要对旅游产品有清晰定位，结合旅游产品的实际质量和现实成本进行考虑，明确是要定位于薄利多销还是高端奢华。其次，充分调查竞争对手的定价水准，结合目标顾客的实际情况，综合定价，避免定价的盲目性，避免不顾市场情况的定价倾向。最后，旅游产品价格要保持相对稳定，频繁改价会引起旅游者的观望心理，不利于旅游市场的稳定与发展。

3. 旅游产品销售渠道策略

高效的销售渠道是加快旅游产品流通的重要手段，旅游产品销售渠道选择是否合适，直接影响旅游产品的销售量。毫无疑问，现代旅游市场中旅行社仍然是销售渠道的主体，就销售职能而言，可将旅行社分成两类：即旅游批发商和旅游零售商。旅游批发商的业务涉及旅游产品的重新组合、定价、促销和配售等。旅游零售商的主要业务是直接向旅游者销售线路旅游。互联网时代下，线上销售平台发挥着重要作用，传统旅行社也都纷纷开启线上业务，把握流量趋势，充分利用线上旅游产品销售手段也至关重要。

4. 旅游促销策略

旅游促销指综合运用多种宣传手段来促进旅游产品销售的策略，如广告、公关、参加或举办各种旅游博览会和旅游推介会等。促销已成为各国、各企业参与旅游市场竞争的重要手段，也是我国旅游市场亟待加强的战略重点。首先，要增加促销经费。其次，要加强促销的针对性，切实提高促销效果，针对主要客源市场加强促销，做到有的放矢。再次，促销形式要多样化。最后，推进整体促销，实现规模效应。

第四节　旅游价格及价格体系

价格是旅游市场的“晴雨表”，旅游价格也是旅游经济发展的重要表征，因此明确旅游价格概念，构建旅游价格体系十分重要。

一、旅游价格的概念及分类

（一）旅游价格的概念

从需求角度看，旅游价格就是旅游者为满足其旅游活动的需要所购买的全部旅游产品价值的货币表现。从供给角度看，旅游价格又表现为旅游经营者向旅游者提供各种旅游产品的收费标准。

价格是产品价值的货币表现，在商品经济中价格总是围绕价值上下波动。虽然价格以价值为基础，但价值不是决定价格的唯一因素。价格要反映价值、供求和币值三者变化的关系。旅游价格也不例外，它是旅游产品价值、旅游市场供求和一个国家或地区的币值三者综合变化的反映。

（二）旅游价格的分类

旅游价格可以按照不同标准进行分类，常见的分类有：

1. 按旅游产品的需求程度划分

旅游者在旅游活动中对各种旅游产品的需求程度是不同的，因此可根据其需求程度将旅游产品划分为基本旅游产品和非基本旅游产品，相应的价格就分为基本旅游价格和非基本旅游价格。

基本旅游价格指满足旅游者基本旅游需求的那部分旅游产品之价格，包括食宿、交通、游览等产品的价格。非基本旅游价格则是在旅游活动中对每位旅游者来说可发生也可不发生的旅游产品价格，包括购物、娱乐、通信、医疗、保健等产品的价格。

基本旅游价格是旅游价格综合体中的主体，是衡量一个国家或地区旅游价格水平的主要指标。基本旅游产品的需求价格弹性一般较小，因此如果降低价格反而易导致旅游目的地和旅游经营者的收益减少，而且降低价格常会使产品质量下降，使得旅游者的基本需求难以得到合理满足。但是这部分价格也不能过高，否则旅游者的旅游活动会无法进行。所以合理地确定基本旅游价格非常重要，它的高低会直接影响旅游需求的规模以及供给方的基本收益。另外，旅游客源地与旅游目的地之间的距离远近不同使基本旅游价格的构成不同。一般来说，距离远时交通费用所占比例较高，距离近时食宿费用所占比例相对较多。而一日游价格中则不包含住宿费用，因此在分析基本旅游价格对旅游需求的作用时，应区别对待。

非基本旅游产品的需求价格弹性往往较大，所以在制定非基本旅游价格时应根据旅游者需求的不同制定出合理的价格，从而有利于刺激旅游者增加消费，改善旅游消费结构，可以增加旅游目的地和旅游经营者的收入。

2. 按旅游活动范围划分

按照旅游活动范围可以将旅游价格划分为国内旅游价格和国际旅游价格。

国内旅游价格一般是本国旅游者在本国境内旅游的价格。国际旅游价格则是旅游客源地与旅游目的地处于不同国境时的价格，包括出境旅游价格和入境旅游价格，前者指为国内旅游者提供出境旅游产品的价格，后者指为国外旅游者提供入境旅游产品的价格。我国的国内旅游价格仅指大陆旅游者在大陆境内的旅游价格，而国际旅游价格中含有大陆旅游者到中国港澳台地区的出境旅游价格和这些地区旅游者到大陆旅游的价格。

不同国家的经济发展水平不一样，其旅游者的购买力和劳务的价格也存在差异。国际旅游价格是根据国际旅游者的消费水平制定的，其中出境旅游价格与国际接待地提供服务的成本有较大关系；国内旅游价格是根据国内居民的消费水平制定的。因此，区分国际旅游价格与国内旅游价格，不仅符合旅游经济活动的实际，而且有助于经济相对落后的国家或地区赚取更多外汇。通常，经济欠发达国家的国际旅游价格比国内旅游价格高出许多，我国也同样存在这种现象。随着世界经济的发展，服务贸易日益国际化，旅游价格的国际国内差异也将逐渐缩小。

3. 按包含的旅游产品内容划分

按照价格所包含旅游产品内容，可将旅游价格划分为旅游包价、部分旅游包价和单项旅游产品价格。

旅游包价也叫统包价格，是旅行社提供的包含能够满足旅游者在旅游活动中基本需要的各种单项旅游产品和旅行社服务费的价格。换言之，旅游者将各种相关服务全部委托一家旅行社办理，并采取一次性支付方式所形成的价格。单项旅游产品价格是旅游者零星购买每个单项旅游服务所支付的价格，如客房价格、餐饮价格、交通价格、门票价格等。部分旅游包价是介于包价与单项价格之间的旅游价格，指旅游者一次性购买部分旅游产品的组合，同时又零星购买另外的单项旅游产品，具体分为半包价、小包价、零包价等。

对旅游者来说，旅行社提供的包价比旅游者自己零星购买的各单项旅游产品价格的总和会更加优惠。而且，旅行社提供全部旅游安排和全陪服务，旅游者在旅游过程中比较省心，但旅游者的个性需求难以得到很好满足。旅游包价推动了旅游的大众化，随着社会的发展和经济水平的进一步提高，旅游客源从团体向散客方向发展，部分旅游包价和单项旅游产品价格会逐渐增多。

4. 按价格与价值的关系划分

按价格与价值关系，旅游价格可以划分为一般旅游价格和特种旅游价格。一般旅游价格指以旅游产品价值为基础来确定的旅游产品价格，如餐饮价格、住宿价格、交通价格、日用生活品价格等。这些旅游产品一般有较多的替代品，因此必须以旅游产品的价值为基础来制定，使利润与社会平均利润率相当。特种旅游价格指价格与价值背离较大的旅游产品价格，如旅游购物品中的古玩、名画的价格等。这些旅游产品在特定的时间和空间内具有垄断性，其价格与生产的社会必要劳动时间关系较小，主要取决于市场的需求状况。

二、旅游价格体系

（一）旅游价格的构成

旅游价格是旅游产品价值的货币表现，因此从产品本身的价值构成对旅游价格的构成来进行分析。从价值形式上看，旅游价格由成本和营利两部分构成。成本是生产单位旅游产品所需费用的总和，包括三部分内容：一是物化劳动的耗费，即提供旅游服务所凭借的旅游接待设施设备、交通运输工具、建筑物以及各种原材料、燃料、能源等成本；二是活化劳动的耗费，即旅游从业人员的工资，是旅游从业人员提供劳务的价值补偿；三是期间费用，是旅游企业在生产经营活动中不能直接认定应由某一核算对象来承担的费用。营利则是旅游价格扣除成本的剩余部分，是旅游从业人员为社会所创造的新增价值部分，包括向政府缴纳的税金、贷款利息、保险费用和旅游产品经营者的利润。

以上分析的是单项旅游产品价格。在旅游产品中还有一种组合旅游产品或线路旅游产品，就是旅游经营者特别是旅行社把多个单项旅游产品组合在一起提供给旅游者。旅行社在组合旅游产品时，用于购买各项旅游产品的费用之和，称为旅行社的购进成本或代办费。组合旅游产品价格由购进成本、旅行社的自身经营的成本费用、税金和利润构成。

（二）旅游价格的实现

1. 旅游差价

旅游差价指同种旅游产品由于受销售地区、季节以及产品质量差异影响，而形成的旅游产品价格差额。主要包括以下四种形式：

地区差价。旅游地区差价指同种旅游产品由于地区不同而形成的价格差额。在社会经济中，不同地区经济发展水平和劳动生产率不同，提供同种旅游产品所耗费的劳动量不同，并且不同旅游目的地对旅游者的吸引力不同，从而导致旅游需求的差异。因此，同种旅游产品在不同地区的价格常常存在差别，具体表现为旅游热点地区比非热点地区的旅游价格一般要高出许多。旅游地区差价主要由旅游供求在地域上的矛盾造成，反过来地区差价又可以调节这种空间上的旅游供求矛盾。由于热点地区的旅游价格较高，因此一部分旅游需求会从热点地区向价格较低的非热点地区转移，使热点地区旅游需求量减少，非热点地区旅游需求量增加，从而前者的供不应求和后者的供过于求局面都有所缓解。

季节差价。旅游季节差价指同种旅游产品由于季节不同而形成的价格差额。旅游需求量在不同季节呈现不均衡分布的特点，因此可划分出旅游的淡旺季。旅游供给量常常是稳定不变的，因此在旅游旺季时往往会出现供不应求，抬高了旺季旅游价格；而在旅游淡季则供过于求，拉低了淡季旅游价格。旅游淡旺季是客观存在的，利用旅游季节差价又可以有效调节旅游需求在不同季节的分布，使淡季旅游需求量增加、旺季旅游需求量减少，达到淡季不淡、旺季不过度拥挤的效果，也有助于调节旅游供求矛盾，并推动旅游经济效益的提高和旅游产业的高质量发展。

批零差价。旅游批零差价指同种旅游产品由于处在不同的经销环节而形成的价格差额。社会分工的不同产生了旅游批发和旅游零售的不同经销环节，不同经销环节承担的市场功能是不同的，也因此而产生了不同的价格。由于零售产品比批发产品要投入更多人力、物力、财力，因此零售价格客观上要比批发价格高。合理的旅游批零差价水平起着协调旅游批发企业与旅游零售企业利益的杠杆作用，是促进旅游销售的有力手段，有利于旅游市场竞争和各种流通渠道的形成，并对促进旅游经济的繁荣发挥重要作用。

质量差价。旅游质量差价指同种旅游产品由于质量不同而形成的价格差额。旅游产品主要为无形的服务产品，但在生产中也要依托一定的有形设施或产品来提供，而且不管有形还是无形，都同样存在质量高低的差别。各种不同等级、品质和项目差异的旅游产品，在其生产过程和服务过程的耗费是不相同的。一般情况下，高质量的旅游产品在生产过程和服务过程中花费的活化劳动和物化劳动较多，其价格水平相应较高；反之，低质量旅游产品的价格相对较低。例如，酒店可划分为一至五星不同等级；旅行社的旅游线路产品可分为豪华、标准和经济的不同等级等。等级不同，质量不同，价格水平也不同。

2. 旅游优惠价

旅游优惠价指旅游供给方在明码公布的价格基础上，给予一定比例折扣或优惠的价格。主要有以下四种形式：

同业优惠价。同业优惠价指对消费对象为同行业者所实行的优惠价格。旅游业中不同的生产经营者之间，为了保持业务合作的长久开展，往往给同行业从业人员一定的折扣优惠，形成互利互惠关系。一方面可以获得一部分稳定客源和收入；另一方面则能够促进中间商发挥其销售职能，稳定销售渠道。例如，饭店给旅行社人员的优惠价格；航空公司给旅行社、饭店、销售代理的优惠价格等。这种优惠的程度既可以统一规定，也可以自定或者协商确定。

销售量优惠价。销售量优惠价指根据消费者购买旅游产品数量的多少实行相应的价格优惠。旅游经营者为了鼓励消费者增加购买其旅游产品的数量，往往会根据消费者购买的数量给予一定的折扣优惠。一般来说，购买数量越多，给予的折扣优惠幅度就越大，具体可分为累计折扣优惠和非累计折扣优惠。累计折扣优惠指对一定时期内累计购买超过规定数量或金额给予的价格优惠，有利于消费者与旅游经营者建立长期固定的买卖关系，稳定客源，保持旅游人数的稳定增长。非累计折扣优惠指消费者一次性购买旅游产品达到一定数量或金额时所给予的价格优惠，鼓励消费者增大每次的购买量，便于旅游经营者实现规模效益，降低采购成本和交易成本，增加利润。

老客户优惠价。老客户优惠价指对经常光顾的老客户实行的一定优惠价格。旅游经营者为了留住老客户，稳定已有的客源，往往对经常光顾的老客户给予一定的折扣优惠。虽然从这些老客户身上直接获得的单位旅游产品收益减少，但是也减少了一部分营销费用，而且旅游产品的不可贮存性也要求旅游经营者日常要保持一定的销量水平，老客户就成为其日常销量的重要保障之一，甚至还能够为该旅游经营者带来更多的需求者。例如，酒店往往向经常出差入住人员给予非常优惠的房价。

时间性优惠价。时间性优惠价指与时间相关的一些折扣优惠。主要包含两种情况：一是由于不同时间旅游产品需求量的不同而在需求量少时所给予的折扣优惠。例如，航空公司对周末出行的乘客机票打一定的折扣；某些景区或娱乐场所对工作日前往消费的游客给予一定的折扣优惠等。二是对提前若干时间购买旅游产品的消费者实行优惠。例如，一些航空公司或者酒店规定对提前较长时间购买其产品的消费者可以给予较多折扣优惠。

3. 旅游差价与旅游优惠价的区别

旅游差价与旅游优惠价有许多相似的地方，都能为旅游经营者创造更多的收益。但是二者还存在一些不同之处，主要表现在：

旅游差价是旅游供给者的明码标价，根据有关因素的不同标准规定不同的旅游产品公开价格；旅游优惠价则是或由所属组织规定，或由旅游供给者自定，或由旅游供求双方协商确定，然后在原价的基础上实行的折扣优惠。

旅游差价的作用主要是通过价格差额来调节旅游供求关系；旅游优惠价对调节供求关系也能发挥一定作用，但更重要的是通过这种折扣优惠来建立业务关系甚至是私人关系。

旅游差价仅仅表现为旅游价格上的差别；旅游优惠价除了价格上的折扣优惠以外，还可以有其他方面的优惠措施，如免费使用会议室、免费提供饮料、联合促销等。

（三）旅游价格的影响因素

旅游价格受多种因素的决定和影响，其中有旅游目的地和旅游经营者内部的微观因素，应综合考虑这些因素，从而制定出合理的旅游价格。

1. 旅游产品的成本

旅游产品在生产经营过程中要耗费一定的物质资料并使用人力资本，因此会产生相应的成本。从长远看，任何旅游产品的价格都应高于其成本费用，只有这样，才能以销售收入来抵偿生产成本和经营费用，否则就无法经营。旅游产品价格制定时，如果预期营利一定，成本越高，价格就越高；反之成本越低，价格就越低，产品的竞争能力就越强。因此，旅游产品生产经营成本的高低直接影响旅游价格的制定。

在制定旅游价格时，不仅要分析当前的成本状况，还应充分考虑可能影响成本变动的因素，特别是旅行社产品价格的制定。因为按照国际惯例，旅行社产品的价格一经报出，在本年度内原则上不能涨价，而其产品销售是一种预约性交易，从报价到成交付款和旅游开始这一时间内都可能会受成本变动的不利影响。如果在报价时未能考虑周全，则很容易陷入被动局面。

2. 定价目标

旅游目的地和旅游经营者在定价时往往有不同的具体定价目标，如利润最大化、销售收入最大化、维持和扩大市场占有率等。旅游产品的每一可能价格对其利润、收入和市场占有率有不同的意义。在其他因素不变的条件下，旅游产品价格与单位利润同方向变化，与销售量反方向变化。因此，提高旅游价格往往会增加利润，但会减少销售量从而降低市场占有率；价格过高，则利润也会随销售量的过快减少而下降。所以，在定价时还应考虑自身的定价目标，从而制定出能够实现定价目标的合理价格。

3. 旅游产品的属性特点

旅游产品的属性特点主要指它的质量、特色、生命周期阶段、声望、市场形象等各方面的状况特点。一般而言，旅游产品的质量越高，相应的价格也会越高。通常情况下，旅游产品具有的无形性特点，且旅游产品总体需求价格弹性较大，因此价格不宜定得过高。但如果产品特色鲜明，可替代性小，也可以制定较高的价格。另外，旅游产品在旅游者心目中的声望越高，市场形象越好，相对地也会更适合高价位的定价策略。而从所处的生命周期阶段来看，新产品较老产品的定价自由度更大些。因此，在制定旅游价格时，也应考虑旅游产品的属性特色因素。

4. 旅游产品的供求关系

从短期来看，由于旅游经营者难以很快调整生产规模，因此产品供求关系的变化会引起旅游成交价格变化，可能会导致旅游经营者盈亏不定。如果旅游产品处于供不应求状态，而引起旅游成交价格上升，旅游经营者会出现超额利润。如果旅游产品处于供过于求状态，而造成旅游成交价格下降，则旅游经营者依照供求状况来定价极可能出现亏损。此时，旅游经营者需分析短期成本状况以决定是否提供产品，原则上只要价格不低于单位变动成本即可继续提供产品。例如，有的航空公司规定，如果乘客愿意申请候补并等候，而航班在起飞前还有空闲座位，消费者就能以非常低廉的价格取得这个航班的服务。

从长期来看，旅游经营者有足够的时间根据需求变动来调整生产规模，并重新配置资源，使得旅游供求关系趋于均衡。因此，旅游价格应趋于平均成本与平均利润之和。

5. 旅游市场的竞争状况

在市场经济条件下，旅游供求主体都会为了各自利益在市场中竞争，从而对旅游价格的制定产生影响。这种竞争具体体现在旅游产品供给者之间、旅游产品需求者之间以及旅游产品供求双方之间三个方面。

（1）若多个旅游供给者提供的产品之间存在较强的可替代性，于是供给者们为了将自己的产品尽快销售出去，就会展开激烈的价格竞争。供给者之间的竞争会使旅游产品定价趋向较低的价位。

（2）一定时期内某种旅游产品的数量是有限的，旅游市场中这种产品的需求者为了买到自己所需要的产品，也会展开价格方面的竞争。需求者之间的竞争会使旅游产品定价趋向较高的价位。

（3）从旅游供求双方之间的竞争来看，旅游供给者希望销售的价格越高越好，而旅游需求者希望能以较低的价格去购买。双方会出现抗衡和较量，哪一方的力量更强，价格会向哪一方倾斜。如果旅游市场为买方市场，即旅游需求者力量更强，则旅游产品定价会趋于较低价位；反之，在卖方市场条件下，旅游供给者力量更强，会使旅游产品定价在较高价位。

6. 相关政策法规

国家和地方政府的相关政策法规对旅游价格的制定也有重要影响。这种影响表现为不同的作用方式。

（1）政府通过各种政策法规对旅游供求进行宏观调控，从而影响旅游价格。例如，政府采取减税或直接补贴旅游生产经营者的方式来促进旅游业的发展，旅游产品成本下降，旅游价格就有下调的空间。

（2）利用各种政策法规对旅游价格的制定进行指导或限制。例如，在反不正当竞争的法律法规中，规定禁止经营者为打击竞争对手而以低于成本价销售产品；还有专门的价格法对产品价格制定进行规范；另外政府也会采取限制商业毛利率的措施，进而影响旅游价格的制定。

（3）直接干预旅游价格的制定，主要手段是最高限价、最低限价、双面管制价格和绝对管制价格。具体来说，最高限价指政府规定某种旅游产品的最高价格，最高限价总是低于市场均衡价格。实行最高限价的目的往往是为了抑制某些旅游产品的价格上涨，有时是为了对付通货膨胀，有时则是为了限制某些垄断性很强的旅游产品价格。最低限价是政府规定的某种旅游产品的最低价格，此价格总是高于市场均衡价格。实行最低限价的目的通常是扶植某些旅游行业或产品的发展，或者在市场出现恶性价格竞争时，为了稳定市场秩序、保障旅游经营者正常利益而使用最低限价。双面管制价格指政府同时规定旅游产品价格的上限和下限，允许市场价格在此范围内波动，目的是防止旅游产品价格的暴涨与暴跌。绝对管制价格即政府直接规定某种旅游产品的价格，旅游供求双方只能按照此价格交易。

7. 其他因素

其他因素如汇率、通货膨胀等也会对旅游价格产生影响。

旅游产品在国际旅游市场的售价会受汇率因素的较大影响。一般来说，在旅游产品本身价格不变的情况下，如果本币贬值，则在国际旅游市场的价格相对下降，因此可适当提高定价，以获得更多利润；反之，本币升值时，在国际旅游市场的价格实际上涨，为避免失去客源，应适当降低定价。国际上通常使用一些外汇保值措施来减少汇率对旅游价格的影响。

当旅游目的地出现通货膨胀时，旅游产品的生产成本增加，旅游价格应随着通货膨胀而适当提高，以避免亏损。旅游经营者应对未来经济走势进行科学预测，如果预测通货膨胀率将持续走高，在制定旅游产品价格时可加入预期通货膨胀率，在稳定未来价格、减少价格调整方面留有一定余地，避免因价格频繁调整带给旅游者不好的印象。

第五节　旅游产品的定价方法及定价策略

价格机制是市场机制的核心，如何科学合理地把握和运用旅游市场价格机制是旅游市场健康发展的基础，也是各旅游经营者在激烈的市场竞争中获得生存与发展的重要保障。具体而言，旅游目的地和旅游经营者要根据需求，正确地使用定价方法，灵活地运用各种价格策略，让价格机制作用得以有效发挥，从而获得最佳经济效益及社会效益。

一、旅游产品定价方法

旅游价格的高低受多种因素的影响和制约，旅游经营者制定价格时理应全面考虑这些因素。但是，在实际定价工作中往往只能侧重于某一个方面的因素。大体上，旅游产品定价方法有三种：成本导向定价法、需求导向定价法和竞争导向定价法。旅游目的地和旅游经营者应根据具体情况确定有利于供求双方的定价方法，制定出合理价格。

（一）成本导向定价法

成本导向定价法是以旅游产品成本为基础的定价方法，一般最常用的有成本加成定价法和目标收益定价法。

1. 成本加成定价法

成本加成定价法是以成本为中心的传统定价方法，指按照产品单位成本加上一定百分比的加成来制定旅游价格。加成的含义就是一定比率的预期利润，可按成本利润率、或资金利润率、或投资收益率来确定。所以，成本加成定价公式为：

单位旅游产品价格 = 单位产品成本 ×（1 + 成本加成率）

成本加成定价法之所以使用较普遍，原因在于：（1）旅游产品成本的不确定性一般比旅游需求少，将价格盯住单位成本，可以大大简化定价程序。（2）如果行业中所有旅游经营者都采取这种定价方法，则旅游价格在成本与加成相似的情况下也大致相似，价格竞争的可能性很小。（3）成本加成法对旅游供求双方都比较公平，当旅游者需求强烈时，供给方并不借机谋取额外利益而仍能获得公平的投资报酬。

但是该方法也存在一定的局限性，主要在于价格中的利润按成本的一定比例追加，不区分外购成本和企业内部新增成本，让两者在利润形成中起同等作用，易使旅游经营者不关心节约外购成本。而且利用成本加成定价法难以找出合理分摊成本中间接费用的方法，在经济情况不景气时期，间接费用只能分摊到少量旅游产品的成本中，因而产品定价会过高；反之则会定价过低。

2. 目标收益定价法

目标收益定价法是根据旅游供给者在一定时期的预期利润来定价的方法。采用此方法时，首先确定一个目标收益率或目标利润，然后预测总成本并预测销售量，再最后确定产品的价格。公式为：

单位旅游产品价格 =（总成本 + 目标利润）÷ 预期销售量

目标收益定价法直接根据目标利润来定价，有助于保证目标利润的实现。但是该方法有一个缺陷，即定价时以估计的销售量来计算应制定的价格，然而价格又恰恰是影响销售量的重要因素，因此制定出的价格无法保证销售量的必定实现。目标收益定价法比较适用于经营垄断性产品或具有很高市场占有率的旅游企业。

成本导向定价法还包括盈亏平衡点定价法、边际成本定价法、目标成本定价法等。这些方法各有利弊，总体上都较为简便易行，但缺点主要在于这类方法单纯以成本为中心定价，忽视了旅游供求状况和竞争状况，有可能与旅游市场需求脱节，并难以适应竞争的变化，因此一般适用于卖方市场条件的产品定价。

（二）需求导向定价法

需求导向定价法是根据旅游者需求特征、旅游者价格心理来确定旅游价格的定价方法。由于旅游产品的无法贮存性，旅游需求的大小对旅游业发展的意义重大，所以以需求为中心的定价方法是旅游定价方法的一个重要类别。常见的需求导向定价法有理解价值定价法和区分需求定价法两种。

1. 理解价值定价法

理解价值定价法是以旅游者对旅游产品价值的理解和认知程度为依据来制定价格的方法。这种方法强调，把旅游者的价值判断与供给方的成本费用相比较，定价时更侧重考虑前者。因为旅游者购买旅游产品时总会在同类产品之间进行比较，选购那些既能满足其旅游消费需要，又符合其支付标准的产品。对每一旅游产品的质量、特色等，旅游者都有一定的认识和评价，并有不同的价值限度，这个限度就是旅游者宁愿付款也不愿失去这次购买机会的价格。如果旅游价格刚好定在这一限度内，旅游者就会顺利购买，反之则不会接受此价格。因此，旅游经营者在进行产品定价时，应估计其在旅游者心目中的价值水平，并以此为依据定出一个可销价格，然后估算在此价格水平下旅游产品的销量、成本及盈利状况，最后确定实际价格。

采用理解价值定价法的关键是对旅游者所理解的价值做出正确判断，因此必须对目标市场进行深入细致的调查研究。同时，为了提高旅游产品定价进而提高盈利，旅游经营者可以采取有效措施突出产品特色并将信息传递给旅游者，加深旅游者对其产品价值的理解程度，使旅游者感到购买后能获取更多的相对利益，从而提高其愿意支付的价格限度。

2. 区分需求定价法

区分需求定价法又称差别定价法，是旅游经营者以旅游消费对象、销售地点、销售时间等条件变化所产生的需求差异，尤其是需求强度差异作为定价基本依据的定价方法。在不同国家或地区，不仅不同的旅游者对同一旅游产品的需求有差异，即使同一旅游者在不同的时间、不同的地点对同一产品的需求强度也往往是不同的，甚至有很大差异。因此，可以将旅游者需求差异作为定价基础。

区分需求定价法的形式多种多样，主要有：

以旅游者为基础的差别定价，指对不同顾客群采取不同的价格。例如，儿童价格、成人价格和老年人价格；给学生的优惠价格和一般价格；对大批量交易的顾客和小批量交易的顾客分别采用不同的价格；对某些有稳定关系的老顾客给予一定的优惠等。

以产品提供形式为基础的差别定价，指针对旅游产品不同的服务形式实行不同的价格。例如，对同样的餐食，在餐厅用餐或送到客房用餐，价格是不同的。

以位置或地区为基础的差别定价，指对同一旅游产品，按位置或地区实行不同的价格，这种不同的价格与旅游产品的成本并无直接联系。例如，同样星级的酒店，虽然其产品相同，但接近交通线路、旅游景点或商业中心的酒店客房价格可定得高些；同一酒店中不同楼层或朝向的客房价格也可以制定得不同。

以时间为基础的差别定价，指对同一旅游产品在不同时间（包括季节、日期甚至钟点）规定不同的价格。例如，淡季和旺季的旅游价格存在差别；平常工作日的价格与周末或节假日的价格不同。

（三）竞争导向定价法

竞争导向定价法是以旅游市场竞争状况为基本依据，根据应对或避免竞争的要求来定价的方法。这种定价方法的特点是：旅游价格和产品本身的成本或市场需求不发生直接关系。也就是说，即使旅游产品本身的成本或者市场需求可能改变了，由于竞争价格没有改变，旅游经营者应当维持原价；反之，当旅游产品本身成本或市场需求没有改变而竞争价格发生变化时，则该旅游经营者的产品价格也应相应加以调整。竞争导向定价法一般有随行就市定价法、追随领导企业定价法和率先定价法三种。

1. 随行就市定价法

随行就市定价法指按当时市场上同类旅游产品一般通行的价格来定价。旅游经营者在以下情况下往往采取这种定价方法：难以估算成本；该旅游经营者打算与同行和平共处；如果另行定价，很难了解旅游者和竞争者对本产品价格的反应。人们通常认为市场通行价格是能够保证实现全行业合理利润的价格，因此，在竞争激烈的旅游市场，随行就市法就是一种比较稳妥的定价法，特别是对于中小旅游企业，可以减少风险并获得合理利润。

2. 追随领导企业定价法

追随领导企业定价法也是一种以避免竞争为主要意图的定价方法，指以同行业中占有较大市场份额或影响最大的企业的价格为标准，来确定本企业的价格。如果该旅游产品是一样的，那么价格通常是相同的；如果产品是有差别的，则价格可能是相同的，也可能按照一定的差距定价。

3. 率先定价法

率先定价法是一种主动竞争的定价方法。使用该定价法的旅游经营者认为，在竞争激烈的市场环境中，特别是在市场需求表面停滞而潜在增长的情况下，谁先提出具有竞争力的价格，谁就拥有了占领市场的有力武器，也就拥有了在竞争中取胜的条件。因此，他们会根据市场竞争环境，率先制定出适销对路、符合市场行情并能为旅游者所接受的价格，以吸引顾客，争夺主动权。这种定价方法一般为实力雄厚、产品独具特色，或在同行业和旅游者心目中享有较好声誉的旅游经营者所采用。

二、旅游产品定价策略

旅游价格制定的策略多种多样，每种策略所适用的条件也各有不同，常用的定价策略主要包括：

（一）新产品定价策略

旅游经营者的新产品在投入市场阶段价格的高低，关系该产品的市场占有率和经营效益问题，决定新产品在市场上的地位，也将影响竞争对手，因此应根据不同情况采取不同策略。

1. 撇脂定价策略

撇脂定价策略指在旅游产品新投放市场时，经营者力求在短时间内取得高额利润，以尽快收回投资为目标，有意将价格定得高于成本很多。因此，它是一种追求短期利润的高价策略。在新产品具有独到特点，竞争者不易仿制，且在需求价格弹性较小的情况下，旅游经营者往往采用这一策略，以高价吸引那些支付能力较强的旅游者，满足其对新产品的需求和实现其炫耀社会地位的欲望。

采用撇脂定价策略的优点有：在新产品投入期，能够塑造产品质优价高的名牌形象；高利润能够迅速收回旅游产品设计开发成本，同时也易于后期产品的逐步降价竞争。但这一策略也存在一定的缺点：风险较大，一旦高价使旅游者承受不了时，不但销售受影响，严重时产品还会夭折；价高利厚，容易吸引竞争者加入。

2. 渗透定价策略

渗透定价策略指在旅游产品新投放市场时，旅游经营者力争在短期内使产品尽快向市场渗透，有意将价格定得低廉些，以尽快占领市场，因此是一种追求市场占有率的低价策略。这种策略适用于易被仿制、市场容量大、需求价格弹性大、旅游者对价格非常敏感的新产品，以薄利多销获取规模经济效益。

采用渗透定价策略的优点有：有利于新产品尽快打开销路，加速资金周转，提高资金使用率；销量扩大可以使生产成本和经营费用下降；使竞争对手因获利少而失去兴趣，从而实现独占或较高的市场占有率。此策略的缺点主要在于：低价对于回收投资成本不利，难以扩大生产与经营；定价太低，容易在旅游者心目中造成对产品质量的怀疑，形象受影响；进一步降价的空间小，当成本提高需要提价时，难以获得竞争优势。

3. 满意定价策略

满意定价策略指把新进入市场的旅游产品价格定在适中的位置上，使旅游者比较满意，而旅游经营者也可以得到适当利润，是一种折中的定价策略。满意定价策略既避免了高价风险大的问题，又避免了低价难以收回投资成本的问题，因此采用该策略较为稳妥，新产品的销量和利润能稳步上升。主要缺点在于缺少进取精神，容易失去许多市场机会。

（二）产品组合定价策略

旅游经营者生产的产品往往不止一种，因此可以使用产品组合定价策略。

1. 产品线定价策略

当旅游经营者生产的系列产品存在需求和成本的内在关联性时，为了充分发挥这种内在关联性的积极效应，可采用产品线定价策略。在定价时，首先确定某种产品的最低价格，使它在产品线中充当领袖价格，吸引旅游者购买产品线中的其他产品；其次确定产品线中某种产品的最高价格，使它在产品线中充当品牌质量和收回投资的角色；最后，产品线中的其他产品依据不同情况分别制定不同的价格。例如，酒店产品包括客房、餐饮、娱乐、商品和车队等具体产品，各产品对旅游者的需求存在互补作用，可根据旅游需求心理来对每个具体产品制定不同的价格最终形成组合价格。一般情况下，对满足旅游者基本需求的产品定价较低，而对满足非基本需求的部分定价较高。采用产品线定价策略，旅游经营者在某种产品上可能是亏损的，但由于旅游者要购买其他产品，因此整体上仍是盈利的，甚至很可能会由于低价产品部分吸引到更多的旅游者而提高经营利润。

2. 单一价格策略

当旅游经营者销售种类较多而成本差距不大的旅游产品时，为了方便旅游者挑选和内部管理的需要，可以将所销售的全部产品分成几大部分来分别实行单一的价格。例如，一些经营销售旅游纪念品的商家会实施这种单一价格策略。

（三）心理定价策略

旅游者购买旅游产品的行为受一定购买心理动机的支配，旅游者拥有的货币支付能力制约着他们的购买动机，使他们对旅游价格产生灵敏的反应。因此，旅游经营者可以根据各种价格心理反应差异来制定旅游价格，使之为旅游者所接受，从而达到促进旅游产品销售、满足旅游者需求的目的。常用的心理定价策略有：

1. 尾数定价策略

采用尾数定价策略，往往使旅游产品能尽快打开销路，其原因主要在于：一是价格尾数给旅游者一种经过精打细算而定出的旅游产品价格印象，认为这个价格是合理的；二是旅游者对尾数价格会产生便宜心理。人们购买产品时，往往着重于价格的首位数，而忽视价格尾数。尽管有些产品价格在尾数价格与整数价格之间相差很少，但按尾数定价就给旅游者以便宜感觉。一般来说，旅游日用品、价值低廉的旅游纪念品以及普通餐厅的餐饮价格多采用尾数定价策略。

2. 整数定价策略

这是与尾数定价相反的策略，所制定的旅游产品价格当中不带尾数。这种定价策略宜用于高档、优质、名牌产品，例如一些高档的旅游纪念品，包括高级工艺品、古玩、字画等，旅游者往往把价格看成产品质量的象征，以整数定价会使旅游者感到档次高、价值大，满足某些消费者追求高消费或显示身份地位的心理。在旅游产品中，景区景点的门票价格也多采用整数定价策略，这主要是因为其价格一般占总体旅游价格的比例较小，而且需求价格弹性也较小，没有太大必要使用尾数定价，同时以整数定价也可以方便旅游经营者的计价和收费等。

3. 声望定价策略

声望定价策略指利用旅游经营者或产品已有的较高声誉制定较高的价格。只有当旅游经营者经过多年的苦心经营，产品和品牌在旅游者心目中已经具有了较高的威望，旅游者对它产生了信任感的时候才能成功。一般的旅游经营者、一般的旅游产品不能采用此定价策略。即使威望高的旅游经营者和信誉高的旅游产品，价格也不宜定得过高，也可能会产生不良效果。

4. 招徕定价策略

招徕定价策略是将少数几种旅游产品价格标低，借此吸引旅游者，连带购买其他旅游产品的策略。采用此种定价策略时应注意，低价旅游产品必须真正低到接近成本，才能长期取得旅游者的信任，而且旅游经营者经营的产品应该种类繁多，这样容易吸引旅游者购买特价品以外的产品。

5. 习惯定价策略

旅游市场中有些旅游产品的价格水平相对稳定，习惯了这一价格的旅游者在心理上会形成一种价格倾向，或者说形成一种习惯价格。对这类产品的价格一般不宜轻易变动，否则价高了易使旅游者产生不满，并会转移购买，而价低了则会使旅游者怀疑旅游产品质量是否有问题。任何旅游经营者要生产或出售同类旅游产品，必须按照习惯价格定价，否则将难以打开销路。如果成本上涨，必须提价，则可以采取以下三种措施：一是尽量保持习惯性价格，努力改进经营管理，降低成本费用，实行薄利多销；二是产品改换包装或品牌等代替原有产品，并对原有产品暂时维持一段时间，待旅游者形成新的习惯价格后舍弃原有产品；三是通过加强宣传摆明高价原因，逐步使旅游者形成适应新的习惯价格的心理。

本章小结

本章主要包括旅游市场和旅游价格两个方面的内容。一方面，阐述了旅游市场概念、特点、分类、目的市场选择，并分析了旅游市场的竞争内容、手段，以及如何开拓旅游市场。另一方面，解析了旅游价格及旅游价格体系，进而对旅游产品的定价方法和策略做了说明。

基本概念

旅游市场　旅游市场细分　旅游价格　旅游价格体系

思考题

1. 旅游市场有何特点？结合我国旅游市场现状，谈谈你的理解。
2. 旅游目标市场选择的策略有哪些？分别适用于哪些市场状况？
3. 旅游竞争的主要内容是什么？
4. 旅游市场开拓的策略有哪些？结合你所在地区的旅游市场状况，谈一谈你的理解。
5. 旅游差价与优惠价存在着什么区别？
6. 旅游产品的定价策略有哪些？

本章思维导图

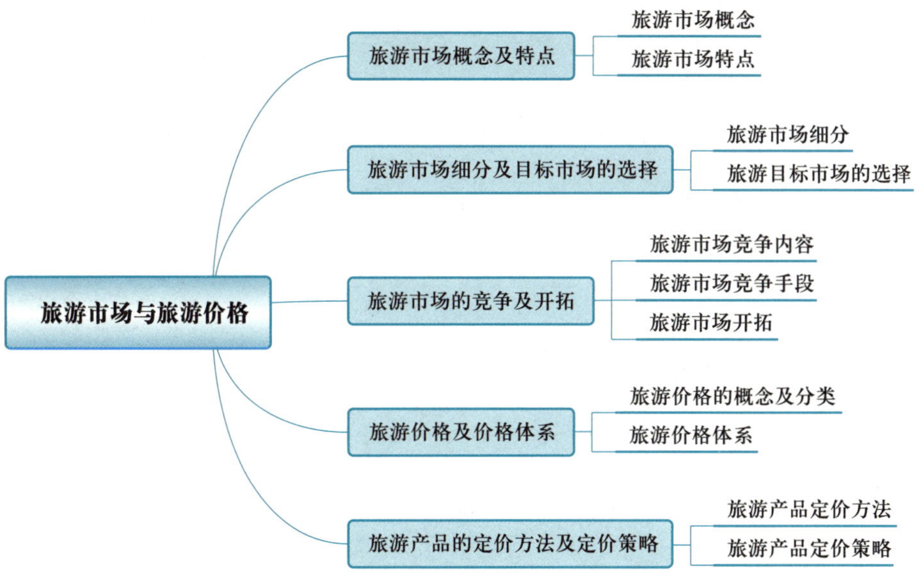

即测即评

案例分析

“不合理低价游”为何屡禁不止

推荐阅读

第五章　旅游消费

本章导言

旅游消费作为一种高级消费方式，在人们总消费中占据的比重越来越大，是一个国家或地区旅游经济发展必不可少的组成部分。旅游消费规模影响旅游经济的发展，所以有必要对旅游消费进行系统分析。

学习目标

通过本章的学习，要求掌握旅游消费的特点，熟悉旅游消费的水平、方式及结构，了解旅游消费结构以及旅游消费者行为分析的内容及不同旅游者消费行为的特征。

本章重点与难点

重点：旅游消费的特点，旅游消费的水平、方式及结构

难点：旅游消费行为决策，旅游消费的影响因素

第一节　旅游消费概述

随着人们闲暇时间增多和收入水平提高，旅游消费推动人们生活方式变革并且促进社会经济发展方面起到越来越重要的作用。对旅游消费的性质、特点、旅游消费结构、旅游消费者行为等问题进行理论分析和阐述，解释旅游者决策过程；旅游供给商开拓旅游市场、制定旅游价格、投资旅游项目；地方政府调整旅游产业结构、制定旅游经济发展战略与规划。

一、旅游消费的特点

旅游消费不同于一般的传统产品消费，由于消费对象与内容的特殊性，其消费过程和再生产过程具有同时性。分析和了解旅游消费的特点，有利于掌握旅游消费规律，促进旅游消费结构的合理化，提高旅游消费效果。

（一）旅游消费的综合性

综合性是旅游消费最显著的特点。具体表现为四个方面。

1. 旅游消费对象的综合性

旅游消费的对象是旅游产品，而旅游产品是由旅游资源、旅游设施、旅游服务等多种要素构成的综合体，既包含物质因素，也包含精神因素，既有实物形态，又有活劳动形态。因此，旅游消费对象是多种要素、多类项目的综合体。

2. 旅游消费内容的综合性

旅游活动以游览体验为中心内容，但为了实现旅游目的，旅游者必须凭借某种交通工具，在旅途中购买一定的生活必需品和旅游用品，解决吃饭、住宿等问题，是集吃、住、行、游、购、娱于一体的综合性消费活动。

3. 旅游消费参与部门的综合性

从参与实现旅游消费的部门看，许多经济部门和非经济部门均参与了旅游消费的实现过程。前者包括餐饮、酒店、交通等；后者包括环保、园林、文物、邮电、海关等，旅游消费是众多部门共同作用的结果。

4. 旅游消费效果的综合性

旅游消费不仅满足了旅游者的精神享受需要，能够陶冶身心、增进健康，同时还可以开阔视野、增长知识，通过潜移默化的作用提高旅游者的思想品德修养及文化素质。

（二）旅游消费的服务性

旅游消费是旅游者在旅行游览过程中，为了满足其自身享受和发展的需要，使用旅游商品和服务的行为。为旅游者提供必要的服务，是旅游消费的前提和基础。服务是以劳务活动形式存在的、可供满足某种特殊需要的经济活动。在旅行游览过程中，虽然旅游者首先必须消费一定量实物产品来满足基本的生理需要，但从总体上看，服务消费占主导地位，服务消费是旅游消费构成的核心。旅游服务不仅在量上占绝对优势，而且贯穿旅游活动的始终。旅游服务是由不同服务组合成的总体，旅游者在从常住地向旅游地移动，到旅游地参观游览，再返回常住地这一消费过程中，一般要接受饭店服务、交通服务、导游服务、代办服务、文化娱乐服务、商业服务等。可见，旅游消费是以服务为主的消费。

（三）旅游消费的时效性

一般物质产品的生产、交换和消费是三个相对独立的环节，先有生产，然后才进行交换和消费。但就旅游消费而言，由于旅游产品具有不可移动性，旅游者必须离开常住地，亲自到旅游目的地才能实现旅游产品的交换，而服务的提供必须以旅游者的存在，即旅游者的实际购买为前提。因此，旅游消费具有强烈的时效性，它要求与旅游产品的生产、交换在时间和空间上同步进行。

（四）旅游消费的不可重复性

旅游消费过程中的交换行为表现为旅游者通过支付货币而获得某种可以对消费对象作暂时观赏或使用的权利。由于旅游产品的不可转移性和不可储存性的特点，旅游者购买旅游产品后，不能拥有旅游产品的所有权，也不能拿回家多次使用，只享有旅游产品的暂时使用权。也就是说，旅游者只在购买该次旅游活动的时间范围内，拥有该旅游产品的使用权，一旦旅游活动结束，旅游者就失去了对该旅游产品的使用权，若要再次享受该旅游产品，必须重新购买。对以劳务活动形式存在的旅游服务来说，时间性更突出，不仅其使用价值对旅游者来说是暂时的，而且随着服务的时间、场合及服务人员心情的变化，即使是同一服务员提供的服务，其标准和质量也会相差很多。因此，旅游者对旅游产品的消费是不可重复的。

（五）旅游消费的弹性

旅游消费的弹性也即旅游消费的伸缩性，指旅游消费因影响因素的变化而表现出的扩大或紧缩的状态。一般来说，满足人们基本生存需要的消费产品的需求弹性较小，而满足人们发展和享受需要的消费产品的需求弹性较大。旅游消费的弹性较大表现在多个方面，除了随着社会经济的发展及人们收入水平的提高而大幅度提高外，国际政治经济形势，旅游者的职业、年龄、性别、受教育程度、宗教信仰、兴趣爱好，以及旅游地的社会经济发展水平、风俗习惯等，都直接或间接地影响着旅游消费数量和质量。此外，由于气候条件和节假日的影响，旅游消费的季节性变化也较大，旅游消费往往集中在某些月份或季节，而某些月份或季节旅游消费的内容又集中于某些特定的旅游消费对象。

二、旅游消费的水平

旅游消费水平是指旅游消费对旅游需要的满足程度。旅游消费水平有狭义和广义之分，狭义的旅游消费水平指一定时期内人均消费的旅游产品的数量，可以用货币指标表示，也可以用实物指标表示。广义的旅游消费水平不仅包括一定时期内人们消费的旅游产品的数量，还包括旅游消费的质量。

旅游消费水平是一项综合指标，不仅从数量上表明旅游消费在物质、文化方面满足旅游者需要的程度，也从质量上反映对旅游者需要的满足程度。因此，必须在数量与质量、物质消费与精神消费的统一中把握旅游消费的水平。

（一）旅游消费水平评价的数量指标

旅游消费水平评价的数量指标是以价值形态来衡量旅游消费的数量指标，即旅游者消费总额、旅游者人均消费额、旅游消费率、市场渗透率等。由于旅游消费的综合性和计量上的不可累加性，价值指标具有综合性，且易受价格波动的影响。

旅游市场渗透率是对旅游市场上当前需求和潜在市场需求的一种比较。计算方法为：旅游市场渗透率＝预期市场需求÷潜在的市场需求。

旅游市场渗透率决定了旅游供应商的利润，还会影响旅游消费者的收益，进而对旅游消费者是否愿意购置产品及服务产生影响。

（二）旅游消费水平评价的质量指标

旅游消费水平评价的质量指标主要是旅游者的满意度和旅游消费便利度。

通过旅游者满意度的调查，了解影响旅游者消费质量的因素以帮助旅游企业提高旅游者满意水平、提升旅游目的地竞争力。

中国网 2019 年 12 月 31 日讯，2019 年 12 月 27 日，中国景区旅游消费便利度指数报告发布会暨中国旅游消费论坛在北京召开。会上，中国社会科学院财经战略研究院和美团点评联合课题组发布中国景区旅游消费便利度指数（Travel Convenience Index，简称 TCI），这是国内首个衡量旅游消费便利度的量化评估指标。

随着中国经济和旅游业的发展，旅游者对旅游体验品质的要求越来越高，景区旅游消费便利度成为旅游体验的重要评价指标。加强对景区旅游消费便利度的量化评估和动态监测非常重要。

在景区信息获取、入园购票两个环节，以“互联网＋”实现景区信息及票务在线化成为提升旅游消费便利度的关键因素。利用最新的互联网数字技术，提高景区旅游消费的便利度，一定程度上可以增强旅游者的旅游消费需求，引导旅游者消费升级，进而扩大内需。

从整体看我国旅游消费质量较高，近些年旅游者投诉大大减少。但是问题依然存在。影响我国旅游消费质量的主要因素如下：（1）旅游基础设施薄弱，表现在满足不了旅游者的需求，让旅游者不能放松身心；（2）旅游资源开发不合理，过度开发、景点景区同质化严重；（3）旅游者缺乏正确的消费观念，表现在追逐低价游；（4）旅游接待商的问题，如恶性价格竞争，商家之间勾结坑害消费者，最常见的就是旅行社、购物点、娱乐部门的勾结；（5）旅游接待者的问题，表现在导游水平普遍不高，服务人员素质低。

三、旅游消费方式

旅游消费方式指在一定生产力水平和一定生产关系条件下，旅游消费者与旅游产品及相关消费资料相结合的方式。它包括旅游消费者以什么身份、采用什么形式、运用什么方法来消费旅游产品及消费资料，以满足其需要。旅游消费方式是生活方式的重要内容。

从消费主体来说，消费方式是旅游消费主体以怎样的消费本位来与消费资料相结合，是旅游消费方式的社会实现形式，反映了人与人的相互关系、消费者在消费中所处的地位。旅游消费方式以满足消费者个人需求为本位。如大学生旅游群体作为一个庞大的旅游市场，个人经济条件和对旅游的态度，是影响其旅游消费的主要因素。

从形式来看，旅游消费方式指旅游消费者采用什么消费工具和方法来完成消费，是旅游消费的自然实现形式，反映了生产力的发展水平。在不同的生产力水平下，人们的消费手段和工具不同。比如随着科学技术的发展，人们从徒步旅游、发展到坐火车、坐飞机旅游以及自驾车旅游等；再比如，随着移动技术的快速发展，智能手机的普遍使用，应运而生的旅游应用程序让智能手机变身为商务人士的“贴心导游”，可以帮助他们安排行程、预订酒店等，未来，旅游消费方式将发生巨大变化。

从方法来看，旅游消费方式是消费主体以怎样的方式来取得消费资料，以满足消费需求，比如旅游者可以自助旅游，吃、住、行、游、购、娱等所有事项由自己安排，也可以随团旅游，一切由旅行社安排。

作为社会生活方式的一个分支系统，旅游消费方式由若干相互关联的方面所组成，具体包括旅游消费意识、旅游消费习惯、旅游消费能力、旅游消费结构、旅游消费水平等。在旅游消费方式的各因素中，旅游消费意识以及由此而形成的旅游消费习惯是旅游消费的基本动因；旅游消费能力是旅游消费得以实现的客观条件；旅游消费结构和消费水平是旅游消费发展到一定时期的结果，是消费数量和质量的体现。

四、旅游消费结构

（一）旅游消费结构的概念

旅游消费结构指旅游者在旅游过程中所消费的各种类型的旅游产品及相关消费资料的比例关系和构成状态。旅游消费结构是旅游消费发展到一定时期的结果，反映旅游者消费中旅游产品的质量、数量及比例关系，是衡量一个国家或地区旅游业发展水平的重要标志之一。

对旅游消费结构应从多方面进行理解：首先，旅游消费结构是各旅游产品之间的数量比例关系；其次，旅游消费结构反映旅游业与其他行业之间以及旅游业内部各方面的经济联系；最后，旅游消费结构是一个国家政治、经济、自然、社会等因素共同影响的结果。研究旅游消费结构，对各种影响因素进行深入分析，有助于实现旅游消费结构的合理化。

（二）旅游消费结构的分类

旅游消费结构的分类是根据不同的标准对旅游消费结构进行归类和划分，其目的是为了更深入地认识旅游消费结构的影响因素和发展趋势，从而为寻求符合旅游需求的最佳旅游消费结构提供科学的依据。旅游消费结构可从不同角度进行分类，具体如下：

1. 按满足旅游需求层次的分类

旅游消费可分为一般性生存消费、享受消费和发展消费。旅游者在旅游过程中的消费具体又可以分为餐饮、娱乐、游览、住宿、交通等方面的消费，其中吃、住、行是满足旅游者在游览中生理需求的消费，而观赏、娱乐、学习等消费则是满足旅游者精神享受和智力发展的需要。这两种消费相互交错，在旅游活动中很难划分它们之间的区别和界限。在满足旅游者生存的需要中必须满足其享受和发展的消费，而在满足旅游者享受与发展的需要中又掺杂着其生存需要的满足。

2. 按旅游消费的形态分类

按照旅游者在旅游活动中的消费形态可把旅游消费划分为物质消费和精神消费两种。物质消费指旅游者在旅游过程中所消耗的物质产品，如客房用品、食物、饮料和购买的纪念品、日用品等实物资料。精神消费指供旅游者观赏、娱乐的山水名胜、文物古迹、古今文化、民俗风情等精神产品，还包括在旅游活动的各环节中所享受的一切服务性的精神产品。这一分类具有相对性，物质消费如达到了旅游者的满足目标，旅游者在精神上会感到愉快；精神消费虽主要是满足旅游者的精神需要，但其中不少是以物质形态存在的。

3. 按旅游消费对旅游活动的重要性分类

按照旅游消费对旅游活动的重要性可分为基本旅游消费和非基本旅游消费。基本旅游消费指进行一次旅游活动所必需的而又基本稳定的消费，如旅游住宿、饮食、交通、游览等方面的消费；非基本旅游消费指并非每次旅游活动都需要的并具有较大弹性的消费，如旅游购物、旅游娱乐、医疗、通信消费等。基本旅游消费和非基本旅游消费是国内外分析旅游消费结构的主要分类方法。

此外，依照旅游者旅游目的可把旅游消费分为观光游览、探亲访友、文化交流、商务等旅游消费。旅游目的不同，消费有所差别。

在对旅游消费结构的分析中，通常根据旅游目的地、国家或地区的旅游者、旅游类别以及不同的旅游季节的旅游开支分配进行合理分类，各个旅游消费结构分类有机地结合在一起，共同构成旅游消费结构整体。

（三）旅游消费结构的合理化

1. 旅游消费结构的合理化及其特征

旅游消费结构的合理化指旅游消费从不合理状态向合理化状态不断逼近的渐进过程。它要求各个结构因素之间具有比较协调的比例关系，能够合理和有效地利用资源，它能促使旅游经济的发展根据旅游消费的趋势，通过政策引导调整旅游产品结构，使旅游产品的供给日益多样化、多元化。合理旅游消费结构应具有下列特征：

（1）有利于旅游产业的良性循环。旅游消费结构影响甚至决定旅游消费资料的生产比例和发展速度，如果旅游消费结构合理，旅游消费各要素在发展速度和发展进程上保持相对平衡的比例关系，各要素协调发展，就会进一步促进旅游产业的良性循环。

（2）有利于提高旅游消费效果。旅游消费效果指在旅游者的消费过程中，投入与产出、消耗与成果、消费支出与达到消费目的之间的对比关系。旅游消费效果最直接的体现就是旅游者消费的最大满足。合理的旅游消费结构体现旅游消费的经济性、文化性、精神享受性等特点，能最大限度地提高旅游消费的经济社会效益，促进消费者身心健康和全面发展。

（3）有利于旅游消费环境保护。良好的旅游环境属于高品位旅游资源和旅游产品的重要组成部分，是旅游消费得以顺利高效进行的必备条件。因此，合理的旅游消费，首先必须有利于环境的保护和生态平衡的维持，某些特定的旅游活动，如狩猎、钓鱼、采花旅游等必须以不损害自然界的生态平衡为限，严禁滥捕、滥猎、滥采。其次，合理的旅游消费还应该通过旅游活动的开展，一方面增强人们对自然资源和历史文物的保护意识；另一方面筹集资金，建设必要的排污设施，改善旅游区的环境状况。

（4）有利于促进社会文明进步。旅游消费是人们文化生活的组成部分，是一种包含着较多精神内容的高层次生活方式，合理的旅游消费结构能给旅游者以新颖、舒适、优美、健康的感受，激发人们热爱生活、追求理想、奋发向上、努力学习的情感，提高其思想、艺术、文化修养，防止和打击各种腐败和不健康的消费现象，用丰富多彩的旅游活动内容和服务项目来充实旅游者的精神世界。

2. 我国旅游消费结构的现状及其合理化

我国当前旅游消费结构的现状总体表现为非基本旅游消费与基本旅游消费比例失衡，非基本旅游消费比例开始上升，但上升幅度不大。交通费、住宿费、餐饮费、景点游览等基本旅游消费所占比例较大，而购物费、文娱费、邮电通信费等其他非基本旅游消费所占比例较小。

我国旅游消费结构的合理化需要通过以下途径实现：

（1）完善旅游产品结构。完善旅游产品结构，推动旅游产业升级，增强弹性旅游消费项目开发。随着人们生活的不断提高，旅游需求日益增加，我国国内旅游人数已达到世界第一，但由于旅游消费意识不强，旅游总体消费水平偏低，结构不够合理化。主要表现在：基本旅游消费支出比重过大，非基本旅游消费比重过低；物质资料消费偏多，精神资料消费偏少；城乡二元旅游消费结构明显，相当一部分农民没有进入旅游消费领域。因此，需要分析旅游消费的潜力，特别是应重视农村居民旅游消费潜力的挖掘，开发参与型、休闲型、文化型旅游产品，进一步提高旅游消费水平。

（2）优化旅游消费市场结构。在旅游消费多样化的基础上，实现旅游消费市场供求平衡、结构优化。旅游消费多样化，指旅游消费的内容丰富多彩，形式多种多样。旅游消费结构优化指在满足旅游需求的基础上，寻求旅游消费各要素间的最佳组合。由于消费者的旅游需要各种各样，既有参观游览、学习访问的需要，又有亲身体验的参与性旅游需要；既有消除疲劳、增进健康的需要，又有增长知识、修身养性、促进体力和智力的发展的需要。因此，旅游消费内容和旅游活动方式应具有选择性，满足人们多样化的消费要求。实现旅游消费市场供求平衡、结构优化，要求一方面应保证在旅游淡季和旅游“温冷点”有一定的消费规模，以提高旅游设施、设备的利用率；另一方面，在旅游旺季和旅游

"热点"，旅游消费的水平和结构应与旅游目的地的接待能力相适应。

（3）积极倡导、合理引导旅游者消费。宏观上地方政府在合理规划旅游产品结构的同时要注重对旅游者消费倾向的引导，制定合理的旅游消费政策，根据旅游市场供给和需求特点规划类型丰富的旅游产品，引导旅游者转变消费观念，进行绿色消费，通过消费绿色旅游产品来体现生态保护意识。微观上旅游企业要推陈出新，在传统观光旅游产品的基础上，推出多元化的旅游产品体系，规范导游人员的导购行为，保障旅游者的游览权与自由购物权。

第二节　旅游消费行为决策

一、旅游决策

对旅游者来说，旅游消费决策是非常重要的一环，它关系旅游者旅游的效果和旅游收获。不同的旅游者有不同的旅游决策特点。旅游消费的决策不同于其他物品的消费决策，深入研究旅游者的消费决策过程非常重要。

（一）旅游决策的概念和特点

1. 旅游决策的概念

旅游作为现代人休闲放松的方式成为人们日常生活的一部分，一次没有遗憾的旅游过程必然离不开考虑周全的旅游决策。整个旅游过程离不开旅游决策，对旅游的实现作用巨大。虽然"旅游决策"经常使用，但是还没有统一的定义。梅奥和贾维斯认为，从一般决策到重大决策的连续过程构成了旅游决策，决策条件不同，决策方式不同。保继刚提出，旅游决策指在旅游之前，人们根据自己的主观偏好收集各种有关信息，做出决定的过程（保继刚，1999）[①]。谢彦君认为旅游决策过程是旅游者收集和加工大量的有关潜在旅游目的地的信息，对自己面临的众多旅游机会，进行抉择的过程（谢彦君，2001）[②]。本书认为旅游决策指，旅游者个人或群体根据旅游目的在旅游发生前或进行中，收集和处理有关信息，思考并选择各类旅游的方案或计划，并按照计划实施的过程。

2. 旅游决策的特点

（1）复杂性。旅游相较一般的消费决策，层次更高，其过程要复杂很多，涉及如旅游目的地的选择、出行方式、参观景点、参与活动、交通工具的选择、住宿、餐饮等。旅

① 保继刚等著. 旅游开发研究——原理・方法・实践. 北京：科学出版社, 1996.

② 谢彦君, 乔正康主编. 旅游概论. 沈阳：东北财经大学出版社, 2002.

游决策的制定包括各项细节的决策，而且这些细分的决策在整个决策中缺一不可。以家庭出游为例，因为家庭成员涉及各个年龄层次，要顾及年长的父母或是年幼的孩子，所以在选择旅游目的地、游览景点和交通方式时，就不能只考虑个人，而必须全面考虑旅游行程的安排。

（2）顺序性。旅游决策过程和普通消费决策过程相似，是一个连续过程，从确认需要、信息搜寻、选择评估、制定决策和游后评价。旅游决策将复杂的决策分解成不同的决策环节来分别解决，而这些细分的决策也要经历上述过程。旅游过程是一个按照需要确认、信息搜寻、评估和联合决策、旅游行程安排及随后的旅游满意度评价等顺序的决策过程。然而，旅游决策是人的主观意识，难免受个人性格偏好、喜好的影响。

（二）旅游决策的过程

旅游决策过程涉及什么时间出发、独自一人还是结伴出行以及旅游中的其他事物，凡是在旅游前和旅游中的内容和活动都在决策范围之内，需要做好决定。旅游决策的过程包括以下三个方面。

1. 产生需要搜集信息

需要是动机产生的前提，没有动机就不会有行为的发生。旅游需要是潜在的旅游者在时间、经济和社会条件的配合下产生的旅游欲望。旅游者离开自己的常住地出发到一个陌生的地方，势必会涉及衣食住行各个方面信息的搜集。

2. 评估方案确定目的地和旅游线路

信息搜集完成，旅游者综合考虑自己的时间、现实情况评估可行的备选方案，旅游目的地越能满足旅游者的旅游需要，则被选中的可能性就越大。确定好目的地之后，旅游者会根据先前获得的各种信息，结合自己的经济情况，进行旅游线路的选择。

3. 实施出游

在出游的过程中，旅游者不可避免需要根据突发情况临时决策。换言之，旅游决策伴随旅游的整个过程，包括到旅游目的地之后怎么住宿，怎么吃饭，去哪儿购物等。

二、旅游目的地决策

（一）旅游目的地选择

旅游目的地是一个吸引旅游者暂时停留、参观、游玩的地方。从旅游消费的角度来看，旅游目的地作为旅游消费发生的地方是实现旅游消费的最终场所。旅游目的地是旅游六大要素的集合地。从旅游消费者的角度可以看出，旅游目的地的选择是旅游者在旅游决策过程中的核心环节，即旅游者必须先选定旅游目的地，然后才能选择出游线路，包括吃、住、行、游、购、娱等各个环节。

（二）旅游目的地选择模型

1. Um and Crompton 模型

关于旅游目的地选择可追溯到 1979 年，美国学者克朗普敦（John L. Crompton）提出两个阶段。第一阶段，决定是否旅游，如果决定去旅游，就进入第二个阶段，决定去哪里。他提出，目的地选择是时间、金钱和经验等感知限制因素与目的地形象相互作用的结果。基于此，韩国学者严收获和美国学者克朗普敦（Um & Crompton, 1990）提出了基于三个变量的目的地选择模型（如图 5–2–1 所示）：（1）外部因素。外部因素包括社会和市场环境，如目的地属性，市场促销方面的信息和社会刺激等方面。（2）内部因素。内部因素来源于旅游者内部心理特征，如个性、价值观和态度等。（3）认知构成。它整合外部因素和内部因素，并形成目的地的意识域和目的地的激活域。

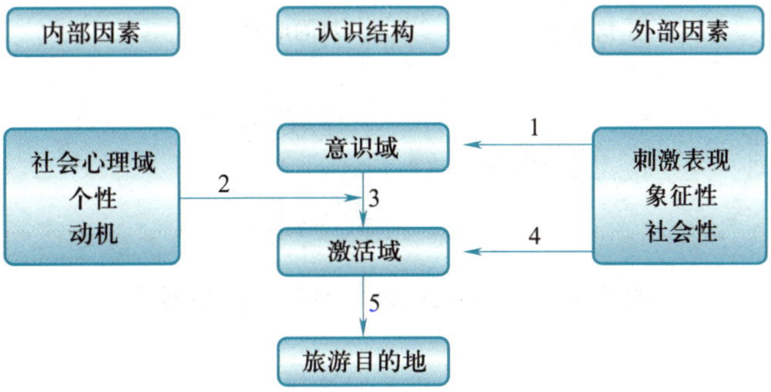

图 5–2–1 Um and Crompton 模型

这一模型将旅游目的地选择过程划分为五个阶段：（1）通过被动地接受或偶然的机会了解目的地。（2）在做出出游决定后，正式开始选择目的地，需要考虑各种制约因素。（3）从对目的地有意识到激发旅游意向，进而主动寻找目的地逐步演变。（4）在信息搜寻的过程中形成对目的地的信任。（5）从所寻找的目的地中挑选一个。

2. Woodside and Lysonski 模型

伍德赛德和莱松斯基（Woodside, Lysonski, 1989）提出了目的地选择模型（如图 5–2–2 所示）：（1）情感联系。旅游者对某一特定目的地所产生的特殊情感。（2）旅游者偏好。情感联系和目的地认知共同影响旅游者偏好，最终得出目的地排序。（3）旅游意向。在某一时间对特定目的地进行观光游览的偏向。（4）情景变量。对旅游者当前行为产生影响的因素，如物质环境、时间视角、任务因素、先前状态等。

从心理学角度出发，伍德赛德和莱松斯基（Woodside, Lysonski, 1989）对旅游者目的地认知进行分类，旅游者对目的地的知觉意识，受到市场营销变量和旅游者变量（图5–2–2 中箭头 1 和 2）的共同影响。情感联系意味着处于激活域中的旅游目的地非常可能被选中；而处于惰性域中的目的地则相反，极有可能不被选中。目的地在考虑域中的排位顺序由旅游者的偏好决定（箭头 5），而旅游者对目的地的偏好会直接影响旅游意图。

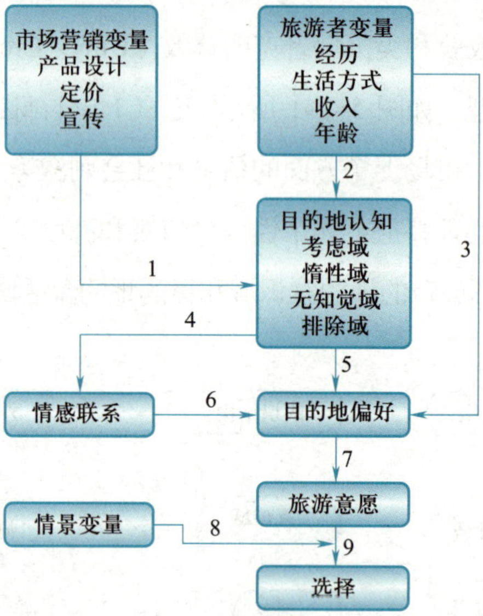

图 5–2–2 Woodside and Lysonski 模型

三、旅游消费者效果的衡量

旅游消费者效果的衡量就是对旅游消费者旅游消费满足程度的衡量。旅游消费者效果最直接的体现，就是旅游消费者旅游消费的最大满足。旅游消费的最大满足，指旅游消费者在支出一定时间和费用的条件下，通过旅游消费获得的精神上与物质上的最佳感受。同一种旅游活动给予旅游者的满足程度往往因人而异，这要根据每位旅游者的性别、年龄、职业、经历、习俗、心理等因素所反映的主观印象去评价，它取决于旅游者在旅游过程中的感受与主观愿望之间的比较。旅游消费者效果的衡量就是研究在支出一定时间和费用的条件下，旅游消费者如何实现最大程度的旅游享受，即效用最大化。经济学上通常借助边际效用分析和无差异曲线来分析效用最大化问题。

（一）边际效用分析

微观经济学认为，效用是人们所需要的一切商品和劳务共有的一种特性，是消费者在消费该商品或劳务时所感受到的满足程度。人们购买商品的目的，就是从商品中获得最大的满足，即最大的效用。商品的效用，分为总效用和边际效用，总效用指消费者在一定时间内消费某种商品或劳务时获得的效用总量。边际效用指在一定时间内每增加一个单位商品或劳务的消费所得到的增加的效用。即：

边际效用 = 效用的增量 ÷ 商品消费增量

经济学中的基数效用论认为，效用是消费者的主观感受。随着个人消费物品的增加，边际效用呈递减规律。原因主要是消费者对一种商品的欲望得到部分满足后，欲望的程度就会减弱。

消费者在购买商品时可以有多种选择，自由改变货币分配方向。当消费者发现多花一元钱在一种商品上获得的增加的效用，不如多花一元钱在另外一种商品上获得的增加的效用大时，就会改变主意，把取得边际效用较小的那种商品的花费，转移到较大的边际效用的商品上，只有当用最后一个单位货币购买的这些商品带来同等的边际效用时，才不再改变这一状态，这时达到消费者效用最大化。用公式来表示是：

$$\frac{MU_x}{P_x}=\frac{MU_y}{P_y}$$

其中：MU_x、MU_y 分别为不同商品的边际效用，P_x、P_y 分别为不同商品的价格。

一项旅游产品所提供的效用就是消费者从旅游中体会到的满足程度，旅游产品的边际效用也呈递减规律。如旅游者游览第一个景区时，兴趣较大，旅游的满足程度较高，即获得了较大的效用，总效用和边际效用都大。当连续游览几个内容相似的景点时，越往后兴趣越小，这时，总效用一开始是增加的，增加到一定程度达到饱和，然后开始下降；而边际效用总是递减的，即以后每次相似景点的旅游效果，都要比上一次相似景点的旅游效果差。

由于边际效用递减规律的存在，要求在旅游线路设计时注意做到产品多元化，避免游览项目的重复，线路设计合理。

（二）无差异曲线和开支预算线分析

旅游者消费的最大满足还可以用无差异曲线和开支预算线的组合来分析。

1. 无差异曲线

无差异曲线是用来反映对消费者具有相同效用的两种或两组产品不同数量组合的曲线。序数效用论认为，效用通常难以计量，但可以根据消费者的偏好进行排序，人们的这种偏好可以用无差异曲线加以描述。如图 5–2–3 所示。

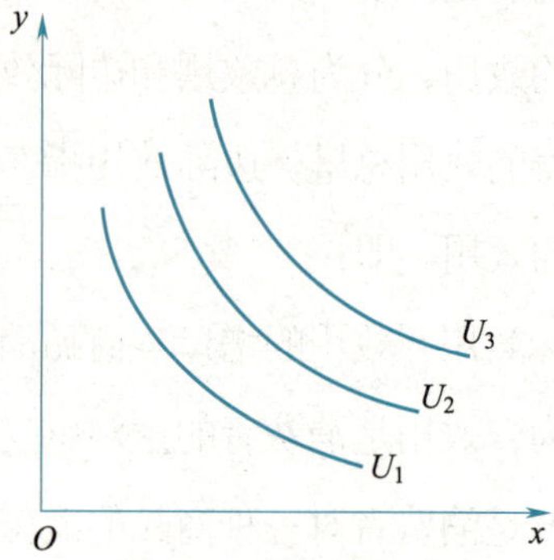

图 5-2-3 无差异曲线图

无差异曲线一般是左上方向右向下倾斜并凸向原点的一条平滑曲线，在曲线上的每一点都表示两种商品或劳务的组合，所有这些组合对消费者来说具有同样的效用。一条无差异曲线代表能带给一个人相同程度满足的产品组合，也就是说，个人的偏好程度是无差异的。比如某一消费者面对两种产品：旅游产品和服装，该旅游消费者对这两种产品的购买有两种组合方式，一种是在国内选择一个 5 日长途旅游产品，同时购买一套服装；另一种是选择一个 2 日短程旅游产品，同时购买两套服装。这两种选择虽有差异，但带给旅游消费者的效用是相同的，这时，这两种方案所对应的点是提供同一效用的无差异曲线上的两点。

为了表达提供给消费者的所有产品的组合的偏好，可以绘制一组无差异曲线，它被称作无差异曲线图。一幅无差异曲线图是一组描述一个人偏好的无差异曲线。不同的无差异曲线代表的效用不同，位置越靠上的曲线代表着越高的满足程度。在相同条件下，消费者总愿意选择数量较多而非数量较少的方案。当然，每条无差异曲线都不可能相交，同时，非相交的无差异曲线的数目是无限的，每一条都代表了可能的满足程度。

2. 开支预算线

无差异曲线只能描述消费者的偏好，但购买决策除了主观偏好外，还受各种客观因素的约束，在旅游决策中，主要是受消费者可支配收入的约束，即消费者只能在既定的收入下安排消费。开支预算线指在收入和价格既定的条件下，消费者所能购买到的一系列商品或劳务的最大组合。假如一位旅游消费者用货币 M 购买两种物品 x 和 y，它们的价格分别为 P_x 和 P_y，那么，他的开支预算方程是：

$$P_x \mathrm{x} + P_y \mathrm{y} = M$$

根据开支预算线方程，可以画出开支预算线，如图 5-2-4 所示

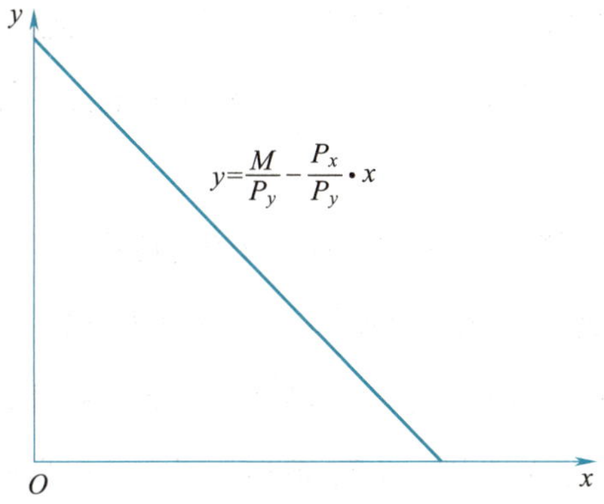

图 5-2-4　旅游消费者开支预算线

商品价格发生变化，消费者收入也会发生变化，预算线也随之发生变化：价格不变而收入发生变化时，预算线是一条平行于原预算线的平行线；收入不变而价格发生变化时，预算线发生旋转，其斜率发生变化。

3. 无差异曲线与旅游消费选择决策

由于旅游者的消费行为是在主观偏好和收入约束下进行的，所以，旅游者的消费动机是在可使用的、有限的既定预算下，使旅游者能获得旅游消费的最大满足。使旅游者获得旅游消费的最大满足必须满足两个条件：一是它必须位于开支预算线上，二是必须给予旅游消费者最符合偏好的产品或商品组合。在无差异曲线分析中，把无差异曲线与开支预算线结合在一起，既考虑消费者的主观意愿，又考虑开支预算线的限制，就可以确定旅游消费者最大效用的均衡，即旅游者消费的最大满足。实践证明，在无差异曲线图上，能够使消费者得到最大满足即消费者最大效用均衡点恰好是无差异曲线与开支预算线的切点。如图 5-2-5 所示。

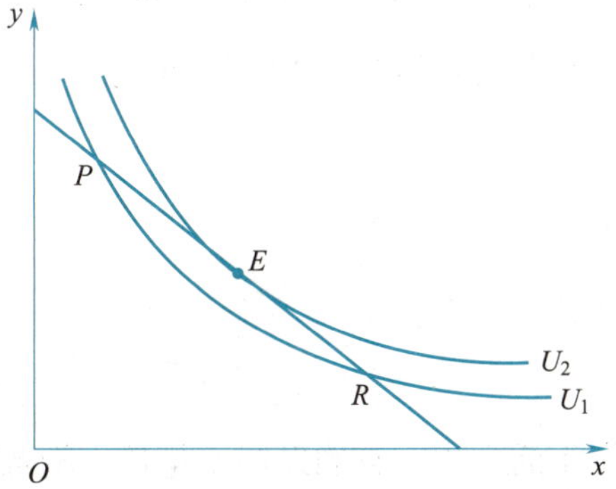

图 5-2-5　消费者最大效用均衡图

在图 5-2-5 中，开支预算线与无差异曲线 U_2 相切，这也是预算线能达到的最高的无差异曲线，因此，切点 E 所对应的 x 产品和 y 产品数量组合，既符合消费者的开支预算，又能使消费者获得最大满足。

4. 无差异曲线和开支预算线分析在旅游消费中的应用

利用无差异曲线和开支预算线进行旅游消费者行为分析，主要包括以下三个方面：（1）旅游消费与其他产品的消费决策。即旅游者在旅游消费和其他产品消费的关系中，如何进行选择和决策才能获得最大满足。（2）旅游产品（旅游目的地、旅游线路）的消费决策。即当旅游者决定利用假期进行旅游时，由于旅游者个人消费倾向和旅游开支预算两个方面的不同，如何进行旅游消费决策才能获得不同旅游产品（旅游目的地、旅游线路）之间的最大效用。当然，影响旅游者对旅游目的地做出决策的因素不仅有旅游目的地的吸引力，还有旅游者的收入、假期长短和不同旅游产品的价格等多种因素。（3）旅行方式的消费选择。即旅游者在选择旅行方式时，考虑时间和费用及旅行舒适程度等因素情况下，如何选择和决策才能获得的最大满足。不同的人的选择不同，高收入者倾向于多支出货币少支出时间；低收入的人则更宁愿多付出时间而少支付货币。收入和时间构成了个人的旅游资源约束线。在既定条件下，旅游者可以选择一种适当的旅行方式。所以，旅行社在安排旅游线路时，应该考虑多种方案，供不同的人选择，如经济团、标准团、豪华团等。

（三）旅游消费者行为分析的意义

对旅游消费者行为进行分析，（1）可以帮助解释旅游者的决策过程，对旅游供给商了解旅游者、生产适销对路的产品具有很强的现实意义。（2）旅游供给商在设计旅游产品、安排旅游活动项目时，应充分考虑边际效用递减规律。力求旅游产品的多样化且各具特色，做到线路安排不重复，使旅游产品在消费过程中，达到效用最大化。（3）旅游供给商应尽量减少阻碍旅游者做出消费决策的制约因素，使旅游者达到消费最大效用均衡。

旅游消费者行为理论也有其不足之处，表现在旅游者效用是无法度量的，消费者的无差异曲线、消费者的偏好及旅游品的数量、种类都是既定的，只能做静态分析，而难以解释上述因素的动态变化。

第三节　旅游消费的影响因素

旅游消费作为一种社会生活方式，它的发展不是孤立随意的，而是受多种因素影响的。其中，经济、社会、环境、旅游者心理等因素，对旅游消费的影响尤为显著，在一定程度上起着基础性、决定性作用。

一、经济因素的影响

经济发展水平、速度、结构以及地区分布都会深刻影响旅游消费。经济发展水平直接关系旅游者的闲暇时间和收入水平，从而直接影响旅游者的旅游需求水平和旅游消费水平。一个国家或地区的经济发展水平越高，其国民收入的分配结构中用于支付消费的比重就越大，旅游消费的人数就越多，旅游消费的层次就越高。经济发展水平还影响人们的生活方式。随着世界经济的发展，旅游消费成为普遍消费，旅游消费已从少数权贵豪富的特权享受，变成普通家庭现代生活的一个组成部分。

经济发展水平还影响旅游产业的发展状况。生产水平决定消费水平，旅游产品的生产结构直接影响和制约旅游消费结构。只有旅游产品结构合理，各部分构成要素比例协调，旅游者需求才能得到满足。吃、住、行、游、购、娱等旅游各环节构成一个有机的综合体，任何一个环节的脱节都会影响整个旅游业的发展。例如，交通运输作为旅游中的重要因素，旅游者的安全性、便捷性、舒适性对旅游质量有很大的影响，特别是旅游景点的可进入性还是影响旅游消费行为的关键因素。旅游目的地交通运输紧张，将直接影响其可进入性，从而影响该目的地餐饮住宿设施的消费。一些旅游饭店原本生意十分兴旺，但随自驾车宾客的增加，却因泊车场所严重不足而失去昔日风光。现代交通工具的改善，大大缩短了通往旅游目的地的时空距离，便捷舒适的交通为旅游市场的发展创造了良好的条件。旅游产品的价格也会影响旅游消费。由于旅游产品属于需求弹性较大的消费，当旅游产品价格上涨而其他条件不变时，人们就会把对旅游产品的消费转向其他替代品。如表 5–3–1 所示。

表 5–3–1 按城市等级划分的旅游消费能力表

城市划分	一线城市	二线发达城市	二线中等城市	三四线城市
包括的城市	北京、上海、广州、深圳	南京、杭州、无锡、天津、大连等	宁波、长沙、武汉、济南、郑州、南昌、成都等	昆明、兰州、哈尔滨、海口、呼和浩特、拉萨、西宁等
对应的人口数量（亿人）	0.71	0.52	1.88	3.54
人均 GDP（美元）	18 000-25 000	15 000-18 000	12 000-15 000	8 000-12 000
出游率（%）	250 ~ 490	170 ~ 320	110 ~ 240	50 ~ 180
出境游渗透率	26% ~ 41%	10% ~ 25%	9% ~ 18%	5% ~ 15%
国内游人均花费（元）	1 700-2 100	1 200-1 800	800-1 200	600-1 100

续表

城市划分	一线城市	二线发达城市	二线中等城市	三四线城市
旅游消费能力（元）	3 600-5 000	2 800-4 000	1 300-2 200	400-1 500

资料来源：公开资料整理，智研咨询《2017—2023 年中国旅游市场深度分析及投资前景研究报告》。

二、环境因素的影响

旅游若要取得成功和保持持久发展，就需要对旅游目的地的生态环境和历史遗存进行保护。旅游消费旺盛的地方往往也是环境优美的场所。同时，理性的旅游间接或直接地促进环境保护。一方面，旅游业的收益预期刺激了大家的环境保护积极性；另一方面，部分旅游收入将直接或间接地用于资源与环境保护。近年来，绿色旅游需求的呼声越来越高，旅游消费者公益意识不断加强，人们更加意识到旅游业的天然环保性。许多旅游消费者比以往任何时候更珍惜生存的环境，重视生活质量，追求永续消费。

绿色消费，首先倡导消费者在消费时选择未被污染或有助于公众健康的绿色产品，其次注重对垃圾的处置，减少环境污染。绿色消费的理念影响人类的生态环境，而美好的生态环境又影响了人们旅游消费的质量。

我国对绿色消费非常重视。国际上对“绿色”的理解通常包括生命、节能、环保三个方面。一些环保专家把绿色消费概括成 5R：节约资源，减少污染（reduce）；绿色生活，环保选购（reevaluate）；重复使用，多次利用（reuse）；分类回收，循环再生（recycle）；保护自然，万物共存（rescue）。

我国提出的“绿色消费”有三层含义：倡导消费者选择未被污染或有助于公众健康的绿色产品；在消费中注意对垃圾的处理，不造成环境污染；引导消费者转变消费观念，崇尚自然、追求健康，注重环保，节约资源和能源，实现可持续发展。

绿色旅游消费是绿色消费的重要部分。秉承这一理念的旅游者，多具有强烈的环境保护和能源节约意识，渴望获得美好的体验和经历，亲近自然、学习自然、保护自然而又尊重当地传统文化。绿色旅游消费不仅局限于景区和景点消费，而是渗透在旅游者出行的方方面面。比如，随着我国汽车保有量的增加，选择自驾游的旅游者迅速增长。每逢小长假，道路拥堵、停车困难让人苦不堪言，也给空气和环境带来了不小的负担。对距离近或方便以公共交通工具到达的景区、景点，如果减少私家车出行，旅游环境将有一个大的提升。

三、社会因素的影响

社会稳定是旅游消费行为得以正常进行的基本条件。社会群体、家庭、社会阶层及文化等社会因素都是影响旅游消费的因素。

（一）社会群体与旅游消费

社会群体是社会成员之间按照一定社会关系组成的彼此有共同行为模式的共同体。社会群体使每个群体成员的价值观、兴趣与行为都具有某种程度的类似性，不同的社会群体具有不同的价值观念和行为准则，因而在旅游消费倾向和行为上具有不同的偏好与品位。

（二）家庭形态与旅游消费

家庭是最重要的初级群体之一，是构建社会的最基本单位。当今社会，家庭度假旅游是家庭的一种主要消费形式。家庭成员在旅游消费中所扮演的角色、在家庭中所处的地位和所发挥的作用在很大程度上直接影响旅游消费决策；家庭所处生命周期的阶段不同对旅游消费决策的影响也不同。

（三）社会阶层和旅游消费

不同的社会阶层具有不同的价值观念和行为准则，因而在旅游消费倾向和消费行为上具有明显的差异性。

收入层次高的群体，其消费结构中的享受服务占有很大比例。旅游购物比例大且追求高品质高标准。中等收入群体的旅游消费活动指向是社会接受性，对自己的形象倍加关注，对旅游产品和服务的要求不仅注意其质量，还追求其情趣和格调。低收入群体外出旅游时，在旅游产品和服务的消费方面，常常表现出一种立即获得和立即满足。他们对去有折扣的商店和大众购物更有兴趣。

（四）文化和旅游消费

文化价值观对旅游消费行为有重要影响。一般来说，归属感强的人喜欢和他人或群体一起参加娱乐活动。平静安宁生活的人则喜欢选择空气新鲜、环境优美、能过悠闲生活的地方旅游。不同文化背景的人在旅游购物方面有不同的偏好。

四、旅游者个体因素的影响

旅游者的性别、年龄、职业、文化以及消费习惯、购买经验等个体因素都会对其消费行为产生一定的影响。不同年龄和性别的旅游者，对旅游产品的需求有很大差异。一般来说，青年人在游览娱乐方面的开支较大，而对饮食、住宿要求较低；老年人对住宿、饮食、交通的要求比较高；妇女的旅游消费中购物消费所占比重较大。消费方式的示范性以及旅游者的从众心理都会影响旅游消费投入和旅游消费结构。随着生产力的提高和社会的进步，个性化产品和服务越来越受欢迎，旅游消费将更体现消费的个性化。

本章小结

本章在介绍旅游消费性质、特点的基础上，阐述了旅游消费的水平、方式及结构，分析了旅游消费的影响因素，评价了旅游消费者的最大满足，分析研究旅游消费对旅游经济活动的影响有重要意义。

基本概念

旅游消费　旅游消费方式　旅游消费结构

思考题

1. 如何理解旅游消费的概念和性质？
2. 怎样理解旅游消费的作用？
3. 旅游消费具有哪些特点？
4. 旅游消费结构是如何分类的？
5. 旅游消费者行为分析包括哪些内容？
6. 如何进行旅游决策？
7. 请用无差异曲线分析旅游线路消费决策和旅行方式的消费选择。

本章思维导图

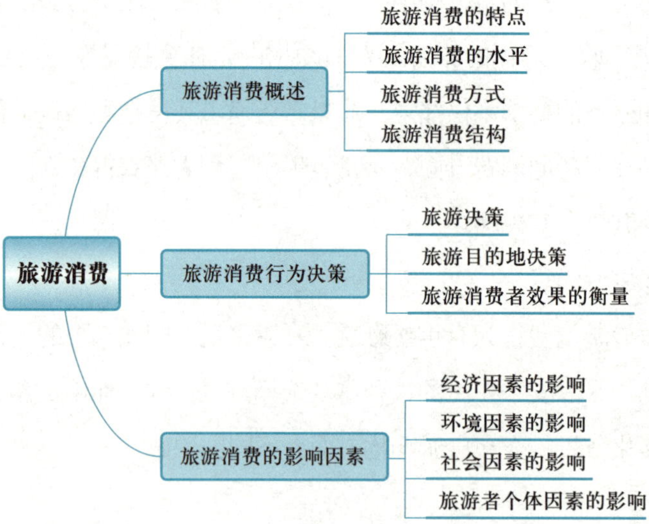

即测即评

案例分析

霸王条款、低价陷阱，警惕在线旅游消费这十大“坑”

推荐阅读

第六章　旅游卫星账户与旅游产业关联

本章导言

旅游经营的目的是取得更多的旅游收入，旅游收入的高低一方面反映了旅游者的旅游需求通过旅游经营者的旅游供给而不断得到满足；另一方面也体现了旅游产业部门和企业在生产经营活动的价值运行与价值实现过程中，自身得到不断发展。旅游产业的发展和国民经济中很多行业密切相关，它既受国民经济其他部门的影响，又影响国民经济其他部门的发展。旅游产业具有很强的关联性，研究旅游产业关联可以更准确地了解旅游产业在国民经济中的地位和对国民经济的影响。

学习目标

通过本章的学习，要求学生能够理解旅游产业关联理论、产业关联波及分析，了解旅游产业类别与旅游收入构成，了解影响旅游收入的因素，熟悉旅游产业关联效应指标，了解旅游业的影响力及影响力系数。

本章重点与难点

重点：产业关联理论

难点：旅游业的产业波及效应

第一节　旅游卫星账户与旅游收入

一、旅游卫星账户的概念及特点

旅游卫星账户是当前联合国和世界旅游组织等国际机构所积极推广的一种测度旅游经济的统计方法体系。

20 世纪 90 年代中期，旅游卫星账户核算方法一经出现就受到了世界经济学家和统计学界的推崇。2000 年 3 月，联合国统计委员会正式批准了世界旅游组织提交的《旅游附属账户：建议的方法框架》（简称“框架”），使旅游业成为第一个拥有获得联合国首肯的国际性标准来测量和计量的产业。旅游卫星账户（Tourism Satellite Account, TSA）又称为旅游附属账户，是一种宏观统计计量方法。它是以国民经济核算为统计基础，按照国际统一的国民账户的概念和分类标准，在国民经济核算总账户下单独设立的一个子系统。通过编制这一账户可以把由于旅游消费而引发的国民经济各行业中的直接和间接的旅游产出从相关行业中分离出来单独进行核算，从而达到在国际统一的统计框架下对旅游经济进行全面测量和分析比较的目的。旅游卫星账户区别于传统的旅游统计体系，为各旅游发展国家提供了一个国际统一标准的计量方法，不仅大大提高了旅游统计数据的可信度和区域间的可比性，还能够准确全面地测度旅游经济在整个国民经济中的地位和作用，实现国际间的可比和对旅游业经济影响的量化分析。

旅游卫星账户为政策制定者提供了对旅游部门的概览，以及与其他经济部门的比较。“框架”遵守国民核算原则，设置了一系列全球标准和定义来测量旅游对 GDP、就业、资本投资、税收等的贡献，以及旅游业在国家收支平衡中的重要作用。

2001 年 5 月，由加拿大旅游委员会、世界旅游组织（UNWTO）、世界旅游理事会（WTTC）和世界经合组织（OECD）主办，在温哥华举行了“旅游卫星账户（TSA）——为良好决策提供可靠数据”的国际会议。温哥华会议确认了 TSA 作为一种国际标准，用以测量一个经济体系之内旅游对其他产业和其他经济体系产生的直接经济影响，承认以往开发和实施 TSA 的努力遵循了多样化的方法；承认各国可以根据自己国家的情况，在 TSA 标准之内对分类进行调整。目前，加拿大、澳大利亚、西班牙、法国、新西兰、瑞士、美国等国相继进行了旅游卫星账户编制的实践。他们以“框架”为基础，根据本国的实际情况进行了相应的调整和补充。许多发达国家通过旅游卫星账户的成功编制，为制定旅游业发展政策和规划提供了决策依据。在对旅游卫星账户的界限与分析中，许多国家从中受益。

TSA 是由一些逻辑严密、协调一致的账户表式组成的，因此在其建立的过程中存在着许多困难。原国家旅游局在我国部分省市进行了研究编制旅游卫星账户的试点工作。2006 年，国家旅游局和国家统计局研究商定，正式开展了“中国国家级旅游卫星账户”研究编制工作。2007 年 3 月 1 日，“中国国家级旅游卫星账户”项目工作组汇报鉴定会召开，由国家统计局和国家旅游局有关专家组成的研究小组，经过长期的研究工作，以联合国统计委员会批准《旅游附属账户：建议的方法框架》为基本原则，利用 2004 年全国第一次经济普查和国民经济核算的相关资料，初步编制完成“中国国家级旅游卫星账户”的部分账户表。

二、编制 TSA 的相关概念

（1）旅游：指任何时候为休闲、娱乐、观光、度假、探亲访友、就医疗养、购物、参加或从事经济、文化、体育、宗教活动，离开常住国（或常住地）到其他国家（或地区），其连续停留时间不超过 12 个月，并且在其他国家（或地区）的主要目的不是通过所从事的活动获取报酬的行为。

（2）旅游行业：指随着旅游行为而存在的行业。旅游行为涉及吃、住、行、游、购、娱六大要素。旅游行业涉及多个行业，主要包括：住宿业、餐饮业、交通运输业、商业、娱乐业等。

（3）旅游产品：提供给旅游者的商品和服务，是社会总需求的一部分。包括：住宿设施（汽车旅馆、宾馆、宿营帐篷及其他住宿设施）、餐饮服务（住宿设施内提供的餐饮服务、餐馆和其他餐饮服务）、交通工具（飞机、火车、轮船、出租车等）、旅游服务机构、娱乐场所等。

（4）旅游供给与需求：全社会生产的旅游产品称为旅游供给；国内旅游者和国际旅游者在旅游过程中总花费，称为旅游需求，包括本地旅游需求、省际旅游需求和国际旅游需求。一般来说，旅游供给应大于旅游需求。

（5）旅游业增加值：因出售旅游商品和提供旅游服务而增加的价值，称为旅游业增加值。

（6）旅游就业岗位：指从事旅游产品生产的岗位，是能够反映旅游业发展水平的因素之一。包括：专职、兼职和自雇，在进行旅游就业人数统计时，只统计直接从事旅游活动的人员，不统计间接从事旅游活动的人员。

三、测算方法

（一）旅游供给

进行旅游供给的测算，主要是运用投入产出账户。测算过程是：（1）识别能够提供旅游产品的行业，根据旅游所包含的六大要素（吃、住、行、游、购、娱），将国民经济行业中与旅游相关的行业挑选出来；（2）计算比重，在旅游业所涉及的行业中，计算出用于提供给旅游者的供给占总供给的比重；（3）将与旅游相关的行业的旅游供给相加，即得到旅游总供给。

（二）旅游需求

进行旅游需求的测算，主要运用国内旅游调查和国际旅游调查的数据。测算过程是：（1）通过以上两项旅游调查，将旅游产品按照投入产出表中列出的产品进行分类，然后将需求数据填入投入产出表中，以便协调旅游供给和旅游需求之间的关系。例如：从调查资料中取得的交通运输业和住宿业产品的信息非常充足，可以直接分离到投入产出框架中；（2）计算出旅游需求后，可以用供给份额把需求分配到相应的子行业中。

（三）旅游业增加值

通过投入产出表中的投入表计算可得出旅游业增加值。如果没有用于分配的有关供给份额的信息，也可通过子行业的信息来计算旅游业增加值。

（四）旅游就业岗位

旅游就业岗位是通过分行业的数据计算出来的。将与旅游相关的行业挑选出来，计算出在相关行业中，旅游就业岗位的比重，得出整个旅游行业的就业岗位数据。

四、旅游收入统计及影响因素

（一）旅游收入统计

旅游收入指旅游目的地国家或地区在一定时间内（以年、季度、月为计算单位），通过销售旅游产品所获得的货币收入的总和，也就是旅游目的地国家或地区向旅游者提供旅游资源、设备设施、交通工具、旅游劳务和旅游购物所换取的货币。不断增加旅游收入、实现更多的利润是旅游企业经营和发展的目标，在旅游企业生产规模和旅游经营成本不变的前提下，旅游收入的变化和旅游利润的增减是同方向的。旅游收入的增加，能引起旅游利润的相应增加，而旅游收入的减少也同样会导致旅游利润的相应减少。旅游收入是衡量旅游经济及其经济效果的一个不可或缺的指标，也是一个国家或地区旅游业发达与否的一个重要标志，在一国社会经济发展中占有重要的地位。

目前，世界上大多数国家以国际惯例和世界旅游组织拟定的“旅游统计建议草案”为标准，测定、计算旅游收入，它具有明显的分类、范围、方法、时间和币制上的特征。

（1）分类。从全球范围看，旅游收入可分为国际旅游收入和国内旅游收入两大类。后者根据经济区域，还可以进一步细分为省、市甚至县域旅游收入。

（2）范围。由于新兴旅游产品和出游方式的出现以及取值范围的变化，旅游业的内涵日趋丰富，旅游收入统计口径也发生相应的变化。比如，“一日游”过去未列入旅游收入的范围，1993 年以后，我国正式将它归入旅游收入的范畴。又如，按照惯例，国际交通费用虽是旅游消费的一部分，不列入旅游目的地国家的旅游收入之中，但美国在计算旅游收入与支出时，以交通工具的国家属性作为取值标准。如果旅游者乘美国公司的航班入境，则交通费用计入国际旅游收入之中；反之，如美国人乘本国航班出境旅游，则交通费用归入国内旅游收入之列。

（3）方法。在我国，已由官方测算向抽样统计转变，实行向旅游消费者直接取值的“买方统计”。抽样统计可细分出旅游者的目的、动机、身份、年龄、性别、职业、出游方式和消费数额等群体特征。

（4）时间。旅游收入均按年、季、月为时间段，累计测算。

（5）币制。世界旅游组织以美元为单位统计世界各国的旅游收入。除美国及少数国家外，其他国家以美元计量国际旅游收入，以本国货币统计国内旅游收入，再将美元折算成本币，两者相加后，即得出国际、国内旅游的总收入。

（二）旅游收入的指标体系

旅游收入指标是用来反映和说明旅游经济活动的水平、规模、速度和比例的指标，通常以货币单位来计算和表示，是分析旅游经济活动情况的重要工具。旅游收入指标主要有以下五种。

1. 国内旅游收入

国内旅游收入指经营国内旅游业务而取得的本国货币收入。一定时期一国国内旅游收入的多少反映一国国内旅游发展的状况。

2. 国际旅游收入

国际旅游收入指在一定时期内，旅游目的地国家或地区向国外旅游者提供旅游产品和劳务所获得的外国货币收入总额，也是国外旅游者入境以后全部消费支出的总额。国际旅游收入是衡量一国国际旅游业发展水平的重要指标之一，也是反映该国旅游创汇能力的一项综合性指标。在国际旅游业中，它常被用于同外贸商品出口收入和其他非贸易外汇收入进行比较，以说明一国国际旅游收入在全部外汇收入中的地位和对弥补国家外汇收支平衡所做的贡献。该指标一般以美元为计量单位。

3. 旅游总收入

旅游总收入指在一定时期内，旅游目的地国家或地区的旅游企业和其他部门，向旅游者提供产品和服务所获得的收入总额。它反映该国或地区旅游发展的总体规模和总体的经营成果。它包括国际旅游收入和国内旅游收入两部分，通常以本国货币为计量单位。

4. 人均旅游收入

人均旅游收入指旅游目的地国家或地区在一定时期内，平均接待每一旅游人次所获得的收入额。这一指标的数值是某一时期内旅游收入总量与旅游人次数的比值。人均旅游收入指标反映了旅游者的平均消费水平，也反映了该旅游目的地提供的产品和劳务的平均价值。

5. 人均旅游外汇收入

人均旅游外汇收入指标指在一定时期内，旅游目的地国家或地区接待每一海外旅游者人次所获得的旅游外汇收入额，也是每一人次海外旅游者在旅游目的地国家或地区的人均外币支出额。人均旅游外汇收入指标的高低与入境旅游者的构成、支付能力、在境内停留时间以及旅游目的地国家或地区的旅游接待能力有密切的关系。该指标的数值是一定时期内该国或地区旅游外汇收入总额与该国或地区接待的海外旅游者人次数的比值，通常以美元为计量单位。

上述旅游收入主要指标可以为旅游经营者掌握旅游发展的规模、速度、结构、水平，制定旅游发展规划，选择最佳旅游市场，改善经营管理水平，提高旅游产业经济效益等提供依据和信息。

（三）影响旅游收入的因素

旅游产业是个关联性、依托性很强的产业，某一旅游目的地国家或地区的旅游收入的增减，会受不同因素的影响，这些因素主要包括以下六个方面。

1. 接待的旅游人次数

旅游目的地国家或地区接待的旅游人次数是决定其旅游收入高低的基本因素，通常旅游收入与接待旅游人次数成正比例关系。尽管每一位旅游者的旅游消费水平会有很大差别，但只要某个国家或地区所接待的旅游人次增加，它的旅游收入也会随之增加。一个国家或地区接待旅游人次的多少，与该国或地区的旅游资源的丰富程度、吸引力强度、政局稳定与否、政府的政策力度等方面有着直接的关系。

2. 旅游者的平均消费水平

在旅游接待人次数既定的情况下，旅游者的平均消费水平是旅游目的地国家或地区旅游收入增减变化的又一决定因素。旅游者的平均消费水平与旅游目的地国家或地区的旅游收入成正比例变化。旅游者平均消费水平的高低与旅游者的构成有关，来自发达国家和地区的旅游者平均消费水平比来自发展中国家和地区的旅游者平均消费水平高。另外，人均旅游消费支出水平也与旅游目的地的旅游产品构成、产品质量等旅游产业发展的总体水平密切相关。

3. 旅游者在旅游地的停留时间

在旅游人次数、旅游者消费水平既定的条件下，旅游者在旅游目的地停留时间的长短对旅游目的地的旅游收入增减有着直接的影响。旅游者在旅游目的地停留就要消费，就要有消费支出，停留的时间越长，其消费支出就越多，旅游目的地的收入便会增加。旅游者在旅游地停留时间的长短，除了与旅游者个人闲暇时间的长短有关外，更重要的是与旅游目的地的可游景点的丰富程度、吸引力大小以及旅游活动的安排、组织等因素相关。

4. 旅游目的地的旅游价格

旅游收入等于旅游单位产品价格与销售数量的乘积。旅游价格的高低对旅游收入的影响好像一把双刃剑。因为旅游价格提高，可能使旅游产品销售量减少，总收入未必增加；而旅游价格降低又会使旅游销售量增加，未必使旅游总收入减少。因此，为了提高旅游目的地的旅游收入水平，必须正确地运用价格策略，科学地确定价格水平，在不过多地降低价格的情况下，能更大地扩大销售量，从而增加旅游收入总量。同时，对于某些旅游产品还应当正确地计算出旅游需求的价格弹性系数，依据不同旅游产品的价格弹性大小，实施合适的营销策略。

5. 外汇汇率

从国际旅游来看，外汇汇率的变化是一个重要的影响因素。如旅游目的地国相对旅游客源国的货币升值，汇率提高，将会抑制旅游客源国的旅游需求，减少旅游目的地国的入境旅游人次数，从而使该国旅游外汇总收入减少；反之，如果旅游目的地国相对旅游客源国的货币贬值，汇率降低，而旅游目的地国的旅游价格未做相应提高，则会刺激旅游客源国的旅游需求，增加旅游目的地国的入境旅游人次数，从而使旅游外汇总收入增加。一般说来，旅游目的地国的货币贬值，更有利于当地旅游产业的发展，增加旅游收入。因为对外国旅游者而言，旅游目的地国货币贬值相当于旅游目的地国的旅游价格更便宜，旅游者用同等数量的本国货币可以购买更多的旅游产品。

6. 通货膨胀

货币贬值表现在两个方面，对内贬值表现为物价持续上涨，对外贬值表现为外汇汇率上涨。当两个上涨幅度不同时，就会影响国际旅游。当外汇汇率上涨幅度超过国内物价上涨幅度时，就会有利于入境旅游；反之，有利于出境旅游。

一国的旅游收入是通过一定的方法统计出来的数据，因此，旅游收入的总水平还受统计因素的影响。旅游收入有些来自直接旅游部门，也有些来自间接旅游部门，因此，旅游收入中有一部分不易分辨、搜集和统计，还有相当部分是隐藏在其他种类收入中，存在遗漏统计或重复统计的现象。例如，旅游者在旅游过程中支付的小费是无法统计到旅游目的地国的旅游收入之中的。再如，在探亲旅游者中，旅游者常把房费、餐费、当地交通费直接支付给他们的亲属朋友，或以购买一定数目的礼品、土特产品或以其他方式换取免费的食宿，这种交换方式产生的旅游收入也是无法进行统计的。另外，旅游部门之间、旅游部门与非旅游部门之间对旅游收入常常出现重复统计的现象。例如，旅行社与交通部门、饭店、餐饮部门之间，旅游部门与农业、商业、建筑业、园林部门、轻工业部门之间，由于旅游收入分配的转换方式所致，遗漏和重复统计的现象经常发生。许多提供非基本旅游产品的第三产业，如文娱、美发、购物、修理等部门以及通信、银行、保险等服务部门，常常难以准确地区分他们的营业收入中有多少来自旅游者，有多少来自本地居民。各国规定的统计制度和统计方法的差异性等，都会对旅游收入的精确度产生一定的影响。

第二节　旅游产业关联

产业关联理论是由美国经济学家瓦西里·列昂惕夫首先提出。产业关联理论是借助投入产出表等对产业之间在生产、交换、分配上的关系进行分析的一种方法。旅游产业关联分析是用投入产出表分析旅游产业和相关产业之间的关联关系的一种方法。

产业关联理论又称产业联系理论或投入产出理论，侧重于研究产业之间的中间投入和中间产出之间的关系，这些主要由投入产出法解决。能很好地反映各产业的中间投入和中间需求，这是产业关联理论区别于产业结构和产业组织的一个主要特征。

旅游业的关联规模比较宽泛，有一百多个行业与旅游业直接相关。从这个角度来说，旅游业的发展不仅同整个社会经济发展水平相关联，同时会带动其他产业和行业的发展，以翻倍的速度为社会创造价值。因此，旅游发展的经济关联性一直受到国内研究人员的关注。鉴于旅游产业结构系统的复杂性，难以界定因素间的作用机制，通常将其看作是一个灰色系统，运用灰色系统理论对产业结构的关联度进行分析。

产业关联理论还可以分析与各相关产业的关联关系（包括前向关联和后向关联等）以及产业的波及效果（包括产业感应度和影响力、生产的最终依赖度以及就业和资本需求量）等。

一、产业关联的概念

（一）产业关联

在一般的经济活动中，各产业都需要其他产业为自己提供各种产出，作为自己的要素供给；同时又把自己的产出作为一种市场需求提供给其他产业进行消费。在经济活动中，各产业之间存在着广泛的、复杂的、密切的技术经济联系。这种技术经济联系在产业经济学中也称为产业关联。

（二）产业关联理论

代表性的理论为灰色系统理论。灰色关联分析是灰色系统理论提出的一种系统分析方法，用以量化灰色系统中因素之间的相互关系，其基本任务是基于行为因子序列的微观或宏观几何接近，以分析和确定因子间的影响程度或因子对主体行为的贡献程度。

（三）旅游产业关联关系

在旅游活动中，旅游产业和其他产业或部门之间存在着经济技术联系构成旅游产业关联。旅游的产业特性决定了旅游产业与其他产业的关联程度较高，一项旅游活动的完成需要多个产业的密切配合。旅游产业和其他产业的密切关联表现在以下几个方面：

1. 产品和服务关联

旅游业以其他产业提供的产品和服务为依托，由于旅游活动在客观上涵盖了“吃、住、行、游、娱、购”六要素，这一特点决定了它包含的物质产品内容非常丰富，进而决定了旅游活动可以直接带动推进相关社会生产活动的不断深化和发展，这种高度的关联带动功能，使得旅游业无可替代地占领了一个产业群的核心地位。旅游业对建筑、交通、饭店、餐饮、娱乐、商贸、工艺、美术以及工农业的许多行业都能够起到直接或者间接的带动作用。

2. 生产技术关联

科学技术应用于旅游业，同样会对旅游经济的发展产生巨大的推动力。如网络发展、信息技术革命、旅游业营销、旅游资源开发利用等通过新的生产技术，以更快的速度发展。

3. 投入产出关联

旅游业消耗其他产业部门的生产产品和服务，形成了投入产出关联。

4. 劳动就业关联

旅游业是劳动密集型产业，为社会提供了大量的就业机会，由于旅游活动涉及诸多行业，也就能给多种行业创造和提供更多的就业机会。而且旅游业就业成本低，国家投入不大，经济效益显著。所以旅游业是扩大就业的重要渠道。

5. 投资关联

旅游业要发展需要一定数量的投资，必定带动相关产业，如建筑业的发展（旅游投资乘数效应）。

二、旅游产业的关联方式

（一）前向关联和后向关联

发展经济学家赫希曼在《经济发展战略》中论述了产业关联在不同经济发展战略选择中的重要作用。前向关联指某一产业的产品在其他产业中的应用而形成的产业关联。后向关联指某一产业在生产过程中需要从其他产业获得投入所形成的依赖关系。旅游产业需要交通运输部门、通信部门、信息技术部门等产业提供产品和服务，因此，相关部门的发展影响旅游业的成长，表现为后向关联性较强。

（二）单向关联和多向关联

单向关联指一系列产业部门间，后面的产业部门直接消耗前一个产业部门生产的产品或服务，而后续产业部门生产的产品或者服务并不为前一个产业部门服务。

多向关联指各产业部门之间生产的产品和服务在产业之间循环消耗。旅游产业既存在单向关联，又存在多向关联，其中单向关联占主体。正确认识旅游产业的单向关联和多向关联，有助于提升旅游资源、旅游效率和旅游经济效益。

（三）直接关联和间接关联

直接关联是具有直接投入产出关系的各产业之间的联系。前向、后向、单向、循环关联中相邻两个产业之间的联系都是直接关联。

间接关联是两个产业部门不发生直接的产品和服务联系，通过其他产业部门的中介才有关联。根据投入产出表计算出直接消耗系数和资金消耗系数，反映产业之间的直接关联和间接关联关系。

三、旅游产业关联效应指标

在产业链条上，大部分单位既是供给者又是市场的需求者。作为供给者通过向其他产业提供要素的投入，来确定自己在产业链条中的地位，而作为需求者，通过对其他产业产出的消费，来显示其在产业链条中的作用。在产业经济学中，用关联系数对某个产业的直接关联效应进行分析。

（一）直接消耗系数

直接消耗系数指旅游部门在生产经营活动中单位总产出直接消耗的相关部门产品和劳务的总价值，也称投入系数。其经济含义是生产单位 X 产品所直接消耗的 Y 产品的数量，反映该部门和其他部门之间直接的技术经济联系和直接依赖关系。

（二）间接消耗系数

间接消耗系数指旅游部门在生产经营活动中单位总产出间接消耗各相关部门产品和劳务的总价值。

（三）完全消耗系数

完全消耗系数指旅游部门在生产经营活动中单位总产出完全消耗各相关部门产品和劳务的总价值。

（四）影响力系数

影响力系数指旅游部门在生产经营活动中每增加单位最终产品，对国民经济各相关部门产品和劳务所产生的需求及拉动程度。影响力系数越大，表明旅游产业对相应部门的拉动作用越大。

（五）感应度系数

感应度系数指国民经济各相关部门在生产经营活动中每增加单位最终产品，对旅游部门所产生的需求及影响程度。

第三节　旅游产业波及效应及分析

一、旅游业的投入结构

旅游业可分成广义旅游业和狭义旅游业。狭义旅游业，我国主要是旅行社、旅游饭店、旅游车船公司以及专门从事旅游商品买卖的旅游商业等行业。广义旅游业指，除专门从事旅游业务的部门外，还包括与旅游相关的各行各业。分析产业关联和波及以狭义旅游业口径为宜。产业关联和波及分析可以借助投入产出表进行。但统计部门编制的投入产出表没有把旅游业单列，因此，我们采取合并工业、建筑业和农业细项，把“居民服务业”分割为狭义旅游业和狭义居民服务业等方法。

旅游业要提供产出（旅游服务产品），就需要人、财、物等资源的投入。例如，游乐园需要使用劳动、资本等生产要素，并支付其使用代价（工资、利息等），需购买电脑和软件、游乐器械、电力、煤炭，以及通信、交通、清洁、管理等服务。这种投入之间的比例关系可用投入结构来表示。

投入结构指某产业部门为了进行生产从各产业（包括本产业）购进的中间产品，以及使用生产要素支付的费用结构。它以中间产品的投入形式反映该产业与各个产业部门之间的生产技术上的联系和产业结构的变动。这种生产技术上的联系是用投入系数（直接消耗系数）来衡量的。投入系数可以反映某产业的产品实现某一增长程度时，其他产业的中间产品应相应增长到什么程度。它为国民经济部门的结构比例是否合理提供了判别准则，也为国民经济计划制定提供重要的经济参数。专家统计旅游业与国民经济各部门的投入系数如表 6–3–1。（旅游业产值 1 元，直接消耗其他产业 *X* 元）

表 6–3–1　旅游业与国民经济各部门的投入系数

产业部门	投入系数	产业部门	投入系数
工业	0.424 561 0	铁路货运业	0.001 499 9
金融业	0.079 431 9	铁路客运业	0.001 278 9
建筑业	0.074 724 3	水上货运业	0.001 021 6
综合技术服务业	0.042 906 8	公路客运业	0.000 824 8
农业	0.036 687 2	卫生事业	0.000 650 2
公用事业	0.018 625 9	对外贸易业	0.000 363 0
邮电通信业	0.014 161 2	航空货运业	0.000 222 8
狭义旅游业	0.008 983 1	科学研究事业	0.000 142 4
国内商业	0.008 868 3	水上客运业	0.000 120 3
物资供销仓储业	0.007 125 9	粮油商业	0
教育事业	0.004 906 5	饮食业	0
房地产业	0.004 895 1	体育事业	0
航空客运业	0.003 673 2	社会福利事业	0
狭义居民服务业	0.003 542 3	文化艺术广播电视业	0
保险业	0.002 610 7	行政机关	0
公路货运业	0.001 630 8		

资料来源：李江帆，李冠林，江波. 旅游业的产业关联与产业波及分析[J]. 旅游学刊，2001（3）.

按照投入系数，国民经济各行业可分为三类：

（1）产品被旅游业直接消耗较多的产业。工业、金融业、建筑业、综合技术服务业、农业、公用事业、邮电通信业。它们对旅游业的投入系数均超过 0.01。

（2）产品被旅游业直接消耗较少的产业。狭义旅游业，物资供销仓储业，教育业，房地产业，航空客运业，狭义居民服务业，保险业，公路货运业，水上货运业。它们对旅游业的投入系数在 0.01 ~ 0.001。

（3）产品被旅游业直接消耗接近或等于零的产业。公路客运业、卫生事业、对外贸易业、航空货运业、科学研究事业、水上客运业、粮油商业、饮食业、体育事业、社会福利事业、文化艺术广播电视事业、行政机关。

应该说明：（1）旅游业对交通、通信业的直接消耗量比较少，只是说明我国旅馆业和旅行社办公所直接消耗的交通、通信服务在其投入结构中的比重较小。这不等于旅游服务引起的旅游者对交通服务的消费量也很少。（2）粮油商业、饮食业、体育事业、社会福利事业、文化艺术广播电视事业、行政机关对旅游业的投入系数为零，是根据投入产业表中狭义旅游业对这些行业产品的中间消耗量为零算出的。它反映了狭义旅游业可能没有以粮油商业、饮食业、体育事业、社会福利事业、文化艺术广播电视事业的产品作为生产要素。至于政府行政机关的公共服务，从使用价值指标来看，是被各行各业共同消费的，理应在每个行业的投入结构中有一席之地。但从价值指标来看，这些服务属于由国家财政拨款维持的公共产品，不需要由其消费者付费消费，这就使各行业对它的购买值（消费量）为零，价值型投入产出表由此产生失真。文化艺术广播电视业也有类似问题。

二、旅游业的销路结构

产品的销路结构指产品的分配（销售）去向。它通过各部门的分配系数来度量。旅游业对某部门的分配系数，就是旅游业分配（销往）给该部门消费的旅游服务产品占全部旅游服务产品的比重。通过分配系数可以知道旅游服务产品的流向及比重，从而了解旅游业的发展受其他产业的影响和制约程度（见表 6–3–2）。

表 6–3–2　旅游业的分配系数

产业部门	分配系数	产业部门	分配系数
工业	0.050 667	水上货运业	0.001 151
行政机关	0.032 077	科学研究事业	0.000 906
建筑业	0.011 332	公路客运业	0.000 878
金融业	0.010 726	邮电通信业	0.000 818
狭义旅游业	0.008 983	公路货运业	0.000 791
物资供销仓储业	0.007 752	公用事业	0.000 605
教育事业	0.007 336	文化艺术广播电视业	0.000 432

续表

产业部门	分配系数	产业部门	分配系数
国内商业	0.006 697	粮油商业	0.000 381
农业	0.005 670	社会福利事业	0.000 187
保险业	0.005 628	铁路货运业	0.000 143
综合技术服务业	0.004 998	航空客运业	0.000 123
狭义居民服务业	0.003 542	体育事业	0.000 120
对外贸易业	0.003 467	铁路客运业	0.000 103
房地产业	0.001 707	水上客运业	0.000 020
饮食业	0.001 221	航空货运业	0.000 014
卫生事业	0.001 165		

资料来源：李江帆，李冠林，江波. 旅游业的产业关联与产业波及分析[J]. 旅游学刊，2001（3）.

表 6–3–2 显示：

（1）旅游业分配系数较高的是工业、行政机关、建筑业、金融业。

（2）分配系数中等的是狭义旅游业、物资供销仓储业、教育事业、国内商业、农业、保险业、综合技术服务业、狭义居民服务业、对外贸易业、房地产业、饮食业、卫生事业、水上货运业。

（3）分配系数较小的部门是科学研究事业、公路客运业、邮电通信业、公路货运业、公用事业、文化艺术广播电视事业、粮油商业、社会福利事业、铁路货运业、航空客运业、体育事业、铁路客运业、水上客运业、航空货运业。

由此可见，从销路结构来看，旅游服务产品的主要销路在生活消费市场，次要销路在生产消费市场。居民旅游需求影响旅游服务产品的销量的 83%，生产需求仅影响旅游服务产品的销量的 17.0%。在生产要素市场中，工业、行政机关、建筑业、金融业的生产需求对旅游服务产品的销量影响较大；狭义旅游业、物资供销仓储业、教育事业、国内商业、农业、保险业、综合技术服务业、狭义居民服务业、对外贸易业、房地产业、饮食业、卫生事业、水上货运业的生产需求对旅游服务产品的销量影响较小；科研、交通（不包括水上货运）、通信、公用事业、文艺广电、粮油商业、社会福利、体育等行业的生产需求对旅游服务产品的销量影响极小。

三、旅游业的中间需求率和中间投入率

（一）中间需求率

中间需求率指国民经济对某一产业的产品的中间需求量之和与全社会对这一产品的总需求量“中间需求量 + 最终需求量”之比。换言之，是某种产品被国民经济部门用作中

间产品的部分占该种产品总量的比重。中间需求率越高，表明该产业就越带有提供中间产品的性质。由于一个产业的产品不是作为中间产品，就是作为最终产品，因而，中间需求率 + 最终需求率 = 1。一个产业的中间需求率低，最终需求率必高，因而这个产业也就越带有提供最终产品的性质。换句话说，这个产业的产品更多的是用于最终需求，或居民消费，或投资消费，或出口。依据中间需求率，就可比较精确地计算出各产业部门的产品用作生产资料和消费资料的比例，从而较准确地把握各产业部门在国民经济中的地位与作用。

从表 6–3–3 可知，旅游业的中间需求率为 0.169 640 23。这表明，大约有 17%的旅游服务产品被国民经济各部门用作中间产品投入生产消费；约 83%的旅游服务产品被用作最终产品，投入居民消费或旅游出口。这说明，旅游服务不仅可以作为服务消费品被居民用于生活消费，还可以作为服务型生产要素，被三大产业用于生产消费。它是一种以生活消费资料属性为主、生产资料属性为辅的非实物产品。旅游业及其涉及的居民服务业、客运业、饮食业，都属最终产品主导型产业。还可推知，各种客运方式按其服务被非公务旅游者消费的比重由大到小的排序是：水路客运——公路客运——铁路客运——航空客运；公务旅游者的排序相反。各种货运方式按其服务被生活消费的比重由大到小的排序是：水路货运——航空货运——铁路货运——公路货运；生产消费的排序则相反。

表 6–3–3　国民经济各部门的中间需求率

部门	中间需求率	部门	中间需求率
科学研究事业	0.999 160 66	公路客运业	0.246 695 02
综合技术服务业	0.988 007 10	农业	0.226 315 16
公用事业	0.951 154 33	建筑业	0.209 439 64
铁路货运业	0.821 858 14	狭义居民服务业	0.169 640 23
公路货运业	0.820 695 35	狭义旅游业	0.169 640 23
国内商业	0.804 077 01	教育事业	0.138 981 31
金融业	0.779 595 95	水上客运业	0.109 626 23
物资供销仓储业	0.696 958 22	房地产业	0.101 454 43
保险业	0.673 039 45	卫生事业	0.074 109 40
航空货运业	0.630 656 52	文化艺术广播电视业	0.000 001 28
邮电通信业	0.532 932 62	粮油商业	0
水上货运业	0.518 291 19	饮食业	0
对外贸易业	0.509 084 26	体育事业	0
工业	0.355 569 24	社会福利事业	0
航空客运业	0.316 324 86	行政机关	0
铁路客运业	0.313 676 15		

资料来源：李江帆，李冠林，江波. 旅游业的产业关联与产业波及分析[J]. 旅游学刊，2001（3）.

（二）中间投入率

中间投入率指某一产业在一定时期内生产过程中的中间投入与总投入之比。它反映了该产业的总产值中从其他产业购进的中间产品所占的比重。

$$中间投入率=\frac{中间投入}{总投入}$$

总投入 = 总产值（总产出）= 中间产品投入 + 折旧 + 净产值（附加价值）

$$产业附加值率=\frac{附加值}{总产值}$$

附加价值率 + 中间投入率 = 1

所以，某产业的中间投入率越高，它的附加价值率就越低，高“中间投入率”产业就是低附加价值率产业部门；反之亦然（见表 6–3–4）。

表 6–3–4 国民经济各部门的中间投入率

产业部门	中间投入率	产业部门	中间投入率
社会福利事业	0.769 823	物资供销仓储业	0.506 680
狭义居民服务业	0.743 459	航空货运业	0.477 406
狭义旅游业	0.743 459	行政机关	0.472 251
工业	0.740 639	公路客运业	0.467 819
保险业	0.663 355	对外贸易业	0.429 50
建筑业	0.662 571	房地产业	0.387 864
卫生事业	0.651 047	金融业	0.386 114
饮食业	0.627 718	公用事业	0.361 671
水上货运业	0.607 151	农业	0.360 376
体育事业	0.597 941	综合技术服务业	0.353 335
科学研究事业	0.575 029	铁路货运业	0.307 912
文化艺术广播电视	0.572 734	国内商业	0.291 644
航空客运业	0.572 413	邮电通信业	0.260 910
水上客运业	0.550 640	公路货运业	0.244 989
教育事业	0.546 100	铁路客运业	0.167 752
粮油商业	5.200 110		

注：对外贸易业总投入包括负税（出口退税）故比中间投入小，据此算出中间投入率是 1.263227。现中间投入率是扣除负税后计得。

资料来源：李江帆，李冠林，江波. 旅游业的产业关联与产业波及分析[J]. 旅游学刊，2001（3）.

综合中间需求率小和中间投入率大的特征可以看出，旅游业属于最终需求型产业。它的中间需求率小，意味着它的产品用作国民经济各产业部门的生产要素的比重较小，属于最终产品主导型产业，因此其销售市场主要属于消费品市场。由于旅游服务具有较高的收入需求弹性，随着国民经济发展水平的提高，旅游服务市场将以高于国民经济增长率的速度增长，推动旅游业的发展。同时，它的中间投入率较大，说明它在很大程度上需要其他产业的产品作为中间投入的生产要素，因此在国民经济中属于后续产业，与先行产业的产业关联性较强。旅游业的发展，会拉动其先行产业相关部门的发展。

四、旅游产业波及

（一）旅游业的波及线路

产业波及指国民经济产业体系中，产业部门的变化按照不同的产业关联方式，引起与其直接相关的产业部门的变化，然后导致与后者直接和间接相关的其他产业部门的变化，依次传递，乃至影响力逐渐消减的过程。

产业波及效果：产业波及对国民经济产业体系的影响。

产业波及线路：某一或某些产业的变化波及各产业部门的走向。

旅游业主要沿着三条线路对国民经济产生波及：

（1）逆向波及线路。生产旅游服务产品需要国民经济各部门投入产品作为旅游业的中间投入，因此，旅游业的发展，会沿着旅游业→生产旅游业中间产品的先行产业→这些先行产业的先行产业的线路，向先行产业发生逆向波及。

据前计算，旅游业的中间投入率达 0.74，这意味着，旅游业每增加 100 单位产品的生产，就会拉动其先行产业部门增产 74 单位的中间产品。其中，工业品 42.5 单位，金融服务 7.9 单位，建筑产品 7.5 单位，综合技术服务 4.3 单位，农产品 3.7 单位，公用事业服务 1.9 单位，邮电通信服务 1.4 单位。还有旅游服务、物资供销仓储、教育、房地产、航空客运、居民服务、保险、公路货运、水上货运的产品共 3.8 单位，公路客运、卫生、对外贸易、航空货运、科研、水上客运的产品共 0.24 单位。然后，发生第二波，影响工业、金融业等行业的先行产业的发展。接着是第三波、第四波，如此一轮轮地影响下去。

（2）顺向波及线路。旅游服务产品的 17.0%被其后续产业用作中间产品。其中，工业、行政机关、建筑业、金融业，消费了旅游服务产品的 10.6%；狭义旅游业、物资供销仓储业、教育事业、国内商业、农业、保险业、综合技术服务业、狭义居民服务业、对外贸易业、房地产业、饮食业、卫生事业、水上货运业等，消费了旅游服务产品的 5.9%。因此，旅游业的发展，会沿着旅游业→以旅游服务为中间产品的后续产业→这些后续产业的后续产业的线路产生顺向波及。

（3）间接波及线路。旅游服务产品的 83.0%被用作最终产品；投入居民消费或旅游出口。因旅游由“吃、住、行、游、购、娱”六要素组成，旅游服务产品具有消费互补性，故旅游业的变化，会波及与旅游业有互补关系的产业，如交通业、通信业、文娱康体业、饮食业、旅馆业、商业等行业，进而导致交通工具、通信工具、娱乐康体设备、旅游用品和食品制造业，旅馆建筑装修业及其相关产业的变化，从而对整个国民经济产生间接波及。金融保险业、文教卫生业、科研业、制造业、农业都会受到旅游业的波及。波及线路是：旅游业→与旅游业具有消费互补性的产业→这些互补产业的先行产业和后续产业→这些先行产业和后续产业的直接相关和间接相关产业。

（二）旅游业的影响力及影响力系数

产业影响力反映某一产业的最终产品的变动对整个国民经济的总产出的变动的影响能力。例如某产业的影响力为 3，这意味着该产业每增加 1 个单位最终产品（增加值），将会推动国民经济增加 3 个单位的总产出。影响力的相对水平用影响力系数来表示：

$$影响力系数=\frac{某产业的影响力}{国民经济个产业影响力平均值}$$

影响力系数大于或小于 1，说明该产业的影响力在全部产业中居平均水平以上或以下。各产业的影响力及影响力系数见表 6–3–5。

表 6–3–5　各产业的影响力及影响力系数

产业部门	影响力	影响力系数	产业部门	影响力	影响力系数
对外贸易业	4.511 9	2.130 0	航空货运业	2.397 5	1.131 8
社会福利事业	3.300 8	1.558 3	行政机关	2.386 7	1.126 7
工业	3.232 3	1.525 9	物资供销仓储业	2.322 3	1.096 3
狭义居民服务业	3.123 3	1.474 5	公路客运业	2.304 2	1.087 8
狭义旅游业	3.123 3	1.474 5	房地产业	2.159 0	1.019 2
卫生事业	3.049 5	1.439 6	金融业	2.147 3	1.013 7
建筑业	3.041 9	1.436 1	公用事业	2.073 6	0.978 9
保险业	2.927 0	1.381 8	综合技术服务业	2.030 3	0.958 5
文化艺术广播电视	2.786 6	1.315 5	农业	1.973 6	0.931 7
水上货运业	2.780 5	1.312 7	铁路货运业	1.972 3	0.931 1
饮食业	2.773 6	1.309 4	国内商业	1.792 4	0.846 2
体育事业	2.725 4	1.286 6	邮电通信业	1.778 1	0.839 4
航空客运业	2.710 9	1.279 8	公路货运业	1.677 4	0.791 9
科学研究事业	2.621 3	1.237 5	铁路客运业	1.524 8	0.719 8
教育事业	2.612 8	1.233 4	粮油商业	− 10.782	− 5.090 4
水上客运业	2.585 1	1.220 0			

资料来源：李江帆，李冠林，江波. 旅游业的产业关联与产业波及分析[J]. 旅游学刊，2001（3）.

产业影响力较大的部门是：对外贸易业、社会福利事业、工业、狭义居民服务业、狭义旅游业、卫生事业、建筑业，其影响力在 4.511 9 – 3.041 9 之间。这些部门生产 1 亿元最终产品，分别会带动国民经济总量增加 4 – 3.1 亿元。

狭义旅游业影响力为 3.123 3，排第 4 位。表明，旅游业最终产品（增加值）增长 1 亿元，会带动国民经济总产出增加 3.123 3 亿元。狭义旅游业的影响力系数为 1.474 5，它对国民经济发展的影响力超过国民经济部门的平均水平；在 31 个部门中，它对国民经济的带动力高于 26 个部门。

（三）旅游业的感应度与感应度系数

产业感应度反映某一产业受其他产业影响的能力或程度。感应度的相对水平用感应度系数表示。

$$感应度系数 = \frac{某产业的感应度}{国民经济各产业的感应度}$$

感应度系数大于或小于 1，说明该产业的感应度在全部产业中居平均水平以上或以下。各产业部门的感应度及感应系数见表 6–3–6。

表 6–3–6　各产业部门的感应度及感应度系数

产业部门	感应度	感应度系数	产业部门	感应度	感应度系数
工业	28.049 1	13.241	房地产业	1.0449	0.493 2
建筑业	2.668 5	1.259 8	铁路客运业	1.0445	0.493 1
国内商业	2.427 7	1.146 1	航空货运业	1.0431	0.492 4
综合技术服务业	2.034 4	0.960 4	卫生事业	1.0357	0.488 9
农业	1.871 7	0.883 6	公路客运业	1.0290	0.485 8
水上货运业	1.673 8	0.790 2	教育事业	1.0269	0.484 7
狭义旅游业	1.345 1	0.635 0	水上客运业	1.0040	0.474 0
金融业	1.341 1	0.633 1	粮油商业	1	0.472 1
公用事业	1.319 2	0.622 8	饮食业	1	0.472 1
邮电通信业	1.308 8	0.617 8	体育事业	1	0.472 1
科学研究事业	1.245 8	0.588 1	社会福利事业	1	0.472 1
物资供销仓储业	1.235 5	0.583 2	文化艺术广播电视	1	0.472 1
对外贸易业	1.209 2	0.570 8	行政机关	1	0.472 1
狭义居民服务业	1.136 1	0.536 3	铁路货运业	0.9980	0.471 1
保险业	1.113 0	0.525 4	公路货运业	0.3522	0.166 3
航空客运业	1.106 0	0.522 1			

资料来源：李江帆，李冠林，江波. 旅游业的产业关联与产业波及分析[J]. 旅游学刊，2001（3）.

感应度较大的部门是：工业、建筑业、国内商业和综合技术服务业。这意味着国民经济各产业部门均增长 1 亿元，会带动这四个产业部门的生产增加 2 亿元以上的最终产品（增加值）。狭义旅游业感应度为 1.345 1，位排第 7。它表示，如果国民经济各产业部门均增长 1 亿元，会带动狭义旅游业的最终产品（增加值）增长 1.345 1 亿元。不过，狭义旅游业的感应度系数小于 1（为 0.635 0）,说明它对国民经济变动的感应程度低于国民经济各部门的平均水平。

（四）旅游业的综合就业系数

旅游业的综合就业系数表示旅游业每进行 1 个单位增加值的生产，直接需要投入的本部门的就业人数和间接需要其他部门的就业人数。

$$\text{旅游业的综合就业系数}=\frac{\text{旅游业全部就业人数}}{\text{旅游业增加值}}$$

表 6–3–7　旅游业对各产业的综合就业系数　　单位：人/万元

部门	旅游业综合就业系数	部门	旅游业综合就业系数
工业	0.980 674	航空客运业	0.004 711
狭义旅游业	0.680 063	铁路货运业	0.004 511
金融业	0.080 710	保险业	0.003 796
农业	0.072 590	科学研究事业	0.002 486
建筑业	0.068 473	铁路客运业	0.001 907
国内商业	0.242 802	卫生事业	0.001 441
综合技术服务业	0.043 781	公路客运业	0.001 254
公用事业	0.017 478	航空货运业	0.000 849
物资供销仓储业	0.016 892	水上客运业	0.000 178
邮电通信业	0.014 510	文化艺术广播电视	0
公路货运业	0.009 311	粮油商业	0
水上货运业	0.007 470	饮食业	0
对外贸易业	0.007 022	体育事业	0
房地产业	0.006 535	社会福利事业	0
教育事业	0.005 676	行政机关	0
狭义居民服务业	0.004 756	合计	2.086 367

资料来源：李江帆，李冠林，江波. 旅游业的产业关联与产业波及分析[J]. 旅游学刊，2001（3）.

表 6–3–7 显示，旅游业每万元增加值可以带动本部门以及其先行产业和后续产业的就业约 2.1 人，说明旅游产业是解决就业问题的重要产业。

本章小结

本章首先介绍了旅游卫星账户及旅游收入的统计方法及影响因素，对旅游产业的关联度进行了分析，从产业角度分析旅游相关产业及其关联方式；分析了影响旅游产业波及效应。

基本概念

旅游产业　旅游产业关联　灰色系统理论　产业关联方式

旅游产业波及效应　旅游卫星账户

思考题

1. 旅游产业关联对国民经济有何重要意义？
2. 什么是旅游产业波及效应？

本章思维导图

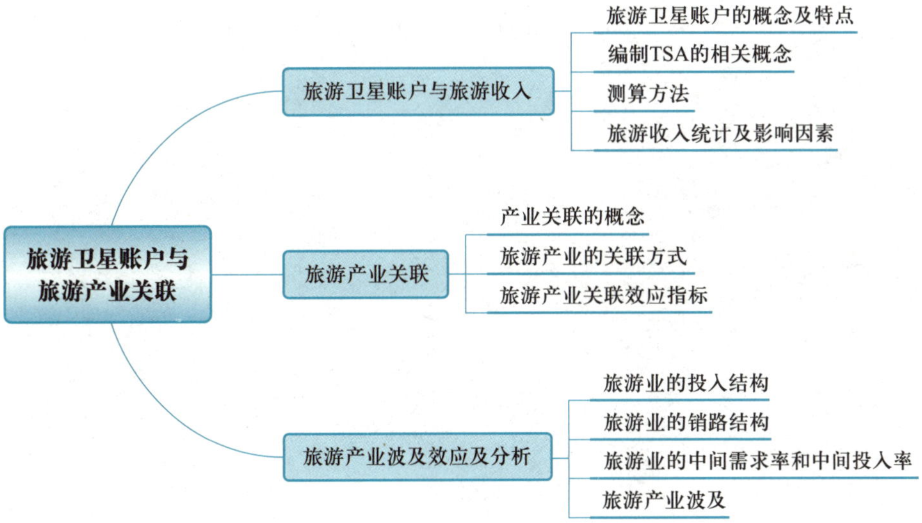

即测即评

案例分析

旅游扶贫扮靓乡村，发展红利惠及乡亲

推荐阅读

第七章　旅游经济效益与评价

本章导言

提高经济效益是旅游产业及其企业追求的经营目标，是判断旅游业对国民经济贡献大小的主要标志，也是旅游业可持续发展的客观要求。因此，本章着重分析旅游经济效益的含义，以掌握旅游经济效益的类别、特点及影响因素；并分别从旅游企业经济效益与旅游宏观经济效益两个层次进行分析与评价，从而探讨提高旅游经济效益的途径。

学习目标

通过本章的学习，要求掌握旅游经济效益的含义及其类别，了解旅游经济效益的评价内容、评价指标体系和核算方法，熟悉提高旅游经济效益的途径，为以后从事旅游经济管理工作打好基础。

本章重点与难点

重点：旅游企业经济效益的评价

难点：旅游企业经济的经济核算

第一节　旅游经济效益综述

经济效益指经济活动过程中投入和产出的比较。一般认为，生产同样数量、质量的产品和服务，要素投入越少，则经济效益越高；在一定的要素投入总量和结构下，成果产出越多，则经济效益越好。经济效益通常以价值形式表示，可以用费用和收入比较，也可以用所费和所得比较。

一、旅游经济效益的含义

旅游经济效益是生产要素（资本、物质资料、劳动、经营管理才能）的占用、投入、消耗与有效成果的产出之间的数量比例关系，即人们在从事经济活动过程中，投入与产出的比较。

旅游经济效益指在合理利用资源和保护环境的条件下，在旅游经济活动过程中劳动占用和劳动耗费与经营成果的比较。它反映了费用与效果、投入与产出之间的关系，旅游经济效益与旅游经济活动所取得的成果成正比，与生产要素消耗或占用成反比。

二、旅游经济效益的类别

旅游经济效益具有十分丰富的内涵，可以从不同角度考察，主要有以下四方面。

（一）旅游微观经济效益和宏观经济效益

从国家和企业的角度，旅游经济效益可以分为宏观经济效益和微观经济效益。旅游微观经济效益即旅游企业经济效益。旅游业是个综合性产业，它与国民经济其他许多部门和行业有着密切的联系，旅游业的经济效益必然会从整个社会中表现出来，从而体现为旅游宏观经济效益。在市场经济条件下，各旅游企业作为相对独立的经济实体，有自身独特的物质利益追求与体现，它构成旅游企业微观经济效益的主要内容。

旅游宏观经济效益与旅游微观经济效益表现为全局与局部的关系。微观经济效益是宏观经济效益的基础，没有单个企业的经济效益，就没有整体社会的经济效益。宏观经济效益是整个社会经济发展的根本体现，没有整个社会的经济效益，单个企业的发展就会受到影响和限制。因此，当微观经济效益与宏观经济效益发生矛盾时，应从全局出发，微观的局部利益应服从宏观的全局利益，但这并不意味着可以否定局部利益，两者是相互关联、相互促进又相互制约的关系，共同构成旅游经济效益的研究范畴。因此，研究旅游经济效益，首先把重点放在如何提高旅游企业的微观经济效益上，即以旅游微观经济效益为出发点，把旅游宏观经济效益建立在微观经济效益的基础上。

（二）旅游经济效益、社会效益和旅游环境效益

旅游活动首先为一个国家的经济发展和人民生活水平的提高带来经济效益，同时也对人民生存的自然环境带来影响，并对社会发展及人民文化生活的改善做出贡献。

旅游带来的社会效益，表现为促进各相关经济与非经济部门的发展，扩大就业，提高人们生活水平、改善服务，创造舒适、美观、和睦、安全的环境，改善人民的生活质量，提高人们的文化水平和素质，从而提高整个社会的质量，给社会带来用非货币测量的物质文明和精神文明，从而促进提高旅游的经济效益。

旅游的环境效益指旅游活动对自然环境与生态平衡的贡献与影响。旅游资源开发利用的好坏，直接关系人类生存与经济效益。因此，开展旅游活动必须注意环境保护，合理开发、有效利用资源，减少对环境的污染。在美化环境、保护资源，保持生态平衡中，通过人们高质量的生活、工作环境，不仅提高旅游的经济效益，也提高整个社会的经济效益。

从根本上说，旅游经济效益、旅游社会效益与旅游环境效益是一致的，但三者不一致的现象也经常发生。尤其是在一些地区的旅游业发展中，片面追求经济效益而忽略了社会效益与环境效益，导致综合效益下降。因此，需要在旅游经济发展中，深刻理解旅游经济效益内涵，树立综合效益观念，采取有效措施，趋利避害，促进整个社会效益的提高。

（三）旅游直接经济效益与间接经济效益

旅游业投入的劳动与取得的劳动成果的比较，是旅游的直接经济效益。旅游业是具有很强带动性的产业，旅游业的发展，对相关行业、部门以及整个国民经济产生效益，这是旅游的间接经济效益。在理解旅游经济效益时，既要考虑直接效益，也要考虑间接效益。旅游业的经济效益高低会影响其他相关行业的经济效益，其他相关行业的发达程度也会影响旅游业的发展水平和经济效益的高低。

（四）旅游的长远效益和近期效益

旅游企业的资金投入，有的可以在短期内看到效益，有的在短期内看不到效益或者效益不多，要在以后的长期发展中效益才能不断显现。任何经济活动都是以经济效益为中心，这是市场经济条件下开展经济活动的基本出发点，旅游经济活动也不例外。旅游经济活动不仅要追求近期效益，力争在旅游业上的投资早出效益，早收回投资，更要有战略眼光，注重长远效益，为目前看不到的效益进行必要的投资，如绿化荒山，整顿森林旅游资源，这是投资大、见效慢的投资，也是必要的投资。但在实际工作中，往往只注意追求眼前的既得利益，盲目开发，掠夺经营，用眼前的利益损害长远的、持续稳定的发展。旅游

经济长远效益与眼前效益的统一才是旅游经济效益的内涵所要求的。

三、影响旅游经济效益的因素

影响旅游经济效益的因素是多方面的，既有主观因素，又有客观因素；既有宏观因素，又有微观因素；既有经济、技术因素，又有政策、法律因素；既有国内因素，又有国际因素等。因此，为了有效地提高旅游经济效益，就必须对影响旅游经济效益的主要因素进行科学的分析和研究。

（一）旅游者数量

在旅游经济活动中，旅游者是旅游活动的主体和旅游服务的对象，也是旅游活动产生的前提。旅游者数量的多少与旅游活动中所占用和耗费的劳动量之间存在一定的比例关系。若以较少的劳动占用和耗费，而为更多的旅游者及时提供了优质的旅游产品和服务，则旅游经济效益就好；反之，若为一定的旅游者服务而劳动占用和耗费不断增加，则旅游经济效益就下降或变差。因此，旅游者数量的多少对旅游经济效益具有直接的影响。这种影响具体表现在两方面：一方面，旅游经济活动中旅游者数量的增加，必然相应增加旅游收入，从而提高旅游产品和旅游服务的利用效率，增加旅游经济效益；另一方面，旅游经济活动中的劳动占用和耗费，特别是表现为固定费用部分（如基本工资、折旧、管理费用等），在一定范围内会随旅游者数量的增加而相对减少，于是在其他条件不变的情况下，旅游者数量越多，则负担每一位旅游者的成本费用就相对减少，从而使旅游经济效益增加。

（二）旅游者构成

旅游者来自不同的国家或地区，来自不同的社会经济阶层、社会文化圈，因而具有不同的爱好、习俗、消费习惯及旅游支付能力，这使他们在旅游活动中的旅游消费和支出的构成和特点不同，从而对旅游经济效益也产生重要的影响。例如，在旅游者数量既定的情况下，旅游者逗留时间越长，所需旅游服务项目越多，则每位旅游者的平均消费支出就越大，于是旅游目的地的经济效益就越高。因此，旅游者的数量规模对旅游经济效益具有直接的影响作用；旅游者的结构状况也对旅游经济效益产生直接的影响作用。

（三）旅游物质技术基础

旅游物质技术基础指对各种旅游景观、旅游接待设施、旅游交通和通信、旅游辅助设施的总称。在旅游经济活动中，各种旅游物质技术基础与旅游经济效益具有直接的关系。通常情况下，旅游物质技术基础条件好，才能吸引较多的旅游者，为旅游活动的开展提供更便利的条件，提高旅游收入，减少劳动占用和耗费，从而提高旅游经济效益。因此，旅游业应适度超前地发展各种旅游设施，尽可能配备现代化程度较高的物质技术设备和手段，以提高劳动效率，减少劳动耗费，增加经济效益。

（四）旅游物质技术设施的利用率

配备现代化的旅游设施，为提高旅游经济效益奠定了基础。但是，要真正提高旅游经济效益还必须不断提高旅游物质技术设施的利用率。提高旅游物质技术设施利用率，意味着花费在单个旅游者身上的劳动占用和耗费减少，从而降低了旅游成本，提高了经济效益。

（五）旅游活动的组织和安排

旅游活动全过程涉及旅游者的吃、住、行、游、购、娱等多方面的需求，这些需求是相互联系、衔接配套的。因此，在旅游活动中能否有效地提供旅游产品和服务，能否高质量地组织和安排好旅游者的旅游活动，就直接影响旅游经济效益。例如，在其他条件既定情况下，若旅游时间超过了计划安排，则势必增加旅游成本而减少旅游利润；若旅游活动组织得单一、重复、枯燥，则可能产生负面影响，导致客源减少，经济效益下降；若旅游服务质量不高，不能较好地满足旅游者的身心需求，就不能刺激旅游者增加旅游消费，从而也就无法增加更多的经济效益。综上所述，在旅游活动的组织和安排中，一定要针对不同旅游者的类型、需求特点、消费习惯等，有目的地规划和组织好旅游活动。尽可能在旅游时间安排上张弛结合，留有余地，保证旅游时间有效利用；在旅行线路上尽可能安排紧凑、内容丰富、生动有趣，提高旅游者的兴致，最大地满足其身心需求；在旅游服务质量上，要礼貌谦和、服务周到，使旅游者真正地高兴而来，满意而归。

（六）旅游业的科学管理

旅游经济效益的提高，最根本的是劳动生产率的提高，而劳动生产率的提高离不开现代科学管理。因此，旅游行业必须科学地组织劳动的分工与协作，把吃、住、行、游、购、娱等方面衔接配套，才能有效地提高劳动生产率。另外，劳动者是生产力诸要素中最活跃、最关键的因素，也是决定劳动生产率能否提高的关键，因而要积极培训和提高职工的业务技术水平，充分调动职工的劳动积极性和创造性，真正实现劳动生产率的提高。

总之，对旅游经济活动的管理越科学、合理，职工的业务技术水平越高、对本职工作的责任心越强，则劳动时间的利用越充分，劳动效率就越高，创造的劳动成果就越多，于是旅游经济效益就越好。反之，若旅游劳动效率低，则旅游劳动的成果就少，相应地旅游经济效益也就差。

四、提高旅游经济效益的途径

提高旅游经济效益的途径可以从微观和宏观两方面考虑。从宏观方面看，提高旅游经济效益主要是为旅游企业发展创造良好的经济环境、规范的法律环境和良好的社会环境；从微观方面考虑，提高旅游经济效益主要是提高旅游企业的管理水平，适应市场需求，开发适销对路的旅游产品。

（一）宏观方面

从宏观方面看，考虑主要是建立合理的旅游经济管理体制、加强和完善旅游行业管理、建立现代企业制度等。

1. 建立合理的旅游经济管理体制

建立合理的旅游经济管理体制，是我国建立市场经济体制的要求，也是我国旅游经济迅速发展的迫切需要，更是现代科学技术飞速发展，经济全球化趋势对旅游经济的要求。合理的旅游经济管理体制，能够协调旅游业和相关行业的关系，理顺国民经济和旅游产业的关系，理顺国家和旅游企业的关系，从而有效地避免有事没人管，有人没事管，相互推诿扯皮等问题，避免各方面无谓的争端。

2. 加强和完善旅游行业管理

加强和完善旅游行业管理，发挥行业协会的作用，实现行业自律。在市场经济条件下，旅游行业的管理更多的是要充分利用行业协会的作用。行业协会的任务就是制定行规、行约，搞好行业协调、商业信息的传递、提供咨询服务和组织行业商务活动等，因此，应该由行业协会制定行业规则，规范企业行为，加强行业内协调，做好企业自律。加强旅游行业管理，可以有效避免旅游企业之间的恶性竞争，建立一个公平的、良性的旅游企业经营的市场环境。使旅游企业把精力放在提高产品质量、提高经济效益上。

3. 建立现代企业制度

建立现代企业制度，是我国旅游企业改革的方向。通过建立现代企业制度，使旅游企业形成一个规范的经营决策机制、企业内部监督机制和风险回避机制，使旅游企业在经营规范方面、管理制度方面、服务水平方面和国际惯例接轨，有效地提高我国旅游企业的整体运营水平。

（二）微观方面

从微观看，提高旅游企业经济效益主要是增加旅游企业的总收入、降低旅游企业成本、加强旅游企业内部的管理、推出适销对路的旅游产品、加强旅游产品的宣传促销等。

1. 增加旅游企业的总收入

旅游企业的总收入来自经营收入和投资收入。在成本一定的情况下，提高旅游企业的总收入，就意味着增加旅游企业的利润，意味着提高旅游企业的经济效益。

一要不断提高旅游产品的质量，以质量求效益。旅游产品质量的好坏不仅体现为旅游资源是否具有吸引力，旅游活动内容是否丰富多彩，旅游设施是否完善等，更体现为旅游服务质量的好坏，体现在旅游服务人员的服务观念、服务态度和服务技能上。因此，为了以优良的服务在竞争中取胜，必须抓好全面质量管理工作，努力提高旅游从业人员的文化素质、技术素质和组织素质，以及提高旅游企业服务设施的现代化水平。

二要开发适销对路的旅游产品，以扩大产品的销售收入。要做好旅游市场调查，及时了解旅游市场的变化趋势，了解旅游者的需求状态，做好旅游市场发展趋势的预测，针对旅游者的需求，开发适销对路的旅游产品。丰富旅游产品的类别，提高高附加值的旅游产品的比重，优化、更新旅游产品，可以使旅游者有更多的选择范围，延长旅游者在旅游目的地的停留时间，提高人均花费额，提高非基本旅游收入在旅游总收入中的比重，达到提高经济效益的目的。

三要加强旅游市场的调查和预测。旅游客源是旅游业赖以生存和发展的前提条件，也是增加旅游企业收入的源泉。因此我们必须随时掌握旅游市场的供求变化趋势。对旅游市场的客源的流向、流量、潜在客源状况，以及主要客源地的政治经济现状和发展趋势进行调查分析和预测，以便有针对性地开展旅游促销活动，达到不断扩大旅游客源市场的目的。

四是要加强旅游促销工作，要注重应用现代化的网络技术。现代旅游活动是全球性的活动，旅游需求遍布世界各个国家和地区。在旅游活动中，及时准确地把握旅游需求的信息，有针对性地进行促销活动，能够起到事半功倍的作用。要研究和选择不同旅游目的地的旅游促销的合适方式，提高旅游促销的效果。

2. 降低旅游企业成本

降低旅游企业成本是提高旅游企业经济效益的重点。旅游企业的经济效益具体表示为利润，获得利润的途径是提高旅游企业的销售收入和降低成本。虽然不同的旅游企业的收入结构和成本结构各不相同，如饭店、游览部门和娱乐场所等都具有高固定成本和低变动成本的特点，而旅行社则变动成本居高。无论其成本结构如何，降低成本都需要依靠提高劳动生产率来实现。提高劳动生产率的主要措施是提高旅游企业员工的素质，对企业整个经营的各个环节加强科学管理，加强经济核算，开源节流，进而达到提高旅游经济效益的目的。

第二节　旅游企业经济效益与评价

旅游企业经济效益指旅游企业（旅行社、旅游酒店、游览点、娱乐场所、旅游车船公司等）在向旅游者提供旅游产品和服务过程中，对物化劳动和活劳动的占用与耗费同企业所获得的经营成果的比较，即旅游企业的产品成本与销售收入的比较。公式为：

$$旅游企业经济效益=\frac{旅游企业的劳动成果}{旅游企业的劳动占用或劳动消耗}$$

一、旅游企业经济效益的评价指标体系

旅游企业的经济效益是旅游企业的投入和产出的比值。其投入的指标有资金、成本、劳动力等，产出的指标有总收入、利润、上缴的税金等。把投入的指标和产出的指标相比，就可以得出一系列评价旅游企业经济效益的指标。

（一）利润率指标

旅游企业经营的目的是获得最大利润，在其他条件不变的情况下，其获利的能力越强，经济效益就越好。由于各家企业占用的资金数量不同，所以考核旅游企业经济效益状况时，应该以利润的相对量即利润率的高低来衡量。利润率的高低是旅游企业经济效益评价的主要指标，也是国家考核旅游企业经营状况的主要内容。其具体的考核指标有四个：资金利润率、成本利润率、产值利润率、工资利润率。

1. 资金利润率

资金利润率是旅游企业取得的利润总额和占用的资金总额之比。资金利润率高反映旅游企业的经济效益好。公式为：

$$资金利润率=利润总额\div资金总额\times100\%$$

资金利润率是旅游企业经济效益评价的最常用的指标，通过资金利润率的核算和比较，可以看出不同的旅游企业在经营方面的差距。同时资金利润率也是旅游企业投资决策的重要参考指标。资金利润率高的项目有投资的价值，资金利润率低的项目就没有投资的价值或者说价值不高。

2. 成本利润率

成本利润率是旅游企业取得的利润总额和消耗的成本总额之比。成本利润率高反映旅游企业的经济效益好。公式为：

$$成本利润率=利润总额\div成本总额\times100\%$$

成本利润率能够反映出企业的盈利能力，反映企业盈利的深度。一般高附加值的产品成本利润率高，低附加值的产品的成本利润率低。从提高经济效益的角度考虑，旅游企业应该多开发一些高附加值的产品。

3. 产值利润率

产值利润率是旅游企业取得的利润总额和总产值（或总收入）之比。产值利润率高反映旅游企业的经济效益好。公式为：

$$产值利润率=利润总额\div总产值\times100\%$$

4. 工资利润率

工资利润率是旅游企业取得的利润总额和旅游企业消耗的工资总额之比。工资利润率反映旅游企业活劳动的经济效益。工资利润率高反映旅游企业的经济效益好。公式：

$$工资利润率=利润总额\div工资总额\times100\%$$

上述各个利润率指标分别从不同侧面反映了旅游企业经济效益的状况，在这些指标中，资金利润率和成本利润率是最重要的。尤其是资金利润率，反映了旅游企业全部资金的使用效果，体现其经营水平。

（二）股东权益指标

股东权益收益率又称资本收益率或净值收益率，是旅游企业所获得的净利润与股东权益额之比，反映投资者获利的多少。其公式是：

$$股东权益收益率=\frac{净利润}{股东权益平均额}\times100\%$$

该指标越高，表明资本运营的效果越好，旅游企业的经济效益越好。

在股份制的旅游企业中，常常用股东权益收益率来反映旅游企业的生产经营效益状况。股东权益又称净资产，指企业总资产中扣除负债所余下的部分，是股本、资本公积、盈余公积、未分配利润之和，代表了股东对企业的所有权，反映了股东在企业资产中享有的经济利益。

股东权益是一个很重要的财务指标，它反映了企业的自有资本。当总资产小于负债时，企业就陷入了资不抵债的境地，这时，企业的股东权益便消失殆尽。如果实施破产清算，股东将一无所得。相反，股东权益金额越大，该企业的实力就越雄厚。

（三）劳动生产率指标

劳动生产率指标反映旅游企业活劳动的经济效益，具体表现为劳动者在一定时期内创造的旅游劳务价值量或者旅游劳务产品的数量。包括：全员劳动生产率、人均收入、人均实现的利税额等。因为旅游企业多属于劳动密集型产业，在经营过程中活劳动的消耗所占的比例比较大，所以劳动生产率指标在衡量旅游企业经济效益中有重要地位。

1. 全员劳动生产率

全员劳动生产率是旅游企业平均每个职工（包括其他人员），在单位时间内（日、月、季、年）平均实现的营业收入。

2. 人均收入

人均收入是旅游企业在一定时间内获得的收入总额与平均在册的职工之比。

3. 人均实现的利税

人均实现的利税指一定时期内平均每位职工实现的利润和上交的营业税金及附加费。

（四）旅游设施利用指标

1. 旅游设施利用率

旅游设施利用率是从旅游设施接待能力利用水平来评价旅游经济效益的指标。具体表现为旅游设施接待能力的实际利用数与拥有数之比。公式为：

$$\text{旅游设施利用率}=\frac{\text{接待能力实际利用数}}{\text{接待能力拥有数}}\times 100\%$$

从微观经济角度看，旅游设施利用率表示旅游设施接待能力的利用效率，在一般情况下，旅游接待能力的实际利用数小于拥有数，因此，旅游设施利用率的数值在 0 至 1 之间变动。数值越高，说明利用率越高，在其他条件不变情况下，其经济效益就越好；相反数值越低，说明利用率越低，在其他条件不变情况下，其经济效益就越差。

从旅游服务的角度看，旅游设施利用率的高低，反映劳动服务质量的状况。旅游劳动服务质量的高低取决于劳动者的服务水平，也取决于旅游设施的利用率。如果旅游设施超负荷利用，必然使旅游企业降低旅游服务的质量，来满足超额的旅游需求，这样必然会在一定程度上影响旅游服务的质量。

2. 客房出租率

和其他企业相比，旅游企业中饭店、宾馆等住宿设施的经济效益分析还有一个特殊的指标，就是客房出租率。

客房出租率反映旅游住宿设施的利用情况。客房出租率越高，反映旅游企业的住宿设施利用率越高，其经济效益越好。计算方法是：报告期内客房实际出租天数除以报告期内客房可出租天数。公式为：

$$客房出租率=\frac{\Sigma\ 报告期内实际租出的客房数}{报告期内实有客房数 \times 报告期日历天数} \times 100\%$$

二、旅游企业的经济核算

旅游企业的经济核算，就是对旅游企业所占用的生产资料、生产消耗和接待能力，进行记录、计算和对比，保证以较少的耗费，接待较多的旅游者，取得更多的利润。旅游企业的经济核算是进行经济效益评价的基础。旅游企业的经济核算要根据相关的规定，核算出旅游企业占用和耗费的资金、成本、人力、收入、利润、税金等指标，并进行相关的比较，得出评价经济效益的相关指标。

旅游企业的经济核算包括三个方面：资金核算、成本核算、利润核算。

（一）旅游企业的资金核算

根据我国《企业财务通则》规定："设立企业必须有法定的资本金。资本金指企业在工商行政管理部门登记的注册资金。"我国有关法规遵循实收资本与注册资金相一致的原则。资本金在不同类型的企业中的表现形式有所不同。股份有限公司的资本金被称为股本，股份有限公司以外的一般企业的资本金被称为实收资本。

旅游企业的资本金按照投资主体可分为国家资本金、法人资本金、个人资本金及外商资本金。国家资本金指有权代表国家投资的政府部门或者机构以国有资产投入企业形成的资本金。法人资本金指其他法人单位以其依法可以支配的资产投入企业形成的资本金。个人资本金指社会公众以个人合法财产投入企业形成的资本金。外商资本金指外国投资者以及我国港澳台地区投资者向企业投资而形成的资本金。

旅游企业资金根据周转方式和价值补偿形式的不同分固定资金和流动资金。

1. 固定资金的核算

旅游企业的固定资金是企业占用在劳动资料上的资金，是企业生产资金的主要组成部分。企业的固定资金用于购买固定资产，对固定资金的核算主要是对固定资产的核算。固定资产是旅游企业使用年限在一年以上的房屋建筑物、机器、设备、运输工具和其他与经营活动有关的设施设备。非经营用的设施设备，单位价值在 2 000 元以上的，并且使用年限超过二年的也算固定资产。

固定资产在较长时期内发挥作用，其价值随着劳动资料磨损程度逐渐地、分次地转移到产品中去，并以折旧基金的方式储存起来，以保证固定资产更新的资金需要。按照规定提取的折旧费构成旅游企业成本的主要部分。按照规定提取折旧的固定资产包括：房屋建筑物、在用的机器设备、仪器仪表、运输工具，季节性停用和修理停用的设备，融资租入的设备和以经营租赁方式租出的固定资产。

固定资金核算包括：核算固定资产的原值、现值和折旧。固定资金的现值等于固定资产的原值减去折旧。通过核算，摸清本企业的家底，为计算经济效益做好准备。

根据我国现行财务制度的规定，旅游企业可选择直线法计提固定资产折旧。

直线法，指以相等的数额计提每个时期的固定资产折旧的一种方法。这种方法是根据固定资产在预计使用年限内的折旧总额和预计使用年限来平均确定每个时期的折旧额（年、月、季），主要有平均年限法和工作量法两种。

（1）平均年限法，指按照固定资产的预计使用年限平均计算折旧的方法。这是一种最基本的折旧方法。按照平均年限法计算固定资产折旧额的公式是：

$$\text{固定资产年折旧额}=\frac{(\text{固定资产原值}-\text{预计净残值})}{\text{预计使用年限}}$$

$$\text{固定资产年折旧率}=\frac{\text{固定资产年折旧额}}{\text{固定资产原值}}\times 100\%$$

其中：固定资产原值指购置或者建造固定资产时的原始价值，按照规定重新估算的固定资产应该以重新估算的价值为依据。固定资产预计使用年限指在固定资产正常耐用年限的基础上，考虑无形损失及其他因素的影响而预先估计的年限。固定资产预计净残值指预计固定资产在报废时所能够收回的残料价值减去预计清理费用后的余额。一般净残值率占固定资产原值的3%～5%。

（2）工作量法，指按固定资产应提折旧总额及固定资产由新至废规定的总工作量，来平均计算单位工作量应提折旧额的一种方法。这种方法是根据某些固定资产的特定功能所采用的方法。如旅游车船公司的汽车等运输工具，根据单位里程折旧额和实际行驶里程计提折旧；大型机械设备的折旧，可根据每小时折旧额和实际工作小时计提。其折旧额的计算公式是：

$$\text{单位工作量}=\frac{\text{固定资产原值}-\text{预计净残值}}{\text{固定资产由新至废应完成的工作量}}$$

或

$$\text{单位里程折旧额}=\frac{\text{原值}(1-\text{净残值率})}{\text{固定资产由新至废规定行驶里程}}$$

月折旧额＝固定资产当月完成的工作量（或工作时数）×单位工作量（或工作小时）

折旧额

固定资产经过一段时间的使用后，需要进行经常的修理和局部更新，以保持固定资产的正常运转和恢复生产能力。固定资产修理可以分为大修理和经常性的小修理。小修理的特点是修理的范围和工作量小，修理次数多，间隔时间短，所费费用少，因此小修理的费用可直接计入当期有关成本费用科目。大修理的特点是修理的范围和工作量大，修理次数少，间隔时间长，支付费用多，因此大修理的费用不能全部计入当期成本，可以采用分摊或者递延的方法处理，以均衡各期的成本负担。

2. 流动资金的核算

流动资金指企业流动资产占用的资金。即企业用以垫付企业在产销过程中使用的资金。流动资金按其存在的形态分为货币资金、结算资金和存货三大类。货币资金包括现金及各种存款；结算资金包括各种应收款和预付款；存货包括各种原材料、物料用品、低值易耗品和商品等。对低值易耗品价值可采用一次摊销进入成本或在使用期内分期摊销进入成本的方法。企业对原材料、物料用品、燃料、低值易耗品和商品等的存货情况应定期或不定期地进行盘点，发生存货盘盈、盘亏或毁损，应及时查明原因，再作处理。

（二）旅游企业的成本核算

1. 成本的分类

旅游企业成本，指旅游企业在生产经营旅游产品或提供旅游服务时所耗费的物化劳动和活劳动的价值形态，也就是提供物质产品、精神产品和服务时所支出的全部费用。旅游企业的成本通常可以按照费用类别、成本性质以及成本与产品的关系进行划分。

（1）按费用类别划分，旅游企业成本可分为营业成本、营业费用、管理费用和财务费用四大类。

旅游企业营业成本指旅游企业从事经营活动所支出的全部直接费用，包括固定资产折旧费、修理费、低值易耗品摊销费、职工工资和福利费、运输费、装卸费、包装费、保管费、燃料费、水电费、广告宣传费、物料消耗费等各种支出。其中旅游饭店营业成本指饭店在经营过程中发生的各项直接支出，它主要包括餐饮原材料耗用成本、销售商品的进价成本和其他成本等；旅行社营业成本，指直接用于接待旅游团体或个人，为其提供各项服务所支付的费用，包括旅行社已计入营业收入总额的房费、餐费、交通费、文娱费、行李托运费、票务费、门票费、专业活动费、签证费、陪同费、劳务费、宣传费、保险费、机场费等代收、代付费用。

营业费用指旅游企业各经营部门在经营中发生的各项费用，包括运输费、装卸费、包装费、保管费、燃料费、水电费、保险费、展览费、广告宣传费、邮电费、差旅费、洗涤清洁卫生费、低值易耗品摊销、物料消耗、折旧费、修理费、营业部门人员的工资（含奖金、津贴、补贴）、职工福利费、工作餐费、服装费和其他营业费用等。

管理费用指旅游企业决策和管理部门在企业经营管理中所发生的费用，也就是不能直接计入营业费用的其他支出，包括行政办公经费、工会经费、职工培训费、劳动保险费、外事费、租赁费、咨询费、审计费、诉讼费、土地使用费等。

财务费用指旅游企业为筹集经营资金所发生的各种费用，包括利息支出、汇兑损失、金融机构手续费等。

对上述四种费用的划分，目的是能够准确地了解旅游企业成本费用发生的范围和数量，以便加强成本控制和管理，为提高旅游企业经济效益指明方向和途径。

（2）按成本性质进行划分，旅游企业成本可划分为固定成本和变动成本两部分。

固定成本指在一定的业务范围内，不随业务量的增减变化而固定不变的成本。其主要包括固定资产折旧费、修理费、租赁费用、行政办公费、管理人员的工资等。尽管固定成本总额不随业务量增减而发生变化，但是随着业务量的增加，分摊到单位旅游产品或服务上的固定成本却会相对减少。因此，在一定的条件下（即固定成本总额不变），努力提高旅游设施的利用率，提高劳动生产率，必然会降低单位旅游产品或服务的成本，增加旅游企业的盈利。

变动成本指随着业务量增减变化而发生相应变化的成本。其主要包括各种原材料的消耗、水电费用、燃料费用、低值易耗品费用、服务人员的工资和奖金等。由于变动成本总是随业务量的增加而增加，因此降低单位旅游产品和服务的变动成本，就能使单位成本和总成本都得到降低，从而能增加企业的经济效益。把旅游企业的成本划分为固定成本和变动成本，有利于把成本和业务量结合起来考察，为旅游企业的经营决策提供科学的依据。

（3）成本与产品的关系划分，旅游企业成本可划分为直接成本和间接成本。

直接成本指旅游企业经营中发生的能直接认定入某一核算对象的成本。如某一经营部门设备设施的折旧费、食品原材料成本、客房和餐厅的低值易耗品、旅行社已计入营业收入的各单项旅游产品的价格、旅游企业营业部门在经营中发生的各项费用等，它们都是生产各种产品的直接消耗费用，可根据原始凭证分别直接计入各种产品成本。

间接成本指为经营旅游产品在企业各部门中的共同性消耗，它在费用发生时无法直接计入某种产品生产费用中，而需要根据一定标准，用间接方法分摊于若干种产品成本中。间接成本包括企业经费、劳动保险费、租赁费、排污费、水电费等，它是企业整个经营活动的耗费，不是为哪一部分产品的生产而进行的专门投入。

2. 成本核算的内容

旅游企业的成本核算包括以下内容。

（1）核算成本的大小。产品成本核算指根据有关财务制度和计划、定额，监督企业各项生产费用的支出，反映成本目标和成本计划的执行情况。即根据有关财务制度明确划分应计入或不应计入产品成本的费用界限。核算成本目标和成本计划的执行和完成情况。为了正确计算产品成本，应明确划分应计入和不应计入产品成本的费用界限。旅游企业成本费用的核算必须按照责权发生原则，严格区分本期或下期应摊成本费用的界限，以及属于直接费用还是间接费用的界限。

（2）比较成本的增减。与上期相比，了解成本增减的变化。在产品生产消耗比较准确和稳定的情况下，应制定各种费用的消耗定额，研究产品费用的构成和控制的最低程度，不断提高定额管理水平。成本核算除了用定额法外，大多数是在各部门投产后的事后核算。

（3）分析成本变化的原因。成本变化的原因包括内部原因和外部原因，其中有可控制因素和不可控制因素。

（4）提出降低成本的措施。为了最大限度地降低成本，必须调动企业各部门职工关心成本核算，并将企业的成本责任分解到各部门和个人，实行责任成本核算。

旅游企业成本核算的对象不仅包括产品的成本，还包括责任成本等专项成本，如预测成本、实用成本、质量成本等。

（三）旅游企业的利润核算

旅游企业的利润指旅游企业在一定时期的经营过程中，各项收入和各项支出相抵后的余额，利润是企业经营最终成果的集中反映，它是衡量企业经济效益高低的一个重要指标。

1. 利润核算的过程

首先核算企业的经营收入，计算好企业的成本，然后企业经营收入减去成本和税金就是企业本期的利润（税前利润）。为了保证旅游企业利润核算的真实性和准确性，期末进行利润核算前，应做好核对账目、财产清查和调整账项等核算前的准备工作。

2. 利润核算内容

旅游企业的利润计算方法可分为三个层次：第一个层次为经营利润，反映旅游企业经营的毛利润；第二个层次为营业利润，体现旅游企业经营者与全体从业人员的业务经营成果；第三个层次为利润总额，反映旅游企业最终的全部经营成果。

（1）经营利润指旅游企业开展基本业务活动所取得的利润，其计算公式为：

经营利润＝营业收入＝营业成本－营业费用－营业税金及附加

其中，营业收入指旅游企业的各项经营业务的收入；营业成本指旅游企业在经营活动中发生的各种直接支出；营业费用指旅游企业各经营部门在经营中发生的各项费用；营业税金及附加，指旅游企业与营业收入有关的，应由各项经营业务负担的税金及附加，包括营业税、增值税、教育费附加及城市维护建设税等。

（2）营业利润指旅游企业业务经营过程中所获得的直接利润，其计算公式为：

营业利润＝经营利润－管理费用－财务费用

其中，管理费用指旅游企业、管理部门为组织和管理其经营活动而发生的费用以及由旅游企业统一负担的费用；财务费用指旅游企业为筹集经营所需资金等而发生的一般财务费用。

（3）利润总额指旅游企业在一定时期内开展各项经营活动所实现盈亏的最终成果，其计算公式为：

旅游企业利润总额＝营业利润＋投资净收益＋营业外收支净额

投资净收益＝投资收益－投资损失

营业外收支净额＝营业外收入－营业外支出

投资收益指旅游企业以各种形式对外投资所获得的收益，它包括对外投资分得的利润、取得的股利和债券利息、投资到期收回或中途转让取得款项高于账面净值的差额；投资损失指旅游企业向外投资，到期收回的投资额或转让款项低于账面净值的部分；

营业外收入指与企业经营业务没有直接联系的收入，它包括固定资产盘盈和变卖的净收益、罚款净收入、确实无法支付而按规定程序经批准后转作营业外收入的应付款、礼品折价收入和其他收入等；营业外支出指与企业经营业务没有直接联系的支出，它包括固定资产盘亏和毁损、报废的净损失、非常损失、技工学校经费、赔偿金、违约金、罚息和公益救济捐赠等。

利润核算的目的，一是核算利润的大小，二是比较利润的增减，三是提出增加利润的途径，通过利润核算，让旅游企业找出差距，找出不断提高利润增加收益的途径。通过对旅游企业利润的分析，是为了让旅游企业了解和掌握影响利润的各种因素，以便有针对性地进行利润决策，从而提高旅游企业的经济效益。

3. 利润分配程序

利润核算完成后，根据规定和程序进行利润分配。

（1）弥补上年亏损。旅游企业发生年度亏损，可用下一年度的利润弥补，下一年度的利润不够弥补的，可在 5 年内延续弥补，延续 5 年仍未弥补完的亏损，用所得税税后利润弥补。

（2）旅游企业利润按国家规定依法缴纳所得税。

（3）旅游企业缴纳所得税后的利润按下列顺序分配：第一，支付被没收财务损失和各项税收的滞纳金、罚款；第二，弥补旅游企业以前年度亏损（指超过用所得税税前利润弥补亏损的期限，仍未补足的亏损）；第三，按税后利润的 10%提取法定盈余公积金；第四，提取公益金，一般不得超过提取盈余公积金的比率；第五，向投资者分配利润，旅游企业以前年度未向投资者分配的利润，可以并入本年度分配。股份制旅游企业在提取公益金后按照下列顺序分配：支付优先股红利；按公司章程或股东会议决定提取任意盈余公积金；支付普通股红利。

第三节　旅游宏观经济效益与评价

旅游宏观经济效益，指整个旅游业的综合经济效益。旅游宏观经济效益体现了旅游产业自身的直接效益、由旅游产业的带动而引起国民经济中相关产业部门的间接效益，以及社会经济发展和生态环境改善的间接效益等。因此，研究旅游宏观经济效益就不能孤立地研究旅游产业，还必须对相关的社会经济和生态环境进行分析和研究。

一、旅游宏观成本

旅游宏观成本，指为开展旅游经济活动而形成的整个社会的耗费和支出，即旅游的社会总成本。除了旅游企业所发生的旅游经营成本以外，其他旅游宏观成本分为有形成本和无形成本两大部分。

有形成本指为开展旅游经济活动而必须付出的直接成本，主要体现在经济上的支出。具体包括：对发展旅游业而必需的有关道路、机场、水电、排污、码头等基础设施的投资；国家、地方、集体、个人对旅游景点、接待设施等方面的投资和贷款；引进国外的旅游设备、设施及购买原材料的支出等；国家各级旅游组织及相关机构用于旅游方面的市场调研、宣传促销、考察交流、外联、科研等方面的支出。

无形成本指为发展旅游业而导致社会、经济和生态环境等方面产生的消极影响，是开展旅游经济活动而支付的“间接成本”。事实上，旅游业虽然是一个“无烟工业”，但并非是无污染的产业。随着旅游业的发展及大量旅游者的涌入，首先会对旅游目的地的环境和生态造成消极影响，如疾病的流传、环境的污染、生态平衡的破坏，从而使良好的自然景观受到影响。其次，会造成对传统文化、艺术及各种文物古迹的破坏和影响。特别是大量海外游客涌入，对旅游目的地国家和地区的传统道德观念、社会安定等都会带来一定的消极影响。再次，会引导旅游目的地的消费超前增长，从而刺激通货膨胀、物价上涨，对社会经济增长和经济结构产生消极的作用。总之，旅游经济活动的消极影响往往为人们所忽略，而要解决这些问题需要投入大量的成本费用，因此就形成了旅游宏观成本的重要组成部分。

二、旅游宏观效益

旅游宏观效益反映通过开展旅游经济活动而为全社会带来的成果和收益。它不仅包含旅游产业自身所获得的经济收益，也包括对相关产业、部门的带动，对社会文化的促进，以及对整个社会、经济所产生的积极作用等。具体讲，旅游宏观效益也可分为有形效益和无形效益两大部分。

有形效益指开展旅游经济活动而直接给社会带来的经济效益，它可以通过一定的方法统计和测算，具体包括：各类旅游企业所实现的利润和上缴的税金；通过旅游经济活动而创造的外汇收入；围绕旅游经济活动而提供的劳动就业人数；随着旅游业的发展而带动其他经济部门，以及文化、教育、科技、卫生等方面的发展；对旅游资源的开发利用及对社会经济繁荣的促进等。

无形效益指发展旅游业给社会带来的难以测算的效益。这些效益虽然无法用量化的形式表现出来，但它对社会的促进作用是显而易见的。例如，通过旅游经济活动促进了国家之间、民族之间、居民之间的相互了解，增进了友谊；通过旅游经济活动给旅游目的地国家带来了广泛的经济、文化和科学技术信息，促进这些国家科学技术的进步和教育事业的发展；通过对旅游资源的开发利用，促进了自然环境的保护和对各种民族文化、历史遗产的保护和维修，弘扬了优秀的民族文化传统；此外，旅游经济活动对陶冶人们的情操，增强人们的爱国主义观念，促进精神文明建设以及带动边疆少数贫困地区的社会经济发展等都具有积极的影响作用。

三、旅游宏观经济效益指标

旅游宏观经济效益涉及面很广，内容丰富，通常要求从多方面、用多种指标进行分析和评价。目前，考核旅游宏观经济效益的指标主要有以下六个。

（一）旅游创汇收入和旅游总收入

旅游创汇收入反映了旅游业通过开展旅游经济活动，直接从海外游客的支出中所得到的外汇收入。由于外汇收入在一国的国际收支平衡中有着重要的意义，而旅游业又是除了出口产品以外最主要的创汇途径，因此旅游创汇收入指标在旅游宏观经济效益的考核评价中就占有十分重要的位置。对旅游创汇收入的计算，通常是以年度内旅游产业内部各部门（如旅行社、饭店业等）的创汇总计来表示，货币单位统一使用国际通行的结算币种——美元。

旅游总收入，指通过开展旅游经济活动从国内外旅游者的支出中所得到的全部收入，其反映了旅游产业发展的总规模收益，也是考核评价旅游宏观经济效益的重要指标。

（二）旅游就业人数

旅游就业人数指标反映了旅游产业发展过程中，为社会提供的劳动就业人数的总量。旅游业是一个以服务为主的综合性产业，具有对劳动力的高容纳性特点，可以从不同的工种、不同的部门为社会提供大量的就业机会。据世界旅游组织统计，全世界每年新增的劳动就业人数中，每 15 人中就有 1 人是从事旅游业工作。而对许多经济发达国家来说，社会经济越发展，旅游业就业人数就越多。因此，旅游业就业人数的多少，也反映了旅游业自身发展的规模及其对社会经济发展的推动作用。

（三）旅游带动系数

旅游带动系数指旅游直接收入的增加对国民经济各部门收入增加的促进作用。根据国际上有关研究表明：每 1 美元的直接旅游收入可带动相关产业增加 2.5 美元的间接收入；旅游业每增加 1 名直接就业人员，可带动相关产业增加就业 2.5 名。据中国有关部门研究测算，在中国，旅游业每收入 1 元，第三产业产值相应增加 10.7 元；旅游外汇收入每增加 1 美元，利用外资金额相应增加 5.9 美元。

（四）旅游业的财政贡献

旅游业的发展，一方面可以为地方政府提供更多的财政收入，增强地方政府的财力；另一方面可以增加当地居民的收入。有的地方提出“旅游扶贫”的观念，收到了很好的效果。

发展旅游业可明显增加地方政府的财政收入。由旅游者消费引起的政府收入的来源：一是旅游企业的销售税。旅游企业的营业收入乘以销售税率，就可得出相应的政府销售税收入；二是旅游企业上缴的增值税、企业所得税、旅游企业经营执照费等；三是有些国家政府为加速本国旅游业发展征收的旅游消费税或类似税费。它可按税率直接从对各类别旅游消费额的计算中得到；四是旅游企业付给员工的工资和股份制企业分给个人股东的红利，政府对这部分收入按规定征收所得税。

旅游业发展对财政收入的贡献，可以从三个方面来看，一是旅游产业的直接贡献，即旅游企业对财政的贡献；二是旅游产业的间接贡献，即旅游的相关行业对财政的贡献；三是旅游产业的诱导贡献，即与旅游直接或间接相关的部门和从业人员的消费，导致了更多部门和企业的收入增加，从而对财政做出贡献。

按照世界旅游及旅行理事会（WTTC）1992 年公布的世界旅游业总收入和与总产出的增值关系资料表明，全世界的旅游收入乘数效应为 2.5 倍，即旅游业对财政的诱导贡献相当于旅游业直接贡献的 2.5 倍。

（五）优化产业结构

我国是一个农业占有较大比重的国家，产业结构相对落后，工业中很大比例是“五小工业”，高技术产业的实力较弱。在国家环保和产业政策的强大压力下，我国的产业结构面临全面而紧迫的调整。产业全面调整将带来重大影响，主要是：产业结构调整方向问题、新投资回报率和风险问题、社会就业问题等。许多地区成功经验表明，发展旅游业在解决这些问题上，都能产生积极的效应。旅游业是一个关联性很大的产业，旅游业的发展，不仅可以带动餐饮业、交通运输业、房地产业等与旅游业直接相关的产业的发展，而且还可促进商业、通信、金融、农业、轻工业等产业的发展，从而可以提高我国的产业结构层次，达到优化产业结构的目的。

（六）对社会文化方面的影响

旅游业发展对社会文化的作用通常难以用数量表示，只能依靠主观判断，为了最大限度地减少主观判断的误差，可组织有关专家对其进行各方面的综合评价，并分别以正负数表示其积极作用和消极作用。这些指标主要有：对恢复、保护和合理利用名胜古迹的影响、对传统艺术和文化遗产的作用、对人们思想和职业道德的影响、对当地居民消费方式的影响、对传统社会结构与家庭的影响、对国内旅游的促进作用等。

本章小结

本章主要介绍了旅游经济效益的含义，分析了旅游宏观经济效益与旅游微观经济效益，探讨了提高旅游经济效益的途径。对旅游企业降低成本、增加利润、提高经济效益有实际的指导意义。

基本概念

旅游经济效益　旅游企业成本　旅游企业利润

思考题

1. 旅游微观经济效益评价指标有哪些，怎样评价其效益？
2. 旅游企业经济核算的主要内容有哪些？
3. 如何提高旅游经济效益？
4. 简述旅游宏观经济效益与旅游微观经济效益的关系。
5. 旅游企业的成本有哪些类别？

本章思维导图

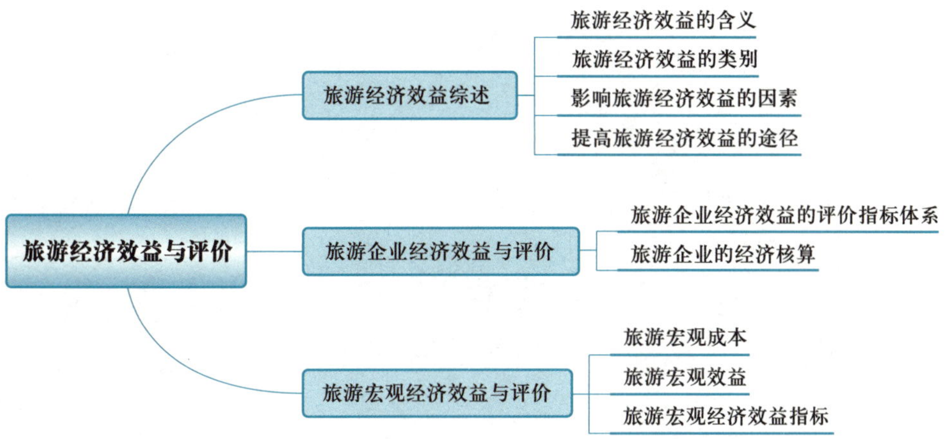

即测即评

案例分析

河南新县：全域旅游与旅游扶贫发展及成效

推荐阅读

第八章　旅游投资与决策

本章导言

旅游投资是一个国家或地区旅游经济发展必不可少的前提条件，也是旅游业实现扩大再生产的物质基础。旅游投资规模及效益影响旅游经济的发展，所以对旅游投资要进行科学的分析，要有严格的程序和方法及合适的管理体制，才可能避免旅游投资的损失。在实际工作中，在进行旅游投资项目可行性研究和投资效益的评价时，着重考虑其经济效益，同时要注意投资项目的社会效益。

学习目标

通过本章的学习，要求学生掌握旅游投资的概念、旅游投资项目可行性研究的内容及旅游投资项目分析与评价的方法，熟悉旅游投资决策的概念，了解旅游投资风险分析方法及其规避措施。

本章重点与难点

重点：旅游投资决策的方法

难点：旅游投资风险评价的方法

第一节 旅游投资的特点及类型

旅游投资指在一定时期内，根据旅游业或旅游企业发展的需要，为获得收益而投入某一旅游项目上的一定数量的资金。对旅游投资来说，着重研究的是固定资产投资。固定资产投资与流动资产投资相比有不同的特点：首先，固定资产投资的结果形成旅游基础设施和配套设施，它决定了未来旅游活动的地点、规模和特色，并且决定了相应流动资产投资的数量和结构；其次，固定资产投资回收期长，并由其决定未来旅游活动的地点、规模和特色，还相应影响流动资产的周转速度，影响旅游投资风险的大小。由此可见，旅游投资决策的关键是如何进行固定资产投资决策。

一、旅游投资的特点

旅游投资作为社会经济活动的重要领域，是国民经济的重要组成部分，与投资工业、能源、高科技、房地产等有很大的区别，这是由旅游产业和旅游产品的特殊性决定的。深刻认识这些特点，对研究和掌握旅游投资活动的规律，具有重要意义。总体来看，旅游投资有以下特征。

（一）旅游投资有资源限制

旅游投资的对象是自然资源和人文资源，而具备独特性的自然资源与历史文化资源，已经全部纳入国家的法律保护，资产归国家所有。更为重要的是，在法律上，风景名胜区的资产是国家所有的，而且现在明确规定它的经营权不能转让给社会投资者，不能由社会投资人进行全面管理。因此，旅游资源中最重要的资源，不能进入市场流通。风景与文化资源资本未能流通化，银行的抵押贷款等行为即没有法律依据，作为资本投资、作为入股亦没有法律依据。

目前，我国通过旅游资源经营权的转移，逐渐形成旅游资源开发民营化的模式。在市场经济趋势下，经营权在多大程度上放开，政府怎么样通过行政管理把控它的核心要素，这是需要讨论的一个问题。

（二）旅游资源的保护与开发关系难协调

生态资源和文化文物资源是不可再生资源，旅游开发中对资源的保护要求很高。因此，如何做到合理开发，既保护了资源又利用资源搞旅游活动，是旅游投资中必须考虑的问题。目前旅游开发中严重破坏资源的事故屡屡发生，使得对旅游开发的要求更加严格。

旅游投资中涉及文物保护、环境保护与开发之间的关系问题，保护问题在规划中是占第一位的问题，如果保护的问题没有处理好，开发肯定是一票否决，但是保护不等于不开发，在保护前提下的开发利用主要还涉及开发的方式。不同的旅游资源其开发保护问题也不同。如人文景区和自然景区，在保护下的开发如何进行，有些时候是完全不一样的。

（三）旅游产业的产业链很长

旅游产业的产业链很长。旅游景区很容易发展成为旅游小城镇，景区的发展为小城镇的建设提供了很大的一个产业依托。旅游与房地产业结合形成度假地产和旅游地产；旅游与商业结合形成旅游购物；旅游与娱乐之间、文化与旅游之间、体育与旅游之间、农业与旅游之间、加工工业与旅游的商品与纪念品之间融合，都可以形成新业态。餐饮业、运输业及城市名片、城市风貌打造都与旅游有关。对旅游产业的产业链，要用一种非常宽的产业眼光看待，不局限于旅游风景区本身，要把它与城市、小城镇、乡村振兴问题解决和一系列的城市经营理念结合在一起。

旅游项目投资，已经脱离单一项目投资的时代，越来越多的投资商着眼于区域整体投资，力求整合旅游产业链，整合多元产业，寻求综合收益的最大化。这是旅游投资发展的趋势，也正在成为旅游投资的特点。旅游产业链的延伸，与城市景观、房地产、小城镇、休闲娱乐等深度结合，产生了一个整体的、互动的结构，一个大的构造——我们称为“泛旅游产业”。这个泛旅游产业可以划分为 8 个大类几十个小类。

（1）游憩行业：景区、公园、娱乐区、游乐区、主题公园、体育园区、康疗区、旅游商业区等经营管理和运作的行业；

（2）接待行业：宾馆、饭店、餐饮、会议、展览等。

（3）营销行业：旅行商务行业、旅游媒介广告行业。主要是旅游营销渠道方面，包括旅游文件、旅游广告等相关方面；

（4）交通行业：公路客运、铁路客运、航运、水运等。

（5）建设行业：园林绿化、生态恢复、古建、艺术装饰等建筑行业。

（6）生产行业：车船交通工具生产、游乐设施生产、土特产品加工、旅游工艺品加工、饭店用品生产。

（7）商业行业：旅游购物商业、购物休闲商业等。

（8）旅游智业：规划、策划、管理、投融资、景观设计等咨询行业。

（四）旅游投资周期长，资本回收慢

旅游投资是一个长线投资，作为旅游开发项目，在旅游发展到一个完全新的阶段时，对产品的要求非常高，开发旅游产品已经进入一个高投资和回报期比较长的新的结合点。

旅游投资规模大、投资回收期长的特点和投资商期待的短期回报相矛盾。旅游投资活动中，直接投资用于形成固定资产，许多投资项目的造型庞大、地点固定，具有不可分割性，这些决定了投资建设的周期很长。从微观经济投资活动层面来说，一个旅游项目的投资周期主要由投资决策期、投资建设期和投资回收期三个阶段构成。一般情况下，投资决策期应予以合理保证，以便对投资进行充分谨慎的研究论证，避免仓促决定；投资建设期要力争缩短，以加快建设速度；投资回收期要尽量快，从而实现投资的良性循环。

旅游投资从原来的低门槛逐渐发展到目前的中高门槛，预计未来，旅游投资的门槛会进一步提高。门槛的提高，基于进入性投资的加大，竞争加剧，以及竞争环境的国际化。对旅游项目而言，资本投入额度高，投资回收慢，但是投资回报会持续长效。旅游投资收益的不确定性特点，要求投资者必须科学预测，慎重决策，强化管理，避免和减少投资的失误。同时，还要因势利导，建立和健全投资责任制。

（五）旅游投资实施的连续性和波动性

旅游投资的实施，客观上是一个不可间断的过程。从事直接投资，在决策立项之后，投资项目一旦被批准动工建设，就必须不断投入资金和其他资源，以保证连续施工和均衡施工的需要。如果投资实施的连续性遭到破坏和中断，就不能按期形成新增固定资产，为社会增加产品和积累，而且已投入的大量资金用于没有完工的工程，不能周转，增加了投资支出，失去了时间价值。对已经建造起来的半截工程和已到货的设备，如果保养维护不妥，还会造成严重的损失浪费。

在旅游投资活动中，投资具有波动性，投资支出存在高峰期。通常在一个投资项目的投资周期中，实施期的投资支出要比决策期多，建筑施工阶段的投资支出要比建设准备阶段大，到了建筑施工中期，设备大多到货，投资达到最高峰。这一特点要求规划好项目进度和投资分布，在安排宏观、中观投资计划时，要正确处理好在建投资规模和投资总规模的关系，协调好投资续建项目、新开工项目和竣工项目之间的比例，特别是在安排大中型投资项目时，应力求均衡实现投资实施，错开投资高峰期。在一定年度里，新开工的项目，主要是大中型投资项目不宜过多。否则，到了一定年度，过多的项目同时处于投资高峰，资金和投资品如果都满足不了需要，那时，无论是采取对投资项目平均缺额分配资源，或是实行清理整顿，停建缓建，都会导致投资连续性的破坏与中断，拉长宏观、微观投资周期，损害投资事业。

（六）旅游投资收益的不确定性

旅游投资有很强的专业性，不但需要专业的投资技术还要有相关旅游项目方面的专业经验。成功的旅游投资要求投资者对项目有很全面的认识，对旅游投资中的每个环节都有清晰的概念。

在经济活动中，预期能获取经济收益是普遍的要求。旅游投资一般都是在预测的期望值高于银行信用利率的基础上做出决策的。但是，实施投资的结果，不能保值、增值，甚至发生亏损而不能收回投资的风险是存在的。旅游投资收益的不确定性与投资活动涉及面广，影响因素多，投资周期长密切相关。形成旅游投资收益的不确定性的原因有：

1. 未来的不可预测

旅游投资预测和决策是基于对已知数据和信息做出判断的，而未来的情况是多变的，较长的投资周期使得这种变化与人们主观上的预测会有差距。预测和决策本身难免会有技术上的偏差和失误，这也是造成投资收益的不确定性的一个方面。

2. 管理因素

管理因素对效益的形成与大小影响很大。投资者即使拥有稳定的投资来源和足够的投资品，也未必能保证一定实现期望值，因为在周期很长的投资过程中，投资管理是否得力将在很大程度上决定投资的收益。

旅游投资收益的不确定性特点，要求投资者必须科学预测，慎重决策，强化管理，避免和减少投资的失误。同时，还要因势利导，建立和健全投资责任制。

二、旅游投资的分类

为了进一步了解各种投资的特点，加强科学管理，提高投资收益，还必须分清旅游投资的性质，对旅游投资进行科学的分类。根据不同的划分方法，旅游投资可以分为不同的类型。

（一）按投资期限分类

按投资期限分类，可分为长期投资和短期投资。短期旅游投资一般指投资回收期在一年以内的投资。如每年的绿化投资、节庆活动投资、宣传广告投资等；长期投资指回收期在一年以上的投资活动。旅游长期投资形成的主要是固定资产，如新建或重建旅游项目。有时为了树立本国及本地区旅游产品的品牌而进行的宣传和促销开支及购买企业长期债券、股票等也属于旅游长期投资。

（二）按投资性质分类

按投资性质分类，可以分为有形资产投资和无形资产投资。有形资产投资主要指资本物的购置和旅游景点的开发。例如兴建酒店、修筑道路、搭建亭台楼阁等，这类投资能够形成实实在在的旅游有形资产。旅游无形资产投资指对旅游教育科技的投资和有价证券的投资。通过对旅游教育、科技投资，可以提高旅游管理水平和旅游服务水平。这种管理能力和服务能力同样可以形成旅游业的资产，不过这种资产存在于旅游从业人员的脑子里，是一种没有具体形态的资产，只有在生产具体旅游产品时，才以卓越的管理技能和优质的服务水平等形式体现出来。旅游教育科技的投资主要包括岗位业务技能培训和院校教育投资等。

旅游企业的商标、专利等也属于无形资产。近年来，旅游品牌建设得到了高度重视，政府和企业纷纷投入巨资培育和打造，但旅游品牌的保护即旅游商标却未能引起重视，旅游商标抢注的案例频繁发生。

（三）按投资领域分类

按投资领域分类，旅游投资可分为景区项目投资、饭店宾馆投资、旅游教育投资、旅游交通投资、游乐设施投资、旅游商品开发投资以及其他投资。这种划分，要注意区分为了其他目的的投资与为了旅游目的的投资。这种差别有时很难区别。比如某地区投资改造一条道路，这条道路既可以服务于非旅游部门，也可以服务于旅游部门。在这种情况下，如何判断该项投资是旅游投资还是非旅游投资？判断的标准主要是看在投资动机中是否兼有发展旅游的目的。如果某项投资完全不考虑旅游的目的，则虽然该项目建成后对旅游发展有促进作用，也不能视为旅游投资。反之，某项投资虽然兼有其他社会文化活动的目的，但其投资具有发展旅游的目的，能扩大旅游者的流量，促进旅游者扩大消费支出等，则可以定为旅游投资。将旅游投资按投资领域分类是最基本的投资分类方式，它具有针对性强、分类界限清晰、简单等优点，在各种场所广泛使用。

（四）按建设性质分类

按建设性质的不同分类，可分为新建项目投资、改建项目投资、扩建项目投资和重建项目投资。

新建项目投资指在原来没有基础，从无到有开始建设的项目中的投资。如果原有投资规模小，往往扩大投资规模，使新建固定资产价值超过原有固定资产价值三倍以上时，也属于新建项目投资。新建项目投资是固定资产扩大再生产的一种重要形式，它有利于开发新旅游资源和旅游产品，有利于改变旅游生产力的布局和旅游经济结构的调整，但投资周期长，投资规模大。

改建项目投资是旅游经营者为提高本企业或本国、本地区旅游经济效益，改进产品和服务质量，对原有设施或工作流程进行技术更新改造时进行的投资活动。这种投资规模一般较小，投资回收期较短。投资形成的旅游产品供应规模一般并不会比投资前增加，但旅游产品的质量会得到改善。

扩建项目投资是旅游经营者为了增加和完善旅游服务设施，提高旅游产品供应规模和生产能力而在原有规模上适当增建部分设施时的投资。扩建项目投资也是固定资产扩大再生产的一种形式。但新增投资规模不得超过原有投资规模的三倍，否则应属于新建项目投资。扩建项目投资与新建项目投资比起来，投资规模小，投资周期短。但与改建项目投资相比，投资规模又较大，投资周期较长。

重建项目投资是在旅游资产由于人为和自然灾害等部分或全部报废时在原有规模上重新进行的投资。

按这种方法所划分的旅游投资类型实际上并没有包括旅游投资的全部内容，如对管理和技能培训方面的投资，对旅游品牌宣传促销方面的投资等都没有包括在这一分类中。但是对旅游固定资产的投资是旅游投资的主要部分，因此对旅游固定资产按建设性质专门分类是有重要现实意义的。

（五）按投资目的分类

按投资目的划分，旅游投资包括三种类型：一是为获取经济效益进行的旅游投资。如旅游饭店的建设。其主要目的是获取超过投资成本的利润。这类投资多属于企业性投资决策。二是为获取旅游综合效益的投资。如秦始皇兵马俑博物馆，改善和提高漓江水位等，主要是为了发展当地的拳头旅游产品，既有经济效益，又有文化、环境和社会效益。这类投资多属于国家或地区性投资决策。三是为获取特定效益的投资。如开设免税品商店，以赚取外汇；如旅游院校、培训设施、培训基地的建设，以培养和训练旅游业发展所需要的各类各层次专业人才。这类投资也多属于国家或地区性投资决策。

（六）按投资主体分类

旅游投资主体指具有独立的旅游投资决策权和资金来源的机构和自然人。我国现行的旅游投资主体分为四大类。

政府投资主体。政府投资的目标是为旅游业发展提供良好的基础设施和开发重点旅游资源。政府投资者按级别分为中央政府投资主体和地方政府投资主体。中央政府投资一般局限在跨区域旅游道路修筑，同一主体旅游线路上重点旅游资源的开发。这类工程投资规模大，需要资金多，且投资回收期长，风险高，并有可能项目具有公共性，是发展旅游所需的，而地方、企业、个人不愿意或无能力投资，兼有跨区域性质且所涉及的各方面利益难以协调，于是就由中央政府出面投资。地方政府投资的主要是一些旅游基础设施项目，如旅游道路、供电、供水工程及码头、机场建设等；旅游资源开发投资，如资源普查、评估、设计和开发，旅游人力资源投资、旅游社会环境投资。

企业投资主体。企业投资的目标是利润最大化，主要针对具体的单项旅游投资项目，多数是一般生产性经营投资，如建造酒店、游乐场、主题公园等。这些项目投资规模适中，回收期相对较短。随着企业实力的日益壮大，管理经验的日益丰富，及自主投资权限的扩大，会出现旅游投资多元化，会形成大的旅游集团，或者几家企业联合向某个旅游项目投资。这种新型的投资方式是企业作为旅游投资主体的一个新发展，也是企业投资旅游事业的一个质的飞跃。

个人投资主体。个人投资主要是在旅游区开办的一些风味饭馆、乡村旅店和一些旅游纪念品小店等。这些一般投入资金相对较少，管理较简单，但经营方式及经营内容较灵活，对市场的反应最敏感，可以充分满足客人的多种需求。通过他们的经营可以充分地把本地的独特文化挖掘出来，展现给旅游者，由此丰富本地旅游产品内容，起到对本地旅游项目开发经营中拾遗补漏的作用。

外国投资主体和我国港、澳、台投资主体。目前，外国投资和我国港、澳、台投资多数是旅游酒店和度假区的投资。外资对旅游业的投资在改革开放初期主要以合作合资方式参与。近年来，随着我国市场经济体制的逐步建立和国家法律制度、特别是涉外法律制度的完善，外资独资进行旅游投资的现象不断出现。随着外资投入旅游业的范围日益扩大，为了进一步扩大旅游业利用外资的能力，今后应创造条件引导外资向旅游基础设施如旅游道路、机场、码头及旅游景点开发等项目的投资。

以上几大投资主体并不是孤立的，随着我国产权关系的逐步明晰和投资管理体制的进一步完善，这几种投资主体往往结合在一起，共同进行旅游投资。在这个过程中，政府投资起主导作用，企业和外资起主体作用，个人投资起补充作用。

旅游投资的分类还有其他一些标准。如按投资的方式可分为直接投资和间接投资；按投资地域分为国内投资和国际投资。有时某一具体的投资活动可能属于几种投资类型，但这并不影响我们对投资方案进行论证和决策。对投资分类的态度应以方便报批、论证和决策为原则，有目的地对投资活动进行归类，而不是为了分类而分类。

第二节　旅游投资项目可行性研究

一、可行性研究的必要性

可行性研究是在投资项目建设之前，由开发者、投资者、经营者委托可行性研究单位或人员，对投资项目是否可行所进行的一系列分析性研究，其包括投资可行性项目技术方面是否可行、开发方面是否可能、经济方面是否优化等内容。研究人员应本着客观、全面的态度，对各种相应资料进行搜集、处理和分析，判断该项目能否取得预期的经济效益。因此，可行性研究就是对拟定的投资项目在未来能否带来经营上和经济上的利益而对市场和经济前景进行的研究，以确定投资项目在技术上、开发上和经济上的可行性。

（一）旅游项目投资必不可少的工作

旅游投资项目建设包括三个主要阶段，即投资前阶段、投资建设过程阶段和生产经营过程阶段。可行性研究属于项目建设投资前阶段的主要工作内容。为了保证旅游投资项目的有效实施，达到投资的基本目标，并且在生产经营过程中实现投资利润的最大化，就必须对市场，包括竞争者市场，进行研究分析；对投资项目的选址和区域特点进行分析；对生产经营过程的原材料、燃料、动力、设备、劳动力等资源的来源渠道和价格等进行分析；对旅游建设项目总成本进行估算；对生产经营成本与收益进行分析；以确定旅游建设项目在技术上是否可行，开发上是否可能，经济上是否合理，从而为旅游项目投资开发者提供决策依据。

（二）评估旅游项目的重要依据

可行性研究是旅游项目建设中一项重要的前期工作，是旅游投资项目得以顺利进行的基础和必要环节。可行性研究的主要目的是判断拟建的旅游投资项目能否使产权投资者获得预期的投资收益。要达到或完成这一目的，就必须用科学的研究方法，经过多方分析并提供可行性研究报告，作为向该项目上级主管部门或者投资者提供对该项目进行审查、评估和决策的依据。

（三）筹集资金时的重要参考依据

旅游投资项目多属于资金密集型项目，往往需要注入大量的资金。对旅游项目开发单位而言，除自筹资金和国家少量预算内资金外，大部分需要金融市场融资，其中主要渠道是向银行贷款。作为商业银行，为保证或提高贷款质量，确保资金的按期收回，要实行贷前调查，并对旅游投资项目的可行性进行审查。因此，可行性研究报告可为银行或资金借贷机构贷款决策提供参考依据。

二、可行性研究的原则

旅游投资项目可行性研究是对拟建的旅游投资项目提出建议，并论证其在技术上、开发上和经济上是否可行的重要基础工作，在对旅游项目进行可行性分析论证时，必须坚持以下基本原则：

（一）目的性原则

旅游投资的目的性原则，即要根据项目的具体要求进行研究。由于不同的旅游投资项目的背景千差万别，所以可行性研究并没有千篇一律的模式。在实际工作过程中，研究人员对市场需求、项目规模、设计要求的确定，以及编制财务计划所使用的方法，都应根据项目的具体要求而定。

（二）客观性原则

旅游投资的客观性原则，即要提供充分论据供决策者参考。可行性研究是投资者、开发者、经营者和相关部门决策时的重要参考依据，因而报告中证据必须充分，论证过程必须全面，并明确提出研究的结论和事实，为决策者进行正确合理的选择提供依据。

（三）科学性原则

科学性原则，即要正确使用定量和定性分析相结合的方法。在可行性研究中，应把定量分析和定性分析的方法相互结合，通过精确可靠的数据尽可能客观地得出定性结论，使可行性研究更富科学性、准确性和可操作性。

（四）公正性原则

公正性原则，即要实事求是地预测项目效益，不能盲目夸大经济效益。如果研究人员经过研究认为某一旅游投资项目无法取得预期的效益和目标，就应本着实事求是的态度，毫不迟疑地向投资者报告，而不应该牵强附会地做出一个并不可行的可行性报告，从而导致旅游投资项目实施后带来巨大损失。如果认为某项目经重新设计或调整后还可以建设，也需要提供修改建议和方案，并再次进行评价。

三、可行性研究的内容

根据国家规定，一般工业建设项目的可行性研究应包括十项主要内容。旅游投资项目属于非工业项目，其可行性研究需要结合旅游行业的特点，参照工业项目的要求，进行适当调整。这里以新建景区项目为例，介绍调整后的旅游投资项目可行性研究的规范性内容。

（一）总论

总论的主要内容包括：项目名称、主办单位及负责人，承担可行性研究的单位，研究工作的主要依据、工作范围和要求，项目提出的背景、投资建设的必要性和经济意义，可行性研究的主要结论、存在的问题与建议、项目的主要技术经济指标。

（二）旅游资源评价

旅游投资和开发最重要的是看旅游资源的状况，是否有开发的价值。评价旅游资源的指标包括：旅游资源的丰度、品级、特色以及旅游资源的核心竞争力等。

（三）进行市场需求调查和预测

旅游市场需求是一切企业旅游经济活动的起点，在对旅游投资项目进行可行性分析时，首先要进行旅游市场需求调查和预测，即调查旅游者的消费特点，预测国内外旅游消费者对其产品或服务的需求量，以此调查为基础，预测项目投入后未来发展的前景，从而确定旅游建设项目的建设规模和产品，以及应采用何种服务方式和水平等。

（四）市场区域特点和选址方案

旅游投资项目可行性研究离不开对本地区或邻近地区市场区域特点和经济情况的分析。要对建址的地理位置、地形、地质、水文条件、交通运输和供水、供电、供气、供热等市政公用设施条件，以及当地或邻近地区的社会经济状况进行分析，以确定旅游投资项目建设的可行性。

（五）项目工程方案研究

主要研究旅游投资项目建设的工期安排、进展速度、建设内容、建设标准和要求、建设目标及主要设施布局、主要设备的选型及所能达到的技术经济指标等，以确定旅游投资项目所提供的旅游产品或服务的规格和要求。

（六）原材料、燃料、动力供应

主要研究旅游投资项目建成后原材料、动力、燃料等供应渠道、价格变动、使用情况和维修条件等，以保证项目建成后的正常运转，确保旅游产品和服务的提供。

（七）劳动力的需求和供应

主要研究旅游投资项目建设时和完成后的劳动力使用、来源、培训补充计划以及人员组织结构等方案，以确保投资项目建成后人力资源的充分利用和正常运行。

（八）投资额及资金筹措

主要研究为保证旅游投资项目顺利完成所必需的投资总额数目、外汇数额、投资结构、固定资产和流动资金的需要量、资金来源结构、资金筹措方式及资金成本等，从资金上保证旅游投资项目建设的顺利进行。

（九）效益评价

从社会效益、环境效益和经济效益三方面研究旅游投资项目建成后对周围环境和社区所带来的影响和作用，对其可能产生的不良影响做出预测性分析，并采取相应措施，尽力减少和避免其不利影响，确保旅游投资项目在获得较佳经济效益的同时能带来较好的社会效益和环境效益。它是考虑项目或方案取舍的主要依据。

（十）结论与建议

运用各项数据，从技术、经济、社会及项目财务等方面论述旅游投资项目的可行性；推荐一个以上的可行性方案，提出决策参考；指出项目存在的问题、改进建议及结论性意见。

四、可行性研究的类型

从旅游投资项目的实际出发，可行性研究又可分为投资机会研究、初步可行性研究和最终可行性研究三个阶段。

（一）投资机会研究

投资机会研究，指在一个确定的地区或部门内，在利用现有资源的基础上所进行的寻找最有利的投资机会的研究。其主要目的是为旅游投资项目提出建议，旅游项目建议书就是在投资机会研究的基础上形成的。投资机会研究比较粗略，主要是对旅游效益项目的可行性进行一些估计，并非进行详细的计算。但是，这种研究是必要的，因为每个项目都需要确定是否有必要进一步获取建设的详细资料。国外投资机会的研究对总投资估算的精确度一般要求在正负30%之间。

（二）初步可行性研究

初步可行性研究是在投资机会研究的基础上，对拟建的旅游投资项目的可行性的进一步研究。它主要针对那些比较复杂的旅游建设项目，因为这类项目仅凭投资机会研究还不能决定其取舍，必须进一步进行可行性分析。初步可行性研究要解决的主要问题是：进一步论证旅游投资机会是否有可能；进一步研究拟建的旅游投资项目建设可行性中某些关键性问题，如旅游市场分析等；分析是否有必要开展最终可行性研究。初步可行性研究在国外旅游投资项目中对投资估算的精确度一般在正负20%之间。

（三）最终可行性研究

最终可行性研究即在上级主管部门批准立项后对旅游投资项目所进行的技术经济论

证。它需要进行多种方案的比较。投资项目越大，其内容就越复杂。最终可行性研究是确定旅游投资项目是否可行的最终依据，也是向有关管理部门和银行提供进一步审查和资金借贷的依据。国外旅游投资项目最终可行性研究的精确度一般在正负 10%之间。

总之，在旅游投资项目建设中，常常涉及开发者、经营者、资金借贷者、资产投资者和政府机构等，每一方面从各自的利益出发，都要对拟建的工程进行可行性研究。所以可行性研究往往又可分为投资前研究、经营研究、资金研究、资产投资研究和政府机构研究等内容。

投资前研究是由开发者进行的，主要研究旅游项目开发或建设的投入和开支是否合算。项目开支包括设计费、土地征购费和主体投资三大部分。

经营研究是由经营部门进行的，主要是估计该旅游投资项目工程完工后的市场销售情况和预测未来经营中可能带来的经济效益。

资金研究是由资金借贷者进行的，主要是研究该项工程建设所需要的投资资金的数量及资金的分配。

资产投资研究是由资产投资者进行的，主要是预测该项工程建成后在资产投资收入和资产现金流动的基础上，研究投资利润与税收上的好处（如减免税等）。

政府机构研究是由政府有关部门进行的，主要是评价该项旅游投资项目建设后对财政、经济、社会、环境及对周围地区的影响。

第三节　旅游投资项目的经济评价

旅游投资项目的经济评价是旅游投资决策过程中十分重要的环节，它在旅游投资可行性分析以后进行，是对可行性分析报告审查分析后，对旅游投资项目的建设与否提出一种结论性意见。一个旅游投资项目，只有通过项目评价，才有可能顺利进入项目审批和实施阶段。因此，旅游投资项目的经济评价是为科学投资决策提供依据的一项关键性工作。

一、旅游投资项目的经济评价的内容

旅游投资项目的经济评价依据国家发改委、建设部《建设项目经济评价方法与参数》（2006 年，第三版）并结合旅游投资的特殊性进行。

旅游投资项目的经济评价，通过对投资、收入、成本和利润四个方面的估算和对比，分析旅游投资在经济上的可行性。

（一）投资估算

投资估算是对拟建旅游项目的固定资产投资、流动资产和建设项目的贷款利息等的估算。

固定资本投资估算包括基础设施投资、办公及服务设施投资、旅游休闲设施投资、景观建设投资、专项投资和其他费用。

流动资本投资估算包括消费性材料费用、低值易耗品、景区维护费用、每年一次性绿化费用、管理费用、水电费用、宣传促销费用、节庆活动费用、人员费用等。

旅游投资具有短期投资大，建设质量要求高、资金回收期限长的特点，所以要考虑资金的筹措。如果使用银行贷款、个人投资或集资等办法，相应地要考虑利息问题。

本章通过对旅游投资的概念、特点及分类的分析，理清了旅游投资与其他行业投资的不同，突出了旅游投资的特殊性。对旅游投资项目可行性研究的方法、旅游投资项目经济评价及旅游投资决策程序和方法的介绍，阐明了旅游项目投资必须贯彻科学性、客观性的原则，对旅游投资项目的风险及规避风险对策的分析，对旅游投资者来说具有重要的参考意义。

（二）收益估算

旅游项目的收入一般包括门票收入、餐饮收入、住宿收入、购物收入、租金收入、娱乐收入、交通收入、房地产收入等。

门票收入目前还是我国旅游业的主要收入来源。尤其是观光型景区对门票收入的依赖很大。而休闲度假型景区门票收入所占比例相对较小。

餐饮收入是旅游的主要收入来源。这部分收入一方面随着游客人次的增长而增长，另一方面，随着餐饮的特色、质量的改善而不断增长。在旅游项目从兴起到成熟的过程中，餐饮收入在总收入中所占的比例，呈现先增长后下降的趋势。

住宿收入在休闲度假型的旅游目的地的收入中，占有相当大的比例。在旅游业从兴起到成熟的过程中，住宿收入在总收入中的比例是不断增长的。

购物收入属于需求弹性比较大的收入，其在总收入中所占的比例是不断提高的。一个成熟的休闲区，购物收入在总收入中比例将达到30%以上。

租金收入也是旅游的一大收入来源。为了吸引承租者，可以考虑以优惠的价格出租商铺、餐饮设施等。

娱乐收入也是一个重要来源，这部分收入随着经济的发展，呈现不断上升的趋势。

交通收入可以分为景区外的交通收入和景区内的交通收入。景区内的交通收入是旅游投资项目的新收入项目。目前很多景区的索道、滑道、小火车、特色交通工具等，既是交通项目也是娱乐项目，其收入有增长趋势。

房地产收入，即出售房地产所得的收入。有些旅游度假胜地在这方面的收入比较可观。

（三）成本估算

旅游项目的成本包括直接成本和间接成本两部分。

直接成本包括折旧费、消费性材料费、低值易耗品、人员费用。间接成本包括维护费用、每年一次性绿化费用、管理费用、水电费、宣传促销费、节庆活动费及其他费用。

旅游项目一般具有固定成本高，变动成本低的特点。旅游人次增加，固定成本不变，变动成本会增加。

（四）利润估算

根据投资、成本和收入估算，可以计算出旅游项目的利润。目前政府对旅游业的投资优惠政策，可以充分利用这些优惠政策。

二、旅游投资项目的经济评价的主要指标

旅游投资项目的目标是获得最大的利润，项目获利能力越强，表明其投资效益越好。旅游投资项目建成后的经济评价指标主要有投资盈利率、投资产值率和投资回收期等。

（一）投资盈利率

投资盈利率是以旅游投资项目建成后所获纯收入作为经济成果来计算的，是投资所获得的盈利（利润、税金）增长额与投资额的比率。投资盈利率越高，投资的效益越好。

（二）投资产值率

投资产值率指旅游投资形成新增固定资产所增加的产值。它以新增固定资产作为投入，投资产值越大，效益越好。

（三）投资回收期

一般情况下，旅游投资回收期越短，对增加经济效益越有利；旅游投资回收期越长，对增加经济效益越不利。

第四节　旅游投资决策的程序和方法

一、旅游投资决策的程序

旅游投资决策是为达到一定的旅游投资目标，对有关投资项目在资金投入方面的多个

方案进行比较、选择和确定一个最优方案的过程。

旅游投资决策的程序，指旅游投资项目决策过程中各工作环节应遵循的符合其自身运动规律的先后顺序。旅游投资项目的决策程序不是人为确定的，而是人们在长期的投资实践中总结出来的符合规律的程序。遵守科学的决策程序，旅游项目投资就可能会出现好的效益。反之，投资就可能失败。按照国家的有关规定，我国旅游大中型投资项目决策程序主要按以下四个步骤进行：

第一，提出项目建议书。根据国民经济和社会的长远发展规划、旅游行业规划和地区规划，以及技术经济政策和建设任务的要求，在机会研究的基础上，由旅游项目主管单位提出项目建议书。项目建议书是项目主管单位对拟建项目的必要性及可行性提出的轮廓设想，是向国家提出申请建设某个旅游项目的建议。

第二，项目可行性研究。项目建议书经国家有关部门评估和批准后，由项目主管单位委托咨询机构对旅游投资项目进行可行性研究，编制可行性研究报告。

第三，项目评估。项目评估是由投资决策部门组织或授权建设银行、投资银行、工程咨询公司或有关专家，代表国家对上报的旅游项目可行性研究报告进行全面审核和再评价工作。其主要任务是对旅游投资项目的可行性研究报告提出评价意见，最终决策该投资项目是否可行，确定最佳投资方案。

第四，项目审批。对已完成项目评估的旅游投资项目，决策部门再对可行性研究报告及项目评估报告等文件进一步加以审核，如果项目是可行的，即可批准投资建设。

需要说明的是，旅游投资决策程序的结束并不意味着投资决策的结束。旅游投资决策需要全程跟踪，随时监控。当一项投资方案被批准执行后，管理人员应继续审查原投资决策的正确性。如果在方案执行过程中，由于企业内、外部条件发生变化而使原有决策不再可行时，就应该做出中止该方案执行的决策，以避免更大的投资损失。

二、旅游投资决策的方法

旅游企业投资的目的与国家或地方旅游投资有所不同，它主要以取得最大经济效益为目标。因此，在进行投资决策时，可直接采用不同的方法对决策方案进行计算，以确定哪个方案最优。

（一）投资回收期法

旅游企业都希望投资回收期尽可能短，那么回收期长的方案往往先被排除。投资回收期法是通过计算和比较各投资方案回收其全部投资所需要的最短时间来进行决策的方法。

例：某旅游企业计划投资增建旅游设施，第一方案是建风味餐厅，第二方案是增建娱乐设施，第三方案是建康乐中心，各方案预测的年效益见表 8–4–1。

表 8–4–1 投资回收期法

方案	投资额（万元）	预期收益（万元）						投资回收期（年）
		第一年	第二年	第三年	第四年	第五年	第六年	
Ⅰ	180	30	50	60	40	40	35	4
Ⅱ	200	40	40	40	40	40	40	5
Ⅲ	150	60	45	35	20	20	15	3.5

从表中可知，按照投资回收期法，Ⅲ方案最优，只需 3.5 年即可收回投资。Ⅰ方案次之，Ⅱ方案最差。所以，首先排除Ⅱ方案，再对Ⅰ方案和Ⅲ方案进行比较。

Ⅲ方案资金回收集中在第一、第二年，每年呈现递减且递减较快；Ⅰ方案资金回收中第二、第三年较好，以后有所减少，但是减少不大。若将收回成本后各年（这里为六年）的预期效益计算在内，则Ⅰ方案的总效益为 255 万元，为总收资的 142%；Ⅲ方案效益共 195 万元，为总投资的 130%。那么，投资决策者如果选择接受短期利益大的方案会选择Ⅲ方案，如果选择长期利益大的方案会考虑Ⅰ方案。

（二）损益平衡分析法

损益平衡分析法是计算企业的保本销售量，也就是企业的产品销售收入和总成本相等，此时利润为零。企业一般应优先选择保本销售量低的项目，风险小。计算损益平衡销售量的公式如下：

$$Q_E=\frac{F_c}{p(1-T_s)-V_c}$$

其中：p 为单位产品价格；Q_E 为损益平衡销售量；Vc 为单位变动成本；Fc 为固定成本，销售综合税率 T_s，由此计算出的 Q_E 就是损益平衡的保本点，即保本销售量。

例：假设某地要建一座客房数为 100 间的旅游饭店，有三种设计方案供其选择。甲方案是建一座现代化程度高的新型饭店，固定成本高，平均变动成本低。乙方案是建一座服务档次相当，但建筑风格不同，固定成本低而平均变动成本高。丙方案则居中。经调查，当地住宿设施的客房出租率为 50%，根据以下条件，分析旅游企业如何选择最合适的建设方案（综合税率为 5%，房价 120 元）。

甲方案：一定时期的固定成本摊销 6 000 元，单位变动成本 20 元；

乙方案：一定时期的固定成本摊销 2 000 元，单位变动成本 40 元；

丙方案：一定时期的固定成本摊销 4 000 元，单位变动成本 30 元；

那么，甲方案的保本销售量为 64 间客房，即保本出租率为 64%；乙方案的保本销售量为 27 间客房，即保本出租率为 27%；丙方案的保本销售量为 47 间客房，即保本出租率为 47%。因此，选乙方案最好。

（三）最小费用法

当方案的效益相同或基本相同，但又难以具体估算时，为简化计算，可采用最小费用法，包括费用现值比较法和年费用比较法。

费用现值比较法，也叫现值比较法，是计算各比较方案的费用现值并进行对比，以费用现值较低的方案为优。

年费用比较法，是计算各比较方案的年等额费用并进行对比，以年费用较低的方案为优。

总之，以上几种投资决策方法各有长短，在进行旅游投资决策时，为使投资方案经济效果的评价更加全面，应相互进行比较。

根据对各种自然状态认识和掌握的程度不同，旅游投资决策通常可分为三种类型：确定型决策方法、非确定型决策方法和风险型决策方法，对不同类型的决策问题有不同的决策方法。

第五节　旅游投资的风险预测与规避

旅游项目的投资风险指一项旅游投资所取得的结果和原期望结果的差异性。对大多数投资活动来说都存在一个风险问题，只是风险程度不同而已。如果一个方案只有一个确定的结果，这种投资是确定性投资。但是旅游企业投资决策所涉及的问题具有长期性，其中关系未来旅游产品的需求、价格和成本等因素都具有不确定性，某些因素的变化往往直接引起投资效果的变化，甚至某些在投资决策时认为是可行的方案，投入以后会由于某些因素的变化而变得不可行。所以任何一项投资决策都会出现风险，因而有必要对旅游投资项目做出准确的风险评价，力求使风险减到最低。

一、旅游项目投资风险的种类

旅游项目投资风险来自各个方面，我们要具体分析各种风险，有针对性地采取必要的防范措施，就要从项目投资进行分类分析。根据投资者能否直接控制可将旅游项目投资风险划分为项目环境风险和项目核心风险。项目环境风险指那些对所有的旅游投资项目都产生影响的因素引起的风险，与市场的整体运动相关联。企业无法直接控制此类风险，但可以通过各种措施降低其损害程度。项目核心风险是发生于个别项目的特有事件所造成的风险，来自投资项目内部的微观因素。企业可以控制该类风险因素以减少风险的发生，或采取预防措施规避风险。

（一）项目环境风险

1. 政治风险

主要表现为国家政策法律的稳定性风险，特别是项目所在地的稳定性。旅游业是典型的敏感性产业，旅游活动又是通过旅游者从客源地向旅游目的地的移动才得以实现的，投资项目所在地政治环境不稳定将给旅游者等市场主体带来顾虑和阻力。

2. 经济风险

国家和地区的宏观经济环境和经济发展水平、人均生活质量和水平决定旅游者的消费能力和档次。旅游是较高层次的消费活动，人们只有具备了一定的消费能力之后，才有可能选择旅游消费。

3. 金融风险

主要来自市场利率风险。市场利率决定投资项目的融资成本，进而影响其生产经营成本，最终决定项目的盈利水平，并对投资者是否愿意将资金投入旅游项目、投入什么类型的旅游项目以及投入的程度等起着根本性作用。

4. 自然风险

这是自然因素带来的风险，如环境污染和自然景观的退化，旅游投资项目在建设过程中出现超标准等。许多旅游项目对自然环境有很高的依赖性，特别是休闲、疗养、观光类项目，当地的自然环境状况和质量对旅游投资项目有直接影响。

（二）项目核心风险

1. 完工风险

完工风险存在于旅游项目建设阶段。主要表现在为：项目工期延长；项目建设成本超支；由于种种原因使项目迟迟达不到设计规定的技术经济指标；在极端情况下，由于技术和其他方面的问题，项目完全停工放弃等。

2. 设计风险

设计风险指旅游项目在概念设计阶段，由于技术问题使项目的主题、策划或布局存在某些缺憾。旅游资源越独特，价值越大，吸引力越大，但是资源不等于产品，真正构成旅游者吸引力的，是产品的吸引力。在这个结构里，资源如何转化为产品，是旅游产品设计的关键。设计风险将直接关系旅游项目建成投入使用后在市场上的竞争力和经营的持续性，这种风险一旦发生对旅游投资项目影响深远。

3. 管理风险

旅游投资项目承包之后，一般由项目管理师全权负责。项目管理师的管理能力和经验将直接影响项目的施工质量和进度，尤其是管理师个人的风险偏好也会在某种程度上增加项目建设的风险。因此，项目投资者和管理师都应具有优化配置（即风险最小化和收益最大化）并协调和充分利用各种客观条件和资源的能力。

4. 市场风险

市场风险指旅游投资项目建成投入使用后对市场的适应情况。由于旅游投资项目自开始时的市场分析到建成后进入市场，有一段较长的时间差，当初的市场分析是否符合现在的情况、目前市场竞争状况、旅游者需求的变化等都会对旅游投资项目的市场前景造成影响。许多旅游项目开工建设时轰动一时，建成后却经营惨淡就是市场风险的一种表现。

二、风险产生的原因

旅游投资项目产生风险的原因是多方面的，既有企业内部的原因，又有企业外部的原因，且具有很大的不确定性。

（一）企业内部的原因

企业内部的原因主要包括三个方面：

1. 企业思想准备不足

旅游项目投资比其他产业的项目投资具有更大的风险性，作为投资企业，认识与了解这些特征是其进行投资以及风险规避的基础和前提。而目前一些企业在进入旅游投资领域时，看中的只是旅游投资中有利的一面，如易产生轰动效应、品牌效应，科技含量不高，进入行业的门槛低等，没有充分认识到旅游投资是一个关联性强、投资大且回报周期长的行业，在资金准备与人才准备上严重不足。

2. 项目投资决策失误

旅游项目投资一般数额较大，如果未对项目的可行性充分地研究分析，一旦失误后果严重。可行性研究是旅游投资项目前期工作中最重要的内容，它以项目建议书为基础，针对拟建项目，从项目建设到生产经营的全过程考察分析项目的可行性。其内容包括旅游项目在技术上是否可行，开发上是否可行，经济上是否优化等。这是一个由粗到细的分析研究过程。缺乏科学性的可行性研究是造成决策失误的重要原因。

3. 创新观念不强

在社会主义市场经济中，所有企业都面临同类其他企业的竞争，竞争是不可避免的。旅游企业也需要注意推向市场的旅游产品是需要升级、换代和更新的，是需要不断适应市场需求的，这就要求在观念上必须有创新意识，通过创新来提高旅游产品的品质和品位，通过创新来适应市场的需求，因循守旧是导致风险加大的重要原因。

（二）企业外部的原因

企业外部的原因主要表现为：

1. 关联企业的影响

旅游投资项目的开发需要投资、规划、建设、管理等各方的参与和配合，其他参与方的资信状况、技术和资金能力、经营业绩和管理水平等及其变化都会对项目的成败产生影响。

2. 竞争对手的变化

与食品、医疗、教育等方面的消费不同，旅游消费的可替代性很强，同类旅游产品的竞争和不同旅游产品的竞争同时存在，竞争日趋激烈。企业出现新的竞争对手，或者竞争对手的条件发生变化都会导致自己企业在竞争中处于劣势，使旅游产品缺乏竞争力而缩小市场，造成盈利下降。

三、旅游投资风险评价的方法

旅游投资风险评价有三种方法：盈亏平衡评价法、敏感性评价法、概率评价法。

（一）盈亏平衡评价法

盈亏平衡评价法是在一定的市场、生产能力条件下，研究拟建项目成本与收益的平衡点的方法。项目的盈利与亏损的转折点，称盈亏平衡点。在这一点上，销售收入等于生产成本，项目刚好盈亏平衡。盈亏平衡评价法就是要找出盈亏平衡点，从而根据市场预测的情况，判断推测旅游项目投资盈亏的可能性，以便做出投资决策。

盈亏平衡评价法是对拟建旅游项目进行不确定性分析的方法之一。用盈亏平衡评价法粗略地对高度敏感的产量、售价、成本、利润等因素进行分析，有助于了解旅游项目投资风险的程度。

（二）敏感性评价法

敏感性评价法是对投资方案所估计的自然状态概率以及所计算出来的损益值的变动对最优方案选择所起的影响进行的评价。对投资方案所估计的自然状态以及由此计算出的损益值往往不十分准确，如果这些数值有了变动，必然会对最优方案的选择产生影响。因此，有必要对这种影响进行分析。

例如：假定某旅游企业有两个投资方案，一是扩建部分客房，二是新建一个餐厅，二者在旅游市场情况转好或转差时的概率分别为 0.7 和 0.3。其投资方案敏感性评价比较，如表 8–5–1 所示。

表 8–5–1　某旅游企业投资方案敏感性评价比较

旅游市场状况	概率	投资方案年效益（万元）	
		扩建客房	新建餐厅
转好	0.7	400	350
转差	0.3	100	200

根据数据，新建餐厅的期望效益＝350×0.7＋200×0.3＝305（万元）

扩建客房的期望效益＝400×0.7＋100×0.3＝310（万元）

显然扩建客房的方案最优。但是对旅游市场变化情况估计不准确，若好转的概率为 0.6，转差的概率为 0.4，则新建餐厅的期望效益为 290 万元，扩建客房的期望效益为 280 万元，在这种情况下，最优方案已不再是扩建客房，而是新建餐厅了。

设 P 表示扩建客房的概率，$1-P$ 为新建餐厅的概率，利用表 8–5–1 数据，再计算两个方案的期望值，并使之相等，则：

$$P\times400+(1-P)\times100=P\times350+(1-P)\times200$$

简化后得 $P=0.667$

0.667 称为转折概率，当 $P>0.667$ 时，扩建客房为最优方案，当 $P<0.667$ 时，新建餐厅为最优方案。

（三）概率评价法

敏感度分析虽然能够检验旅游投资项目评价指标对各种不确定因素的敏感程度，但是它不能表明这些不确定因素的变化对评价指标的影响程度。因此，运用概率原理，进行风险分析，对投资决策就显得甚为重要。概率论研究的是随机事件中量的规律。为了比较不同投资方案的风险大小，我们可利用概率论中的标准差和变差系数进行分析。

例如：某旅游企业集团欲在某海滨投资兴建旅游设施，选定了两个方案，甲方案为兴建三星级饭店，乙方案为兴建海上娱乐世界。预测的不同旅游市场状况的概率和年效益如表 8-5-2 所示。

表 8-5-2　旅游设施建设两个方案年效益比较　　单位：万元

方案	旅游市场状况	发生概率	年效益（R_i）	年均效益（R）	期望效益	R_i-R
甲	好	0.1	500	300	50	200
	较好	0.2	400		80	100
	一般	0.4	300		120	0
	较差	0.2	200		40	−100
	差	0.1	100		10	−200
	年期望效益				300	
乙	好	0.1	600	298	60	302
	较好	0.2	450		90	152
	一般	0.4	320		128	22
	较差	0.2	100		20	−198
	差	0.1	20		2	−278
	年期望效益				300	

表 8-5-2 表明，甲、乙两个方案的年效益相同，但这并不意味着它们的投资风险也一样。因为两者的年效益在不同的旅游市场状况下变动幅度相差甚大，甲方案的变动幅度在 500 万～100 万元，而乙方案则在 600 万～20 万元。这就是说，乙方案的离散程度比甲方案大得多，从而投资风险也更大。

四、旅游投资项目风险的规避

鉴于旅游投资项目的风险是客观存在的，而且企业的不当行为会导致风险加大的问题，我们应该从根本上解决认识、观念和方法等对策问题，只有这样，才能从全局上产生对策效应，从而提出解决具体问题的良策。

（一）要树立正确的风险观念，增强风险防范意识

风险是客观存在的，而且与其报酬是成正比例的。如果对风险一概加以排除或逃避，就无法实现企业利润最大化的经济目标。因此，投资者应树立投资风险意识，不仅要从理论高度认识项目风险产生的根本原因，而且还要从旅游投资项目本身特点角度进行探索；对项目投资的各个环节及其相互之间的联系、外部环境对投资活动的影响进行深入研究和分析，摸清产生风险的各种要素，寻找风险产生的特点和规律；克服投资决策的盲目性，提高企业综合决策水平。

（二）正确识别与估量风险

旅游企业不仅要认识风险，还要学会正确地识别风险。这就需要投资者周密地分析企业所处的经济环境、剖析企业投资活动中的种种不利因素及对企业未来收益的影响。同时，应科学地估量风险的大小，掌握风险的程度，包括各种潜在风险可能造成的损失、发生频率、损失程度以及对旅游企业生产经营、生态环境、社会环境造成的影响等。通过风险估量，为今后投资风险决策、预防和控制以及处理等提供准确依据。

（三）建立风险预警系统

建立风险预警系统，完善风险防范机制，加强对风险的预测和监测。首先，旅游企业应建立风险预警系统，加强风险监测。风险预警系统是对风险进行识别、监测、评价和预测的信息系统，其内容包括外部环境和企业内部的相关信息，可分为内部报告子系统、市场信息子系统、风险分析子系统和风险预警子系统。前三个系统主要负责有关信息的收集、加工和分析；预警子系统则通过建立预警模型，监测反映旅游项目投资的各项投资指标变化情况，对未来可能发生的风险类型及其危害程度做出评价、预测，并在必要时发出警报。其次，旅游企业应完善风险防范机制。旅游企业内部应建立规范科学的投资决策程序和投资后管理程序。规范科学的内部运行程序是及时识别风险、化解风险的重要保证，用程序化、规范化防止盲目投资和偏颇。

（四）运用风险管理技术和方法，强化对风险的控制和处理

风险控制的实质，就是在风险分析的基础上，针对旅游企业存在的各种风险因素，采取控制技术减少或消除风险损失。旅游企业控制和处理投资风险的方法有以下四种。一是回避法，指设法避免损失发生的可能性，从根本上远离风险源，从而消除风险损失。二是分散法，即通过旅游企业之间联营、多种经营及对外投资多元化等方式分散投资风险。三是风险转移法，风险转移就是旅游企业以某种方式将所面临的某些风险转移给他方。具体包括购买保险将风险转移给保险公司承担、通过契约的形式将风险损失转移给他人、通过各种形式的经济联合将风险横向转移。四是自留法，这种方法指旅游企业自己承担风险，风险损害后果自负。旅游企业可预留一笔风险金或随着生产经营的进行有计划地计提风险准备基金等。这决定了旅游项目投资未来的市场需求状况。经济环境应是旅游项目投资者最为关注的因素。

本章小结

本章通过对旅游投资的概念、特点及分类的分析，理清了旅游投资与其他行业投资的不同，突出了

旅游投资的特殊性。对旅游投资项目可行性研究的方法、旅游投资项目经济评价及旅游投资决策程序和方法的介绍，阐明了旅游项目投资必须贯彻科学性、客观性的原则，对旅游投资项目的风险及规避风险对策的分析，对旅游投资者来说具有重要的参考意义。

基本概念

旅游投资主体　可行性分析　旅游投资风险

思考题

1. 旅游投资有哪些类型？旅游投资有哪些特点？
2. 我国现行的旅游投资主体有哪些？在投资上各有什么特点？
3. 旅游投资决策应遵循哪些程序？
4. 为什么要进行旅游投资项目可行性研究？可行性研究有哪些类型？
5. 试述旅游投资项目可行性研究的基本内容。
6. 简述旅游投资项目风险评价的内容。

本章思维导图

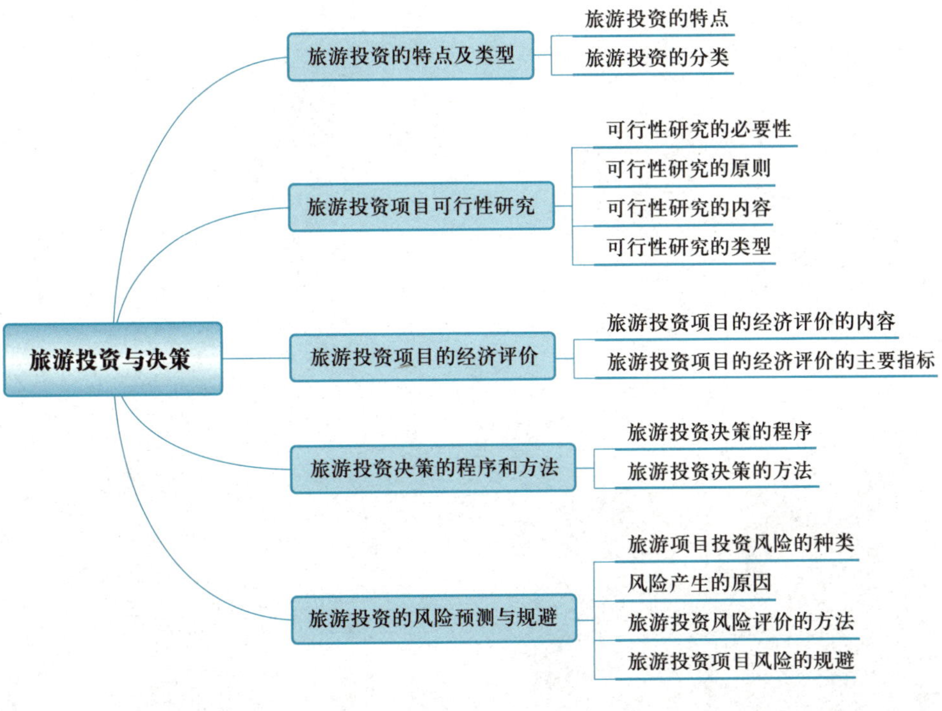

即测即评

案例分析

2019 年中国特色
小镇死亡名单

推荐阅读

第九章　旅游企业

本章导言

旅游企业是旅游经济活动中旅游供给的主体，是旅游产品和服务的提供者，是独立从事旅游经济活动的经营单位。在旅游业实践中，旅游企业主要有直接服务旅游者的旅行社、饭店、餐馆、旅游商店、旅游交通公司、旅游景点、旅游娱乐公司等，和提供支持性服务的旅游相关企业，如旅游装备制造企业、旅游规划设计公司、旅游信息咨询公司等。作为旅游经济体中最活跃的部分，旅游企业的发展越来越呈现集团化、国际化和集群化趋势。

学习目标

通过本章的学习，要求学生掌握旅游企业经营特点，熟悉旅游企业经营战略，了解旅游企业集团化、国际化和集群化发展。

本章重点与难点

重点：旅游企业经营特点

难点：旅游企业集团化发展

第一节　旅游企业经营特点

旅游企业指依法设立的以营利为目的，从事生产经营活动的独立核算的经济组织。旅游企业作为企业的具体类型，具有一般企业的共性特性，具体表现在以下四个方面：

1. 旅游企业是社会经济组织，有相应的财产并且从事一定的经济活动；

2. 旅游企业是以营利为目的从事生产经营活动的社会经济活动组织，生产经营活动指创造社会财富和提供服务的活动，包括生产、交易、服务等；

3. 旅游企业是实行独立核算的社会经济组织，独立核算就是要单独计算成本费用，以收抵支，计算盈亏，对经济业务进行全面反映和控制；

4. 旅游企业是依法设立的社会经济组织，可以取得相应的法律地位，获得合法身份，得到国家法律的认可和保护。

旅游企业是旅游行业的重要组成部分，旅游行业的特性与企业的性质都会影响旅游企业的经营与管理。因此，旅游企业的经营特点主要表现如下。

一、综合复杂性

旅游业是集吃、住、行、游、购、娱等服务为一体的综合性的大产业，其综合性是由旅游活动的综合性决定的。作为旅游活动的媒体，旅游业是为旅游者的旅游活动提供服务的，而旅游者需求的多样性客观上就要求饮食、住宿、交通、文化娱乐、景点以及旅游纪念品与相关商品的生产与销售等综合性设施来保证。因此，旅游业是综合性经济产业。这就决定了旅游企业经营管理具有综合性特点。旅游企业的经营管理活动要同时与国内国际两个旅游市场发生联系，每个市场又有不同的细分市场，因此，旅游企业必须针对每一个细分市场进行针对性经营管理。同时，旅游业的综合性决定了一个旅游目的地各家旅游企业的命运是联系在一起的，这样就加大了旅游企业经营管理的复杂综合性。

二、自然变动性

旅游目的地企业大部分是以自然景观为基础，进行运营与管理，比如国家森林公园、国家地质公园、水域风光风情等，即使一些人文景区景点，也是建立在环境优美的大自然中，因此，旅游企业的经营必然要遵循某些自然规律，比如季节性。由于旅游资源随着季节的变化其吸引力也会发生转变，导致旅游企业经营管理活动有较强的季节性。旅游淡季来到时，旅游企业需要加强营销力度，注重成本控制管理。而旺季来到时旅游企业的营销力度相对较弱，强调服务质量管理。

三、社会政治性

旅游企业是按照现代企业制度建立，由职业经理人管理，是在一定的社会中生存、发展、获利的经济组织，由于经济社会制度不同、历史发展状况不同、国别地区不同，旅游企业的经营与管理就体现出一定的社会性。比如政治方面，跨国旅游活动对国际旅游者而言，是在开展民间交往，其中关系国家的政治声誉、民族尊严和国际威望。而对国内旅游者而言，则是在满足人们日益提高的物质文化生活需要，同时体现了社会主义的优越性。因此，旅游企业的经营管理既是一项经济活动，又是一项政治活动，具有极强的社会政治性。

四、风险敏感性

旅游企业的风险敏感性主要从旅游系统风险和旅游企业公司治理风险两个方面体现。

旅游系统风险主要表现为旅游行业系统内部各子系统相匹配的风险与为旅游行业系统提供基础的各行业系统的风险。内部各子系统与各行业系统发生的风险都会影响旅游企业的经营和管理。由于某些风险的不可预测性，特别是在旅游活动中发生的对旅游者不利的事件，都会对旅游者造成不小的身心伤害，从而影响旅游企业的经营与管理。比如，台湾苏花公路发生的意外塌方所造成的消极影响就是如此。

旅游企业公司治理风险主要表现为旅游企业的股东、经营者和债权人利益的冲突。旅游企业是所有者即股东的企业，股东委托经营者代表他们管理企业，但是经营者与股东的目标并非完全一致。债权人把资金借给旅游企业，并不是为了“股东财富最大化”，即使建立了现代企业制度，股东、经营者和债权人之间也会产生利益冲突。比如，经营者会要求增加闲暇时间和报酬、同时避免风险，经营者对股东目标的背离表现在道德风险和逆向选择等。因此，旅游企业的经营管理具有一定的风险敏感性。

五、战略管理性

战略管理是伊戈尔·安索夫在 1972 年提出的，它是一种崭新的管理思想和管理模式。这种管理模式针对企业如何应对环境的恶化和动荡，如何应对竞争以及满足利益相关者在基本问题上做出的回应。与运营管理相比，战略管理是关于企业整体的管理，需要改变企业与外部的关系，涉及企业的变革具有很大的不确定性和模糊性。一般来讲，战略管理是一个循环过程，其管理流程包括企业战略的三个核心领域：战略分析、战略制定和战略实施。旅游企业要成为名企，就必须进行战略管理。特别是在目前相对和平的环境中，旅游企业要开展跨国经营，战略管理必不可忽略。

六、管理创新性

管理是通过协调和监督他人的活动，从而既有效率又有效果地完成工作。管理的基本对象是人，核心是协调，目的是对人力资源和非人力资源进行整合和协调以更有效地实现组织目标。创新是产生创造性的思想并将其转化为有用产品或工作方法的过程。1912年，美国经济学家熊彼特提出，创新是“建立一种新的生产函数”，包括产品创新、技术创新、市场创新、资源配置创新、组织创新等五种方法。管理创新是管理与创新的有机结合，是一种有目的的能动性实践活动，是管理者根据内外环境的变化而采用的一种新的更有效的资源整合和协调范式，以促进企业管理系统综合效率和效益目标实现的过程。在经济全球化和信息全球化的时代，旅游企业必须注重战略管理与运营管理的调整，必须注意组织模式的创新、商业模式的创新，以促进旅游企业经营管理的效益与效果。

第二节　旅游企业经营战略

旅游企业经营战略指在市场经济条件下，旅游企业为谋求长期的生存与发展，在外部环境和内部条件分析研究的基础上，以正确的指导思想，对旅游企业主要目标、经营方向、重大经营方针、策略和实施步骤做出长远的、系统的和全局的谋划。

企业的经营战略决定了企业各项业务在战略谋划期间的资源分配和发展方向，主要考虑的问题是企业业务应当扩张、收缩还是维持不变。因此，旅游企业经营战略可以划分为三种类型：成长型战略、稳定型战略和收缩型战略。成长型战略是以发展壮大企业为基本导向，致力于使企业在产销规模、资产、利润或新产品开发等某一方面或某几方面获得增长的战略，主要包括一体化战略、密集型战略和多元化战略这三种类型。

一、旅游企业一体化经营战略

一体化战略指企业对具有优势和增长潜力的产品或业务，沿其经营链条的纵向或横向扩大业务的深度和广度、扩大经营规模，实现企业成长。一体化战略按照业务拓展的方向可以分为纵向一体化和横向一体化。

（一）纵向一体化战略

纵向一体化战略指旅游企业沿着旅游产品或旅游业务链向前或向后延伸和扩展旅游企业现有旅游业务的战略。从理论上分析，旅游企业采用纵向一体化战略有利于节约与上、下游企业在市场上进行购买或销售的交易成本，控制稀缺资源，保证关键投入的质量或者获得新客户。但是，企业一体化也会增加企业的内部管理成本，企业规模并不是越大越好。

纵向一体化战略可以分为前向一体化战略和后向一体化战略。

前向一体化战略指获得旅游分销商或旅游零售商的所有权或加强对他们的控制的战略。前向一体化战略通过控制销售过程和渠道，有利于旅游企业控制和掌握市场，增强对旅游消费者需求变化的敏感性，提高旅游企业产品的市场适应性和竞争力。

后向一体化战略指获得旅游供应商的所有权或加强对其控制权。后向一体化有利于旅游企业有效控制关键原材料等投入的成本、质量及供应可靠性，确保旅游企业生产经营活动稳步进行。后向一体化战略在汽车、钢铁等行业采用得较多。企业采用纵向一体化战略的主要风险在于不熟悉新业务领域所带来的风险，同时纵向一体化，尤其后向一体化，一般涉及的投资数额较大且资产专用性较强，这就增加了企业在该产业的退出成本。

1. 旅游企业纵向一体化的动因

（1）纵向契约与一体化

旅游服务的生产与销售活动，从获取旅游目的地的各种旅游要素的使用权开始，到旅游产品的组合以及产品的分配和销售，这一整个过程就是旅游产业链。在旅游产业链内，不同职能的企业之间会形成一种上下链的经济关系。就旅游产业的实际情况来说，大多数纵向结构都是以各种复杂的契约形式建立起来的，这些契约称为纵向约束。

旅游企业间的各种交易关系依赖契约进行协调和激励。上游企业和下游企业的交易双方要在不同情况下对各自的经营行为做出承诺，并对未来经营行为进行约束。通过契约，交易双方在相互考虑对方利益的前提下，通过降低交易成本使各自的经济利益得到充分的实现。旅游企业要实现上述理想交易模式，要求契约是完全的，只有完全的契约才能实现交易的合理化。完全的契约是建立在以下假设条件之上的：首先，各缔约方具有完全理性；其次，缔约和履约的环境是完全竞争性的，不存在垄断行为；最后，交易双方不存在机会主义的行为。但是，由于人们的有限理性、信息的不对称、市场垄断现象、各种不确定性以及机会主义的存在，使契约具有不完全性，通过不完全契约建立的交易关系也具有不确定性，从而促使人们通过纵向一体化的形式，用企业内部的组织关系替代市场外部的交易关系。

（2）外部性与纵向一体化

在旅游产业运行过程中，纵向结构的形成是同旅游产业链上的各种变量相联系。这些变量主要有：旅游生产商如饭店、航空公司、景区、铁路公司等企业通过各种契约形式向旅游批发商或组团社提供各类服务的价格和数量；旅游批发商向旅游代理商或者旅游零售商提供的批发价格和数量；旅游者最终的价格以及各旅游代理商或旅游零售商的销售努力等。由于这些变量的存在，每家下游企业的价格变化以及由这种价格变化所引起的销量变动，都会引起上游企业的收入或利润的变动。由于处于产业链上不同层次上的企业都追求短期利润的最大化，在旅游企业实行一体化经营之前，在不同层次上的价格由处于这个层次上的企业自己决策。下游企业在销售其产品时，并不是以上游企业利润增量，而是以自己的利润增量作为决策目标。于是便存在旅游批发商和零售商双重加价行为，使中间产品的最终需求量降低，从而影响上游企业的边际利润，这就形成了旅游企业纵向一体化的外部性问题。纵向外部性问题是由于下游企业在决定最终销售价格时不考虑上游企业的边际利润，使上游企业边际利润降低并且难以控制。在旅游产业链上，当旅游批发商与旅游零售商两个组织形成一体化经营时，旅游产品的最终市场销售价格将大大降低，旅游需求大大提高。这时，一体化经营的旅游产业获得的利润总额比未进行一体化的旅游产业要多，旅游者还会以更低的价格来享受这种产品的服务。

（3）交易费用与服务一体化

在旅游企业不完全契约的基础上，旅游企业与市场之间必然存在一定的交易费用。科斯认为，交易费用是交易双方谈判、制定和执行的时间和费用。通常，旅游企业的交易费用主要包括界定和发现交易对象的费用、界定合理交易价格的费用、讨价还价的费用、制定交易契约的费用、监督违约行为的费用、执行契约的费用等。

旅游企业在不同市场的交易活动中，界定和发现交易对象所形成的费用，也称为搜寻成本，它构成交易费用的主体。旅游批发商或组团社要想保证自己的服务与成本的一致性，只有进行实地考察，同旅游目的地的各个旅游接待企业进行高密度的接触，亲自体验其服务，才能全面把握市场上旅游服务价格与服务质量，才能确定自己的支付价格，才能保证契约的合理性。所有这些，都需要花费一定的时间、人力和物力，付出一定的成本和费用，这些成本和费用便构成旅游批发商的市场交易费用。旅游企业的搜寻成本与市场范围、旅游服务的差异化以及市场竞争与垄断程度相联系的。旅游企业市场范围越大、服务种类越多、提供各类服务的差异化程度越高、旅游市场竞争程度越高，旅游企业为之付出的搜寻成本就越多。当然，旅游企业花费的搜寻成本越高，由搜寻所获得的收益也会越高。

旅游企业在购买过程中也会发生讨价还价的费用，在一个合理的价格区间内，只要双方有利可图，任何一个价格区间的点位上都有可能产生被接受的价格，在讨价还价过程中所形成的价格溢价，便成为私人收益的一个重要来源。在谈判过程中，讨价还价的行为将会延续到交易双方的某一方边际收益为零时。而在这个讨价还价的过程中，旅游企业会付出一定的成本。

旅游服务是由各种不同职能的旅游企业提供的各种服务的综合，这种服务是以一个旅游批发商为市场主体，经过他的组合形成一个产品化的形式提供给市场的。旅游批发商自己并不生产旅游产品，而是通过各种契约形式与提供旅游服务的相关企业建立供应关系。因此，契约对旅游批发商的经营活动具有重要影响，它是交易双方对各种旅游服务种类、价格、数量和质量供应及交换条件达成的共识。完备的契约可以从根本上消除交易双方的机会主义，准确把握相关事件的变化以及变化中的契约人的责任和权利。但是在现实中，完备的契约是难以实现的，而契约的不完备会产生大量的费用，可能会产生双方对执行契约的分歧、争论，甚至通过法律进行诉讼。如果由于契约不完备造成对旅游消费者的损害，还会产生经济赔偿问题，这些都会成为旅游企业的交易费用。

交易费用是旅游企业纵向边界的衡量标准，也是纵向一体化的决定条件。根据科斯理论，企业可以通过市场外部交易，也可通过企业内部组织来实现其经营活动，具体采取哪种方式，关键在于交易费用与组织费用的比较：如果外部交易费用大于内部组织费用，旅游企业将会通过企业内部一体化的形式实现其经营活动；相反，如果内部组织费用大于交易费用，旅游企业将会通过市场交易形式实现自己的经营活动。

2. 旅游企业纵向一体化的优势

当旅游企业不能通过契约的形式实现自己的经营目标时，或者通过企业建立起来的市场交易关系需要付出高于一体化组织成本的交易费用时，又或者由于外部因素使得自己的预期收益不能实现时，旅游企业就会通过实施纵向一体化的组织形式，来防止机会主义以及契约的不完全对其经营活动的损害，消除外部不利因素，降低交易费用。在旅游产业内，实行一体化的旅游企业要比未实行一体化的旅游企业具有更多的竞争优势，更能在旅游市场上形成和实施自己的既定发展战略和经营目标，所有这些都可以归结于纵向一体化本身所具有的性质与特征。

旅游服务具有高度协调性和一体化服务的特性。旅游者投诉以及旅游收入的拖欠等问题的大量出现，在一定程度上说明了旅游服务市场的失效，从而引起旅游企业相关费用的增加。旅游企业可以通过一体化制度安排，用内部组织替代市场，从而相对减少市场的外部性干扰。内部组织可以创造一个不同于外部市场的激励机制，消除由市场制度安排所形成的交易双方对立的谈判关系，使各种原有的利益主体通过组织形式达到协调。同时，通过纵向一体化经营，旅游企业可获得一种对其经营过程带有强制性控制的手段，拥有一种比较有效的冲突解决机制，可以极大地发挥组织的效用，对旅游服务链条和在这个链条上的经营活动的全过程的绩效进行准确的评价，并能进行有效的控制。旅游企业实施纵向一体化经营在一定程度上减少了道德风险的发生。在纵向分散结构中，由于市场交易契约的不完备、信息的不对称和机会主义的存在，旅游市场的交易极有可能产生道德风险。通过纵向一体化经营，旅游企业便有了防范道德风险的控制机制，通过激励、组织手段来降低道德风险。道德风险的情况指，旅游经营者为了自己的目标，不尽最大努力去实现旅游企业财务管理的股东价值最大化目标。一些旅游经营者并不为了提高股价而冒险，因为股价上涨的好处将归于股东，如果失败，经营者的“身价”将下跌。他们不做错事，只是不十分卖力，以此来增加自己的闲暇时间。这样并不构成法律和行政责任问题，只是道德问题，股东很难追究他们的责任。目前，旅行社之间的拖欠款、不按合同进行接待等现象，都是道德风险的具体表现形式。相对于分散性经营，旅游企业一体化经营能更有效地实施市场价格歧视行为。

3. 旅游企业纵向一体化的形式

旅游企业的纵向一体化可以有两种形式：一种是通过资本扩张而形成的纵向一体化，这种形式是纵向集中；另一种是通过各种形式的战略联合而形成的纵向一体化，这种形式是纵向联合。

纵向集中和纵向联合是发生在旅游服务链两个不同层次之间的组织的集中，这种集中可以是前向的，如旅游批发商兼并旅行代理商，航空公司兼并旅行社，形成前向一体化；也可以是后向的，如旅游经营商兼并航空公司或者旅游目的地的饭店企业，形成后向一体化。在现实旅游经济活动中，前向一体化更为普遍。因为就旅游产业体系来看，它是一个以资源为中心，或者以客源为中心建立起来的体系，具有资源或客源垄断性质的旅游企业更容易形成一体化经营。同时，作为旅游服务的中间商，要实现前向集中，兼并处于旅游服务生产层次的组织，比如饭店和航空公司需要强大资本作保证，资本扩张的能力更为强大，相比之下，这些组织要兼并处于代理层次的销售商则不需要更多的资本。从这个意义上讲，由于旅游组织的特殊性以及各个组织所需要的投入资本不同，纵向集中往往发生在旅游服务链的高层次与低层次之间，形成了高层次向低层次的前向集中。

旅游企业的成长主要有内部成长和外部成长两条途径。无论是内部成长还是外部成长，都可以实现旅游企业一体化经营。

内部成长是旅游企业利用内部的人力、物力和财力，依靠企业经营积累的资源或筹集资本投资建立新的经营单位，并与其主业形成一定的产业链关系，来实现一体化经营。例如一家旅游批发商，可以通过投资建立一个新的旅游代理企业，或者是一家航空公司投资建立一家旅行社。

旅游企业通过内部成长方式实现一体化经营，实际上是一种发展新业务、进入新产业的方式，那么，市场进入的各项壁垒都会发生作用。此时，旅游企业需要经过前期调查、分析论证，重新建立销售渠道、树立良好信誉，需要进行工商登记注册。特别是要进入由国家旅游行政管理部门进行数量壁垒的产业时，旅游企业将花费大量的进入成本和费用。旅游企业还要考虑，进入新产业能否形成实际绩效的最低接待规模，能否克服进入市场的各种壁垒，能否防范产业内其他企业的联合排斥等。所有这些，使得通过内部成长形成一体化经营的方式不具有经济优势。

外部成长是旅游企业通过兼并、收购或合并处于旅游产业链不同层次的其他旅游企业而获得成长的。通过外部成长的方式实现一体化经营，可以实现经济优势。从世界大的旅游企业一体化经营的发展来看，都是通过兼并的外部成长方式进行的。例如法国的Accor集团和美国的Carlson集团通过兼并收购，不仅成功地在饭店业中占据重要地位，同时还涉足旅行社业务和娱乐业。旅游企业一般通过兼并和收购的形式进行一体化经营，主要在于这种形式可以形成协同效应和比较收益。

一般来说，协同效应是旅游企业通过并购所形成的总绩效大于原先分散绩效的总和，这是旅游企业并购所追求的主要目标，同时也是旅游企业实现纵向一体化的必要条件。比较收益是旅游企业通过并购形式获得的绩效大于通过投资建立新企业的绩效，这就是旅游企业为什么采取并购形式的主要动因，同时也是旅游企业实现纵向一体化的充分条件。从协同效应出发，旅游企业可以利用并购对旅游经营能力和接待能力进行重新整合，使其达到规模经济的要求。通过并购可以使旅游企业有效地解决由旅游产业的社会分工所形成的旅游业务流程上的市场隔离，降低由这种市场隔离所产生的操作成本，大大降低由市场交易所产生的交易费用。在市场统一的条件下，一体化经营可以借用统一的销售网络和营销手段，可以对中间产品的税赋进行合理避税，从而降低旅游企业单位产品的营销费用和经营成本。从比较收益出发，旅游企业通过并购形式比通过内部投资新建方式更具有比较经济优势。利用并购方式有效地降低了旅游企业进入新经营领域的行业壁垒，使其在进入新领域所具有的成本劣势转化为成本优势，同时，利用并购可以大幅度降低投资成本和市场风险，减小各种不确定性。所有这些构成旅游企业并购的比较收益。

（二）横向一体化战略

横向一体化战略指企业收购、兼并或联合竞争企业的战略。企业采用横向一体化战略的主要目的是减少竞争压力、实现规模经济和增强自身实力以获取竞争优势。横向一体化战略主要通过以下途径实现：一是购买，即一家实力占据优势的企业收购与之相竞争的另一家企业；二是合并，即两家相互竞争而实力和规模较为接近的企业合并为一家新的企业；三是联合，即两家或两家以上相互竞争的企业在某一个业务领域进行联合投资、开发和经营。横向一体化主要适用于：企业所在行业竞争较为激烈，规模经济较为显著，增长潜力较大时；企业的横向一体化符合反垄断法律法规，能够在局部地区获得一定的垄断地位时；企业具备横向一体化所需的资金、人力资源时等。

具体来说，旅游企业横向一体化也称为水平一体化，是旅游企业通过兼并、联合同类企业或投资组建新的经营单位形成的多地点的企业集团。如旅行社之间的一体化经营、饭店之间的一体化经营、航空公司的一体化经营等。根据世界旅游业发展的情况分析，在旅游资本增量增加的同时，旅游业内各个不同的产业之间和企业之间会形成集中的趋势，此时将会出现旅游企业横向一体化现象。旅游企业横向一体化主要是追求规模经济和网络经济，减少固定成本在产品或服务之间的分摊比例。

旅游企业横向一体化，会导致旅游市场垄断行为的出现，也会形成旅游产业的市场集中，旅游企业可以利用这种市场集中和垄断力量，对旅游服务进行市场控制，从而降低市场竞争的程度。但是，由于旅游服务的特殊性，使旅游企业的横向一体化所产生的垄断力量远小于其他产业。首先，旅游服务的生产活动是一种与旅游者活动空间相结合的经营活动，其服务产品不具有移动性和储存性，因此对这种服务产品的垄断不会是整体性的垄断，而仅仅是一个特定区域内的垄断；其次，旅游服务的生产是一种与旅游者活动时间结合的经营活动，产品不具有时间调整和分配的特点和性质。当一个产品没有时间调整和时间分配的性质时，垄断力量仅仅是某个时间内的现象；最后，就旅游需求性质来看，旅游服务具有高需求弹性和高替代性的特点，旅游企业是不可能通过一种垄断价格来控制旅游市场的，就旅游产业总体来说，是难以形成垄断利润的。

1. 旅游企业横向边界

旅游者的流动是在一个旅游客源地与一个或多个旅游目的地之间的流动，可以是点线式的流动，也可以是板块式的流动。如果是点线式的，那么旅游者的流动是在一地至多地之间进行。如果是板块式的，旅游者则是在两地之间流动的。旅游产业是围绕旅游空间流动而建立起来的，因此，旅游者的流动方式决定着旅游企业的经营方式。如果旅游企业实行横向一体化，也必然按照旅游者的空间流动方式进行，或者是两地横向一体化，或者是多地横向一体化，这就使得旅游经济具有规模经济和范围经济的特征。其原因在于，旅游企业规模经济不仅仅取决于接待人数的规模，也取决于在需求人数规模一定时，旅游经营者的接待次数，而这种接待次数与接待地点呈正相关。这种由接待地点增加带来的市场规模扩大所产生的经营收入增加的现象，便是旅游经济的“多地点经济性”，它是随着旅游企业经营地点的扩大、市场经营空间范围的延伸而产生的单位经营成本下降和全程经营利润增加的现象。

旅游经济的“多地点经济性”导致了旅游企业横向一体化的“横向边界”问题，即旅游企业规模扩张的一个理性界限，在这个界限内，旅游企业横向规模扩大便视为不经济现象，还会受到反竞争行为的限制。从旅游活动行为出发，凡是旅游者前往的旅游目的地均可以是旅游企业涉足的空间范围，因此，旅游企业横向一体化可能是世界范围的，这是旅游企业横向边界的最大化，也可称旅游企业的横向物理界限。然而，随着旅游企业横向地域的扩张，初期的收益是递增的，当企业规模扩张达到一个最高点时，就会形成规模经济的边际收益递减现象。比如企业规模扩张到一定程度，因为规模扩大，旅游企业的内部组织将会因层次管理的复杂性，权利与市场范围的相互交叉使得组织成本大幅度上升，层次组织的增加也会使得旅游企业效率降低。同时，过大的企业组织也会出现创新动力的减弱或者官僚成本增加。一般来说，旅游企业规模扩张所形成的边际收益等于边际成本，是旅游企业横向扩张的经济界限。此外，旅游企业横向边界是与企业能力成正比的。因此，旅游企业能力也有一个横向界限。

2. 旅游企业横向一体化的形式

旅游企业横向一体化是通过两种形式进行的，一种是兼并和收购形式，另一种是企业之间的联合形式。

旅游企业横向兼并指两家或两家以上具有相同服务功能并且相互独立的旅游企业合并成一家企业，通常是由一家占优势的旅游企业吸收一家或多家企业。西方公司法将公司兼并划分为吸引兼并和创立兼并两种不同的形式。吸引兼并是一家占有优势的旅游企业兼并了另外一家或多家旅游企业，被兼并的旅游企业其公司名称从此不复存在。创立兼并是两家或两家以上的旅游企业通过合并，建立一家新的旅游企业，这家旅游企业被称为新设公司，新设公司接管原来的两家或两家以上的旅游企业的资产和业务，原有旅游企业同时消失。

旅游企业横向收购指一家旅游企业通过购买股票或者股份，取得与自己职能相同的另一家企业的控制权或管理权，被收购的这家旅游企业不必消失，它只是成为被收购的旅游企业。

兼并和收购都可以形成旅游企业横向一体化经营，通过这种行为实现旅游企业的重组和控制权的转移。旅游企业的兼并和收购是不同的。兼并行为是在两家旅游企业的行为主体之间进行的，是通过兼并企业和被兼并企业的法人代表的行为实现的，由于这种行为属于企业重大经营决策行为，必须经过股东大会的批准才能实施。收购行为则是收购者和被收购旅游企业股东之间的行为，被收购的旅游企业的股东可以是企业法人也可以不是企业法人，只要收购者与被收购的旅游企业股东达成收购协议便可执行，而不需经企业法人的同意，也无须经过股东大会的批准。因此，旅游企业兼并的法律后果是被兼并的旅游企业法人主体消亡，存在着财产、债权和债务以及权利和义务向兼并前的企业或兼并后的企业转移的问题；而收购只是收购者对控制权的收购，被收购的旅游企业法人主体地位并没消亡，也不会产生财产、债权和债务以及权利和义务向收购企业转移的问题。

旅游企业之间的横向联合也是横向一体化经营的方式。横向联合指两家或两家以上的旅游企业为了实现互利的目的共同投资或分享信息和资源所结成的一种合作关系。相对于旅游企业的兼并和收购，联合是在不变更产权和控制权的前提下进行的，因此，它是一个松散型的横向一体化经营方式。

旅游企业实现横向联合主要是通过联号、管理输出和租赁等几种方式实现的。联号是一家具有优势的旅游企业通过出让特许经营权，向与本企业具有相同服务功能的其他旅游企业提供品牌、技术等经营性资源以及客源组织和销售渠道而形成的旅游企业横向一体化经营的方式。参与联号的旅游企业不受品牌出让者的控制，财产、债权和债务以及权利和义务不发生变化，只是定期接受出让者的检查，以保证向旅游市场提供的旅游服务或产品的质量一致性和稳定性。联号虽然是旅游企业对品牌以及服务质量的约定，然而，在实际运行过程中，通过联号经营的形式也会起到横向一体化的作用。特别是多数联号企业由于共享联号体系的销售渠道和客源组织，在服务和产品销售上便形成了一种同盟。例如，2016 年，港中旅集团与国旅集团战略重组成立中国旅游集团公司，首旅集团收购如家酒店，携程与去哪儿网合并，锦江集团继收购卢浮酒店集团后再一次注资铂涛集团等，这一系列兼并、重组事件标志着 2016 年旅游市场供给侧格局的大融合、大发展，也注定 2016

年成为中国旅游市场波涛元年。在这一系列重组背后，是旅游市场整体变化的开端，旅游供给侧改革开始发力。

二、旅游企业密集型经营战略

密集型经营战略是在原有生产经营范围内充分挖掘产品和市场方面的潜力来寻求企业的增长，也称集约型或加强型战略。密集型战略是在原有的业务领域内，加强对原有产品与市场的开发与渗透来寻求企业未来发展机会的一种发展战略。其具体形式有市场渗透战略、市场开发战略和产品开发战略三种。

（一）市场渗透战略

市场渗透战略是市场逐步扩张的拓展战略。其战略核心体现在利用现有产品开辟新市场实现渗透，或者是向现有市场提供新产品实现渗透。

主要的战略方法包括增加销售人员、增加广告费用、采用促销手段或加强公共关系的宣传、提高旅游产品或服务质量以吸引更多的旅游者等。

（二）市场开发战略

市场开发战略指用现有的产品或服务去开拓新的市场，旅游企业必须通过不断的市场开发，为自己的产品和服务寻求更广阔的市场空间，从而实现企业规模扩张和实力增长，该战略比较适用于市场规模扩张阶段，通过让更多的消费者了解企业，从而提高企业的知名度和美誉度。

主要的战略方法包括进入新的细分市场，重新包装产品或开发产品的新用途，将旅游产品和服务扩大到新的地区市场或国家市场。

（三）产品开发战略

产品开发战略指通过改进和改变旅游产品或服务以增加现有市场上的产品和服务销售的战略思路，即开发新的旅游产品及服务或增加现有产品的功能以更好地满足当前的旅游细分市场。从某种意义上说，这一战略是企业发展战略的核心，因为市场是不可控制的因素，而产品开发是企业可以努力做到的可控制因素。

此战略比较适用于企业在市场已经占据一定的竞争地位的阶段，通过增加旅游产品及服务的附加值和多样化等因素更好地适应旅游者需求的变化、延长旅游产品的生命周期。

三、旅游企业多元化经营战略

旅游企业多元化战略指旅游企业以产品、品牌、分销渠道等介入其他行业，在多个相关或不相关的领域同时经营多项不同业务的战略，扩大企业规模，提高经济效益，减少经营风险的经营战略。

（一）旅游企业实施多元化经营的必要性

旅游企业实施多元化经营战略主要基于以下几大原因：

1. 旅游业发展的要求

旅游业是以旅游者的多样化旅游需求为纽带组织起来的行业联合，具有综合性和关联性特点。现代旅游业发展的主要特征之一就是旅游业各细分子行业的业务板块相互融合，或者旅游业与其他行业之间的融合，更为普遍和深入。具备一定规模的旅游企业都会实行多元化经营，而且可能会选择与主营业务相差较大的新兴行业，或发展前景好的领域。

2. 分散经营风险化解危机

由于旅游业的敏感性和脆弱性，旅游企业在稳健经营主业的同时，通过多元化经营向其他领域扩展，可以避免因社会、政治、经济条件变化引起的旅游产业波动给企业带来致命的伤害，增强旅游企业对市场变化的适应能力。多元化战略是旅游企业规避风险的必要选择。

3. 拓展企业运营空间提高经营效益

作为我国最早对外开放的产业，旅游业的开放程度较高，旅游市场的竞争异常激烈。由于受到市场不规范等因素的影响，近年来旅游企业的经营效益持续下滑。许多旅游企业为摆脱经营困境，拓展新的利润空间，从旅游业扩展至房地产、通信、传媒等利润率较高的行业实施多元化经营战略。

4. 充分利用资源挖掘企业内部潜力

企业在经过发展期之后，逐渐累积了一定的资源，尤其是旅游企业涉及面较广，累积的资源也较为分散。因此实施单一的专门化经营无法将这些资源充分利用，会造成一定的浪费，限制企业的发展。通过实施多元化经营，促使企业充分挖掘内部潜力，整合现有资源，发挥协同作用使各种资源得到最大限度的利用。

5. 开拓市场成长空间

任何产品在市场中都要经历投入、成长、成熟和衰退四个阶段，企业单一生产经营某种产品时需要不断拓展市场空间。当旅游企业的发展比较稳定时，企业所占的市场份额达到一定规模或产品进入成熟期时，其市场成长就会放缓。因此专营单一旅游产品的企业的发展会受到一定限制。在区域市场较大且企业具备一定条件时，企业会选择多元化经营拓展市场空间。

（二）旅游企业多元化经营的实施路径

旅游企业在实施多元化战略时，需要谨慎评估企业条件和准备进入的领域的发展前景，选择适当的实施路径。旅游企业主要采取以下两种实施路径。

1. 自我发展的内部拓展模式

这种方式是以旅游为主业，逐步向相关产业发展。世界上大多数旅游企业集团都是通过内部自我拓展逐渐壮大的。我国旅游企业在多元化过程中也多采用这种方式。这种方式一般是旅游企业凭借自身主业优势向相关上下游产业渗透，或者向其他间接相关产业发展。例如，最初以饭店业为主，然后再向商业、服务业、房地产业、金融保险业等领域拓展。或者最初以旅行社为主，随着业务发展的需要逐步建立旅游交通、旅游开发、旅游餐饮类的企业群。

这种方式的优点是旅游企业利用既有的资源优势，包括营销网络、顾客群等将业务延伸至与主业直接或间接相关的上下游产业。其实质是企业为顾客提供服务内容的延伸和扩展，避免了不同产业在接待顾客过程中的衔接成本，提高了企业运营效率，可以节省大笔开拓新市场的相关费用，并可以利用原有营销网络和顾客群获得较大的竞争优势。其缺点是企业进入相关行业需要克服进入壁垒，而且要在形成生产能力、培养人才等方面付出一定时间和资金及人力成本。旅游企业采取内部拓展模式，需要具备以下条件：企业实施内部拓展付出的成本低于外部并购；拟进入的领域属于新兴行业，企业无法通过收购获得多元化发展机会；企业拥有的资源已经具备在新领域的竞争能力。

2. 以外部并购方式实现多元化

这种方式主要是通过兼并、收购以及混合并购拟进入行业的有关企业来实现多元化发展。例如国内最大的旅游饭店集团锦江国际集团，最初以饭店业为主业通过并购向金融业、交通运输业、房地产业、食品加工业、商贸业等行业拓展，目前已拥有各类企业百余家。

随着旅游业的快速发展，兼并与收购已经成为我国旅游企业实现规模化、网络化、集团化经营的重要手段，许多企业以股权收购、资产置换等方式实施了并购多元化经营。据中商产业研究院统计整理，根据上市公司相关公告，2020 年共发生上市公司并购公告动态 9322 起。从经营效果来看实施低度多元化的旅游上市公司的绩效远远高于单一业务型公司和实施高度多元化的公司，而实行高度多元化经营的不相关业务型公司的经营绩效最差。

外部并购的优点在于企业通过资本控制进入新领域的进入周期较短，能够更好地把握市场机会，可以在短时间内迅速获得新领域的生产经验和技术管理优势，大大减少进入成本。但缺点也很明显，如果是跨行业的企业并购就面临着不同行业之间的产业整合困难，尤其从原行业进入到一个陌生行业中，管理者常常缺乏相应的经验，对一些行业特质并不十分了解，这会给企业带来一定的经营风险；如果是同行业内的企业并购，不同企业的管理机制和企业文化存在较大差异，如果融合不好很可能降低企业的运营效率，影响企业的整体竞争力；另外被并购企业本身往往存在一些问题，实施并购多元化的企业如何将其整合发挥出最大效应，是企业面临的较大困难。一般情况下旅游企业实施并购主要针对两种类型的企业：一是被并购企业的价值被低估，企业实施并购付出的成本小于自我拓展需付出的时间和精力；二是新兴领域具有成长前景，但由于经营不善等原因陷入财务危机的企业。

（三）旅游企业多元化战略的整合

旅游企业实施多元化经营后需要对内部资源和外部资源进行整合，明确企业的整体发展方向和发展策略，突出培育企业核心竞争能力，使多元化经营真正发挥 $1+1>2$ 的效应。实施多元化整合主要包含以下几方面内容：

1. 对企业文化的统一和强化

企业文化是支撑和维系企业发展的基础和核心内容。因此旅游企业实施多元化整合必须以统一企业文化差异，构建共同价值观和经营观，强化文化共性为首要任务。

2. 创新性调整管理体系

企业实行多元化经营将面临更为复杂的业务运营和人员管理，原有管理体系或管理模式不再适应企业的发展需要。因而根据业务和经营规模以及市场环境变化，不断创新调整运营管理体系是企业永恒的主题。旅游企业在业务多元化，尤其是进军不相关领域后原有管理体系需要根据新的业务特点和业务流程，进行重新设计，包括部门设置、责权划分等也需要进行重新调配，其中最重要的是对员工业务岗位的变换。

3. 加强管理控制

企业实行多元化后，业务产品增多，各不同领域业务部门之间可能存在对管理资源的争夺，造成各部门相互倾轧，容易使资源更加分散短缺。一个企业所涉足的经营项目越多，多元化程度越高，企业的总经理们越是难以对每个子企业进行监控和尽早地发现问题。因此旅游企业必须从整个企业长远发展考虑，制订投资计划，加强投资管理，协调企业不同部门之间的关系，将企业各种业务间的战略匹配关系转变为各业务子企业靠自己无法获得的额外竞争优势。管理人员要充分考虑不同行业中完全不同的经营特点和竞争环境，并有能力做出合理的决策。

第三节　旅游企业集团化发展

旅游企业集团化问题，从宏观角度看是旅游产业组织政策问题，从市场角度看是旅游市场结构和引发的市场秩序问题，从企业的角度看是旅游企业在市场上的吸引力和竞争力问题。2000 年，原国家旅游局明确提出了 21 世纪中国旅游发展的宏伟目标——建设世界旅游强国。中国要成为世界旅游强国，必定要有强大的旅游企业支撑，旅游企业集团化是进一步发展、壮大旅游业的根本途径和必由之路。

一、旅游企业集团的概念和特征

（一）旅游企业集团的概念

旅游企业集团是由多家独立旅游企业构成的、以资产或者非资产契约为联结纽带的旅游企业联合体。

一般旅游企业集团比单个的旅游企业更倾向于技术进步和创新来占有或保有市场份额，因此，不管国内还是国外，我们都可以看到大批的旅游企业集团不断推动着旅游产业的发展。

（二）旅游企业集团的特征

旅游企业和其他行业企业相比有独特的地方，见表 9–3–1。例如，在旅游企业中旅游产品不能提前生产留待未来销售，没有存货机制来调节生产能力，这使得如何有效利用旅游企业的生产能力成为旅游企业经营的一个重要内容。

表 9–3–1　旅游企业与制造业企业的对比

特点		典型的旅游企业	典型的制造业企业
投入产出	投资	小	大
	产出规模	小	大
	资产专用性	低	高
	产品技术	简单无专利	复杂有专利保护
	劳动生产率	不易提高	容易提高
	存货调整机制	不存在	存在
	受环境影响	大	小

续表

特点		典型的旅游企业	典型的制造业企业
市场结构	需求方	最终消费者	中间/最终消费者
	供给方	数量多且非常零散	数量少且比较集中
	价格	价格歧视多	价格歧视较少
	产出能力调整	较难	比较容易
	经营管理	存在大量外包特许经营	外包特许经营较少
	进出障碍	低	高
	品牌重要性	大	不一定
产品特征	无形性	有	无
	可移动性	无	有
	生产与消费	同时进行	非同时进行
	是否可储存	否	是

注：引自秦宇. 旅游企业集团化成长[M]. 北京：旅游教育出版社，2007.

旅游企业集团和制造业企业集团相比存在较大差异，见表 9–3–2，这些差异会影响旅游企业的发展，并在相当大的程度上影响旅游企业集团的发展模式。例如，旅游产品不可移动性导致了旅游市场是分散的区域性市场。一方面正确的区位选择对旅游企业经营十分重要，位置是否趋向于最终消费者决定了旅游企业经营的成败。另一方面这个特点还对旅游企业如何发展壮大产生了影响。旅游企业只能在不同的地点发展，而不能通过产品的移动来形成生产能力的扩张，从而决定了旅游企业集团扩张的多地点特征。

旅游企业集团的特点决定了旅游企业集团发展模式的特色性。旅游产业组织在空间结构上表现为典型的网络型组织，同一般工业企业集团有很大的差异（表 9–3–2），用一般工业企业集团的发展模式来发展旅游企业集团并不合适。

表 9–3–2　旅游企业集团和制造业企业集团的特征比较

特点	典型的旅游企业集团	典型的制造业企业集团
产品特征	以服务产品为主	以实物产品为主
主要联结手段	资本管理品牌营销	资本
单个成员企业规模	较小	较大
组织紧密程度	较松散	较紧密
核心企业与其他成员间上下游生产关系	较少	较多
集团成员布局	布点多	布点少
资产专用性	弱	强
组织空间特征	网络型特征明显	网络型特征不明显
集团类型	横向为主	纵向横向及混合型

注：引自秦宇. 旅游企业集团化成长[M]. 北京：旅游教育出版社，2007.

二、旅游企业集团的类型

（一）按照旅游企业集团经营的业务类型划分

按照业务类型，旅游企业集团主要有旅行社集团、饭店集团、航空集团、景区集团和综合性旅游企业集团等。这类旅游企业集团中的成员几乎都是生产同种或者同类产品的旅游企业，因此也是横向旅游企业集团。

综合性旅游企业集团则比较复杂一些，这类旅游企业集团的业务范围往往覆盖旅游行业中多个子行业，如美国胜腾公司的四大业务板块中就包含了旅行服务、饭店、租车等旅游业务行业。再如我国首旅集团涵盖了酒店、旅行社、汽车、购物、餐饮、会展、娱乐、景区等多种业务的综合性旅游企业集团。旅游企业集团中，如果各业务组合之间具有上下游关系，则是纵向一体化的旅游企业集团，否则称为多元化旅游企业集团。

（二）按照旅游企业集团形成的方式划分

按照形成方式划分，旅游企业集团主要有市场成长型和政府主导型。

西方国家对旅游业的干预很少，大型旅游企业集团的成长一般是自然的市场过程，具有较强经济实力和竞争优势的企业集团通过各种方式，吸引成员企业加入集团，有时通过并购方式将竞争对手收入囊中。

在我国，大部分旅游企业集团自身的吸引力不够，兼并收购的动作受到很大限制，而政府具备强大的行政资源，也希望通过建立旅游企业集团的方式促进本行政区域内旅游企业实力的增强。所以我国靠市场成长方式组建的旅游企业集团不多，基本靠政府促进。一些地方性旅游企业集团完全是通过地方政府旅游类资产划拨的方式形成的。如云南旅游集团，陕西旅游集团等。在另一些旅游企业集团的成立过程中，政府在集团的组建过程中也起到了重要作用。如 2004 年，首都旅游集团、新燕莎控股公司、全聚德集团公司合并组成的首都旅游集团，就是由北京市国有资产监督管理委员会牵头搭建的。其他一些松散型旅游企业集团在形成过程中，政府也起到了撮合的作用，如中国友谊饭店集团等。

（三）按照旅游企业集团主要联结纽带划分

按照连接纽带划分，主要有资产纽带型旅游企业集团和技术纽带型旅游企业集团，见表 9–3–3。

表 9-3-3　旅游企业集团的主要联结纽带对比

联结纽带		对集团成员控制力度和收益	联结纽带的可复制性	扩张速度和成本	集团举例
资金		控制力强，获得经营的全部收益	不可复制	扩张成本高，扩张速度慢	云南旅游集团、首都旅游集团
技术	管理合同	控制力较强，获得经营的少部分收益	可部分复制	需要较多的人力资源，扩张的速度较慢，成本较高	华住饭店集团、威斯特蒙特饭店集团
	特许经营权	控制力较弱，获得经营的少部分收益	可复制	仅需要成熟的商业模式即可高速扩张，成本低	美国运通公司、选择性国际饭店集团
	松散的技术协议	控制力较弱，获得经营的少部分收益	可复制	扩张速度快，成本低	超国界饭店组织

技术纽带型集团可以以更小的代价，更快的速度扩张。商业技术纽带更受欢迎。如运通公司，认为特许经营有合作共谋发展的特点，能够为合作者提供品牌支持、员工培训支持、技术支持，使合作者共享优质的旅游产品及服务等，运通在中国的发展将重点通过特许经营的方式进行扩张。从 2003 年开始，运通公司通过特许经营方式与中国国际旅行社总社共同拓展在中国大陆的旅游代理处。

（四）按照旅游企业集团的隶属形式和结构关系划分

按照隶属形式和结构关系，旅游企业集团主要包括由公司拥有、公司控股、公司租赁、管理合同、特许经营权转让等形式组合的旅游集团。

（五）按照集团的地区分布划分

按照地区分布，旅游企业集团可以划分为区域性旅游集团、国内旅游集团和国际旅游集团。

三、旅游企业集团的组织结构模式

（一）直线职能制组织结构

直线职能制组织结构的旅游企业集团一般实行母公司总部集权控制，按职能划分为若干职能部门，母公司通过职能部门对下属经营单位（分公司、子公司）实行高度集中管理。这种组织结构模式适用于规模不太大，产品品种不太多，工艺较稳定，市场信息易掌握的企业。处于创建初期的母公司往往会采用直线职能制组织结构。

直线职能制组织结构的优点是集权与分权相结合，在保留直线制统一指挥优点的基础上，引入管理工作专业化的做法，弥补领导人员在专业管理知识和能力方面的不足，协助领导人员决策。但当旅游企业规模太大，职能部门增多时，部门间横向联系和协作会变得更加复杂和困难，厂长（经理）往往无暇顾及企业面临的重大问题。

（二）事业部制组织结构

事业部制组织结构的旅游企业集团会进行相对集中的归口经营管理，将相同或相近产品的基层生产经营企业结合为一个事业部，通过事业部来管理基层旅游企业（子公司、关联企业、协作企业）的生产经营活动。这种组织结构模式适用于经营规模大、生产经营业务多样化、市场环境差异大、要求具有较强适应性的旅游企业。

该组织结构模式的优点是权力下放，有利于高层管理集中精力于战略发展；有助于事业部主管自主处理日常工作，提高旅游企业经营者适应能力；有利于高度专业化；各事业部经营责任和权限明确。但是事业部制组织结构也存在组织结构重叠、管理人员膨胀、各事业部独立性强、容易忽视整体利益等缺点。

（三）控股制（母子公司制）组织结构

控股制组织结构，又称为母子公司制组织结构。母公司通过对子公司的控股或者相对控股，以控制和管理子公司，通过对子公司的经营来完成母公司的业务。母公司不设立与经营生产相关的事业部和职能部门，只设立一些职能部门用来管理和控制子公司。

控股制组织结构的旅游企业集团的优点是旅游总公司对子公司具有有限的责任，风险可以得到控制，大大增加了旅游企业之间联合和参与竞争的实力。但是该结构也存在母子公司之间战略协调、控制、监督困难，资源配置较难，各公司的协调管理变得间接等缺点。

（四）混合型组织结构

混合型组织结构的旅游企业集团中，母公司以事业部或者直线职能单元的形式直接经营一部分业务，同时以子公司的形式经营一些业务，从事经营生产的事业部与子公司处于同一水平上，这实际上是一种事业部制和控股制以及直线职能制的混合型结构。

这种混合型组织结构有利于旅游企业集团根据特殊需要和业务重点，选择采用不同的组织结构，灵活性强，且可以根据外部环境和业务活动的变化及时进行调整。但也可能存在一些缺点，例如组织结构不规范，容易造成管理上的混乱，或者所设各部门之间差异很大，不利于协调与合作，不利于在全球树立完整的公司形象等。

四、我国旅游企业集团的发展

1978 年前，我国的饭店、景区和旅行社等旅游接待单位主要从事的是以政治任务为主的对外接待工作，各接待单位基本上不具备企业的性质，更谈不上旅游企业集团。由于旅游接待的特殊性质，某些旅游接待单位也形成了类似于联合体的经营模式。如 1957 年成立的中国华侨旅行服务总社，管理厦门、泉州、深圳、汕头、广州等地的华侨服务社，统一领导和协调全国华侨、港澳台探亲旅游接待服务。

1978 年后，中国旅游业大发展，旅游接待单位开始企业化经营，旅游企业集团也开始发展起来了，至今大体分五个发展阶段。

（一）初创阶段（20 世纪 80 年代）

1980 年，国务院《关于推动经济联合体的暂时规定》出台，1986 年国务院发布《关于进一步推动横向经济联合的若干问题的规定》，全国开始出现大量的横向企业联合体，上海作为试点。1984—1985 年，华亭饭店、锦江饭店、新亚饭店、东湖饭店四家以饭店服务业为主的企业集团相继出现。1987 年，国家出台《关于组建和发展企业集团的几点意见》，正式确立了经济联合体的“集团”的名称（此前，很多叫企业群体）。1987 年，我国成立了中国联谊饭店集团、中国华龙旅游饭店集团和友谊饭店集团三家饭店经济联合体。1989 年，原国家旅游局批准设立了国旅集团。当时我国政府管理者和企业人士关于企业集团的概念很多都是模糊的，1989 年，《企业集团组织与管理座谈会纪要》发布，才首次对企业集团的基本特征做出了明确的规定，例如，指出企业集团公司与紧密层、半紧密层企业的联结纽带主要是产权关系。

20 世纪 80 年代，出现了一些大型的旅游企业集团，如 1980 年成立的广之旅国际旅行社、1981 年成立的春秋旅行社、1988 年改制的萧山宾馆（开元集团的第一家饭店），现已成为国内重要的旅游企业集团了。

（二）小规模发展时期（20 世纪 90 年代前期）

1990 年，中旅集团组建，1992 年，国旅集团组建。国旅集团是原国家旅游局推荐成为旅游行业唯一一家百家现代企业制度试点企业。到 20 世纪 90 年代中期，一批大型国有企业相继成立了一批旅游企业集团，如 1992 年成立的凯莱国际酒店管理公司，1994 年成立的泰达国际酒店集团。这一时期，我国旅游企业集团数量较少，规模也较小。

（三）旅游企业集团大发展时期（20 世纪 90 年代后期）

1997 年党的“十五大”以后，民营经济快速发展。1998 年《中央党政机关与所办经济实体和管理的直属企业脱钩的总体处理意见和具体实施方案》颁布，2001 年，中国加入世界贸易组织。为提高大型国有企业的竞争力，一批大型企业集团在国务院国有资产监督管理委员会和各级政府部门的主导下成立或者进行了重大重组。我国旅游企业集团进入了一个大发展时期，90 年代中后期我国成立的主要旅游企业集团见表 9–3–4。

表 9–3–4　20 世纪 90 年代中后期我国成立的主要旅游企业集团

集团名称	成立时间	主营业务	性质
云南旅游集团	1996 年	旅游综合业务	国有
海航酒店集团	1997 年	饭店	民营
东星集团	1997① 年	旅行社、交通	民营
首都旅游集团	1998 年	旅游综合业务	国有
厦门旅游集团	1998 年	饭店旅行社	国有
浙江旅游集团	1998 年	饭店、景区	国有
陕西旅游集团	1998 年	旅游综合业务	国有
河南旅游集团	1998 年	饭店、旅行社	国有
新疆旅游集团	1999 年	旅行社	国有
黄山旅游集团	1999 年	旅游综合业务	国有
西安旅游集团	1999 年	旅行社	国有
上海铁路旅游集团	1999 年	旅游综合业务	国有
宋城集团	1999 年	旅游开发、地产	民营
中江之旅饭店管理集团	1999 年	饭店	民营
开元旅业集团	1999② 年	饭店、地产	民营
江西三清山旅游集团	2000 年	旅游综合业务	民营
吉林省旅游集团	2001 年	旅游综合业务	国有
中州国际集团	2001 年	饭店、旅行社	国有
东方航空集团公司	2002 年	航空运输	国有
南方航空集团	2002 年	航空运输	国有
中国航空集团	2002 年	航空运输	国有
天津旅游集团	2002 年	旅游综合业务	国有
大理旅游集团	2002 年	景区景点	国有
新疆绿洲国际旅游集团	2002 年	旅游综合业务	国有
南京金陵饭店集团有限公司	2002 年	饭店	国有
厦门建发旅游集团	2003 年	饭店、旅行社	国有
厦航旅游集团	2003 年	旅游综合业务	国有
锦江国际集团③	2003 年	旅游综合业务	国有
中国航空集团旅业有限公司	2003 年	饭店、旅行社	国有
中国南方航空集团旅业发展有限公司	2003 年	饭店、旅行社	国有
安徽旅游集团	2003 年	旅游综合业务	国有
上海东方航空酒店集团	2003 年	饭店	国有
国旅集团重组	2004 年	旅行社、免税店	国有
中旅集团重组	2004 年	饭店、旅行社	国有
大庆发展旅游集团	2004 年	饭店、旅行社	国有
广州岭南国际企业集团	2005 年	旅游等	国有
重庆旅游控股集团	2006 年	饭店、旅行社	国有

以上旅游企业集团在发展过程中，出现了由于先天不足或者运营不善而造成的问题。例如，在某些以行政划拨方式成立的旅游企业集团中，普遍存在“集而不团”的问题，集团中各部门无法获得协同。在很多地区性的旅游企业集团中，业务往往位于某一行

① 为该集团进入旅游行业的时间。

② 为开元旅业集团改为民营的时间。

③ 锦江国际集团由原锦江（集团）有限公司和新亚（集团）有限公司国有资产重组组建。

政区域内，而且涵盖的业务种类过多，无法依靠跨地区经营和专业化经营提高竞争力。再如，旅游企业集团和一般制造业集团的重要差别就是联结纽带是技术纽带，而我国旅游企业集团中最常用的纽带还是资本，这在一定程度上限制了中国旅游企业集团的发展和扩张速度。

（四）整合发展时期（21 世纪初）

我国旅游业发展壮大，已成为我国的支柱产业，旅游企业集团发展迎来一个小高峰。2003 年 5 月，国务院颁布《企业国有资产监督管理暂行条例》。政府部门通过行政手段将本地区或本部门的旅游类资产进行划拨整合，撮合中央旅游企业合并，例如，中旅和中旅商贸的重组、国旅和中国免税品（集团）总公司的合并、锦江国际集团整合、首都旅游集团组建等。2004 年之后，随着国有资产管理体制改革的深化，市场要素驱动的旅游企业集团化发展趋势更加明显，中国旅游企业集团化进入了一个加速发展、大集团主导与市场格局初定的全新阶段。如 2005 年香港中旅接收招商国旅并于 2007 年合并中旅。在行政力量的强力整合下，中国旅游集团的骨干力量开始形成。

（五）融合发展阶段（2014 年至今）

自 2013 年以来，我国经济从高速发展转向高质量发展新阶段，旅游业也迎来了从高速增长向高质量发展的重要节点。2014 年出台的《国务院关于促进旅游业改革发展的若干意见》，2015 年出台的《中共中央、国务院关于深化国有企业改革的指导意见》，对国企加快改革，加速市场化进程，进一步完善现代企业制度起到了积极的推动作用。无论是锦江收购铂涛和维也纳，首旅收购如家，还是港中旅和国旅战略重组，国企正以并购重组的方式快速壮大。如何实现集团并购后的内部业务和资源整合，做大企业的同时做强市场主体，增强整体竞争力是国有旅游企业集团提升全球竞争力的重要方向。

2017 年，中国旅游集团 20 强名单中，国有企业占 59%，是旅游集团发展的主力军。民营和外资企业增长迅速，是旅游集团的重要构成，已经成为最具活力的旅游集团。开元、海昌、春秋等传统业态的民营企业，以酒店、主题公园、旅行社、航空为主业，不断增强在专业化市场上的竞争力，保持了良好的业绩增长。同程、景域等民营类和携程等外资类新兴旅游企业，以互联网和大数据技术为依托，加速对传统旅游业态和产品的改进及新业态、新产品开发，以市场化手段实现了企业的跨越式发展。

这一阶段，旅游企业集团的业态日益多元化和综合化，旅游产业结构不断优化。早期的广之旅、南湖国旅、宝中旅游等单一旅行社业务企业，在线上旅游企业快速发展和旅游业务日益综合化的背景下逐渐退出 20 强名单。大型旅游集团正加速业务整合和综合业务开发，不断提高业务的协同效应。中国旅游集团涉足旅行社、酒店、免税、景区、地产、物流等多个领域，海航旅业集团则涵盖了航空、酒店、食品、免税、演艺等多种业态。当前，我国旅游企业集团成长迅速、产业发展加速集聚新动能，然而其国际竞争力还不够强，在全球旅游市场竞争中的地位还有待提升。

第四节　旅游企业国际化发展

国与国之间的旅游关系可以有三种不同的形式：第一种是旅游跨国贸易，也就是通过旅游者的跨国界流动，旅游客源输出国与旅游目的地国之间通过各种形式的契约，建立旅游者的组织与接待关系，形成国际旅游合作。如果两个不同的国家都存在客源之间的相互流动，也就是互为旅游客源国和旅游目的国，那么这种旅游者组织和接待体系则是双向的，从国际服务贸易来说，两个国家同时存在旅游贸易出口与进口的经济现象。虽然是旅游者的跨国旅游导致了两国旅游企业之间的市场交易行为，但是它并不是旅游企业跨国经营行为。第二种是契约性技术转让，一国通过技术转让或特许经营的方式向另一国转让与旅游经营相关的一系列技术，如饭店的联号经营、客源体系共享以及管理技术的输出等，都是这种关系的具体表现。第三种是旅游客源国直接在旅游目的地国投资，建立旅游企业或开办各种形式的分支机构，如旅行社在海外开办合资旅行社、独资旅行社、饭店，在海外投资建立合资或独资饭店设施等，这种形式即是旅游企业跨国经营行为。

一、旅游企业国际化的理论动因

旅游企业形成跨国经营是所有权特定优势、旅游企业市场内部化和东道国旅游区位优势三者相互结合与作用的结果。一家特定的旅游企业拥有的所有权特定优势越大，内部化动机越强，东道国旅游区位特定优势越大，这家旅游企业在东道国进行旅游投资的动力就越强，旅游企业跨国经营就越容易实现。

旅游企业所有权的特定优势主要表现为比较优势。比较优势的第一层含义，就是如果一家旅游企业在东道国进行投资，只要拥有东道国具有竞争关系的旅游企业无法获得的旅游客源组织技术，或者能独立地拥有东道国旅游企业无法拥有的无形资产，如专利、商标、品牌和管理技术时，那么这家旅游企业就有了同东道国旅游企业的比较优势。第二层含义，就是如果一个国家的旅游企业在东道国所拥有的分支企业以及战略同盟的数量和规模比其竞争旅游企业多，或者这家旅游企业在多国拥有旅游经营业务和分支机构，那么，这家旅游企业便拥有了同东道国旅游企业的比较优势。旅游企业跨国化程度越高，拥有的分支企业越多，分布的国家越广，就越能充分利用不同国家的区位优势和市场需求。因此，旅游企业所有权特定优势是形成跨国经营的基础。

旅游企业跨国经营行为，主要是因为旅游市场的不完全性和各国旅游产业发育的不同步性，使得那些先期旅游产业发育的国家获得在国内旅游市场上的垄断地位，形成了垄断优势，并通过直接投资进入东道国的旅游市场。由市场的不完全性和旅游产业发育的不同步性形成的比较优势，仅仅是旅游企业跨国经营的必要条件，而不是跨国经营的充分条件。旅游企业要将这些比较优势转化为跨国经营，取决于内部化理论。内部化理论的产生有三个假设条件：一是旅游企业外部交易市场是不完全的；二是旅游企业存在一种将旅游服务的中间产品内部化的动力；三是当市场的内部化一旦超越国界时，就会产生跨国经营。外部市场的不完全性是内部化形成的主要原因。由于旅游市场的不完全性，原来以旅游服务贸易为主要手段建立的客源国与旅游目的地国之间旅游关系的企业，存在一种内部化活动的动机。对旅游客源地企业来说，需要通过市场的内部化避免旅游目的地旅游企业服务供给、旅游交易价格以及旅游服务质量的不确定性。对旅游目的地国来说，由于客源国的旅游企业拥有相当规模的旅游客源和优势性的销售通道，有利于扩大旅游目的地国的客源规模，同时，通过市场的内部化可以对特定客源实施价格歧视政策。如果交易成本大于跨国经营的组织成本，旅游企业就会放弃市场交易，而寻求直接投资方式，进行跨国经营，使市场交易内部化。

对旅游企业来说，要在具体的旅游目的地国家进行投资以及跨国经营，主要是这个旅游目的地国要具有一组旅游区位特定优势。这里的特定优势可能是具有优势的旅游资源，表现出较高的旅游吸引力，是世界重要的旅游目的地国，旅游市场具有相当的规模；可能是这个国家所拥有的旅游资源性质符合世界旅游发展趋向，具有良好的市场发展潜力；可能是这个国家在吸引外资和引进跨国企业等方面，具有优势的投资政策和税收政策；也可能是旅游企业进入东道国的市场壁垒和经营成本较低；还可能是东道国具有与投资相关的政治环境、经济环境和政策支持等。

二、旅游企业国际化的特征

旅游企业国际化发展的特征集中表现在投资主体与客源国高度相关、以民用航空企业为主导、广泛使用非货币资本要素等方面。

（一）投资主体与客源国高度相关

尽管国际旅游市场的规模不断扩大，但是非均衡发展的态势依旧没有改变。在主要客源国国内旅游、出境旅游和入境旅游三大市场的强劲支持下，加上经济发达、技术领先、商业知识与管理经验累积和制度环境的适宜等方面的有利因素，国际比较成功的大型旅游跨国企业都集中在几个主要的旅游客源国，其中，在世界旅游目的地国家（地区）国际旅游收入排名和世界旅游客源地国家（地区）国际旅游支出排名中均长期位居第一的美国又占有了绝对多数地位。

同时，由于消费能力较高的商务、公务旅游者多在经济发达国家之间流动，也由于这些国家旅游企业的跨国经营活动，导致了绝大多数的国际旅游客源国和地区同时也是国际旅游市场上主要的目的地国家和地区。

（二）以民用航空企业为主导

在旅游企业国际化的发展进程中，民用航空公司既扮演着先导的角色，也居于主导地位。从目前的情况来看，其主导地位正显现越来越强烈的趋势。

除资金优势以外，民用航空企业在旅游企业跨国经营过程中居主导地位的另外一个主要原因是其技术和营销网络优势。在以消费者的跨国境空间流动为主要特征的国际旅游市场上，谁掌握了旅游客源，谁就拥有在激烈的市场竞争中获胜的保证。

跨国企业对国际旅游市场的进入与拓展基本上是以计算机预订系统（Computer Reservation System, CRS）和在此基础上发展起来的全球分销系统（Globe Distribution System, GDS）为平台的。由于这些平台需要强大的资金与技术支持，所以大型民用航空企业往往会通过联合的方式进行组建，并通过这些预订与分销系统对其他类型的旅游企业进行渗透，取得现实中的主导地位。

（三）广泛使用非货币资本要素

旅游企业跨国经营中使用的非货币资本要素主要包括特许经营、管理模式和战略联盟三种形式。

1. 特许经营

特许经营指拥有商标、服务标志、商号或广告符号的所有者与希望在经营中使用这种标志的个人或团体之间的一种法律和商业关系。特许经营有两种基本形式：一是品牌或贸易名称特许经营；二是经营模式特许经营。前者是最简单的特许经营方式，特许者只是把自己所拥有的商号或商标的使用权出售给受许者，基本不涉及经营和管理。

在特许经营模式经营中，特许者与受许者之间存在更为密切的关系。受许者向特许者购买的是专长、经验和经营之道，特许者向受许者提供全方位的服务，包括选址、培训、提供产品、营销策划和帮助融资，其中最关键的要素是营销策略和计划、操作指南以及统一的经营理念。受许者需要先交纳先期加盟费，以后还要不断交纳权利金。而特许者则利用这些经费为受许者提供培训、研究开发和不断的管理支持。在旅游企业跨国经营实践中，主要采取第二种方式，即经营模式的特许经营。

2. 管理模式

为满足离开自己常住地的旅游者在旅游目的地期间对安全及服务质量的可预期性，国际著名的跨国旅游企业，特别是跨国饭店集团会使用自己长期以来形成的管理模式去规范全球范围内成员企业的服务与管理要素。这些管理规范以公司使命书、员工手册、服务程序与技术标准说明书、管理制度等文件表现出来，并通过管理人员培训、派遣、示范、检查、督导等手段保证其贯彻和实施。

3. 战略联盟

跨国旅游企业缔结战略联盟是一种较新型的国际旅游竞争形式，它在一定程度上改变了国际旅游市场的竞争格局。这种联盟指两个以上的跨国旅游企业出于对整个世界市场的预期目标和企业自身总体经营目标的需要而采取的一种长期联合与合作的经营方式。

跨国旅游企业战略联盟的特征主要表现在：第一，联盟涉及基本技术和客源共享，信任关系一般较为牢固；第二，联盟主要集中于国际旅游市场竞争较为激烈的民用航空、旅游饭店和旅行社等领域；第三，跨国旅游企业之间的战略合作广泛，涉及服务产品创新、共建信息平台、项目策划、营销组合、战略发展和联合进入等方面。

三、旅游企业国际化的形式

（一）旅游企业国际化的两层含义

从理论上讲，旅游企业国际化应该有两层含义：一是国内市场的国际化，即使国内旅游市场成为世界旅游投资市场的重要组成部分，表现为本国旅游企业的国际化；二是本国旅游企业对国际旅游市场的资本参与和扩张，表现为国际化的本国旅游企业。前者是作为一个国际旅游目的地，外国旅游企业通过合资、独资等直接投资的形式进入本国旅游市场，在本国旅游产业中建立旅游企业，这些旅游企业主要向投资国的旅游者提供到东道国旅游的各项服务，所以说，它是一种开放吸引式的，可称为“内引型旅游企业国际化”；后者则是作为一个旅游客源地，本国企业向本国旅游者的旅游目的地国进行直接投资，建立功能不同的旅游企业，为本国居民提供跨国界的旅游服务，也称为“外推型旅游企业国际化”。从旅游企业国际化的结果来看，应该是双向的而不是单向的，旅游企业国际化的高级阶段是一种双向组合。然而，由于不同国家经济水平、工业化程度以及社会文化等方面发展上的差异对旅游发展阶段的制约，旅游企业国际化的程度会呈现不同的特点。

（二）旅游企业国际化的两种形式

第一种旅游企业国际化形式是建立在旅游客源国的基础之上的，是在国内旅游发展已经成熟，旅游者的旅游目的地域不断延伸，出国旅游已经成为这些国家旅游者的一个重要需求时出现的一种现象。旅游企业的国际化与旅游活动的国际化两者在时间上具有一定的滞后性，只有当本国居民的跨国旅游形成一定的规模，并且旅游流向与流量相对集中在一个或几个特定的旅游目的地国时，才会出现旅游企业的国际化问题。在第一种旅游企业国际化形式的条件下，通过旅游客源国与旅游目的地国的旅游经济联系，或多或少能为旅游目的地国带来一定的经济收益，形成一定的旅游服务贸易的外汇收入。这种旅游经济联系是一种以旅游客源地为主体或者说为主宰的非均衡的旅游经济联系，是旅游客源国凭借一定的客源自然垄断、充足的资本、先进的技术和管理模式等比较优势因素导致的。因此，第一种旅游企业国际化形式对旅游目的地国来说，还不是真正意义上的国际化，仅仅是国内市场国际化现象。从旅游企业跨国经营的现象分析，这种形式仅仅是客源国的跨国经营现象，并不是目的地国的旅游企业跨国经营现象。

第二种旅游企业国际化形式是建立在旅游活动国际化基础之上的，特别是在本国居民旅游活动的国际化以及这种国际化旅游的规模之上的。从满足条件来说，第二种旅游企业国际化形式的国家不仅是一个旅游目的地国家，而且是一个旅游客源地国家。与第一种旅游企业国际化形式不同，第二种具有双向性。一个国家不仅是旅游目的地国，同时也是旅游客源地国，既有外国旅游企业资本的进入，又有本国企业资本的输出。以资本与市场建立起来的国与国之间的旅游市场关系，也不再是以一个特定的国家为主宰的市场结构，它更多地表现为一种平等的旅游关系。双方的旅游企业可以通过这样一个旅游关系在更大的旅游市场上合作，其直接结果是扩大了旅游市场容量，促进了旅游活动国际化程度的进一步提高。因此，这种形式的旅游企业国际化便成为一种高级化形式。

四、跨国经营与企业规模

旅游企业跨国经营是以集团化为前提和保证的，旅游企业的集团化规模、深度和广度在旅游企业跨国经营从低级形式向高级形式提升的过程中发挥着极为重要的作用。对多国经营企业来说，一定规模的企业组织是实现跨国经营竞争实力的基础。但是，旅游企业跨国经营与旅游企业集团化和企业规模并没有必然联系，跨国经营的旅游企业不一定是集团化和规模化的大型旅游企业，中小型旅游企业也可以参与跨国经营。著名管理学家德鲁克认为："跨国公司的发展在很大程度并不是想扩大公司的规模，它是以共同利益为基础的。"旅游企业之所以跨国经营，要么是将旅游市场外部性内部化，要么是与东道国的旅游企业存在着比较利益，要么是为了减少外部交易费用，它与垄断地位没有直接关系，只要中小型旅游企业具有一定的客源优势，就可以在特定旅游目的地国进行提供某些旅游服务的跨国经营，同样可以取得一定的跨国经营的效益。中小型旅游企业跨国经营不一定采取收购和兼并的方式，也可以采取多种形式通过一种与国外旅游企业建立利益集团，通过合资经营的方式进行。只要旅游企业在国内有一定的客源组织渠道，只要它所拥有的客源有跨国旅游需求，就可以通过旅游需求的国际化进行跨国经营。同时，旅游需求的差异化与多样化，也为中小旅游企业跨国经营创造了市场条件。

旅游需求的市场发育与旅游企业的市场发育并不是同步的，有时候前者会先于后者发育。比如中国的旅游需求特别是国际化旅游需求市场发育很快，无论是存量上还是增量上，都引起了世界旅游业界的注意。这是由于对中国这样一个大国，较小的跨国旅游增量就可以带来较大的市场需求，因此国际化旅游需求市场发育很快。相对于旅游需求市场发育而言，我国的旅游企业无论是在规模上还是在集团化经营上都发育不足，如果此时我们强调集团化以及规模化是旅游企业跨国经营的基础和条件，等到旅游企业条件成熟之后再来实施跨国经营，就会错过市场机会。在市场客源"文化性"垄断的条件下，不具备与国外相抗衡的中国旅游企业，可以通过旅游客源垄断实现跨国经营的目的，并在跨国经营中扩大企业规模、增强竞争实力。

第五节　旅游企业集群化发展

一、旅游企业集群的概念

旅游企业集群指聚集在一定地域空间的旅游核心吸引物、旅游企业及旅游相关企业和部门，为了共同的目标，建立起紧密的联系，协同工作，提高其竞争力。旅游企业集群包括旅游吸引物、提供完成旅游活动必不可少的服务部门以及为旅游活动提供支持辅助的企业与部门。

旅游企业集群不是从地理角度来定义的集聚，它更多地关注特定市场和活动的经济联系，集群可以跨越地理和行政界线，依赖于价值链上所有参与者共同努力，形成某种"一揽子旅游产品”。通过联合向旅游者提供高质量的旅游经历和体验，能提高效率，从而增强整个旅游目的地的竞争力和竞争优势。

二、旅游企业集群化发展的可行性

（一）地理靠近性

旅游企业在一定地域范围内集聚有助于完善服务的供给和业务范围的拓广，有益于空间对旅游者吸引力的最大化。因此在旅游业中，众多相关联的行业、部门往往倾向于在同一个地理区域范围内集聚，并服务于相似的消费者。其中包括旅游资源的开发产业、旅游要素产业吃、住、行、游、购、娱等直接为旅游者提供产品和服务的行业和部门以及营造良好的旅游社会、自然环境的关联产业。众多旅游企业通常由于彼此间横向、纵向以及环向的联系而围绕某个旅游强力吸引物形成群聚，该旅游吸引物可能是知名的景区，可能是一个大型游乐园，也可能是一个大型的饭店企业。当然，有时还可能是三者或更多的旅游行业部门共同构成一个旅游强吸引物，而该吸引物又进一步促进某区域或地点成为旅游目的地。因此，该旅游者吸引源应该居于集群的中心，在该中心的外围集聚着旅行社、娱乐设施等服务性产业，它们服务于相似的顾客群体，这是旅游者在异地空间集聚的必要条件。在这些服务性产业外围，形成第三层次的补充性产业，如银行、保险、邮电、通信、海关、公安、建筑、房地产、媒体、园林、环保、专业化设备制造、教育培训等行业和部门。而且，这个产业群还与区域内的农业、食品、文化、体育以及机械制造等其他产业群相联系。

（二）部门专业化

构成旅游业的各行业、部门是一个统一的整合体，在空间地域上表现为各行业、各部门的分工与协作。即每家企业只从事生产过程中某一个环节的专业化生产，或只提供产品或服务的一部分，如饭店、宾馆、客运公司、旅行社、旅游商店分别为旅游者提供吃、住、行、游、购、娱等服务。同时，随着旅游者需求的变化，服务过程的专业化特征更加明显，旅行社可分为组团社和接团社，导游按照作用的不同又可分为领队与陪同等。众多企业围绕旅游者吸引源，使区域实现了大规模定制的生产方式，既实现了规模化生产，又满足了旅游者多样化、个性化的旅游需求，极大地提高了旅游产业群的整体生产效率。

（三）外部性

外部性指某种经济活动给与这项活动无关的主体带来的影响。也就是说，这些活动会产生一些不由生产者或消费者承担的成本称为负外部性，或不由生产者或消费者获得的利益称为正外部性。这里所说的外部性主要指后者。在一定的市场区域内，与旅游业密切相关的各个行业、部门相互依赖，某家企业的优质服务很可能会促进其他企业的成功。例如，一个旅游景区如果景观引人入胜，就可能会为周边提供吃、住、行、娱、购的企业带来额外的客源。如果提供互补性服务的旅馆、饭店、商店和旅游交通等企业的服务质量和效率很高，同样会为资源平平的景区带来大量的游客。出于分享这种正外部效应的目的，这些企业不仅倾向于在地理上靠近，而且会通过集体协作，使集群内企业个体的利益紧密地联系在一起。随着参加集群的旅游企业数量的增加，相互输送客源的渠道将呈几何级数增长。因此，集群成员数量越多，对客源市场的控制力越强。由此可见，旅游产业具有明显的产业集聚优势。

综上所述，旅游业作为一个高度关联性的产业，比其他产业更适合集群化发展。因为在旅游业中，一家企业的成功不仅仅依赖自身的管理水平的提高和高质量服务的提供，还广泛依赖处于同一供应链上的其他旅游企业及相关企业。不管一个景区景色多么引人入胜，只要缺乏饭店、旅行社等关联企业的服务或者服务效率低下，就不可能大规模吸引旅游者。而一个良好的协作网络体系却能起到“$1+1>2$”的产品增值效果，集群内的旅游企业在相同的文化背景和价值观的作用下，通过彼此间激烈的竞争和密切的合作，可以有效提高产品质量和服务效率，促使区域品牌迅速建立，并有利于实现产品的差异化，不断增强旅游企业的竞争实力。

三、旅游企业集群的优势

（一）促进企业间的分工与合作，使企业获取外部经济效应

外部经济效应主要指外部规模经济和外部范围经济。如果随着产量的增加，企业能够降低单位成本，则存在规模经济。如果随着企业生产的产品品种或提供服务的多样化，企业能够降低成本，则存在范围经济。对于中小旅游企业来说，通过集群化发展可以获得外部规模经济和外部范围经济，有效消除由于规模小、资金缺乏等造成的对上下游企业过分依赖、生产效率低下、产品成本居高不下等竞争劣势，增强企业应对外部竞争的能力，并最终达到提高我国旅游业国际竞争力的目的。

（二）促进社会文化网络的形成，降低企业的交易成本

企业交易成本包括运输成本、信息成本、寻找合作伙伴的成本以及合约的谈判成本与执行成本。虽然旅游企业以生产无形的服务产品为主，但是处于同一供应链上的上下游旅游企业之间需要频繁地进行交易。以往由于信息不对称、信用机制缺乏，使得企业间实现交易的成本极高，彼此间的合作关系难以稳定。集群内的旅游企业由于地理临近，企业

的经济活动往往植根于地方社会网络，企业与企业、人与人之间的合作基于共同的社会文化背景和共同的价值观念。这种地方社会网络有助于建立信誉机制和相互依赖关系，有助于克服企业的机会主义行为。此外，集群内隐藏着大量的专业信息，而个人关系及社区联系网络会使信息流动加快，使集群内企业的经营活动完全暴露在阳光之下，有利于相互监督，有效地抑制企业的失信行为。对旅游企业来说，以最快的速度获得最新的需求信息是企业进行创新的前提条件，也是企业赢得竞争优势的关键。集群内企业通过保持这种充满活力和灵活性的正式与非正式关系，便可构成一种柔性生产综合体。在一个变化极快的动态竞争环境中，这种组织方式比刚性化与缺乏弹性的垂直一体化方式、远距离企业战略联盟方式等更有效率。

目前，我国旅游行业发展过程中存在大量的投机和失信行为，旅游企业间相互扯皮现象严重，难以形成稳定的长期协作关系。各旅游企业为寻找可靠的合作伙伴往往要付出高昂的交易成本，这十分不利于旅游企业竞争能力的提高。而通过旅游企业的集群化发展可以在地方社会网络的基础上形成共同的价值观念，促进彼此在信任与承诺的基础上开展大范围的业务合作，有效降低旅游企业经营成本，增强旅游企业的竞争能力。

（三）加剧企业间的竞争，为企业带来创新的压力和动力

旅游业虽然不是高新技术产业，但却是智力密集型产业，也是信息高需求的产业。因此，对旅游企业来说，先进的信息技术及相关设备是其创新的必备条件。但是单体小旅游企业往往由于资金不足、技术开发和培养、留住人才的能力匮乏而无法进行创新性经营，使得旅游企业与大好的市场机会擦肩而过。通过培育旅游企业集群，可以实现群内企业间的低成本融资，拓宽资金渠道，为旅游企业创新提供必需的资金保障。集群内的旅游企业通过共用某些基础设施同样也可以达到降低创新成本的目的。除此之外，这种联合也有利于整个产业资本的积累，可在较短时间内增强产业规模上的竞争力。

事实上，旅游企业集群这种合作与竞争并存的组织运行机制是培育企业学习与创新能力的温床。在柔性集聚体内，高度专业化的技能、知识、机构、竞争者、相关旅游企业在地理上的集中，能产生较强的知识与信息累积效应，并且能较快地传递和扩散，为旅游企业创新提供重要的知识、信息来源以及所需的物质基础。另一方面，集聚加剧了竞争。竞争不仅仅表现在对客源的争夺上，还表现在其他方面。如同处一地的旅游企业通过相互比较，就有了业绩评价的标尺，绩效好的旅游企业能够从中获得成功的荣誉，而绩效差或者平庸的旅游企业会因此感受到压力。这种比较会不断地为旅游企业带来激励和竞争压力。各旅游企业不得不通过持续地提高服务质量、加强产品的差异化来吸引客源，以获得高于

行业平均水平的利润率。这种在产品内容、服务方式等方面的不断创新，是旅游企业获取可持续竞争力的根本保证。

（四）降低知识资源的专用性，便于企业获取高素质的人力资源

首先，集群有利于实现劳动力市场的有效供给。一方面，集群的区域性能形成劳动力供给充足的市场。在长期雇用管理人员和技术人员的同时，旅游企业可以根据客源的季节性带来的工作量的变化，及时调整员工数量，减少工资成本和员工劳动保障方面的费用。另一方面，劳动力在区域内旅游企业间的自由流动，使旅游企业内部劳动力变换率提高。这种快速流动对劳动力自身素质的要求也在不断提高，这就会促使劳动力致力于自身技能的提高，而旅游企业也因为总能在集群内及时有效地获得高素质的员工而愿意加强对员工的培训。劳动力的快速流动和自我培养又促进了信息、思想的扩散和传播，使集群内劳动力在数量和质量上真正实现有效供给。

另外，由于旅游企业集群的快速成长与壮大所带来的规模经济和集聚效应，使其对专业化人才的吸引力和吸纳能力都远远大于分散旅游企业，为集群的创新与发展提供了相应的智力支持和源源不断的人力资本，十分有利于集群的良性发展。

（五）树立区域旅游品牌，提升竞争力

实施旅游企业集群战略，易于塑造旅游整体形象，形成区域营销优势。由于旅游者消费的是旅游产品和服务组合成的整体产品，集群中相互依赖的旅游企业的最终目标是使旅游者满意，集群中一个旅游企业的良好绩效能促使和推动其他企业的成功。企业、产品向一定区域集中，可以很快扩大本地产品的影响力，形成区域整体性品牌。一旦本地整体性品牌得以形成，又可以使本地所有生产或提供该项服务的旅游企业受益。

（六）有利于加强旅游地生态环境治理

集群内的旅游企业以整体、系统的思想来开发旅游资源和建设旅游基础设施，保持整个区域的协调性和旅游产品的完整性，并对旅游地总体环境承载力进行评估，确定合理的环境容量。同时，在开展旅游活动的过程中，通过设计旅游线路和宣传促销，引导游客流向，充分发挥温、冷旅游点分流的作用，降低旅游对环境的破坏程度。同时还可以设专门研究机构，随时对旅游环境影响进行评估，采取实时的措施保护旅游环境，对环境生态破坏进行合作研究和治理。

四、旅游企业集群的结构

旅游企业集群不是凝固的，而是动态发展的。其结构包括以下三个层次：

（一）核心层

核心吸引物是旅游业赖以存在的基础，旅游集群的核心产品由吸引旅游者的旅游目的地景观和事件组成，提供或经营旅游吸引物的企业构成了旅游企业集群的核心。如果旅游目的地的主要吸引物是一系列旅游活动，如主题公园（迪士尼乐园）或事件（贸易展览或商务会议），那么旅游集群的“核心”是最清楚的。如果是体验性活动，如徒步穿越沙漠或热带雨林、骑自行车沿着海岸线和城镇漫游、驾快速游艇或滑雪、打高尔夫球、尝试家庭烹饪等，这种层面就不那么清晰了。终端产品（旅游体验）和获得这些终端产品的投入之间存在很多相互联系。与传统产业不同，这些终端产品是有形的旅游地和无形的旅游者体验相互依存形成的混合体。例如，城市旅游强调一系列目的地——历史和自然景点、博物馆、餐馆、文化事件、住宿和周边环境——这些是一个整体的组成部分。每一个部分都从旅游者身上获得收益，它们是“旅游”的组成部分。

（二）要素供应层

旅游供给是产生经济价值的核心，其中为旅游者提供吃、住、行、游、购、娱等需要的旅游企业，其供给物正是旅游者在整个旅游过程中直接消费的。这些企业包括旅行社、饭店、餐馆、交通供应者、旅游商店、休闲娱乐设施等。建立供应价值链的关键在于获得土地、建筑、相关设施和设备，并对其进行经营和管理。如果旅游目的地专业服务充足、品质优良，则本地价值链就可能是成功的，对国内和国际旅游经营者也具有吸引力。

（三）相关辅助层

这一层次包括对旅游目的地基础设施和前两个层次起支持作用的供应者和有关组织、团体、机构，包括建筑、房地产、媒体、园林、绿化、培训机构、银行、邮电通信、海关、公安、卫生保健、保险、环保、管理和财务、设备设施维护、装饰品、食品服务和娱乐服务等。这些机构对旅游者顺利完成游览过程和旅游集群稳定发展提供了保障，是旅游企业集群中重要的参与者。集群中的这一层次在促进区域发展方面具有巨大的潜力。如果一个区域能够以国际化的方式将相关辅助层的供应者与要素供应层的供应者相联系，就可产生显著的一体化景象和更高的经济乘数。这一层次产业的发展依赖旅游者和核心层、要素供应者的需求的增长。

五、旅游企业集群化发展战略

（一）建立共同愿景和进行战略规划

共同愿景，指能鼓舞组织成员共同努力的愿望和远景。区域旅游集群的共同愿景是旅游目的地相关行为主体参与和促进旅游发展的动力基础。政府应通过广泛宣传与引导，建立区域旅游的共同愿景，同时在旅游集群培育中进行旅游集群规划。由于旅游目的地及旅游活动的跨地区性，跨地区的合作是必要的。旅游集群规划与普通的旅游地发展规划最大的不同就是更加看重旅游与区域内其他产业的联系，关注旅游企业之间的网络的建立和维护，包括交易关系、人际关系等。在制定发展规划时应授予旅游企业开发旅游目的地的所有权及其他权利和责任，鼓励当地政府、私人机构和社区居民积极参与，并运用系统的方法进行管理。

（二）引入绿色供应链管理的环保战略

绿色供应链管理是在供应链各个环节中综合考虑环境影响和资源利用效率的现代管理模式，其核心是工业生态学思想，模仿自然生态系统的运作机理，把旅游企业内部及供应链企业之间的各种业务看作一个整体功能过程，在旅游企业集群中建立物质和能源的良性运转机制，使区域内的总体资源得到最有效的利用，形成一个集成化的环境管理体系。在旅游业中，尤其是在旅游企业集群中，这种思想也应有所体现。这一战略的实施，要求旅游企业着眼于长远利益，以整条供应链为出发点，各成员树立起集体协作、信息共享、友好配合的团队精神。

（三）开发专业人力资源

旅游业中的人力资源不仅包括酒店业，还包括其他旅游企业，如交通、旅行社、餐馆、娱乐等部门。集群内专业人力资源的开发，依靠各方面力量的合作。本地居民通过正式或非正式教育（培训）和当地媒体，建立起好客、环保意识；旅游企业建立技术开发基金，提供适应不同层次旅游人才的培训项目；培训机构建立激励机制来吸引高素质的培训师到教育机构中来，通过人员互换或联合培训等，丰富培训师的经验；在人力资源开发项目中，加强教育机构和企业间的合作。

（四）建立社会资本

社会资本指位于特定区域的各种组织和各类人员，在区域发展的历史进程中形成的伙伴式的相互协作关系和网络。由于一个地区具有共同的历史渊源和独特的文化环境，人们容易相互熟知并成为一个关系密切的社区，组成紧密的民众交往网络，其形成往往受民族文化、历史遗产、风俗习惯、宗教传统的影响。社会资本理论是用来解释地区经济发展的理论，虽然其内涵并不清晰，理论体系也不完备，但在解释地区经济发展时却很有说服力。尤其对旅游业来说，参与旅游活动的除了旅游者、旅游产品供给者，还包括旅游目的地社区居民，而且，作为旅游目的地的主人，当地居民事实上应该成为旅游开发、规划、管理的主要参与者。因此旅游地规划和管理中，要强调“社区参与”的思想，使社区成为最主要的受益人，反过来也会促进旅游目的地的发展。

（五）防止旅游集群衰落

加拿大学者 R.butler 根据产品周期的概念，提出旅游目的地的演化经过六个阶段：探查阶段、参与阶段、发展阶段、巩固阶段、停滞阶段、衰落或复苏阶段。旅游企业集群也具有一定的生命阶段，呈现类似的周期性。旅游集群竞争战略开始时很富有创新性，企业间的互相依赖在早期阶段是集群形成和增长的力量源头，但是随着时间的流逝，集群企业将其竞争领域限于其所属的集群，而不是更为广泛的产业，因此由于模仿和标准化相似性，越来越失去创新性，最终导致旅游目的地的旅游产品退化，吸引力减弱。要延长集群的生命周期，对旅游企业来讲，要不断进行产品更新，包括突出旅游产品形象、丰富内涵、将产品进行重新组合和改良。同时，政府在各个阶段所扮演的不同角色也是至关重要。探索阶段，政府应是旅游产业集群形成的启动者和宣传者；发展阶段，政府应是旅游产业集群发展的宏观指导者和间接扶持者；巩固阶段，政府又成为旅游产业集群发展环境的构建者；成熟阶段，政府则充当旅游产业集群发展的“守夜人”；停滞阶段，政府是旅游产业集群发展的“协调员”；衰退或复苏阶段，政府成为产业集群的“抢救员”。

本章小结

从旅游企业经营特点出发，旅游一体化经营和多元化经营有利于旅游企业达成经营发展目标。而旅游跨国经营是基于我国加入世界贸易组织后的经济全球化的趋势、基于旅游产业的外向型所引发的结果。随着旅游产业的转型升级，特别是产业融合和业态创新，旅游企业集团化发展和集群化发展已是旅游企业发展壮大的重要趋势。

基本概念

旅游企业一体化战略　纵向一体化　横向一体化
多元化战略　旅游企业集群

思考题

1. 旅游企业的特点有哪些？
2. 旅游企业的纵向一体化经营的原理、特征是什么？
3. 旅游企业的横向一体化经营的原理、特征是什么？
4. 旅游企业混合式多元化战略的优势和弊端有哪些？
5. 旅游企业国际化发展的理论动因是什么？
6. 旅游企业集团的组织结构模式

有哪些？

7. 旅游企业集群化的优势有哪些？

本章思维导图

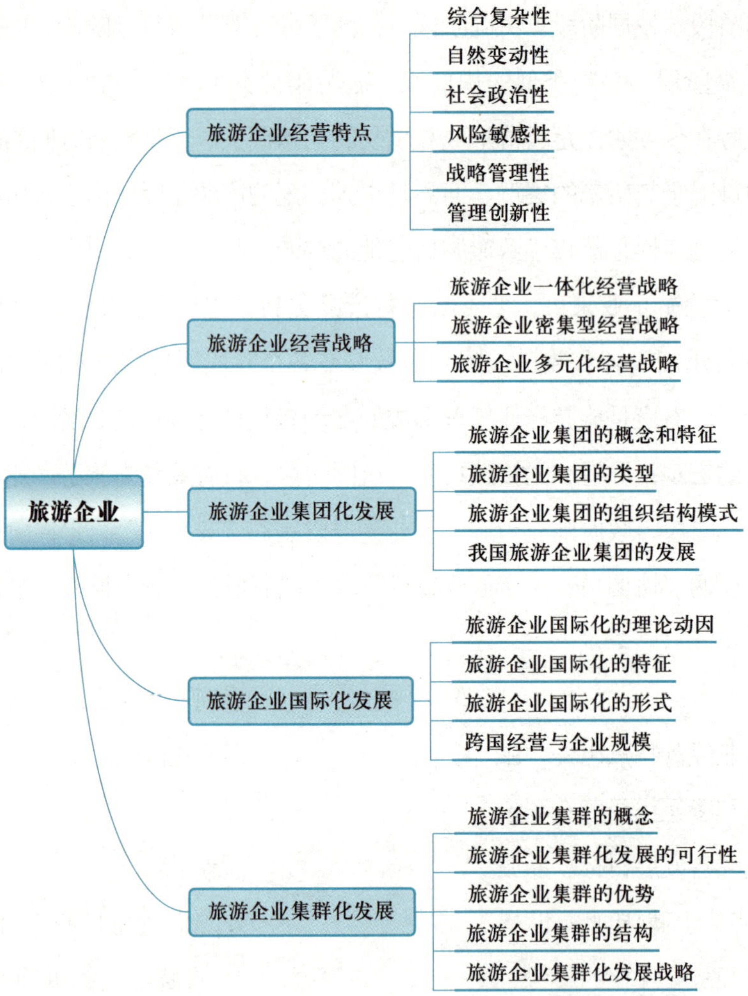

即测即评

案例分析

携程商旅国际化战略动因

推荐阅读

第十章　旅游经济结构

本章导言

国务院《关于加快发展旅游业的意见》提出把旅游业培育成为国民经济的战略性支柱产业和人民群众更加满意的现代服务业。围绕两大战略目标建立合理的旅游经济结构，是旅游业发展的必要条件，也是全面提高旅游业经济效益和社会效益的前提。随着旅游业的发展，我国政府出台了更多的旅游及相关政策法规，为旅游经济发展提供了顶层设计和政策引领，为旅游经济结构的优化和协调提供了制度基础。

学习目标

掌握旅游经济结构的概念和特征，了解影响旅游经济结构的各种因素和旅游经济结构的主要内容，了解旅游经济结构合理化的标志及对策措施。

本章重点与难点

重点：旅游经济结构优化

难点：旅游经济结构的合理化和高度化

第一节 旅游经济结构的概念及影响因素

一、旅游经济结构的概念

旅游经济结构有狭义和广义之分。

狭义的旅游经济结构指旅游产业结构，指旅游产业内部满足旅游者不同需要的各子行业之间在运行过程中所形成的内在联系和数量比例关系，这种比例关系主要由饭店业、交通业、旅行社业、游览和娱乐业等构成。这个定义是从旅游业内部各子产业间的经济技术联系与比例关系方面来着重研究作为旅游业的部门构成。

广义的旅游经济结构指旅游经济各部门、各地区、各种经济成分和经济活动各环节的构成及其相互联系、相互制约的关系，既包括旅游部门关系和地区关系，又包括旅游经济成分关系和活动环节关系等。因此，广义的旅游经济结构反映了旅游经济系统在总体上由哪些部门构成，具有哪些层次、要素和特点；反映旅游各部门、各层次、各要素之间是如何关联组成一个有机整体；反映旅游经济系统内部及整体运动和变化的形式、规律及内在动力等。

从广义角度旅游经济结构指旅游经济系统各组成部分的比例关系及其相互联系、相互作用的形式。据此定义，旅游经济结构的内容一般包括旅游产业结构、旅游产品结构、旅游地区结构、旅游经济所有制结构、旅游经济组织结构等。合理的旅游经济结构是旅游业发展的重要条件，研究旅游经济结构，有利于从旅游经济系统的内在特征动态地考察旅游经济的运行过程和状态，从而揭示旅游经济运行的规律和趋势。

二、旅游经济结构的特征

（一）旅游经济结构的整体性

旅游业是一个综合性经济产业，是由吃、住、行、游、购、娱等基础要素产业所组成，缺一不可。每种要素都体现了旅游经济的一个部分或方面，从属于整体旅游经济。由于各组成要素的性质和特点不同，使任何一个组成要素都不能代替由它们所组成的旅游经济结构。因此，旅游经济结构不是各组成要素的简单相加，而是根据旅游经济整体发展的需要，按照各要素之间相互联系、相互作用的特点和规律性，形成合理的比例及构成，从而发挥出旅游经济的综合性功能。

（二）旅游经济结构的功能性

结构和功能是密切相关的，经济结构决定经济功能，经济功能又促进经济结构的变化。因此，不同的旅游经济结构必然产生不同的旅游经济功能和旅游经济效益。例如，我国传统的旅游经济结构是以观光型旅游为主的，因此其功能及效益也是同观光型旅游相联系的。随着社会经济的发展，人们的旅游需求有了新的变化，从观光型向旅游休闲度假、康体娱乐型旅游发展，必然要求对旅游经济结构进行调整，以提供更好满足人们新的旅游需求的功能。因此，判别一个社会在一定时期旅游经济结构功能好坏的标准，就是看旅游经济结构能否有效地提供和满足人们不断变化的旅游需求的功能，能否形成一种自我协调、自我适应、具有充分活力的旅游经济机制，从而促进旅游业的快速发展和旅游生产力的不断提高。

（三）旅游经济结构的动态性

由于旅游经济系统各要素、各部门及其相互关系是不断变化的，因此，旅游经济结构也是不断发展变化的。旅游经济结构的变化不仅有量的变化，而且有质的变化。其量的变化一方面表现为旅游经济规模的增长，另一方面表现为旅游经济各种比例关系的变化。因此，通过对旅游经济结构量的分析，可以把握旅游经济结构在旅游经济发展规模和速度方面的适应性。旅游经济结构质的变化主要表现在旅游经济的效益和水平上，并通过各种量的指标反映出来，但总的情况表现为旅游业的综合发展水平和经济效益的不断提高。

（四）旅游经济结构的关联性

旅游经济结构与其他产业或部门经济结构的最大差别就在于关联效应较强。从旅游业吃、住、行、游、购、娱六大要素看，任何一个要素的有效供给都离不开其他相关要素的配合；从旅游产业中的旅行社、旅游饭店、旅游交通、旅游景点、旅游购物等行业看，任何一个行业的发展都必须以其他行业的发展为条件，都离不开其他行业的密切配合。因此，旅游经济结构较强的关联性，是组成旅游经济结构的各行业、各要素的协调发展，并成为旅游经济结构协调的重要内容，其中任何一方面的发展薄弱或结构不协调，都会影响旅游经济产业整体发展的规模、效益和水平。

三、旅游经济结构的影响因素

旅游经济结构的典型特征，决定了影响旅游经济结构的因素也是十分复杂的，既有自然因素又有社会因素，既有客观因素又有主观因素。通常，对旅游经济结构的影响因素主要有以下几方面。

（一）旅游资源因素

旅游资源对旅游经济结构的影响是至关重要的。传统观点认为，旅游资源主要是自然旅游资源和人文旅游资源；而现代观点认为，旅游资源还应包括人才、信息、智力、资金等。旅游资源是旅游业赖以生存和发展的物质基础，其所具有的数量和质量不仅决定旅游业的发展规模及水平，而且决定旅游经济结构的功能和属性。因此，正确认识和分析旅游资源的品位、特点、类型及规模，是实现旅游经济结构合理化的重要因素之一。分析旅游资源对旅游经济结构的决定和影响作用，通常应重点考虑以下三方面。

1. 分析自然和人文旅游资源的状况

自然和人文旅游资源是旅游业发展的基础，一个国家所拥有的自然旅游资源和人文旅游资源的状况、规模、品位及特点，直接决定该国家旅游业发展的规模和水平。因此，必须首先分析自然和人文旅游资源的状况、规模、品位及特点，掌握它们的特色和比较优势，才能开发出具有特色和优势的旅游产品，形成具有鲜明特点的旅游目的地，不断提高对旅游者的吸引力，增强在旅游市场上的竞争力。

2. 分析资金和劳动力资源的状况

旅游业是一个高投入、高产出的经济产业，必须投入大量的资金进行旅游产品的开发和建设；同时，旅游业又是以服务为主的行业，劳动力素质的高低直接影响服务水平的高低。因此，在分析旅游资源因素对经济结构影响的基础上，还必须分析资金和劳动力的状况，既要分析资金和劳动力拥有的数量对旅游经济结构的作用，还要分析劳动力质量对旅游经济结构的影响，以不断提高对资金、劳动力资源要素的投入。

3. 分析智力和信息资源的状况

旅游是一种满足人们身心需求的高层次活动，因而智力资源的开发不仅能更广泛地利用自然与人文旅游资源，还能创造出新的资源，组合成颇具吸引力的旅游产品。智力资源的开发越好，则旅游产品的形象就越好，吸引力就更大。而要有效地开发智力资源，就离不开充分的信息资源，特别是在瞬息万变的国际旅游市场，及时、准确地掌握市场信息及相关资源，不仅对形成合理的旅游经济结构具有重要的影响作用，而且对旅游经济的良性循环发展也是非常重要的。

（二）旅游市场因素

市场经济作为社会经济运行方式和社会资源配置机制，要求一切经济活动都必须以市场为轴心，按照市场经济规律对社会经济活动进行调节和控制。现代旅游经济是一种以市场为导向的外向型经济，因而其整个经济运行都必须围绕市场来进行。

从旅游需求角度看，旅游者的需求是决定和影响旅游经济结构的关键因素。因为一个国家或地区旅游业发展的规模和水平，主要表现在其对旅游客源市场的拥有数量和水平上。而旅游客源地的数量、社会经济发展水平、出游人数等，又决定旅游目的地国家或地区的旅游经济结构及旅游业的发展速度和规模。

从旅游供给的角度看，一个地区旅游市场的大小取决于其旅游产品的供给及旅游服务水平，它不仅决定该地区旅游市场接待规模的大小，还决定旅游市场的开拓水平及旅游经济效益的提高。旅游供给规模和水平通常是受旅游开发和投资结构的决定和影响，因此只有根据旅游市场需求变化趋势，有效地增加资金的投入，科学地进行旅游资源的开发，形成合理的旅游产品供给规模和旅游经济结构与区域结构，才能有效地促进旅游经济结构的合理化。

（三）科技进步因素

科学技术是第一生产力，科技进步不仅是现代经济发展的主要动力，也是影响旅游经济发展的重要因素。特别是对现代旅游经济来讲，科技进步因素对旅游经济结构的作用越来越重要，并从以下方面表现出来。

1. 科技进步促进人们旅游需求结构的变化

现代科学技术的发展对人们的生活方式产生重要的影响，引起人们消费结构的变化，而人们消费结构的变化又促进旅游需求结构的变化，进而引起旅游产品结构和投资结构的变化，从而增强了对旅游经济结构变动的影响力，促使旅游经济结构在科技进步的基础上实现质的飞跃。民用航空、高速列车等旅游交通技术的发展，主题公园、康体度假和现代娱乐设施的发展，都充分体现了旅游业如何有效地利用现代科学技术，最大程度地满足旅游者的旅游需求。

2. 科技进步直接影响旅游经济结构的变动

现代科学技术的进步与发展，改变了对旅游资源开发和利用的具体方式，提高了旅游资源的利用效果和水平；促进了旅游交通和通信手段的发达，为旅游活动的有效进行提供先进的工具和手段；加快了旅游设施的建设和发展，丰富了旅游活动的内容，改善了旅游服务的质量；从而直接对旅游经济结构发生影响作用，不断提高旅游业的经济效益和社会效益。

3. 科技进步提高了组织管理的能力和水平

科技进步对旅游业的经营和管理等“软”技术方面产生着积极的促进作用，促进现代旅游经济管理的科学化和现代化。科学进步加快了现代信息技术、高新技术在旅游业应用的步伐，提高了现代旅游经济的科学内涵。特别是在我国建立社会主义市场经济的过程中，在各种旅游“硬”技术逐渐完善的条件下，旅游经营管理和信息系统等“软”技术的广泛应用，将在旅游经济结构的合理化和高度化中发挥十分重要的作用。

（四）社会经济因素

一个国家或地区社会经济发展水平及其为旅游业发展所提供的有利条件或限制因素，直接影响该地区旅游经济结构的变化以及旅游经济的可持续发展。通常，发达的经济条件更容易为旅游业提供各种基础设施、交通运输手段及财力资源，并且往往具有较高的旅游服务和管理水平，从而增强了旅游目的地的吸引力和市场竞争力，促进旅游经济效益和社会效益的提高。

从旅游经济发展的国际比较看，欧洲和北美地区由于经济发达，从 20 世纪 50 年代以来，一直是世界旅游业较发达的区域，其接待国际旅游入境人数占全球国际旅游入境人数的 80%左右。又如我国东部沿海地区及大多数中心城市经济一般比较发达，从而也成为我国旅游经济较发达的地区，接待海外旅游者占全国海外入境旅游总人数的 60%；而中西部经济欠发达地区，虽然拥有丰富的旅游资源，但开发能力及配套的社会经济条件薄弱，无法尽快转化为经济优势，使旅游经济的发展较为缓慢。因此，在考虑旅游业发展和旅游经济结构调整时，除了考虑旅游资源、科技进步及旅游市场因素外，也要充分适应不同地区社会经济的发展水平，适度超前发展旅游业，通过旅游业带动地方经济发展；同时又根据不同发展阶段的社会经济状况，合理地进行旅游经济结构的调整，实现整个旅游经济与社会经济发展的和谐统一。

（五）政策和法律因素

经济政策和法律法规是政府部门的重要调控手段。运用经济政策和法律法规，不仅能加快旅游资源的优化配置，促进旅游经济在数量扩张、结构转换和水平提高方面协调发展，实现旅游经济的良性循环；而且有利于促进旅游经济结构的合理化，减少地区间经济差异，实现总体效率与空间平等的统一。尤其旅游业是以市场为导向的经济产业，如果没有国家从政策和法律法规等方面给予宏观的指导和调控，旅游业不仅不能快速地发展，而且也不可能得到健康的发展。

从政策方面讲，国家对旅游产业的重视和相应的经济政策和规定，不仅对旅游经济的发展具有重要的促进作用，同时也对旅游经济结构的变动及发展具有影响和调控作用。特别是目前国家按照经济发展与经济结构演进规律所制定的一系列政策，对大力发展旅游业，推进旅游经济结构的合理化等，都具有十分重要的影响和促进作用。

从法律方面看，按照旅游经济总体发展的需要，制定有利于旅游经济结构合理化的法律法规，促进旅游经济结构按照市场经济的要求，进行合理的调整；同时根据已有的法律法规要求，合理地进行旅游产业的组织和旅游区域的布局，有利于促进旅游经济持续快速地发展。

从体制方面看，我国旅游经济体制是最早适应市场经济要求，与国际旅游市场接轨的，许多经营方式和管理模式已大量借鉴了国际惯例和适应现代市场经济的要求。但也要看到传统经济体制的弊病及其影响也对旅游经济发展和旅游经济结构的变化产生影响。因此，加快旅游经济体制的改革，促进旅游经济结构的合理化和高度化，对旅游经济持续快速发展具有十分重要的作用。

第二节　旅游经济结构的合理化、高度化及其判断

旅游经济结构的优化，就是从旅游经济综合性角度研究旅游经济结构的合理化和高度化。

一、旅游经济结构的合理化和高度化

旅游经济结构合理化指在现有经济技术基础上，旅游经济内部各种结构保持较强的协调性、互补性及和谐的配合，具有符合现代旅游经济发展要求的比例关系，从而实现整个旅游经济的持续稳定协调发展，同时促进旅游产业在国民经济中的比重不断加大。

旅游经济结构高度化指在旅游经济结构合理化基础上，充分利用科技进步和社会分工的优势，使旅游经济结构不断向资源深度开发、产出高附加值化的方向发展，从而不断提高旅游经济的技术构成，不断提高旅游生产要素的综合利用率，不断提高旅游产业的经济效益。因此，旅游经济结构高度化是以技术进步为标志，是一个不断创新发展的动态过程。

旅游经济结构的合理化和高度化，是旅游经济结构优化的两个相辅相成的重要内容和目标，既相互联系，又有区别，具体表现在：

（一）旅游经济结构合理化是高度化的前提和基础

旅游经济结构高度化必须以旅游经济结构合理化为基础，没有旅游经济结构的合理化，其高度化就失去了依存的条件，就可能引起旅游经济结构的失衡从而制约旅游业的发展。只有当旅游经济结构实现了合理化，并且其结构效益积累到一定水平之后，才有可能推进旅游经济结构向高度化发展。

（二）旅游经济结构高度化是合理化发展的方向和目标

旅游经济结构合理化的目标，就是要不断推进旅游经济结构向高度化发展，以适应社会经济发展的要求。如果旅游经济结构合理化不以高度化为目标，那么就无法随着旅游业的发展而达到高一层次上的合理化。因此，旅游经济结构合理化也是一个动态的发展过程，其以旅游经济结构高度化为目标，不断调整旅游产业内部结构，提高旅游产业的外部适应性，推进旅游经济结构的高度化。

（三）旅游经济结构合理化和高度化相互渗透、相互作用

通常，在旅游经济发展的不同时期或不同阶段，旅游经济结构合理化和高度化的目标是不一样的。在某一发展时期，旅游经济结构不合理，结构性矛盾突出的情况下，就需要对旅游经济结构进行合理化调整，以缓解结构性矛盾，保证旅游经济稳定、协调地发展。而在旅游经济结构基本协调，但旅游需求结构变动大的情况下，就需要推进旅游经济结构的高度化，以提高旅游经济结构的转换能力，充分发挥结构的联动功能，促进旅游经济结构的外部适应性不断提高。因此，旅游经济结构合理化和高度化的区别是相对的，在旅游业发展过程中两者实际是相互渗透、相互联系而发挥作用的。

旅游经济结构优化的重要指标之一，就是旅游产业结构演进和内部构成的合理化和高度化，从而促进旅游产业结构的协调发展。下面我们将着重探讨旅游产业结构的合理化、高度化及其优化判断。

二、旅游产业结构的合理化、高度化及其判断

旅游产业结构，指以吃、住、行、游、购、娱为核心的旅游业内部各行业间的生产、技术、经济联系和数量比例关系，也就是旅游产业内部的行业（或部门）结构。由于旅游经济具有综合性的特点，从而决定了旅游产业结构具有多元化的性质。一般讲，旅游业中的旅游交通、旅游饭店和旅行社被誉为“旅游业的三大支柱”。此外，旅游产业还应包括旅游娱乐业、旅游商品业、旅游景点开发与管理等。从更广泛的角度看，旅游产业还应包括旅游教育培训部门、旅游研究和设计规划部门等。

（一）旅游产业结构的合理化

1. 旅游产业内部构成的合理化

从静态的角度分析旅游产业各行业之间的构成比例关系，也就是各行业之间是否形成有序的排列组合和相应的层次结构；是否能够相互配合、相互服务和相互促进；是否生产要素在各行业之间的投入比例相互合理和相互协调；是否整个旅游产业的综合生产能力得

到相应提高。

2. 旅游经济发展规模和速度的合理化

从动态的角度分析旅游产业结构的内部协调性和外部适应性，内部协调性是分析在现有旅游产业结构基本合理的基础上，产业内各行业的增长速度是否相互协调和平衡，以避免差距过大而造成再生产过程中的结构失衡；外部适应性是分析旅游产业的总体发展水平是否与国民经济发展的要求相适应，产业内各行业的发展速度和规模是否与旅游市场的需求和消费结构相适应。

3. 旅游产业结构演变的合理化

旅游产业结构的平衡是相对的，而变动、不平衡是绝对的，因而旅游产业结构总是处于动态变化中。因此，要分析旅游产业结构的动态变化是否协调，产业内各行业之间在动态化中是否相互适应和相互促进，尤其是从长期看旅游产业结构是否协调发展并不断向高度化演变。

为了科学地分析和评价旅游产业结构的合理化，可以利用旅游经济协调发展程度指标和旅游产业结构经济效益指标。旅游产业协调程度发展指标反映了旅游经济总体发展与国民经济发展的协调性及旅游产业内各行业适应社会需求的程度；旅游产业结构经济效益指标反映不同产业结构的经济效益对比，以评价旅游产业结构的合理性。

（二）旅游产业结构的高度化

旅游产业结构的高度化包括下面五个方面。

1. 旅游产出结构高度化

旅游产业结构高度化主要指在旅游业总产出中，高需求收入弹性、高附加值的行业产出比重明显提高，发展速度明显加快，并带动整个旅游业总产出迅速增加。

2. 旅游技术结构高度化

旅游技术结构高度化主要指科技进步在旅游经济中的作用明显提高，各种新兴技术、高端技术在旅游产业中的应用不断扩大；旅游产业内各行业之间的经济技术联系更加密切；旅游产业分工进一步深化，各行业之间的关联度进一步提高；技术进步对旅游经济的推动作用越来越强。

3. 旅游资产结构高度化

旅游资产结构高度化主要指资产结构适应旅游经济发展和需求结构变动而相应变动并合理化，旅游产业扩展与收缩具有越来越强的连锁效应；旅游产业规模经济进一步提高、企业组织创新加快，并呈现大型化和综合化发展势头；旅游企业集团化经营和竞争日益加剧，并促使旅游经济结构变动的周期性日益减弱。

4. 旅游就业结构高度化

旅游就业结构高度化主要指适应旅游经济的快速发展要求，旅游业就业人数规模迅速增加；技术工人和脑力劳动者的比重不断提高；旅游就业结构的带动力不断增强，从而使旅游业的就业综合效应有较大幅度的提高。

5. 旅游产业运行高度化

旅游产业运行高度化主要指旅游经济结构对旅游市场需求的适应性显著增强；旅游也在满足各方面、各个层次需求的条件下，从整体上保持均衡、协调的发展，旅游产业成为推动国民经济增长的动力，其在国民经济中的地位不断提高。

（三）旅游产业结构优化判断

为了科学地分析和评价旅游产业结构的合理化，可以利用旅游产业协调发展程度指标和旅游产业结构经济效益指标。旅游产业协调程度发展指标反映了旅游产业总体发展与国民经济发展的协调性及旅游产业内各行业适应社会需求的程度；旅游产业结构经济效益指标反映不同产业结构的经济效益对比，以评价旅游产业结构的合理性。

1. 评价准则

旅游产业结构合理化和高度化的评价准则包括三个方面：（1）其总体规模与发展速度必须和整个国民经济发展要求相适应和协调；（2）其内部结构变化与国民经济工业化的历史进程相适应；（3）其合理化、高度化必须与科技发展水平适应,结构须与其技术结构协调。

2. 判断旅游产业结构优化程度的指标

（1）旅游产业协调发展程度指标

公式：$C=S-S'$

其中：C 指旅游产业协调发展指标；S 指旅游需求收入弹性；S' 指旅游供给收入弹性。

若 $C=0$，则说明旅游产业供给与社会需求充分适应，旅游产业属充分协调发展型；若 $C>0$，说明旅游产业发展相对滞后，C 值越大，则其与社会需求的适应性越差；若 $C<0$，说明旅游产业发展超前，反映其发展具有不合理性。

如前所述，旅游需求收入弹性是等于旅游需求量变动的百分比除以人均可自由支配的收入变动的百分比。由于旅游需求量很难确定，因此在这里选用旅游者的人均消费近似地作为旅游需求量，而人均可自由支配的收入用按生产法计算的人均 GDP 来代替。

旅游供给收入弹性是等于旅游供给量变动的百分比除以人均可自由支配的收入变动的百分比，旅游供给所涉及的范围很广，因此近似用旅游企业固定资产的增加值作为旅游供给量，至于人均可自由支配的收入也仍然用人均 GDP 来替代。

（2）旅游经济结构经济效益指标

公式：

$$E_r = \sum_{i=1}^{n} \frac{T_{ti}G_{0i}}{T_{0i}} - \frac{T_tG_0}{T_0}$$

其中：E_r——旅游经济结构经济效益指标；

G_0——基期旅游产业的总产出；

G_{0i}——基期旅游产业内 i 行业的产出；

T_0——基期旅游产业的总投入；

T_{0i}——基期旅游产业内 i 行业的投入；

T_t——第 t 年旅游产业的总投入；

T_{ti}——第 t 年旅游产业内 i 行业的投入。

如果 $Er > 0$，说明旅游产业内部结构在同样多的投入下获得了更多的产出，因而旅游经济结构经济效益好，Er 值越大，则说明相应的旅游经济结构更合理；反之，如果 $Er < 0$，则说明旅游产业内部结构产出效益差，产业结构存在不合理的状况。

（3）旅游产业结构高度化指标

将旅游产业划分为自然资源密集型（旅游景区）、资本密集型（星级饭店，旅游车船公司）和知识技术密集型（旅行社）三大类，用 K_1、K_z、K_g 分别表示其构成。以自然资源密集型旅游业产出作基数，并取值为 1；其他两类旅游业产出与自然资源密集型旅游业产出之比的比值为其当量值，分别用 R_z、R_g 表示。根据以下公式就可分析评价旅游经济结构高度化水平：

$$Ss = K_gR_g + K_zR_z - K_1$$

其中：Ss——旅游经济结构高度化水平；

K_1——自然资源密集型旅游业构成值；

K_z，K_g——资本密集型和知识技术密集型旅游业构成值；

R_z，R_g——资本密集型和知识技术密集型旅游业当量值。

若 K_z，K_g 值越大，则 Ss 值越大，说明旅游产业的技术结构水平越高；若 K_1 值越大，则 Ss 值越小，说明旅游产业的技术结构水平越低，由此可知道旅游经济结构高度化的水平。

在此，我们首先要明确的是在旅游产业中哪些行业属于自然资源密集型，哪些属于资本密集型，哪些属于知识技术密集型，这对我们分析而言是非常关键的前提步骤。由于统计资料的局限，在这里我们简单地把旅游产业中的各行业划分为五部分，即旅行社、星级饭店、旅游景区（点）、旅游车船公司及其他企业。旅行社属于知识技术密集型企业，星级饭店属于资本密集型企业，旅游景区（点）属于自然资源密集型，旅游车船公司属于资本密集型企业，其他企业包含旅游商品业、旅游娱乐业等。①

① 注：本评价指标参照师萍在西北大学学报 1999 年 2 月第 29 卷第 2 期《旅游产业结构评价方法初议》的内容。

第三节　旅游经济结构的优化对策

旅游经济结构优化，指为保证旅游业持续稳定的发展，使旅游经济活动中各种因素或结构之间的各种数量、规模的比例方面形成一种动态协调和逐步提升，以有利于旅游经济顺利发展的过程。

一、旅游经济结构优化的标志

旅游经济结构优化并不是一个抽象的概念，而是有具体的评价标准的。尽管各国在旅游经济发展水平、旅游经济结构形成的历史背景不同，各国旅游经济结构优化的标准存在区别，但旅游经济结构作为一种客观经济活动的实体，具有普遍意义的优化标准，体现在以下六个方面：

（一）旅游资源配置的有效性

在现实旅游经济中，旅游资源的稀缺性和旅游需要的无限性是客观存在的矛盾，因此旅游资源配置的有效性是衡量旅游经济结构优化的基本标志之一。通常，合理的旅游经济结构应能够充分、有效地利用旅游资源及人、财、物力要素；能够较好地利用国际分工的条件，发挥自身的比较优势，实现旅游资源要素的最佳配置；能够促进旅游资源的保护和适度开放，尽量保持旅游资源的有效使用和永续利用。

（二）旅游产品类型的多样化

由于人们旅游需求的千差万别、多种多样，决定了旅游产品类型的多样化。在旅游经济发展初期，大多数旅游产品是以观光旅游产品为主，但随着社会经济的发展和人们生活水平的提高，人们的旅游需求从观光旅游向休闲度假、康体娱乐、科考探险、商务会展等多方面发展，从而要求旅游产品必须向多样化发展，才能满足人们多样化的旅游需求。

（三）旅游产业结构的协调性

合理的旅游经济结构应能够使旅游业内部各产业、各部门保持合理的比例关系；能够相互配合、相互促进地协调发展；能够有效地促进旅游生产、流通、分配及消费的顺利进行；能够不断调整旅游供给和需求处于协调发展的状态，使旅游业的综合生产力不断提高，促进整个旅游经济动态协调发展。

（四）旅游区域布局的合理性

任何旅游经济活动都必须在一定的空间范围内进行，因此旅游区域布局的合理性也是评价旅游经济结构优化的重要标志之一。通常，合理的旅游经济结构应遵循旅游经济发展的客观要求，形成包括旅游景区景点、旅游经济圈、旅游经济带在内的合理的旅游区域布局，才能树立整个旅游目的地的整体形象，提高国家或地区旅游经济的综合生产能力，提高整个旅游经济的综合效益。

（五）旅游科技应用的广泛性

现代旅游经济是一种依存性很强的经济，其不仅以相关经济产业发展为基础，更需要现代科技的广泛应用。旅游产业中的各个部门都需利用现代科技来谋求健康地发展，例如，旅行社、旅游饭店、旅游交通、旅游娱乐、旅游购物、旅游景区景点等。旅游宣传促销、旅游教育、旅游规划与开发、旅游经营管理更离不开信息技术和高新技术的应用。

（六）旅游经济发展的持续性

良好的生态环境是旅游经济可持续发展的前提和基础，也是旅游经济结构优化的重要标志。合理的旅游经济结构应能够促进生态环境的保护和改善，即随着旅游经济的发展，不仅保护自然旅游资源和人文旅游资源不受破坏，而且进一步美化和改善生态环境，使旅游业发展与生态环境的保护有机地融为一体，实现经济、资源和环境的良性循环，促进旅游经济持续稳定地发展，促进社会经济效益的不断提高，促使国家经济实力不断增强。

总之，建立合理的旅游经济结构，必须从各国、各地区的实际情况出发，在研究本国国情或本地区实际状况的基础上，建立一个既符合本国或本地区实际，又有利于进入国际旅游市场，参与国际竞争，使旅游经济健康可持续发展。同时，要制定有利于旅游经济结构合理化的方针、政策，为旅游经济结构的合理化进程创造一个适宜的环境。并且要处理好宏观调控与市场调节的关系，使宏观调控的内容、方向、力度与市场的需求保持协调关系，市场的调节也要有利于旅游经济结构宏观目标的实现。

二、旅游经济结构优化的原则

旅游经济结构的优化是在社会经济和旅游业发展的基础上通过不断调整逐步实现的，其基本原则有以下三点。

（一）旅游供给结构与旅游需求结构相适应的原则

在市场经济条件下，旅游产品的供给是以旅游者的需求为前提的，从而旅游供给的方向、品种、质量和结构要围绕旅游需求的方向、品种、质量和结构来建立和调整。由于旅游需求变动性大，而旅游供给的调整则需要一定的时间，因此二者之间必然存在矛盾，并且，这种矛盾将是长期的。旅游目的地国家或地区要使前者适应后者的要求，唯一的办法就是对各个时期的旅游市场进行深入的调查研究，把握各时期旅游需求的变动趋势，并据此调整其供给的内容和结构，使二者基本相适应。

（二）主导行业与关联行业相协调的原则

旅游业是一个异质型行业，主要由饭店业、旅行社业、交通运输业和旅游景区（点）组成。此外，与旅游业直接和间接相关的还有其他许多行业，它们分别向旅游者提供不同的产品和服务。在这些众多的行业中，起主导作用的是旅行社业，它在旅游经济活动中，担负着旅游产品生产、组织和销售的功能，它的作用贯穿整个旅游活动，它的发展水平决定了一系列其他相关行业的兴衰，影响整个旅游业的发展水平。因此，在旅游经济结构的建立和调整过程中，应首先确立旅行社业的主导地位。

同主导行业相对照，其他与旅游活动直接或间接相关的行业均属关联行业，它们提供的产品和服务对旅游者的消费来说是必需的，为旅游活动的进行提供了物质和精神保障，因而也是旅游经济结构网中必要的组成部分。但是，它们提供的产品和服务要通过旅行社组合起来，才能形成旅游产品。由于移动终端技术的运用，每个人都是移动网络中的一个连接点，组织结构趋于扁平化、灵活性。后现代主义、互联网等新技术的运用，OTA 的流行与竞争，导致旅游者的散客化、自由行，因此，旅行社的主导作用发生变异，主导旅游者的行业发生结构性变化，但是本质不会变异，需要协调好主导行业与关联行业。

（三）本地旅游经济结构同国际旅游经济结构相接轨的原则

在国际旅游业中，随着世界旅游市场竞争的不断激化，一些兼有大量游客出入境业务的发达国家或国家集团，相继制定和实施了一系列更为严格的旅游供给的标准和规范，世界旅游组织与一些地区性国际旅游组织也在努力推行旅游产品统一技术标准。这标志着世界旅游经济结构正向更高一级变化，它要求旅游目的地国家尤其是发展中国家的旅游经济结构同世界旅游产品贸易结构相衔接，同越来越严格的国际旅游产品的标准相适应。只有这样，旅游目的地国家才能保持和扩大在国际旅游市场中的份额。

三、旅游经济结构的优化对策

旅游经济结构优化的内涵丰富，主要有两层含义：首先，它包括旅游市场结构、旅游消费结构、旅游产品结构、旅游产业结构、旅游区域结构、旅游投资结构、旅游组织结构、旅游所有制结构各子系统的优化；其次，它包括这八大旅游经济结构各子系统之间的耦合、协调和优化。下面以旅游产业结构、旅游产品结构、旅游区域结构、旅游组织结构为例来探索旅游经济结构优化对策。

（一）旅游产业结构的优化

旅游产业是综合性的经济产业，它主要包括旅游交通、旅游游览、旅游住宿、旅游餐饮、旅游购物、旅行社、娱乐等部门与行业。这些部门与行业之间彼此相互关联、相互作用，形成一个大的产业系统。旅游产业结构的合理化，指旅游业内部各行业之间形成相互协调的组合关系，具体包括旅游产业在类型、规模、所有制和发展水平等各方面结构的合理化。旅游产业结构合理化的实现，可以从以下三个方面进行。

1. 市场调节与宏观调控相结合

坚持市场调节与宏观调控相结合是保证旅游产业结构合理化实现的基本手段。市场调节与宏观调控在实现旅游产业结构合理化方面具有不同的优越性。一方面，旅游市场的复杂性及其运行的规律性决定了市场调节在旅游产业结构合理化中应当发挥基础性作用。在社会主义市场经济中，旅游行业的供给结构受市场需求的引导，从而旅游产业结构的合理化首先由市场调节机制起基础性作用。另一方面，市场机制对旅游产业结构的调节也有一定的局限性，必须由国家从宏观上对旅游经济结构中的不合理状况，通过运用行政手段、国家投资及价格、利率和税收等宏观调控杠杆及时地对旅游产业结构进行调整，从而避免市场失灵和市场机制调节的滞后性。

总之，市场调节与宏观调控在旅游产业结构合理化过程中各有优势和局限，不能互相代替。只有将二者有机地结合起来，充分发挥二者的作用，协调好二者的关系，才能促进旅游产业结构的合理化。

2. 主导行业与关联行业相适应

在旅游产业结构中，旅行社在各行业中处于中心地位，起主导作用，它是联系各行业的纽带。因此，要充分发挥它的“龙头”带动作用，并与其他行业形成合理的比例关系。并时刻分析和研究不同行业的变化趋势，及时了解相关行业的运行状态，保持整个旅游产业结构的合理性，以适应旅游业健康发展。

3. 旅游企业集团化发展

发达国家旅游经济发展的经验表明，组建专业化水平高的企业集团是增强旅游企业竞争力的重要手段。旅游企业集团化发展能够发挥规模经济的优势，降低市场风险和经营成本，提高旅游经济效益，是旅游产业结构合理化和高度化的重要目标，也是旅游产业结构合理化和高度化的重要措施之一。旅游企业集团化发展的方式主要有：第一，组建大型旅游企业集团，形成开发、经营、管理一体化的旅游业航空母舰；第二，促进旅游产业所有制结构调整，实现旅游产业所有制结构的合理化，增强旅游企业竞争能力，提高旅游企业的经济效益；第三，加强旅游企业集团的科学管理和现代化管理，向管理要效益，促进旅游企业经营管理的国际化。

（二）旅游产品结构的优化

旅游产品结构指旅游产品的构成及各部分之间的结构比例关系，它包括不同行业所提供的旅游产品之间的结构比例关系和同行业所提供的旅游产品之间的结构比例关系。各种旅游产品之间在规模、数量、类型、层次等各种指标的比例方面应形成一种协调的组合关系。不仅各种旅游产品之间要保持合理的数量比例关系，同种旅游产品不同消费层次类型之间也要保持合理的数量比例关系，形成合理的旅游产品体系。随着旅游市场的不断发展，传统的旅游产品已不能满足日益变化的旅游市场需求。针对旅游市场需求的这种变化趋势，旅游企业要不断开发新兴的旅游产品，如生态旅游、探险旅游、体育健身旅游、农业旅游等，以满足不同年龄、收入、文化结构的旅游者的多样化需求。

1. 完善旅游产品结构，形成完整的旅游产品体系

旅游产品的结构是由各项旅游产品组合而成的，任何单项旅游产品的缺少、不足或过多都对旅游产品整体结构的优化产生影响。因而必须重视各种旅游产品的开发，不能因收益回报少而忽视对某些旅游产品的开发，也不能因某种旅游产品的收益大而盲目开发。有些旅游产品特别是旅游景区、景点，一旦经过开发引导，就成为旅游产品结构中不可缺少的重要的一环，若开发不足，势必降低旅游产品的吸引力。因此，必须加快旅游产品的开发，完善旅游产品结构，形成完整的旅游产品体系。

2. 适应旅游需求变化，不断调整旅游产品结构

旅游产品结构不是一个静止的结构，而是在不断地发生运动和变化。随着旅游者需求层次的提高，会对产品类型和产品层次提出新的要求。如旅游者由观光旅游需求变为对度假旅游的需求；由对普通交通工具的需求而变为对高级交通工具的需求等。各种旅游需求

的变化要求时刻跟踪旅游市场的变化，对旅游需求做出准确的预测，并适时调整现有的旅游产品结构。

3. 做好旅游产品内部结构的调整

在旅游产品结构中，存在重点旅游产品与一般旅游产品的关系。旅游资源是旅游活动产生的原动力，因此，它在旅游产品结构中占有举足轻重的地位。旅游资源开发及其内部结构的优化是整个旅游产品结构优化的重要组成部分。在旅游资源开发中，既要重视对别具特色和吸引力强的旅游资源进行开发建设，又要注意丰富旅游资源的类型和数量。在特色旅游资源的带动下，在客源不断增加的同时，也能通过开发丰富多彩的一般旅游资源来增加环境容量，吸引旅游者，既能实现经济效益的增加，又能促进生态环境的保护。

4. 在旅游产品不同的生命周期阶段采取不同的策略

旅游产品也具有生命周期，随着市场需求的变化，进入衰退期的旅游产品将被淘汰，进入成熟期的产品为了延长其生命周期需要进一步优化，而处在介绍期和成长期的产品，则需要创造各种发展机会和条件，扩大市场份额。由此可见，要促进我国旅游产品有序地升级换代，必须根据旅游产品生命周期各阶段的特点建立相应的产品淘汰、优化和创新机制，根据市场需求变化，不断挖掘、更新现有产品，推出新产品，使我国旅游产品结构与旅游市场需求结构趋于一致，使产品价值获得最佳效果。

（三）旅游区域结构的优化

旅游区域结构指在一定范围内旅游业各要素的空间组合关系，即从地域角度所反映的旅游市场、旅游区的形成、数量、规模及相互联系和比例关系，或简称旅游业的生产力布局。一个国家的经济发展及产业布局离不开一定的地域空间。只有对各个产业和企业在地域空间上进行合理的配置和布局，才能实现生产力的合理组织，最终实现经济的效率目标与空间平等目标的和谐统一。我国地域广阔，各地旅游资源具有不同的优势与特点，但各区域间的各种旅游资源不是孤立存在的，科学的地域结构要求，无论是旅游资源存量，还是新开发的旅游项目，都要置于整个区域乃至整个国家旅游经济结构体系中，合理配置以增加其整体功能。

1. 加强重点旅游产业发展、重点旅游产品供给和重点旅游区域建设

我国旅游业和旅游经济经过 40 多年的发展，已初步形成了一些旅游经济的“增长点”，旅游区域布局应按照旅游经济发展理论，加强对重点旅游区、旅游城市及旅游路线的建设和发展。

（1）对目前在国际上已具有一定知名度的旅游区的配套建设及旅游度假区进行重点

开发。建设一批融观光、度假及文化娱乐为一体的旅游区，尽快形成具有相当产业规模的综合接待能力，增强对国内外旅游者的吸引力。

（2）加快重点旅游城市的配套建设。特别是对改革开放以来形成的旅游中心城市，要进一步深度开发，提高综合接待能力，充分发挥旅游中心城市的作用，增强对邻近地区和全国的辐射功能，成为全国旅游创汇的基地。

（3）重点扶持和建设一批具有发展潜力、经济效益好的旅游线路，开展多种专项旅游，开发新颖旅游产品，丰富旅游活动的内容，增强旅游产业发展的后劲。

2. 遵循点—轴发展的规律

旅游点—轴发展规律，就是以建设国际化旅游城市为依托，形成“增长点”，再以“点”带“面”，经过辐射扩散作用，发展旅游区，带动整个区域旅游经济的发展。按照点—轴发展规律的要求，首先要加快重点旅游区和国际化旅游城市的建设，在重点旅游区和旅游城市中，有选择地建设一批具有国际化标准和功能的旅游城市和旅游景区，形成旅游经济发展的“增长点”。然后，依托这些“增长点”的辐射扩散作用，不断向周围地区扩散，并形成旅游经济圈和旅游经济带，带动相应地区旅游经济跳跃式地发展，从而促进整个旅游经济区域的形成，推动整个旅游经济区域的发展。

3. 加强旅游区域之间的合理分工，实现优势互补

在我国旅游经济发展中，各旅游区域之间在发展阶段、发展规模及发展水平等方面都存在着差距。因此，旅游区域合理布局、旅游区域结构合理化的实现，必须遵循合理分工、优势互补的原则，根据各区域旅游经济的发展水平及区位状况，进行合理的分工和布局。一方面，各地区应从自身的旅游资源优势和区位条件以及旅游市场需求状况出发，开发和提供与旅游经济发展相适应的旅游产品，在不同旅游区域之间形成合理的分工和布局。另一方面，在注意突出各自优势和特色的同时，强调互补互济，形成各地区之间资源互补、产品互补和市场互补，促进旅游生产要素在不同区域之间的合理的、有序的流动和充分有效利用，提高旅游经济的整体效益。

4. 积极发展国内外、区域间的旅游经济合作

旅游业是一个极具开放性的经济产业。旅游经济的发展必须打破封锁，积极对外开放，加强国内外旅游区域间的经济合作。

（1）按照旅游经济的内在联系，以区划理论为指导，加强各旅游区域之间的联合和协作，逐步形成具有一定规模、一定水平和各具特色的区域旅游网，提高区域旅游网的整体竞争能力。

（2）积极发展国际旅游区域合作，参与国际旅游市场竞争。顺应当前国际经济区域一体化和全球化的趋势，寻求全球范围内的旅游区域合作，进一步开拓国际旅游市场，增强我国旅游业在国际旅游市场上的竞争能力和旅游业的发展后劲。

（四）旅游组织结构的优化

旅游经济组织结构指旅游业中的行业机构和旅游企业机构及其企业规模在旅游经济运行中的地位、作用和相互关系。旅游经济组织结构一般包括旅游行业组织结构、旅游企业规模结构和旅游企业内部组织结构。

旅游产业组织结构的优化是一个动态过程，是旅游产业组织结构不断调整和合理化的过程，尽管在不同的发展阶段、不同的条件下，旅游产业组织结构优化的内涵不同，但一般而言，它都要求旅游产业组织结构国际化、集团化、网络化和企业内部组织结构的现代化。随着市场经济的发展和国际经贸合作深入，中国的旅游产业组织结构也发生了重大的变革，从过去的“小（企业规模小）、低（技术水平低）、差（产品质量差）”向大型化（资产规模和投资规模）、集团化（多个子公司）、现代化（技术水平和内部组织）、高档化（产品高附加值）、国际化（跨国经营）发展。旅游经济结构的国际化、集团化和企业内部组织的现代化引起了旅游企业战略环境的变化。

1. 转变政府职能，充分发挥旅游行业组织的作用

按照政企分开的原则，转变政府职能。政府的经济管理职能，要真正转变到制定和执行宏观调控政策，搞好基础设施建设，创造良好的旅游经济发展环境上来，把不应由政府行使的职能逐步转给旅游市场、旅游企业和旅游行业组织，充分发挥旅游行业组织协调旅游企业与政府部门关系，为企业提供服务的积极作用。

2. 协调好大、中、小型旅游企业的比例关系

一方面要适当提高市场集中度，积极鼓励跨地区、跨行业组建旅游集团，通过改组、改造、整合等方式优化企业内部结构，鼓励大型旅游骨干企业向网络化、规模化方向发展。另一方面引导中、小型企业向专业化经营方向发展，使旅游企业的规模结构更趋合理。

四、旅游经济结构优化的意义

旅游经济结构优化对旅游经济发展具有十分重要的意义，因为旅游经济的持续发展取决于旅游经济结构的优化，而旅游经济结构的优化不仅是旅游经济发展的战略目标，而且是旅游生产力体系形成的客观要求，是旅游经济实现良性循环发展的根本保证。

（一）旅游经济结构优化是旅游经济发展的战略目标

在传统的经济体制下，人们往往把经济发展的总量增长和速度作为经济发展目标，因而在讲到旅游经济发展战略目标时，也往往过分强调指标和增长速度，忽略了旅游经济结构和效益。事实上，经济总量的增减和发展速度的快慢不一定反映生产力水平的提高或降低，而经济结构的优劣则明显反映生产力水平的升降和经济效益的好坏。因此，“速度型”的旅游经济增长未必带来经济效益的提高，相反引起投入量的增加和结构失衡，最终使整个旅游经济发展不协调；而“结构型”的旅游经济增长依赖于技术进步和结构优化，结构合理，既有速度，又有效益，从而能实现旅游经济长期稳定协调地发展。

（二）旅游经济结构优化是旅游生产力体系形成的要求

生产力经济学认为：“生产力是由相互联系、相互依存、相互制约的各种因素所构成的有机整体，各个因素必须质量适应，数量成比例，序列有秩序，才能形成合理生产力结构，才能有效地实现人与自然之间的物质变换过程。否则，就不能形成合理的结构，不能构成有效的生产能力。”旅游业是一个综合性的经济产业，旅游经济各部门各要素的发展规模、速度和水平，如果不能相互适应，形成一定的数量比例和合理的序列结构，就不能形成旅游生产力体系，就不能发挥其应有的功能。因此，要促进旅游经济的发展，就必须形成有效的旅游生产力体系；而形成有效的旅游生产力体系，就必须努力实现旅游经济结构的合理化，推动旅游经济结构的高度化发展，才能不断提高旅游经济的生产力和效益。

（三）旅游经济结构优化是旅游经济良性发展的根本保证

旅游经济发展的良性循环通常表现为旅游经济各部门、各要素比例协调地平衡发展。如果比例不协调，经济发展大起大落，则是不良循环的反映。纵观改革以来我国旅游经济发展，在总体上高速增长的情况下，也一度出现大起大落的状况。虽然通过宏观调整的手段可以使旅游经济比例关系暂时协调，但随着旅游经济的继续增长，又会出现新的比例失调。因此，要解决旅游经济的平衡协调发展问题，还是要从旅游经济结构优化入手。只有从根本上实现了旅游经济结构的优化，才能使旅游经济发展实现速度适当、效益良好，最终进入持续、稳定增长的良性循环中。

（四）旅游经济结构优化是提高旅游经济综合效益的手段

旅游经济结构优化的根本目的是使旅游资源得到合理的开发利用，旅游供给体系趋于协调，并向高度化方向发展，从而充分有效地发挥旅游业的产业功能和经济优势，全面提高旅游经济的综合效益。旅游经济结构优化的目标和内容，包括旅游经济各种结构都必须处在合理化和高度化的发展状态，而且各种结构之间的相互作用、制约的关系必须有利于各种结构保持合理化发展的状态。

（五）做好新常态下的旅游发展

“旅游+”、自由行、高铁、“互联网+”“双创”以及高新科技等新常态因素的叠加效应，加大了旅游智慧发展的速度。中国正在逐渐步入服务业主导的经济发展阶段，以旅游业为代表的综合型服务业成为缓解产能过剩、促进产业升级的重要手段。从供给侧结构性改革视角看，“去产能、去库存、去杠杆、降成本、补短板”是目前旅游经济结构优化发展的总纲。

本章小结

旅游经济的发展既包括总量增长，也包括结构转换和效益提高，其中结构转换不仅决定总量增长的规模和水平，而且还直接影响旅游经济效益的提高。因此，本章全面阐述了旅游经济结构的含义、特征、影响因素，并分析了旅游经济结构尤其是旅游产业结构的合理化、高度化及优化判断，在此基础上提出了旅游经济结构优化标志、原则和对策。

基本概念

旅游经济结构　旅游产业结构　旅游产品结构　旅游地区结构

思考题

1. 什么是旅游经济结构？其有什么特征？
2. 阐述旅游经济结构的影响因素有哪些？
3. 什么是旅游经济的合理化和高度化？
4. 旅游经济结构优化的原则有哪些？
5. 旅游产业结构的优化对策有哪些？
6. 如何实现旅游产品结构的优化？
7. 如何实现旅游地区结构的优化？

本章思维导图

- 旅游经济结构
  - 旅游经济结构的概念及影响因素
    - 旅游经济结构的概念
    - 旅游经济结构的特征
    - 旅游经济结构的影响因素
  - 旅游经济结构的合理化、高度化及其判断
    - 旅游经济结构的合理化和高度化
    - 旅游产业结构的合理化、高度化及其判断
  - 旅游经济结构的优化对策
    - 旅游经济结构优化的标志
    - 旅游经济结构优化的原则
    - 旅游经济结构的优化对策
    - 旅游经济结构优化的意义

即测即评

案例分析

以新发展理念构建
现代旅游经济体系

推荐阅读

第十一章　政府旅游经济管理与旅游产业政策

本章导言

政府通过制定旅游产业政策加强对旅游经济的管理，是当今世界旅游业发展的潮流，也是旅游业健康快速发展的要求。研究旅游产业政策以及旅游管理的体制和手段，是各国政府及企业都关心的重要问题。

学习目标

通过本章的学习，学生可以掌握旅游产业政策体系以及评估方法、政府对旅游经济管理的主要方法和手段，把握我国旅游经济管理体制的发展方向。

本章重点与难点

重点：政府旅游经济管理的主要手段

难点：旅游产业政策评估体系

第一节　我国旅游经济管理体制

旅游经济管理体制是对旅游经济运行中所产生的各种经济关系的有效协调和管理及其所形成的组织形式和管理制度等。其主要内容包括：多种经济形式和多种经营方式问题；中央和地方的关系问题；国家、旅游企业和旅游从业人员之间的关系；对旅游企业的管理方式与手段等。具体说来，它包括旅游业的组织机构、组织形式、调节机制、监督方式、各种机构或组织的责任、权限和利益问题等。

一、我国旅游管理体制发展沿革

我国旅游管理体制发展经历了五个阶段。

（一）起步阶段

1978 年至 1985 年，由政治接待型向经济事业型转变。1978 年之前，我国的旅游管理机构主要担任的工作是外事性、政治性的招待办公，1964 年设立的我国“旅行游览事业管理局”是外交部的外事行政管理部门。1978 年改革开放后，国际入境旅游市场迅猛发展，异国游人如潮水般涌来，激荡着原有的外事政治招待型旅游管理体制。这个时期改革的重点是政企分开，鼓励企业化经营。国家旅游局与中国国际旅行总社正式分开，为各地带好头。并逐步下放外联权，从 1982 年 9 月起，为适应旅游业发展，开始下放外联权，调动了各地的积极性。推广了各种形式的经济责任制，取得了良好的经济效益和社会效益。

（二）发展阶段

1986 年到 1992 年，按照国际惯例改革旅游经济管理体制，把旅游业正式纳入了国民经济和社会发展计划。为此，我国在旅游管理体制和管理制度方面陆续出台了一些新的举措。

在管理体制方面，支持和鼓励成立旅游企业集团和成立我国自己的饭店管理公司。这些旅游企业集团公司和旅游饭店管理公司对加强我国旅游业的行业管理，增强国际旅游高层竞争能力，发挥了骨干企业作用。

在管理制度方面，建立了星级饭店评定和管理制度。1988 年 8 月 22 日，经国务院批准，颁布了《中华人民共和国评定旅游（涉外）饭店星级的规定》。通过对旅游涉外饭店的星级评定和管理，促进了我国旅游涉外饭店服务质量和服务水平的显著提高。此外，我国还按照国际惯例，建立了对导游人员实行合同管理，对旅游涉外饭店加收服务费，汇率调整后实施外汇保值，旅行社接待海外旅游者来华旅游期间统一实行意外保险，涉外旅游业务必须签订经济合同，旅游者投诉等制度和规定。这些按照国际惯例建立起来的规章制度，提高了我国旅游业接待和服务水平，向国际标准前进了一大步。

在管理技术手段方面，广泛采用了计算机信息系统。到目前，旅游统计、旅游财务管理等计算机信息系统已建立起来并运转良好，尤其在较大的旅行社、旅游涉外饭店，计算机信息技术已被广泛应用。

这个阶段我国旅游业处于规模形成阶段，许多业务环节仍受传统的计划经济模式束缚，许多旅游部门的主要精力用于建设开发方面，用于管理方面较少。

（三）深化阶段

1992 年至 1999 年。1992 年以来，按照社会主义市场经济的要求，深化旅游管理体制的改革。原国家旅游局和各地旅游部门在贯彻落实国务院《全民所有制企业转换经营机制条例》中，都加快了改革步伐，主要举措表现在以下方面。

进一步下放权力。原国家旅游局已确定，在旅行社审批方面，经营各类旅行业务的旅行社，不再由省、自治区、直辖市一级审批，可以由省、区、直辖市确定两级审批制度。在旅游价格方面，原国家旅游局制定全国统一标准，由旅游企业之间协商议定。在旅游考试方面，不再实施统一评卷，考生评卷工作下放到各省、直辖市旅游局。

取消旅行社按一、二类划分的标准，按国际旅游市场通行的做法，只划分经营国际旅游和国内旅游两种旅行社，这是旅行社体制改革的一大突破。

建立旅行社营业保证金制度，旅行社营业保证金是旅行社开办前除注册资金外拥有的专项资金，主要用于旅行社质量的保证和风险的保证。保证金的所有权属于其缴纳的旅行社所有，由旅游管理部门在指定银行设专户储存和管理。

在旅游行业内建立旅游服务质量标准体系。为适应建立社会主义市场经济的要求，在培育旅游市场体系的同时，必须运用法律、法规来规范旅游企业的行为。原国家旅游局在旅游行业内建立起一套包括国家标准、行业标准、地方标准、企业标准在内的旅游管理和旅游服务的标准体系，以规范旅游产品、旅游管理、旅游服务水平的质量，推进我国旅游企业经营管理水平，向国际旅游市场的水准迈进。

支持和鼓励各类旅游企业建立现代企业制度。在转换旅游企业经营机制过程中，坚持以公有制为主体，鼓励个体、私营、外资旅游企业的发展，支持国有旅游企业进行承包经营、租赁经营、股份合作制、股份公司等现代企业制度的试点。

按照国务院的部署，进一步精简政府机构，转变政府职能。原国家旅游局已按国务院关于精简政府机构人员的精神，进行“三定”（定职能、定编制、定人员），实行政府机构的公务员制度。

（四）蓬勃发展阶段

2000 年至 2014 年。“黄金周”制度的实施，使得旅游产业得到全面发展，加上旅游产业极强的关联作用，全国各地纷纷将旅游产业作为当地的支柱产业或者是主导产业。到 2001 年，几乎所有的省、自治区、直辖市的政府都明确了旅游业的重要地位，将其列为本地区新的支柱产业和新的经济增长点，我国旅游业的黄金时代正在向我们走来。面对大好形势，我国的旅游管理体制改革在实现深化的基础上进入了一个更高更新的层面，以市场为基础配置旅游资源，实施政府主导型旅游发展战略，以优化的制度安排、更强化的政府管理职能，形成领导重视、部门联动、社会参与的旅游发展格局，进一步壮大旅游产业规模、加大旅游产业的贡献，成为世纪之交我国旅游管理体制改革的热点。

与此同时，旅游产业结构的失衡以及配套政策的缺失也带来了严重的后果。原国家旅游局结合现实问题开始对旅行社和相关导游的管理条例进行了全面的修订工作，使各项法律法规更符合产业的发展；“黄金周”制度带来了出境旅游的爆炸式发展，《中国公民出国旅游管理办法》的实施和修订也为我国出国旅游提供了更加坚实的保障。旅游产业开始由原来入境旅游和国内旅游两个市场逐步进入全面发展时期，在产业效应方面，也开始从单纯经济效益向生态、社会、文化和经济的综合效益转变，旅游产业政策也从原来强调需求满足转变为综合效应的协同发展。围绕这一价值导向，我国从根本上开始梳理现有的产业政策，并着手制定和颁布大量注重绿色发展、保护生态、促进文化协同发展的配套产业政策。

尤其值得一提的是，在加入世界贸易组织后，我国的出境旅游人数和入境旅游人数剧增，带动了旅游产业的全面发展，国家出台了大量的关于旅游产业投资主体放开的系列政策，以迎合经济全球化的发展趋势，这进一步刺激了旅游产业的发展。

2003 年 9 月 4 日，文化部出台《关于支持和促进文化产业发展的若干意见》，推动文化旅游业进一步发展。2004 年开始，我国开始注重单项旅游产业的发展，相继推出红色、乡村、生态旅游等多种新型旅游形式。以“红色旅游”发展为例，2004 年 12 月，中共中央办公厅、国务院办公厅印发《2004—2010 年全国红色旅游发展规划纲要》，就红色旅游发展的总体思路、总体布局和主要措施做出明确规定，给红色旅游产业发展做出了顶层设计，此后各个省域开始对红色旅游进行规划并出台响应政策，大大促进了这一旅游产品的发展。2006 年 9 月 14 日，《文化建设“十一五”规划》出台，这是文化旅游的一大转折点。2008 年 8 月 26 日，旅游管理局印发《关于加强旅游行业节能工作的通知》，促进旅游产业向可持续方向发展，符合时代旅游潮流。2009 年国务院 11 月 25 日召开的常务会议讨论并原则通过《关于加快发展旅游业的意见》，这是国务院专门就旅游业发的一个重要文件，首次明确了旅游业的战略性支柱产业地位，提出了旅游业发展的战略性任务：对旅游业发展制度进行全面改革、优化旅游消费环境、加快旅游基础设施的建设与完善、旅游产品进行整合和改造实现旅游产品多样化、培育新的旅游消费热点等。2010 年 8 月 19 日，文化部办公厅、国家旅游局办公室发布关于做好首届中国国际文化旅游节有关工作的通知，这是首次将中国文化向国际开放的正式通知，使得我国旅游产业逐渐走上国际舞台。2010 年 12 月 15 日，《导游人员管理条例》出台，进一步规范了旅游产业发展。2012 年 6 月 28 日，文化部发布《关于鼓励和引导民间资本进入文化领域的意见》，这是深入贯彻党的十七届六中全会精神，推动社会主义文化大发展大繁荣，进一步兴起社会主义文化建设新高潮的重要举措。2013 年，中华人民共和国第十二届全国人民代表大会常务委员会第二次会议上通过了《中华人民共和国旅游法》，是我国旅游产业发展的第一部法律，为旅游产业的规范发展提供了法律保障，为市场配置资源的基础性作用提供了法律依据，也为旅游业持续健康发展创造了法制环境。

（五）深化调整阶段

2015 年至今。随着信息技术的高速发展和新技术的不断涌现，旅游产业的发展基础、结构演变、组织形态和空间布局等都发生着根本的变化，为了顺应并加大旅游产业的发展，国家旅游局在 2015 年明确提出“515 战略”，提出要用网络和信息技术的发展带动我国旅游业的发展，“互联网 + 旅游”的概念和模式应运而生。2016 年中央一号文件《关于落实发展新理念 加快农业现代化 实现全面小康目标的若干意见》又明确指出，休闲农业活动体验和乡村旅游是我国现阶段旅游发展的重点，发展具有地域特征、历史文化内涵、民族风俗特色的风情农村小镇，从而带动乡村经济发展。2016 年 5 月，国家体育总局和国家旅游局签订《关于推进体育旅游融合发展的合作协议》，随后又出台了《关于大力发展体育旅游的指导意见》，推动体育旅游蓬勃发展。2016 年 12 月 29 日，文化部响应政府号召，印发了《文化部“一带一路”文化发展行动计划（2016—2020 年）》，推动中华文化“走出去”，扩大中华文化影响力。2017 年 6 月，国家旅游局先后下达国家温泉旅游、“国家体育旅游示范基地”和“国家体育旅游精品赛事”的有关通知，使得旅游产业更加多元化。2017 年 12 月，国家发改委、国土资源部等联合出台了推进特色小镇的相关政策和建议，为城乡旅游协调融合发展奠定了基础。自此之后，“旅游 + 农业”“旅游 + 体育”“旅游 + 文化”“旅游 + 工业”……各种以旅游产业为抓手的全域旅游模式应运而生，且发展势头强劲，成效显著。为进一步推进生态旅游发展和满足游客的旅游休闲消费需求，国家旅游局和发展改革委员会在 2016 年联合编制了《全国生态旅游发展规划(2016—2025 年)》，2017 年国家旅游局发布《全域旅游示范区创建工作导则》，这是全域旅游示范区创建工作的行动指南，也是全域旅游实践工作的纲领性文件，其核心就是从全时、全空、全民、全业、全制五个方面进行大融合发展。

2018 年 3 月 22 日，国务院办公厅印发《关于促进全域旅游发展的指导意见》，意见要求发展全域旅游要落实好八个方面重点任务，确定 2018 年为“美丽中国—2018 全域旅游年”，这是旅游产业与“丝绸之路”结合，共同建设“美丽中国”的产物。为了配合全域旅游的价值导向，原国家旅游局 3 月 15 日印发第 46 号令《旅游行政许可方法》，文化和旅游部办公厅 5 月 29 日发布了《关于印发〈国家旅游人才培训基地管理办法〉（试行）的通知》（办人发 26 号）、国家发展改革委 7 月 2 印发了《关于完善国有景区门票价格形成机制 降低重点国有景区门票价格的指导意见》等系列文件，从各个方面规范旅游产业发展，提升旅游产业发展内涵，提高旅游产业的质量，推动全域旅游向高质量方向发展。

二、我国旅游经济管理体制的基本结构及特征

旅游经济管理体制是以国家的旅游发展战略和规划为依据，以计划、税收、信贷等经济政策为调控手段，以旅游经济信息为媒介、以旅游相关法规为监督保证体系的一个完整的管理系统。该系统与市场机制相配合，才能实现旅游经济资源的有效配置。旅游经济管理的运行系统是由以下 5 个子系统所组成，它们相互作用，互为影响。

（一）旅游经济决策系统

这是旅游经济管理体制的中枢。旅游经济决策就是对旅游经济发展目标、旅游经济政策和重大措施做出抉择。旅游经济决策是进行旅游经济管理的基本依据。旅游经济决策系统的内在结构问题，主要指正确划分决策权限和保证决策系统的科学性。我国旅游决策系统的特点是集中与分散相结合。中央、部门、地方、企业都有相应的决策权，国家旅游经济决策集中在涉及宏观旅游经济全局性的问题上，对微观经济活动的决策则要体现在微观主体的自主权方面。另外，旅游经济决策应经过一定的程序，进行充分论证，以保证其决策的科学性。

（二）旅游经济调控系统

这是旅游经济管理体制中连接宏观经济决策和微观经济决策的中介。只有通过调控系

统的作用，才能把宏观旅游经济决策所确定的目标和方案变为各微观经济主体的行动方向，从而实现宏观旅游经济发展目标。我国旅游经济调控主要采取间接调控的方式，如通过财政、金融、价格等经济政策，调节企业的经济利益，从而引导旅游企业做出符合宏观旅游经济发展总目标的决策。要使旅游经济调控系统发挥有效的调控作用，首先要协调各宏观调控部门之间的关系，使计划、财政、价格、劳动等部门合理分工，互相配合；其次要健全各种调控手段，如合理的价格体系，严密而科学的税收制度，完备的经济法规等，并根据各种调控手段的特点，发挥各自的特长，对旅游经济活动起到综合协调的作用。

（三）旅游经济信息系统

这是旅游经济管理体制中沟通各管理环节、各经济主体之间联系的媒介，旅游经济决策与调控都离不开旅游经济信息的作用。旅游经济信息最初来源于市场，尤其在市场发育水平较高的各类旅游经济中心，旅游经济信息比较集中。国家宏观管理部门各自的专业经济统计机构，如旅游统计、商业统计、财政统计、金融统计等部门搜集、加工各有关经济信息，然后再进行汇总、提炼，形成了供宏观决策的旅游信息。宏观决策结果的信息及调控方向的信息又通过纵横交错的渠道传递到各旅游经济主体，成为他们决策的指导和参考。因此，旅游经济管理的信息系统是一个由多层次、多环节的信息搜集、处理、传输工作所构成的互相关联的整体。

（四）旅游经济监督系统

这是旅游经济管理体制中正确决策的产生和实施的保证。我国旅游经济监督系统由各级党组织、政府和人民全面监督，专业和综合的旅游经济行政管理机构的业务监督和职能监督、审计和工商行政部门的专门监督，司法机构的经济法律监督以及人民群众团体的社会监督与舆论监督组成。通过监督系统的作用，一方面为旅游经济决策系统反馈信息，提高决策科学性；另一方面保证正确旅游决策的实施，维护正常的旅游经济运行秩序。尤其在社会主义市场经济条件下，旅游经济管理不再主要依靠行政命令，而主要依靠经济政策、经济手段起调节作用，这就更加需要一个强有力的监督系统的辅佐。

（五）旅游经济组织系统

它规定旅游经济管理体制各子系统的职能和相应结构，并使这些子系统相互衔接，紧密配合，形成旅游经济管理系统整体。我国旅游管理的组织结构的特点是按旅游行政隶属关系划分的组织管理结构。随着改革的深化和旅游业的迅速发展，加强行业管理将是我国经济体制改革发展的必然趋势，而且，行业管理职能一旦健全，目前市场上旅游企业经营管理无序的状态将会有所好转。

三、政府旅游经济管理手段

政府要利用旅游业来实现其经济目标，就必须通过种种手段来促进、管理和引导旅游经济的发展。政府管理旅游经济的手段主要有经济手段、行政手段、法律手段、计划手段等。

（一）经济手段

经济手段是政府利用经济政策和经济杠杆对经济进行调节。经济政策指政府指导和影响经济活动所规定并付诸实施的一切准则和措施，它包括财政政策（如国债的发行，财政支出规模和支出方向的调整）、货币政策（如货币发行量的调整）、产业政策、信贷政策（利率的调整，存贷款政策的调整等）、收入分配政策、价格政策（如通过对某些商品价格的调整来调节市场供求）、汇率政策、税收政策（如税目及税率的调整）等。经济杠杆包括价格、税收、利率等。

1. 税收方面

国家通过制定税种、规定税率和征收税金，来调节旅游经济的发展，为促进旅游经济的发展，很多国家对旅游业给予税收方面的优惠。在一定期限内给旅游企业减免经营税、收入税、部分旅游设备进口关税的优惠等。如西班牙对旅游业免建设税，加速折旧，免关税 95%，葡萄牙、希腊和土耳其免关税 100%。埃及政府规定，凡是为建筑、设计、更新旅游设施所需要进口的物资，国家给予免税优待，对于新建的旅馆和旅游设施，自开业之日起 5 年内免征商业税、工业利润税、有价证券税和这些税的附加税。一些发展中国家旅游业刚刚起步，在国内、外因素影响旅游企业发展时，它们多从税收上给予优惠。为促进旅游购物，很多国家实行海外游客购物退税制度。

2. 财政方面

国家主要通过财政补贴和财政投资来支持旅游业的发展。旅游产品涉及公共性产品，并非各家旅游企业所愿承担。为了能吸引国内外旅游者，政府应加强国际及国内的交通运输建设与管理，完善交通设施设备，确保旅游者旅行的安全、便利、快捷、舒适、经济，国家还应作为诱导性投资，建设各种基础设施，创造良好的企业投资环境。多年来，我国在国家财力有限的情况下，通过基础建设投资，中央和地方财政专项旅游发展资金的安排，支持了度假区、风景名胜区、森林公园等一大批建设项目；同时，采取“国家、集体、地方、部门和个人一起上”的方针，按照“谁投资、谁受益”原则，投入了大量的建设资金。与此同时，也吸引了大量的外资用于基础设施建设，为旅游业的发展创造了十分良好的硬件环境。

3. 金融方面

国家可以通过贷款的方向、规模、期限，来影响资金的投放，调节旅游经济的发展，如向旅游企业提供低息或无息贷款，帮助企业解决筹措资金问题。外汇政策上，国家实施创汇奖励政策，鼓励国际旅行社积极组织境外客源招徕工作，国家对国际旅行社按实际结汇额进行奖励。这样一方面可提高其积极性，另一方面又方便旅游企业对外进行文化联络，技术引进。

（二）行政手段

行政手段是国家通过行政命令、指示等方式对旅游经济活动进行管理。国家通过行政手段调节旅游经济发展。

1. 宣传促销

通过各种新闻媒介，如制作专题，借助一些热点新闻来向世界展示本国的旅游资源。政府还可通过组织开展市场调研尤其是国际市场的调研，及时、准确掌握国际旅游市场的新趋势、新动态，向国外介绍国内的旅游资源。当前，在国际旅游业出现白热化竞争态势下，谁能将旅游产品的信息更准确、迅速地传递给中间商和旅游者，谁就有机会争取到更大的市场份额。多数国家的海外旅游促销费用基本呈逐年上升趋势。随着国际互联网络的发展，旅游业的海外促销更为便利。许多国家和地区都积极地在网络上宣传旅游产品。

2. 简化手续

为吸引境外旅游者，各国都在逐步削减烦琐的入境审批手续。这样才能便利旅游者。比如当前随欧洲经济一体化，人员实现可自由流动，许多去欧洲的旅游者基本都会选择到目的地国的邻国观光。如果每一国都设立重重关卡，必定会使许多旅游者望而却步。

3. 旅游规划

发达国家很早就开始进行旅游规划。英、法、爱尔兰三国从20世纪60年代起就开始进行旅游规划。目前，我国各省、市、自治区基本上都有本地的旅游规划。旅游业今后将进一步强化旅游规划工作，把旅游资源与产品开发纳入行业管理范围，逐步建立起适应市场经济体制的旅游基本建设宏观管理体系。

4. 信息服务

信息服务指对旅游企业进行经营指导，向其提供准确的旅游市场需求信息，以及提供各方面的旅游市场咨询。

（三）法律手段

法律手段是利用经济立法和经济司法对旅游经济活动进行调节。旅游业的行业性质和特点客观上需要一个权威性、法律性的管理手段以维护和保证旅游市场的秩序。发达国家基本上都具有较为完备的旅游法规。从 1985 年到现在，我国已颁布了几十个旅游业法律法规文件，其速度之快不但在我国其他行业的立法活动中少见，在全世界也是少有的，目前，我国旅游活动的绝大部分环节都可以做到有法可依。我国已颁布的相关旅游法规主要有：由中华人民共和国第十二届全国人民代表大会常务委员会第二次会议通过并颁布的《中华人民共和国旅游法》，由国务院颁布的《风景名胜区管理暂行条例》《导游人员管理条例》《旅行社管理条例》；由国家旅游局颁布的《中华人民共和国评定旅游（涉外）饭店星级的规定》《旅行社质量保证金暂行规定》《旅游投诉暂行规定》等；由各省、市人大颁布的地方性法规如《海南省旅游管理条例》《青岛市旅游管理条例》等。

在加强立法的同时，我国也加强了执法工作，广泛开展了普法宣传，加强旅游行政执法队伍的建设，对旅游业中存在的违法行为依法坚决予以惩处。规范旅游市场秩序，净化旅游市场。

（四）计划手段

政府对旅游经济的计划调节就是制定旅游经济的发展计划，并确保计划的实现。旅游经济计划是社会经济发展计划中的一个重要组成部分，制定旅游经济计划的依据是国民经济发展状况及旅游经济市场供求状况。旅游经济计划对旅游经济发展具有指导性作用，这一计划具有宏观性、战略性和政策性特点，制定旅游经济计划的主要任务是合理确定旅游经济发展战略、宏观经济目标和相应的产业政策、搞好旅游经济预测和分析、规划旅游经济结构和旅游经济布局，安排组织重点旅游建设项目。

旅游经济计划有长期计划、中期计划和短期计划，有国家计划、地方计划和地区计划。旅游经济计划指标主要有旅游入境人数、旅游外汇收入、就业人数等。

第二节　世界各国旅游管理的主要模式

在旅游业管理模式上，各国因为经济体制、经济发展水平、国土面积、文化传统不同而各有特色。在影响旅游管理体制的因素中，经济体制起决定作用。借鉴各国旅游管理经验对不断完善我国的旅游管理模式、深化我国旅游管理体制改革具有重要意义。

一、旅游业管理机构设置模式

世界各国的旅游业管理机构设置模式有 5 种基本模式。

（一）非中央机构模式

世界多数国家的最高旅游行政管理机构是中央政府的一部分，但有 30 多个国家和地区，其中央政府并不包括旅游行政管理机构，如伊拉克国家旅游组织和爱尔兰旅游局，这类旅游行政管理机构多数仍属官方机构，在多数情况下，他们完全或在很大程度上由政府资助。这类机构的共同特征是它们具有自己的法人地位，并在行政上和财政上独立。

（二）旅游部模式

全世界约有近 20 个国家最高旅游行政管理机构为旅游部，这种模式有两个基本点：一是管理职能单一，只负责旅游；二是机构为部级规格。采用这种模式的国家和地区主要有：菲律宾、尼泊尔、叙利亚、阿尔及利亚、黎巴嫩、摩洛哥、马尔代夫、坦桑尼亚、百慕大、巴哈马、罗马尼亚等。上述国家基本上是发展中国家。发展中国家对旅游创汇的期望很大，这与发展中国家普遍存在外贸逆差和财力薄弱有关。发展中国家综合经济能力较差，要在与国民经济各部门完全协调的情况下获取高额旅游外汇在短期内不可实现，为此，促进国际旅游业在一定程度上的超前发展必须借助于强有力的政府机构。

（三）混合职能模式

混合职能模式的基本特点是，旅游管理职能与一个或几个相关部门的管理职能结合在一起。①旅游与交通共同构成一个部或交通部下设旅游局，如埃及旅游与民航部，斯里兰卡航行与旅游部；②工业、商业贸易部门下设旅游部门，如芬兰工商部——旅游局，美国商务部——旅游局，匈牙利商业部——旅游局；③通信、情报部门与旅游部门合组成一个部，如委内瑞拉情报与旅游部，印度尼西亚邮电、电信与旅游部；④文化、娱乐部门与旅游部门构成一个部，如巴基斯坦文化与旅游部，澳大利亚体育、娱乐与旅游部；⑤综合经济部下设旅游部门，如荷兰经济事务部——旅游局、前南斯拉夫市场与一般经济事务部——旅游局；⑥其他部门与旅游部门组成一部，如肯尼亚旅游与野生动物部、新西兰旅游与宣传部。

混合职能模式为世界多数国家所采用，其中既有发展中国家，又有发达国家；既有社会主义国家，又有资本主义国家。说明这种模式在不同社会制度和不同经济发展水平的国家中具有比较普遍的适应性。这种模式反映了旅游业综合性很强的特点，有利于旅游部门与主要相关部门实现有效的配合和协调。

（四）旅游委员会模式

旅游委员会的特点是只有单一的旅游管理职能，其规模等同于一个部。这种模式只在部分东欧国家中采用。如保加利亚国家旅游委员会和波兰旅游总委员会等，这些委员会是协调部门而非权力机构。

（五）旅游局模式

旅游局模式的特点是单一行使旅游管理职能，直属于内阁，其规格低于部，如泰国旅游局。我国以前属于此种模式，目前是文化和旅游部，属于混合职能模式。

二、世界旅游管理模式的发展趋势

随着国际旅游业的迅速发展，强化旅游行政机构在中央政府中的地位和作用，已成为世界性趋势。这一趋势至少包含两项内容。

（一）许多国家提高旅游行政机构在内阁中的地位

如罗马尼亚于 1960 年在外贸部下建立了旅游总局，1967 年将旅游投资纳入国家计划，1970 年 12 月建立了旅游部。现在罗政治局中有一名成员分管旅游，旅游部长为中央委员。马来西亚于 1972 年 8 月成立了旅游发展局，隶属于贸工部，1987 年 5 月，马来西亚内阁机构改革，成立了文化旅游部，旅游发展局隶属该部。在 1970 年以后提高旅游行政机构地位的国家还有：法国、阿尔及利亚、科特迪瓦、土耳其、新加坡和芬兰等。

（二）普遍建立和健全旅游协调机构

旅游部门至少与政府机构的 20 余个部门有直接联系，为保证旅游行政部门有效运转，除了完善其内部机制之外，还必须与相关政府机构实现真正的协调和配合，而这有必要通过一个固定的组织来实现。于是，各国中央政府中的旅游协调机构应运而生。到目前为止，世界多数国家和地区都在内阁中（或直属国家元首，如印度尼西亚）设有旅游协调机构。

旅游协调机构的形式各异但有如下共同点：①成员的广泛性。凡与旅游业直接关联的政府部门，在该协调机构中无一不包；②机构的权威性。该机构主要从事协调，有职有权。各国多由总理或副总理亲自负责该机构，如突尼斯、泰国和马来西亚等，机构成员或为有关部部长、副部长，或为有关各部主管局局长等，该机构一旦形成决议，多作为内阁意见交由政府各部门贯彻执行；③旅游部门的主导性。因为协调机构服务的对象是旅游业，所以旅游行政部门的代表在协调机构中大都处于唱主角的地位。如匈牙利的商业部长（管旅游）即为协调机构的主席，而协调机构的秘书长由旅游局局长担任。再如罗马尼亚，旅游有关各部门代表直接加入旅游部的最高权力机构——领导委员会，形成旅游部门与协调机构二合一的特殊格局。

随着世界旅游业的迅速发展，各国强化旅游行政机构地位和作用的趋势必将延续下去。

三、旅游管理模式案例分析

在世界各国旅游管理模式中，美、日、英、匈、新、泰、菲等国的旅游管理模式更有特色，我们做进一步的具体分析，以供我国旅游管理体制改革参考。之所以选择以上各国来分析，在于它们与中国有某些方面的相似性。如美国与中国同样幅员辽阔，日本与中国同属儒家文化圈，英国与中国同样有悠久的历史和深厚的文化底蕴，匈牙利和中国一样属于经济转型国家；新、菲、泰诸国无论在地理位置，还是在文化传统方面都与中国比较接近。这些相似点，正是我国旅游管理体制借鉴的基础。

（一）美国的旅游管理模式

1. 背景

美国同中国一样，幅员辽阔，气候多样，其自然生态旅游资源异常丰富，尽管美国是一个年轻的国家，其历史人文景观不多，但因为它具有发达的科技与经济，更何况还有“自由天堂”的传闻，各国旅游者还是蜂拥而至。旅游规模庞大，接待旅游者的数量众多，其在管理方面也积累了丰富的经验。美国经济发达，市场机制完善，旅游业也发达。

2. 模式特点

美国是市场经济发达、基础设施完善、法律法规健全、执法严格的国家，在旅游管理体制上，基本上是“小政府，大社会”的模式。美国国家旅游局的工作人员仅 40 多人，以开发市场为主要工作内容，行政管理较少。行业性的管理除依靠综合管理部门及健全的立法司法管理机构外，主要依靠旅游行业协会协调。美国的旅游企业中不少大型企业，但国有企业较少，政府对企业的干预极少，旅游企业在以激烈竞争为基调的市场机制下自主经营，通常企业的服务质量都较高，美国的州一级政府有旅游办公室，但通常只有较少的工作人员，其工作主要是促销。

3. 管理手段

美国 1981 年通过《美国旅游法》，确定了旅游发展的总体战略，并规定了几项旅游政策目标，美国主要通过法律和许可证制度等来规划、协调管理其旅游业。从法律方面看，各类行政法和经济法是基础，旅游法是旅游业的母法。各类旅游法规成为具体管理操作的标准。美国的司法严格，真正做到违法必究，很少有企业敢越雷池半步。美国的旅行社，实行许可证制度，只要达到该法标准，旅行社就能领取商业执照从业经营。

4. 经营组织形式

美国旅游企业具有经营组织形式网络化的特点。从旅行社看，形成了多层次网络化的分工体系。美国 1970 年有旅游代理商近 7 000 家，1983 年达 22 000 家，1989 年就上升到

33 000 家。其中，大公司又在市场中占据主导地位。美国旅游市场竞争激烈，但在竞争中形成的自然分工体系和网络使旅游企业可以完全开展，又不致恶性竞争自相残杀，而是各自发挥优势，谋求发展。旅行社、饭店、航空公司等方面的网络化的形成，各方之间互为基础，互为条件。行业价格、服务质量由于受市场约束，很少有企业敢对此马虎。在旅游企业经营组织网络中，行业组织在结合、协调信息传递方面发挥重要作用，这也是美国“小政府”管理模式得以存在的条件。

（二）日本的旅游管理模式

1. 背景

日本旅游业在第二次世界大战后得到快速发展，一方面是因为日本经济高速增长，社会长期稳定，物质产品丰富，基础设施完善，传统文化独特所致；但另一方面，日本的旅游管理体制的作用同样不可忽视。日本经济发达，市场机制完善，旅游业也发达。

2. 模式特点

日本的旅游管理体制与美国存在较大差异。总体而言，它有一套官民协力的体制，政府、企业和各种行业协会组织彼此协调又相互联系。政府在旅游管理中发挥着相当重要的调控作用。政府和企业较为密切的关系体现了日本的特色。

3. 管理手段

日本对旅游业的管理是通过法律法规和行会组织进行。日本旅游业实行的是间接管理，政府不能也不必直接干预企业的经营。这是因为，一方面日本的法律法规健全，执法工作严格，法律部门在监督企业运行方面发挥着重要作用；另一方面，日本旅游企业中行会组织众多，它们代替了部分行政管理职能。日本的旅游企业行会组织主要包括以下三种类型：协调性的（主要加强企业之间的横向联系）、管理性的（带有官方色彩，代行部分行政职能）、研究性的（为各企业提供理论与政策咨询）。日本旅游企业行会组织在制定规划、传递信息、实行协调方面发挥着政府所无法替代的功能。

4. 旅游行政管理机构设置

日本的旅游行政管理机构，分为中央和地方两个层次。中央机构和地方机构的关系并非垂直领导的行政隶属关系，而主要是指导和协调关系。日本的中央旅游管理机构又分为内阁、运输省、旅游部三个层次。内阁这一层机构称为“内阁有关观光对策省厅联络会议”，为常设议事机构，由来自环境、国土、法务、外务、通产等各省厅的部分负责人组成，受总理府指导，直接对内阁负责。它的主要职能是协调、联络内阁各省厅对旅游业的管理，审议旅行观光业的重要方针政策、发展规划、管理总理大臣及各省大臣对旅游业的质询等。运输省是日本旅游业的主管省。运输省下的旅游部是运输省国际运输旅游局中具体负责全国旅游业管理的主管部门。其主要职能有：制定旅游方针政策及法规，负责旅游区规划，负责对旅行社、翻译、导游的审批、登记注册、指导、检查和业务培训，以及负责对外旅游的宣传指导及联系旅游的调研及统计工作。旅游部职能众多，但机构精干。地方旅游行政管理机构的设置上没有统一模式。各地因地制宜、灵活设置，各地大多在其他行政管理机构下设旅游部门，其任务主要有接待旅游者、开发旅游资源以及改善旅游投资环境。

（三）英国的旅游管理模式

1. 背景

英国是老牌的资本主义国家，其经济发达，传统文化深厚，特别是英语在全世界通用，使得英国在世界旅游者心目中有极高的地位。旅游业在英国也相当发达。

2. 管理机构设置

英国的旅游管理机构包括官方旅游行政机构和民间的旅游行会组织。官方机构的高层机构由就业部下属的英国旅游局、英格兰旅游委员会和苏格兰、威尔士事务大臣下属的苏格兰、威尔士旅游委员会组成，其地位平等，不存在隶属关系。地方基层机构为地区旅游委员会，负责地方旅游设施的建设和管理。官方机构主要从事旅游宣传促销、旅游规划发展、旅游政策制定等方面事宜。

英国旅游管理中的一大特色就是强调旅游行业组织的作用。全国共有上万家旅游饭店、数千家旅行社和旅游汽车公司，绝大多数是私人企业，但分别在本系统内成立了全国性的行业协会。这些行业组织的主要任务是：积极宣传本行业在国民经济中的地位和作用，就有关法律和条例的特性向议会和政府阐明观点，维护本行业的利益；促进跨行业的横向联系，制定相互制约的业务条例和准则，以加强对旅游业的管理，从而调节和稳定市场；加强人员培训，提高旅游在职人员的业务水平；建立信息反馈系统，为企业服务。英国主要有 3 家旅游行业组织：英国旅行代理人协会、英国饭店和餐馆协会、英国导游协会。

3. 模式特点

英国的旅游管理体制充分体现了其分权化的特点，几大旅游管理机构互不隶属，它们之间有交叉业务，又有明确分工。这些机构和管理主要是宏观管理，如制定发展规划、对外宣传等，而不负责企业的投资和具体经营。管理机构的效率是相当高的。另外，英国的经济法律严格完善，旅游企业的经营接受法律的监督，因此行政管理部门不需要费太多的精力。其旅游管理的特点与完善的市场经济体系是分不开的。

（四）匈牙利的旅游管理模式

1. 背景

地处东欧的匈牙利和中国一样，以前是计划经济国家。东欧剧变之后，匈牙利开始推行私有化，市场经济体制逐渐在国民经济中占主导地位。属于发展中国家，对旅游业相当重视

2. 模式特点

匈牙利政府相当重视旅游业，在旅游行政机构的设置、旅游企业经营方式、旅游的法规建设以及旅游的宏观管理等方面都体现了这一点。匈牙利的旅游管理虽然还带有一些计划色彩，但仍有许多值得中国借鉴的地方。

3. 旅游行政机构

匈牙利的旅游行政机构是由全国旅游委员会、商业部、匈牙利旅游局和州旅游局四大部分组成。全国旅游委员会是全国旅游管理的最高决策机构，主要负责国家旅游发展规划、政府旅游投资分配、对外交流合作、协调旅游部门与其他部门的关系等。旅游委员会主席由 1 名副总理担任，他还同时兼任商业部长职务，委员会的其他成员为旅游业相关各部的副部长。委员会下设青年旅游委员会、医疗委员会等分支机构。

商业部是内阁中的一个职能部门，其统管旅游的职能主要由其下属的匈牙利旅游局来行使，但旅游法规的制定、人才的培养、财务管理、人事管理等工作分别由商业部下属的法规司、教育司、财务司、人事司等部门负责。这就形成了一个旅游局与其他有关职能部门协同管理全国旅游业的体制格局。旅游局具体负责旅游经济管理、制定发展规划、收集加工旅游信息、发放执照、对外联系和对外合作以及负责对旅游饭店、旅游营地等的监督管理工作。州旅游局是地方机构，全国统一设置，受国家旅游局领导，主要负责管理本州的旅游事务。

商业部部长既是副总理，又是旅游委员会主席，同时又是旅游局局长的上级，而旅游局局长又身兼旅游委员会秘书长一职，这有利于加强集中统一管理，避免了权力分散扯皮缺乏权威的现象，从而在权力结构上理顺了旅游部门与相关部门、旅游委员会与旅游局的关系。这是匈牙利旅游管理中枢运转灵活有效的基础。

4. 管理手段

匈牙利的旅游宏观管理主要依靠法律手段而不是行政手段。该国的旅游法规体系相当完备。旅游管理部门主要负责对这些法规进行贯彻实施的监督。另外，匈牙利的企业律

师制度也是它的特色之一。各旅游经营单位，不论大小，均至少有一名由商业部指派的律师。企业律师依法具有签署企业合同的权力，凡企业的合同协议均须律师审查合法签署后方能生效。律师制使律师作为法规的执行者，参与企业的经营决策，这就从根本上确保了企业依法经营的正确方向。

匈牙利的旅游实行自由价格制，企业不受行政约束，自行根据供求和成本状况决定价格。企业之间存在着“削价竞销”，但情况不算严重。这主要因为匈牙利的旅游企业有较强的专业化特征，各企业间有自然明确的分工。

匈牙利政府管理的是集团公司，而不是管理经营具体业务的旅游企业，因此政府的管理难度较小。在匈牙利新建立旅游企业主要由公司负责投资，而不是政府部门，通常公司投资的成功率较高，即使投资失败，旅游行政机构也不用承担风险。这可能是匈牙利的旅游企业的规模和结构较为合理的原因之一。

5. 旅游企业体制

匈牙利的旅游企业体制也颇具特色。公司是其企业体制的中心与主体。公司法人，其主要职能是管理所属企业以赚取利润。公司的最高管理机构是公司委员会，其成员由公司下属企业产生。公司总经理实行聘任，总经理有自主经营决策权。公司委员会只负责确定公司发展规划、制定年度利润目标、审议经营方案。总经理负责具体经营业务，对委员会负责。这里所说的旅游公司往往是集团公司，下属几家乃至几十家旅游子公司。下属旅游公司是具体经营单位和管理对象。其经理由公司总经理任命。下属子公司的主要任务是完成公司下达的年度利润指标，具体的经营业务公司总经理并不过问。

（五）新加坡、泰国、菲律宾的旅游管理模式

1. 背景

新加坡、泰国、菲律宾三国都处于东南亚，国情虽有很大的不同，但三国的旅游业都在迅速发展，成为国民经济中的重要产业，他们的共同点是都注重扬长避短，大力发展旅游业，适应市场需求，具有强大的市场开拓能力。三国同属发展中的小国，对旅游业相当重视、灵活的市场机制。

2. 模式特点

就旅游管理方面，政府实行集中管理，是三国的共同特点。新加坡是弹丸之地，所以只实行一级管理，由国家旅游促进局直接进行。菲律宾近 30 万平方公里，泰国 50 多万平方公里，其他政府部门的行政组织都是三级、四级，旅游业只实行两级管理体制，而且是采取地方不设旅游局，由国家直接设立大区办事处的集中性管理方式。泰国在全国设了 9

个大区办事处，并准备在以后几年内再逐步增设 7 个；菲律宾设 14 个大区办事处。从职能来看，三国中央一级旅游机构的主要职能是制定旅游发展规划，执行发展政策，统一负责海外推销，审查并批准旅游企业的兴办，考核并颁发导游证书，负责重点旅游项目的开发等。泰、菲两国大区办事处的行政级别均相当于司一级，其主要职能是协调与地方政府的关系，组织地方的旅游开发和大型的旅游活动，制定地方性的市场规则，维护市场秩序。办事处人员较精干，也有较充裕的经费。如菲律宾碧瑶市办事处仅 12 人，一年活动经费有 60 万美元。地方政府在旅游管理方面的职能则主要是改善环境。由于企业基本上都是私营企业，所以只要企业发展了，地方政府税收就增加，大区办事处对促进旅游企业的发展有直接的作用。因此，地方政府一般是尽力团结帮助大区办事处的工作，双方利益一致，管理集中而有效。

3. 管理手段

这三个国家是行政手段和法律手段并用。表现在：全国旅游发展统一规划，分类实施。新加坡旅游局成立产品开发部，确立了“神奇的东方、殖民地文化、热带天堂、花园城市和国际活动中心”五个方面的重点，向重点产品倾斜投资，统一组织，逐步实施，与城市建设局等机构联合制定开发计划。泰国、菲律宾则是在统一规划之下，确定地区重点，投资向重点地区倾斜，促进发展，但也产生各地多投资的现象，为此旅游部门制定综合性的投资标准，只有全面符合标准，才能投资。国家对旅游发展采取了各种各样的扶持政策，包括三个层次：一是“以旅游养旅游的政策”，各国旅游局都有一些拥有所有权的企业；二是给旅游业发展提供包括税收在内的各种资金渠道。

国家直接投资大型基础项目。在市场管理方面，政府不干预企业的经营，只是制定规则，维护秩序，也采用定点方式，经旅游部门批准的定点企业，可以列入对外宣传名录。在菲律宾，包括一些公共厕所，也设立了定点标志。除经营秩序之外，还要负责维持游览区、点的秩序，泰国旅游局专门设立了 800 人的旅游警察编制，由旅游部门直接领导，目前已配备了 400 人，旅游警察拥有拘捕不法分子的权力，效率很高，一名旅游警察要负责几个大区。

三国都有灵活的市场机制，即使政府所有的旅游企业，通常也委托私人经营。旅游企业除受政府的法规约束外，只承认经济法则，企业之间的横向关系主要靠市场机制自然协调，市场秩序井然有序。

第三节 旅游产业政策体系与评估

旅游产业政策是指导旅游产业发展和结构优化的基本方针、政策和措施的总称，是各国政府宏观调控的政策之一，是国家调整旅游经济结构的基本手段。认真分析旅游产业政策的内涵和作用，探讨研究制定旅游产业政策的必要性和原则，分析旅游产业结构政策和地方旅游产业政策，为制定科学合理的国家旅游产业政策提供参考。

一、旅游产业政策制定的必要性和基本特征

（一）必要性

首先，旅游业作为经济发展的重要产业在整个世界的重要性意味着它将成为任何政府都不愿意放弃的投资机会。因此，作为规律，旅游对一国经济越重要，公共部门的介入程度和政府为吸引对内投资而提供的激励也就越多。旅游经济的影响已被越来越多的国家和政府所重视，并为之制定了符合本国国情的旅游产业政策，以提升旅游业的国际竞争力，促进旅游业的可持续性发展。其次，由于政府的最高管理层需要对旅游发展的模式进行选择，并制定合理的公共政策，因此，旅游业越来越需要一个系统的产业政策体系与之相配套。

（二）基本特征

旅游产业政策的形成与旅游产业经济的发展程度有着紧密的关系，旅游产业经济的发展程度影响旅游产业政策的具体内容构成和作用途径。为了更好地制定和调整旅游产业转型时期的旅游产业政策，必须明确旅游产业政策的基本特征。

1. 诱导性和间接性

旅游产业政策制定的逻辑基准是促进社会生产力的提高，旅游产业政策主要是针对旅游产业的弱质性、关联度高等特性而出台的，是直接为旅游产业的发展服务的，即为其提供必要的宏观指导和多层次的环境支持。同时，旅游产业政策与其他产业政策一样，是种规范性的政策，具有引导经济结构，包括旅游产业中的行业结构、地区结构、产品结构、组织结构和所有制结构，并促使企业行为趋于合理化的作用。旅游产业政策与市场机制作用的方式不同，具有很强的间接性，即不具有指令性，不是通过直接干涉企业的经营活动来贯彻国家的意图，而是借助产业政策对企业活力的激发间接实现国家的既定旅游产业发展目标。

2. 系统性

旅游产业政策的设计与实践牵涉许多相关领域或群体，这是由旅游产业的“关联性”特征引起的。不可避免地旅游产业政策必须与其他产业政策相融合、相协调，必须处理好产业之间的各种投入产出联系。同时，旅游产业政策也有若干项子政策，即产业内各行业部门的特定政策。这就产生了子政策之间的协调问题，以及子政策和各产业政策之间的配合问题，使它们形成一个运作高效的系统。

3. 序列性和动态性

产业政策要确定一国的生产要素和资源在各产业之间的分配，不同的分配是由各产业在该国经济发展中不同的地位决定的。同样，不同的产业在同一时期的发展速度是不同的，这两者决定了各产业在同一时期的发展中呈现序列性。旅游产业在不同国家经济体系中所处的地位和所起的作用不尽相同，因此旅游产业政策在不同国家经济政策体系中的构成也不一样，有着轻重缓急之别。另外，不同的发展阶段，由于收入水平随着经济增长呈现从低到高的变化，需求结构、生产结构和就业结构也都有相应的变化。从旅游产业政策自身来说，其具体内容和形式都会随着收入水平的提高和经济环境的变化而变化。如由于我国地域辽阔，旅游资源的地区分布很不均衡，与各地区旅游业起步和发展的程度相对应的政策体系就会呈现动态性。

4. 稳定性和连续性

旅游产业政策具有极强的针对性，它的制定需要经过科学预测与决策，为克服政策的时滞性，保持政策的预见性显得十分重要。旅游产业政策一般会影响经济运行的短期平衡，甚至会对短期收益构成较大的损害，但政策旨在中长期内促进旅游产业的健康运行，因而必须具有较长期的稳定性和连续性。旅游产业政策的影响和作用主要表现为影响经济的中长期发展，只要中长期的收益大于政策引起的短期损失，这种产业政策就是符合社会经济原理的，应着力贯彻落实。

5. 国际性

旅游产业的发展不可避免地需要参与国际交流和合作，而且各国的常规或非常规旅游经济发展模式均涉及出入境旅游。世界范围新技术的发展动向、国际分工与合作的新格局、新趋势，都要求各国旅游产业政策的研究和制定，要充分考虑国际产业结构的演进动向，努力寻求和确立旅游产业应有的地位及其与其他产业的关系。中国近几年入境、出境旅游的快速发展，以及加入世界贸易组织以后对旅游产业开放度不断提高的承诺，都要求中国的旅游产业政策的制定必须重视其国际性。

6. 针对性

与其他经济政策一样，旅游产业政策是基于旅游产业的发展现状和发展目标而设计的。具体而言，政策推行的主要目的在于克服旅游产业自身特有的弱势，通过必要的宏观指导与制度支持来提升产业素质，增强旅游产业的国际竞争力，适时地改变旅游经济增长方式。而且，旅游产业政策在旅游产业发展的不同阶段会表现不同的侧重性。如在旅游产业起步阶段，政策的导向主要集中于鼓励与支持各方参与旅游基础设施的建设；而在旅游产业转型进入持续快速发展阶段，如何规范旅游行业部门的运作，采取切实可行的措施提升国际竞争力、促进旅游产业持续健康发展等是产业政策的重要内容。

二、旅游产业政策的内容

旅游产业政策作为一个政策体系，具体可分为：产业结构政策（扶助重点产业）、产业组织政策（规模经济及保护竞争）、产业技术政策（支持技术创新或某种适用技术的发展）、产业地区技术政策（影响产业在不同地区的分布）以及产业市场政策（促进市场的有序发展）、产业社会政策（促使产业实现某种社会目标，例如充分就业）等。

（一）旅游产业结构政策

旅游产业结构是旅游中各行业结构的合理化，即吃、住、行、游、购、娱六大要素的合理配套。旅游产业的结构问题基本包括以下三个层次。

（1）产业定位问题，即旅游产业在国民经济产业体系中的位置。近年来，各地发展旅游产业的积极性都很高，对旅游产业一般都有明确的产业定位，如国民经济的支柱产业、先导产业，第三产业的支柱产业、龙头产业等。

（2）产业宏观问题，即国际旅游与国内旅游以及出境旅游的相互关系和政策协调。现在，我国旅游产业已基本上形成国际旅游、国内旅游和出境旅游三种层次、互补互促的发展格局，而且这种格局必将得到进一步地发展。

（3）产业配套问题，即旅游产业内各单项结构的合理化。因为旅游产业是包括吃、住、行、游、购、娱六大要素在内的综合性产业，其持续、健康、快速地发展，离不开各环节的配套，离不开各部门的配合与支持，要制定相关政策，防止各要素之间结构错位、重复建设。

以上三个层次之间又存在各种纵向的相互关系，从而形成一个较为完整复杂的旅游产业结构；三个层次的政策综合，形成一个完整的旅游产业结构政策体系。

（二）旅游产业地区政策

中国幅员广阔，旅游资源分布和社会经济发展较不平衡，这种不平衡引起了旅游供给结构中的地区差异性。因此旅游业的发展应结合旅游资源的区位特点，在布局上不应遍地开发，在投资上要有重点、有层次。因此，旅游产业的地区政策具有相对的特殊性。

（三）旅游产业组织政策

首先，旅游产业组织政策应该考虑旅游产业构成的复杂性，有针对性地、分门别类地进行研究。

其次，旅游产业组织政策是对旅游企业实际运行的深层次分析，其政策出发点是通过协调竞争与规模经济的关系，既缓解垄断对市场经济运行造成的弊病，又维护一定的经济水平。政策涉及旅游企业的市场进入、经济规模等一系列问题。包括旅游市场结构控制政策、旅游市场行为调整政策和一些直接改善旅游产业内不合理的资源配置政策。

（四）旅游产业市场政策

明确和强调市场导向的观念是市场经济对产业政策的基本要求之一。旅游产业的市场政策应该明确在现实的状况下应该支持哪些方面，又应该限制哪些方面。比如对旅游景区景点的开发，要考虑避免客源市场近距离的雷同和重复建设，尤其是在中国出现人造景观热、旅游支柱产业热时，要有相应的政策措施来引导、规范、限制。在旅游接待设施建设方面，要考虑市场饱和度、区域分布、档次高低。在旅游产品开发方面，要以市场需求为导向，开发有市场前景、生命力持久和竞争力强的产品。

（五）旅游产业布局政策

旅游产业由于受资源分布、区位、交通条件、旅游行程等因素的影响，表现在旅游产业的布局上就与农业、工业等其他产业有所区别，既有产业分布的区域性问题，也有产业分布的点线结合、点面结合的问题。因此，应根据旅游发展程度的区域性差异，在发展好东部沿海地区旅游业的同时，应强调加快中西部地区旅游业的发展；应根据旅游资源分布的独特性，强调形成旅游区域的专业化分工。应根据各地具备的优势，如沿海、沿江、沿路、沿边等，形成有相对优势的旅游产品分布；根据资源互补、产品相关和交通便利等条件，加强旅游产品的点线、点面之间的联系，形成独具优势和竞争力强的旅游产品系列。

（六）旅游产业配套政策

旅游业是综合性产业，其持续、快速、健康的发展，离不开各环节的配套，离不开各部门的配合和支持。旅游产业配套政策，一是鼓励旅游基础设施的建设，相关部门对旅游业的支持和配合，如社会治安、市场秩序、环境卫生等；二是要求旅游六要素的协调发展，要防止各要素重复过剩或缺乏不足，如饭店、旅行社过剩就可能削价竞争，娱乐设施不足就会使旅程单调。

（七）旅游产业技术政策

旅游业是高新技术应用和推广的前沿区域，电脑预订、电子信函、卫星通信、先进交通工具、高新建材等，都率先在旅游业中得到应用，这也是提高旅游产业素质的重要条件。国家应要求加快推进标准化工作的进程，提倡采用国际标准和国外先进标准；应支持引进和消化国外的先进技术，提高我国旅游设施的技术性能，提高产业技术水平；应鼓励产学研的结合，支持对引进先进技术的消化吸收和创新，促进应用技术的开发，加速科技成果的推广；应以法规形式定期公布淘汰落后的材料设备和科技含量低的人造景点。

（八）旅游产业的实施保障政策

旅游产业在实施中必须有相配套的手段体系和政策体系，才能保证其可行与逐步落实。产业政策是针对性政策，其实施必然要有相应的政策和手段来保障，而这些保障政策是综合性、成体系的。也就是说，旅游产业政策的有效实施，在很大程度上取决于保障手段，推行产业政策的手段不同，甚至可能改变产业政策的属性。因此，在旅游产业保障政策方面要求相关职能部门把旅游产业作为今后旅游产业发展的纲领性文件，作为今后部署、检查、评比旅游工作的重要标准，以督促旅游主管部门对产业政策的落实，要求旅游产业的相关部门发挥各自的职能，支持旅游部门贯彻实施好旅游产业政策要求，以法律、法规等形式保证旅游产业政策的实施。

总而言之，产业政策是国家高度重视的产业发展纲领，为保求其科学性、权威性和实施的可操作性，国家规定了比较严格的制定程序。一般要经历立项、制定、审议、报批、监督、检查、评价等阶段。

三、旅游产业政策的目标

旅游产业政策是根据一定时期旅游业发展的目标以及旅游业发展，存在的问题制定的。旅游产业政策的目标包括：

（一）社会目标

随着生活质量的提高，人们外出旅游，有助于消除疲劳和紧张，得到身心的放松和愉悦。心理学研究表明，一个人身心放松了更容易接受他人的意见，更容易同他人友好相处。许多政府通过制定资助低收入者出游和保护消费者权益等政策来促进旅游需求的增长。同时政府还要考虑当地居民的利益，使他们能够享受旅游业发展带来的好处。

（二）经济目标

旅游政策的经济目标是有利于优化旅游资源配置，鼓励旅游投资，推动经济结构调整，壮大旅游产业，提高旅游经济效益。政府还应该注意太依赖季节性强的旅游活动会导致社会和经济的不稳定。即使旅游业发达的地区，也要鼓励发展多种经济形态。旅游业对经济环境等要求很高，所以，旅游产业政策要注意减少环境的不稳定对旅游产业的不利影响。

（三）环境目标

旅游是高度依赖环境的活动，如果一项政策破坏了环境质量，旅游业就会受到损失。旅游政策的环境目标就是要在发展旅游和环境保护之间寻找平衡，使两者之间相互促进。要使各种旅游设施和环境相适应、相协调，防止对环境造成不利的影响，还要制定综合性的土地使用政策，防止土地被过度开发，以保证旅游的可持续发展。

四、旅游产业政策评估

旅游产业政策评估，就是对旅游产业发展环境、发展趋势和影响程度进行测定分析，掌握旅游产业态势，为旅游产业管理提供基础性信息。

（一）旅游产业政策评估类型

（1）事前预测评估。即在旅游产业政策出台之前，通过信息调研及政策推演，预测政策对旅游产业或者国民经济系统的正效应和负效应。

（2）事中评估。旅游产业政策推行过程中的实时测控，通过实时测控并评价政策的效应，以及政策措施的科学性；

（3）事后回顾性评估。依据实际调查的数据，对旅游产业政策的影响进行回顾性评价。

事前预测评价对保证旅游产业政策的科学性十分重要，事中评估可以为政策措施的修正提供依据，事后回顾性评估对以后制定合理的产业政策具有借鉴意义。

（二）旅游产业政策评估体系

旅游产业政策评估体系就是管理主体（即政府）根据评估需求，用以测度评估对象状况及其政策效用的手段，整体上包括旅游产业政策实施的评估内容、评估标准、评估目标、评估工具和评估结果。根据旅游产业政策评估的过程和反馈，构建了如图 11–3–1 所示的旅游产业政策评估体系。评估内容是在正确认识评估对象及其构成因素的基础上确定的；评估标准是由旅游产业政策实施的目标要求分解细化形成的，是判断产业政策实施结果优劣的参照系；评估目标由旅游产业政策的评估需求决定的；评估工具是用以测度评估内容的方法；评估结果是对评估对象状况优劣的反映。政府通过设定目标，根据评估需求制定和推行旅游产业政策，根据政策绩效和目标的对比，判定政策的有效性。

随着旅游产业的持续地发展，其在国民经济中的地位和作用也在不断变化，在旅游产业演进的现实中，政府确立的“理性目标”，其表现形式是多样的。按照旅游产业政策的目标，可以把旅游产业政策划分为激励性政策、保健性政策、救助性政策、工具性政策。旅游产业政策的选择通常依据阶段环境和目标需求而不同。

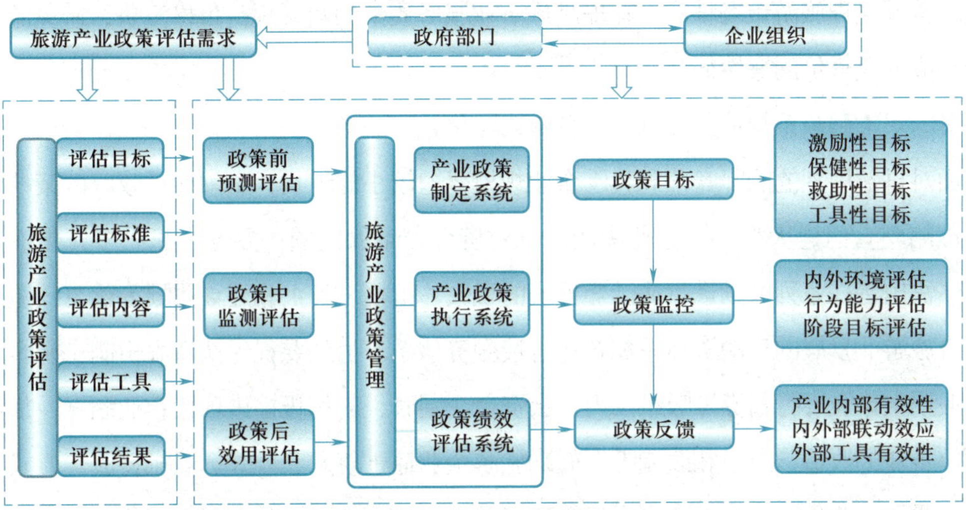

图 11-3-1　旅游产业政策评估体系

资料来源：李锋, 孙根年, 付琦. 基于抗周期性角度的我国旅游产业政策效用评估研究——以四次旅游产业政策为例[J]. 经济地理, 2013, 33(06): 162-169.

五、积极发挥旅游产业政策的作用

任何产业的发展、结构的调整，不能一切都通过市场机制自发的调节来实现，而应借助各种产业政策手段进行干预、引导和影响，以实现其产业均衡高速高效的发展。制定和实施正确的旅游产业政策，对旅游业的发展将有巨大的推动作用。提高我国旅游市场绩效的关键在于制定有效的旅游产业政策，改善旅游市场结构，规范旅游市场行为，实现市场竞争有效化。

（一）制定产业政策，规范和引导市场

我国各类旅游企业如雨后春笋般建立起来，但与之相适应的市场秩序和规则却没有得到应有的建设。旅游企业超范围经营普遍存在、零负团费横行、企业诚信缺失、员工劳动保障恶化、门票涨价失控，严重威胁旅游业的可持续发展。随着竞争的加剧，这种状况

还可能进一步恶化，进而引发旅游产业生态系统的崩溃。因此，政府必须运用经济手段和行政手段对旅游活动进行公平有效地调控。首先要保证资源在产业间的合理配置和使用，如旅游产品开发，要根据市场供求状况，开发高层次前景好、生命力持久和竞争力强的产品；旅游接待设施建设，要考虑市场饱和度、区域分布、档次高低；旅游景点景区的开发，要考虑避免客源市场近距离的雷同或重复问题。通过宏观调控，尽量避免由于产品差异化程度低而导致的过度竞争。其次，要运用国家法律和行业性法规建立旅游市场规则，明确市场主体在旅游活动中的权利与义务，加强旅游行业管理和企业管理，规范旅游企业行为，整顿治理旅游市场秩序，在提高旅游业服务质量的同时规范价格竞争，避免旅游行业内形成低质低价的恶性循环。

（二）加强政策扶持，促进旅游企业集团化

面对日益激烈的国际竞争和我国企业规模普遍较小的现状，亟须通过政府政策扶持，进行战略整合组建大型旅游企业集团。针对资金困难的问题，要逐步建立多元化投资机制，尽快出台一系列鼓励进行旅游业投资的税收、价格、外汇和建设用地等优惠政策，建立适合旅游业发展的投融资体系和企业直接融资体系。另外要优先扶持股份制旅游企业，通过股票上市及发行债券等吸纳国内社会资金。同时，应积极推进现代企业制度，加快旅游中小企业的改造、改组和改制等，鼓励旅游企业通过兼并、合并、互相持股等方式，自主进行联合、改组，或通过资产重组等资产关系组建跨地区、跨部门、跨所有制和跨国经营的旅游企业集团。通过企业的集团化，一方面可以提高旅游产业集中度，降低市场竞争的激烈程度；另一方面也提高企业获得规模效益和市场竞争的能力。

（三）完善政策措施，加强市场促销

依据公共经济学理论，政府应对产生显著公共经济效应的旅游产品开发、市场推广和广告宣传等活动承担责任。因此，政府部门应转变职能，投入资金，组织企业共同加强对旅游目的地的营销宣传，增设海外办事处，组织各种旅游促销会和说明会，提高当地旅游产品的吸引力。对旅游企业开发新的旅游产品、举行大型的节事活动、举办高等级的行业协会会议等应予以资助，对入境旅游促销、参加海外商业展销会等活动的企业进行相应支出的税收减免。通过政策的激励，使旅游企业主动进行品牌建设、产品开发及广告宣传等，提升企业形象，丰富市场竞争手段。

（四）进行政策倾斜，提供公共产品

公共产品具有消费非排他性和供给的非选择性，个别企业很难对公共产品生产起决定性作用，所以个别企业无法独立完成“做蛋糕”的任务，而且即便做了也无法获得“切蛋

糕”的优先权。因此，为了发展旅游产业就应制定推行政策倾斜措施，如对旅游基础设施建设持续投入的财政政策，鼓励社会各种力量参与旅游基础设施建设的金融、税收等支持政策。由国家出资或提供政策支持，如进行塑造旅游区域形象、兴建国家旅游风景区、修建道路和专用码头、发展通信技术和创办旅游专业学校等公共产品建设。

（五）加大科技投入，提供创新保护

我国旅游产业的可持续发展、旅游产业增长方式的转变等已越来越倚重对科学技术的应用水平。一方面，国家有关部门应制定旅游产业发展科技振兴计划，为旅游产业发展营造良好的科技应用环境，同时要加大科技投入，以科技投入促效益；另一方面，由于信息化的发展缩短了“先锋企业”与“跟进企业”供给同类产品的时滞，“跟进企业”可以获得更多的后进成本优势和质量优势，创新企业难以获得垄断利润，也阻碍了企业创新的积极性。国家需要制定相关的产品专利制度和创新保护政策，保障企业的创新行为。

（六）推进公共平台建设，强化监管力度

目前由于旅游市场信息不畅，旅游者对市场信息缺乏完备的判断能力，会降低对市场质量的判断，只愿意支付平均价格从而使优质产品退出市场，最终可能导致市场中的“逆淘汰”。因此，政府管理部门应重视旅游信息化建设，将其纳入旅游产业发展的大局中去，系统规划，严谨实施。一方面，要通过组织开展旅游公益广告宣传，编印和发放宣传资料，汇总、发布旅游价格信息，及时收集、整理和发布旅游服务质量和市场监管相关信息，如公开侵害旅游者权益的情况信息，加强对游客的引导和宣传，培育、规范国民旅游市场；另一方面要充分运用计算机、互联网和其他各种信息渠道，努力为提高旅游服务、监督管理效率和水平提供技术支持，充分发挥新闻舆论、网络媒体的引导、监督、服务功能。

旅游产业政策是一种新型的、有前途的经济管理形式。产业政策自身的特点，决定了它既能实现国家宏观经济管理的要求，又能使企业充分发挥自主能动性。通过制定旅游产业政策，还可以扶持旅游企业运用国际先进管理经验和先进技术，使旅游企业达到国际先进水平。

从以上分析可以看出，产业政策将在今后国家产业发展的管理中，尤其是旅游产业发展的管理中，日益发挥重要作用，具有广阔的前景。

本章小结

在现代经济中，政府对经济的宏观调控越来越重要，这是旅游经济健康快速发展的需要，也是政府管理职能的要求。政府对旅游经济的管理主要使用经济的、法律的、

行政的、计划的手段和产业政策手段。随着旅游经济的发展，政府对旅游经济的调控将发挥越来越明显的作用。

基本概念

旅游产业政策　旅游经济管理体制

旅游经济管理手段

思考题

1. 试述旅游产业政策的内容和作用。
2. 如何对旅游产业政策进行评估?
3. 政府旅游经济管理的主要手段有哪些?
4. 我国旅游经济管理体制的基本结构和特征是什么?
5. 国际主要的旅游经济管理模式有哪些?

本章思维导图

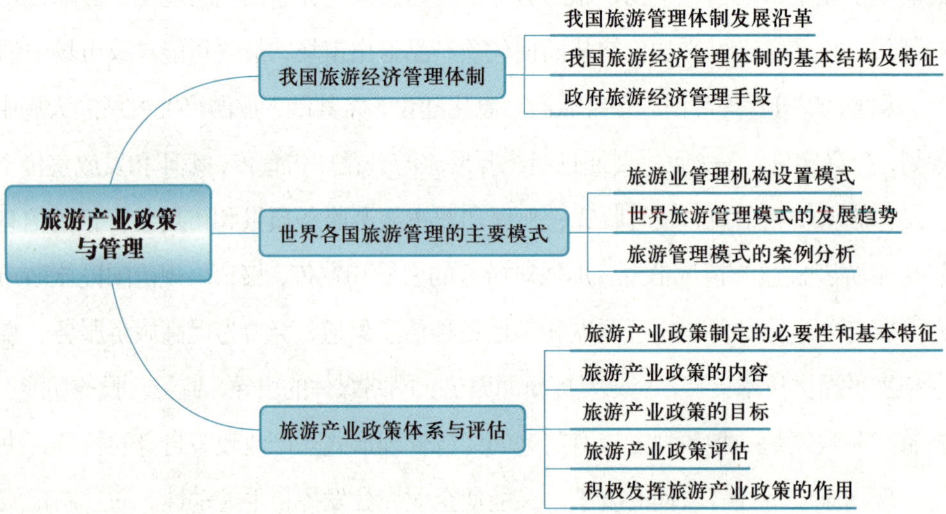

即测即评

案例分析

海南离岛免税成绩单亮眼

推荐阅读

第十二章　旅游经济发展模式和发展战略

本章导言

旅游经济发展模式和发展战略是旅游经济研究的重点内容，也是一国政府十分重视的问题。旅游产业的发展为社会经济的发展带来了积极的作用，也对资源、环境和社会文化带来了积极作用和负面影响，所以，研究旅游经济的发展模式和发展战略就十分重要。

学习目标

通过本章的学习，学生可以了解旅游经济增长的基本知识，把握世界旅游经济发展的主要模式，熟悉世界旅游经济的发展趋势和基本格局，进而理解我国旅游经济发展的战略。

本章重点与难点

重点：我国旅游经济发展战略

难点：世界旅游经济发展趋势

第一节　世界旅游经济发展趋势与格局

第二次世界大战以来，旅游经济发展突飞猛进，世界各国对旅游业越来越重视，纷纷采取措施促进旅游经济增长，进入 21 世纪，世界旅游经济出现了新的趋势和新的格局。

一、世界旅游经济发展趋势

（一）各国越来越重视旅游业的可持续发展

全球旅游界形成的共识是，日益重视企业和旅游者的社会责任、环境责任，呼吁关注和积极应对全球变暖问题，努力减少旅游活动对环境、社会和文化的负面影响，以实现旅游业的可持续发展。因此，在 21 世纪里，能够体现可持续旅游发展的“绿色运动”对旅游的发展将发挥越来越重要的作用。旨在改善环境、善待环境的“绿色经营”和“绿色消费”也必将成为旅游业发展中的重要内容。

（二）中国等新兴旅游市场将更受关注

中国、印度、俄罗斯等新兴市场蓬勃发展，逐渐改变世界旅游市场格局。中国作为世界人口最多的国家，随着国民经济的不断发展和人民收入的不断增加，中国公民的国内旅游规模，无论是人数还是消费，都独占世界鳌头。同时，中国之所以能够成为最重要的国际旅游目的地，是因为中国有着独特而悠久的文化，尚未受到破坏的自然遗产，中国政治经济方面取得的不小进步，中国与世界经济文化合作与交流的扩大。中国经济的发展，国家竞争力的提高，以及加入世界贸易组织以后的进一步开放，必将大大促进中国公民出境旅游的发展。对此，作为出境旅游的客源国，中国受到世界许多国家和地区的广泛关注，它们纷纷调整政策，使之更加方便中国公民前去旅游，针对中国市场的促销活动正以各种不同的方式展开。面对潜力巨大的中国旅游市场，越来越多旅游及其相关产业的企业集团进入或积极创造条件进入中国市场。

（三）竞争与联盟并存

世界各国对发展旅游业的兴趣日益浓厚，因此，在当今世界上，旅游业的竞争越演越烈。现在的竞争不仅仅是企业与企业的竞争，而是国家与国家的竞争，世界各国频繁开展的旅游年活动就是国家之间竞争的具体表现。不少国家的元首亲自出面做旅游广告和游说，为自己的国家招揽游客。当年美国总统里根、克林顿，英国首相撒切尔夫人，韩国总统金大中都曾亲自出马，为本国旅游业做广告宣传。泰国和英国的王室都为旅游业的发展做出许多积极贡献。目前各个国家争相举办诸如国际博览会、奥运会等超大型的活动，其中一个很重要的目的就是促进本国或本地区旅游业的发展，澳大利亚的悉尼奥运会在这方面树立了榜样。韩国和日本利用足球世界杯赛促进国际旅游的举措开辟了世界体育旅游的新篇章。增加旅游的海外促销宣传经费，利用高科技手段来改善促销宣传已经成为强化竞争优势的重要途径。今天的竞争不再是简单的价格竞争，而是产品质量和多样化的竞争、信息提供的竞争和旅游人才的竞争。

与此同时，竞争又引发了联盟。首先是区域内的联盟。随着区域经济一体化进程的加快，旅游业的竞争表现在区域对区域的竞争，一个地区经济一体化的程度越高，人员流动的障碍越小，无形中出现了一种区域保护主义现象。无论是欧盟国家还是东盟国家都组织过多种多样针对本区域之外的多国联合促销活动。多国的联合开发与促销更是日趋多样化。欧洲申根协议国家统一签证范围在扩大。欧盟国家统一的购物退税系统的确立，大大增加了旅游者购物消费。中国周边地区的情况也说明了这一点。南部的港、澳、粤的合作，西南地区的中、老、缅、泰之间的湄公河流域的联合以及西部中亚地区的丝绸之路沿线的联合就是很好的例证。另外，这种联盟还体现在行业之间的联合与合作。其中有同行业之间的合作，例如世界各国航空公司之间的合作（例如实行代号共享制、多航空公司的联合飞行常客奖励方案）、铁路公司的合作（例如不同国家共同推出的联合优惠票）、饭店集团之间的合作（例如预定网络资源共享制、联合促销方案）等多种形式，而且不同行业之间的合作更是五花八门。交通与住宿业的合作（航空与饭店、航空与铁路、航空与游船、航空与汽车租赁公司的合作）、旅游与商业的合作（购物奖励旅游）、旅游与金融业的合作（旅行支票、信用卡的使用）等。这些合作从整体上有利于旅游业的发展，有利于各个行业的共同发展，有利于整个地区的经济发展。国际范围内的旅游发展是这样，在一个国家或地区内的旅游发展更是如此。区域合作与行业合作是非常必要的。因为旅游者所关心的是自己经历、体验的满足，并不关心某些景点、景区的行政归属，或行业之间的内部关系。竞争能够更好地改善产品、满足旅游者的需求，联合更能够实现产业和地区的“双赢”或“多赢”。

（四）度假旅游将成为世界旅游业的主流产品和重要支柱

在未来的旅游市场中，观光型旅游并不会完全失去市场，但在传统的旅游客源国家中度假旅游将更为盛行，并将会逐步取代观光旅游成为国际旅游的主体。度假旅游产品、专项旅游产品、个性化旅游产品将是发展的主流趋势。一些旅游度假胜地，如地中海沿岸、加勒比海地区仍将是国际旅游者集中的旅游胜地。在东亚、太平洋地区、夏威夷岛及具有丰富海滩资源的泰国、印度尼西亚将是旅游者热衷于选择的目的地。而主要吸引商务和购物客人的城市型旅游目的地，如中国香港、中国台湾、新加坡、韩国将会在度假旅游浪潮中失去一部分市场。

（五）银色市场不断扩大

按照世界现行的标准，一个国家老年人人口比例超过总人口比例的 7%即为老年型国家，而这个比例的国家近年来一直在增加。西方主要客源国都进入了老年型国家，其中英国、德国、瑞士等老年人比例已超过总人口的 14%。现代的老年人是一个有钱、有闲、健康活跃的阶层，退休后开启了他们人生的第二个春天，对异国的古老传统文化比年轻人更感兴趣，对旅游休闲度假更有兴趣。银色市场越来越被各旅游接待国所重视，银色市场将成为重要的市场力量。

（六）旅游方式趋向多样化

旅游项目和活动形式趋于多样化，旅游者越来越追求个性化、自由化和参与性，他们对旅游产品的要求将更高、选择性更强。各种内容丰富、新颖独特的旅游方式和旅游项目将随着世界旅游经济的发展而不断出现，其比重会逐步增长。为了迎合旅游者日趋个性化的旅游需求，旅游企业也越来越重视从更深层次开发人们的旅游消费需求，因此旅游产品市场更加细分化。除了传统的观光旅游、度假旅游和商务旅游外，特殊旅游、专题旅游更有发展潜力，像宗教旅游、探险旅游、考古旅游、修学旅游、蜜月旅游、购物旅游、奖励旅游、民族风俗旅游等将会形成特色突出的旅游细分化市场，旅游产品设计开发将更加注重民族风情、地方特色、游娱结合。

（七）旅游电子商务正在改变旅游经济的运行模式

旅游电子商务是电子商务在旅游业这一具体产业领域的应用。世界旅游组织在其出版物 *E-Business for Tourism* 中指出："旅游电子商务就是通过先进的信息技术手段改进旅游机构内部和对外的连通性，即改进旅游企业之间、旅游企业与上游供应商之间、旅游企业与旅游者之间的交流与交易，改进旅游企业内部业务流程，增进知识共享"。它具有：以互联网为依托，消费者直接参与，涉及企业运作的各个层面（产品设计、市场营销、企业管理 MIS、客户管理 CRM、资源管理 ERP、供应链管理 SCM），庞大的信息源，方便、快捷的支付手段等特点。旅游电子商务的发展为全球各旅游目的地的营销提供了既廉价又公平的舞台。在欧美等发达国家，旅游电子商务已经成为整个电子商务领域发展最快、最突出的部分。我国"互联网 + 旅游"也正在构建起以互联网技术为代表的数字旅游经济体系，进而推动我国旅游业走向高质量发展阶段。

（八）网络化、品牌化的大型企业集团引领世界旅游业的发展潮流

和世界经济发展的总趋势相适应，在世界旅游业的经营中，集团化、国际化的趋势日趋明显，一些经济实力强、管理水平高的世界著名旅游业集团和跨国公司，在一定程度上，主宰着世界旅游业的发展。国际旅馆业的旅馆联号、旅馆管理公司，旅行社业的旅游集团，旅游交通业的航空公司联合体、汽车租赁公司，餐饮业的国际快餐和餐馆连锁公司以及国际娱乐公司等在世界范围内具有巨大的竞争力，并通过收购、兼并等手段，不断扩大其势力范围，使一些不发达国家的旅游经营企业处于相对被动的地位。这些实力雄厚的企业集团正在引领着产业和行业的发展方向。

（九）旅游业和三大产业深度融合，旅游新业态大量出现

国务院颁布的《关于加快旅游业发展的意见》中明确提出“大力推进旅游与文化、体育、农业、工业、林业、商业、水利、地质、海洋、环保、气象等相关产业和行业的融合发展。”这一政策，明确了旅游产业融合的发展方向，并将融合范畴扩充到三次产业之中，成为近年来旅游创新发展的重要途径。

目前，工业、农业、文化产业、医疗业、体育业等众多产业已经开始了与旅游业的融合化发展，并取得了一定成效：以美国迪士尼主题公园为代表的文化产业与旅游业融合，以中国台湾宜兰为代表的农业与旅游业的融合，以韩国美容旅游为代表的医疗美容业与旅游业的融合等。这些为未来区域旅游规划提供了理念参考和实例证明。

二、国际旅游经济发展的基本格局

半个多世纪来，相对稳定的和平环境、高速发展的社会经济和突飞猛进的科学技术，促进了世界旅游经济的快速发展，全世界国际旅游人数和国际旅游收入呈现持续上升的趋势。

在 1950—2001 年，世界旅游接待量由 2 528.2 万人次增加到 69 260 万人次，增长了 27.39 倍；国际旅游收入由 21 亿美元增加到 4 636 亿美元，增长了 220.76 倍。2010 年，国际旅游出游人数达到 93 500 万人次。2019 年全球旅游总人数为 123.10 亿人次；全球旅游总收入为 5.8 万亿美元，相当于全球 GDP 的 6.7%。然而，由于各国、各地区政治、经济、历史发展、旅游资源状况等诸多因素的差异，旅游业发展水平表现出明显的地域差异性。各大旅游区及旅游区内部各国各地区接待国际游客量和国际旅游收入也是不平衡的。总体来看，国际旅游呈现欧洲、美洲、亚太地区占主导地位的基本格局。

（一）国际旅游接待量

从国际旅游接待量方面来看，根据世界旅游组织发布的《2019 国际旅游报告》，世界前 10 位的旅游目的地国或地区，欧洲有 6 个（法国、西班牙、意大利、土耳其、德国、英国），美洲有 2 个（美国、墨西哥），亚太地区有 2 个（中国、泰国）。其他各大洲大部分国家或地区的国际游客接待量一般都不大。目前法国、西班牙、中国、美国、意大利是世界旅游五大旅游目的地。2018 年，国际游客人数增长了 5%，达到 14 亿人。这一数字比世界旅游组织预测的数据提前了两年。

（二）国际旅游收入

根据世界旅游组织发布的《2019 国际旅游报告》，旅游业产生的出口收入增长到 1.7 万亿美元，已成为经济增长和发展的真正力量，同时创造了更多、更好的就业机会，并成为创新和创业的催化剂。按地区划分，美洲地区 2018 年共接待 2.16 亿人次国际游客（+2%），创造了 3 340 亿美元的收入（+0%）；欧洲接待了 7.10 亿人次国际游客（+5%），收入 5 700 亿美元（+5%）；亚太地区接待了 3.48 亿人次国际游客（+7%），收入 4.35 亿美元（+7%）。国际旅游收入前 10 位的旅游目的地国或地区，欧洲有 5 个（西班牙、法国、英国、意大利、德国），美洲有 1 个（美国），亚太地区有 3 个（泰国、中国、日本）、大洋洲有 1 个（澳大利亚），其他大洲大部分国家或地区国际旅游收入不多。目前，美国、西班牙、法国、泰国是国际旅游四大旅游收入国。

（三）国际旅游客流

从目前国际旅游市场情况分析，在全世界国际旅游客流中，近距离的出国旅游（特别是前往邻国的国际旅游）一直占据绝对地位。远程国际旅游的客流主要来自欧洲（特别是西欧）、北美洲和东北亚（特别是日本）。西欧和北美一直是世界上最重要的国际旅游客源地区和接待地区，这也决定了这两个地区之间的客流也是国际远程旅游中最大的客流。但由于西欧、北美地区经济增长速度明显放慢，客流输出增幅空间有限，有些国家旅游市场规模已接近“极限”，接待能力增幅有限，短期内远程旅游客流增幅空间不大。随着东北亚地区经济的迅速发展，居民生活水平的不断提高，旅游消费能力大大增强，具备了产生大量国际旅游客流的条件。不仅吸引着越来越多的欧美旅游者，而且也向欧美地区输送了越来越多的国际旅游者。国际旅游客流的重心正向亚太地区转移，亚太地区成为国际旅游市场最具活力、发展最快的地区和极富发展潜力的国际游客产生地和接待地。西欧、北美、亚太三个地区之间的客流，基本上构成世界国际旅游客流的主体。

第二节 世界旅游发展模式

旅游经济发展模式指一个国家或地区在某一特定时期内旅游产业发展的总体方式。在世界各国的旅游业发展中，由于社会制度、政治体制、经济发达程度、地理位置、文化背景及旅游资源条件等方面的差异，形成了多样化的发展模式。

一、旅游经济发展模式分类

（一）按旅游产业和国民经济的关系分类

从旅游产业的形成、发展及其与国民经济的关系出发可分为超前发展模式和滞后发展模式。超前发展模式是旅游产业的形成和发展超越了国民经济总体发展的一定阶段，通过发展旅游产业来带动和促进国民经济及其相关行业的发展。这种发展模式一般发生在经济不够发达的发展中国家。在政府的支持下首先发展入境旅游，以获取经济发展所需要的外汇和推动相关产业的发展。滞后发展模式是国民经济发展到一定阶段后，旅游产业便自然而然地形成和发展起来的一种发展模式。这种模式是建立在国民经济发展的基础上的，即随着人们收入水平的提高，一方面居民中产生了旅游需求，另一方面社会也具备了发展旅游经济的条件。这种模式主要产生于经济发达国家。

（二）按旅游产业发展的调节机制分类

从旅游产业发展的调节机制出发，旅游产业的发展模式可分为市场型旅游经济发展模式和政府主导型旅游经济发展模式。市场型旅游经济发展模式是旅游产业的发展主要依靠市场调节机制来推动的一种发展模式。即主要依靠价格、供求和竞争等机制的调节。政府主导型旅游经济发展模式，是通过各个时期的旅游产业发展规划或旅游产业政策来实现其发展的一种模式，这种发展模式主要在具有传统干预和控制经济的国家或地区。

（三）按旅游类别发展的顺序分类

从旅游类别发展的顺序可分为延伸型旅游产业发展模式和推进型旅游产业发展模式。延伸型是一种常规型发展模式，是先以发展国内旅游为前导，在国内形成旅游产业的基础上，发展入境旅游和出境旅游，最终实现国内旅游、出境旅游和入境旅游全方位发展的模式。推进型模式是先以发展入境旅游为主，在入境旅游形成旅游产业的基础上，随着社会经济的发展，国内旅游也逐步发展起来，最终实现入境旅游、国内旅游和适度出境旅游全面发展的模式。

上述旅游经济发展模式是从世界范围旅游产业发展的全局归纳出的几种理论模式，但即使同一种模式，在不同的国家或地区由于社会经济等因素的不同，其现实发展模式也必然存在差别。

二、旅游经济发展模式的国际案例

分析旅游经济发展的模式，我们考虑选择一些和我国经济发展有相似性或共同特点的国家做代表，也作为确定我国旅游经济模式的借鉴。

（一）美国模式

美国模式是以美国为代表的经济发达、旅游业也发达的旅游发展模式。属于美国模式的国家包括美国、英国、加拿大、法国、德国、比利时、荷兰、挪威、日本等国。这些国家一般人均国民生产总值在 5 000 美元以上，服务业在国民经济中的比重一般占 50%以上，旅游收入相当于商品出口总收入的比重在 10%左右。

美国模式的主要特点如下：①旅游业发展模式属于延伸型。旅游业发达程度与国民经济发达程度基本同步。大多数发达国家的旅游业都经历了由国内旅游到近程邻国旅游，再到远程国际旅游的常规发展过程。他们的国内旅游与国际旅游都发展到成熟阶段，国内旅游是整个旅游业的基础，这些国家既是主要的客源国，又是主要的接待国；②从调节机制看属于市场型旅游产业发展模式。旅游管理体制以半官方旅游机构为主，而管理职责主要是从事海外促销、国际交往和政策协调，旅游行政管理比较松散，不直接从事或干预旅游企业的经营；旅游业经营以大企业为主导，小企业为基础，行业组织发挥着重要协调指导作用。旅游企业几乎全部是私营的。在发展旅游业过程中，完全依据市场需求的变化，通过市场机制，发展或调节旅游企业的规模与结构；③从旅游产业与国民经济的关系看属于滞后发展模式。发展旅游业是以稳定经济，提高国家声誉为主要目标，这些国家更重视旅游业在政治文化方面的意义，更注重国家旅游业发展的总体规划，提倡消除旅行障碍等措施。

（二）西班牙模式

西班牙模式是以西班牙为代表的经济中等发达、而旅游业特别发达的国家的旅游发展模式。属于这一模式的国家有葡萄牙、希腊、意大利、埃及、墨西哥、新加坡等国家。这些国家的地理位置较优越，与主要旅游客源国相毗邻，旅游资源丰富而独特，人均国民生产总值一般在 1 000 美元以上，服务业在国民经济中的比重在 50%以上。

西班牙模式的主要特点是：①把旅游业作为国民经济的支柱产业。这些国家政府非常重视旅游业，国内和国际旅游总收入一般相当于国民生产总值的 5%～10%；②旅游业发展速度快。在这些国家中，大多数国家的旅游业都是 20 世纪 60 年代起步，70 年代以后持续高速发展，无论在国际旅游者接待人次上还是国际旅游收入上，其发展速度都高于世界旅游平均增长速度；③以邻国大众市场为目标。由于这些国家旅游资源丰富独特，而且又多靠近主要客源国，交通条件便利，因此，这些国家的旅游业务多以邻国的大众旅游市场为主要目标，并在出入境、外汇管理与税收方面限制较少；④旅游管理机制逐步完善，在产业政策中发展旅游业成为国家的主导政策之一。另外，旅游经营意识已成为普遍的国民意识。

（三）印度模式

印度模式是以印度为代表的发展中国家（包括一些经济欠发达国家）的旅游发展模式。这些发展中国家的经济相对落后，人均国民生产总值在 500 美元以下，有些经济欠发达国家则不足 350 美元，农业仍是国民经济的主体，工业与服务业发展均处于较低水平。这些国家包括巴基斯坦、斯里兰卡、尼泊尔、孟加拉国、肯尼亚、不丹等。

印度模式的主要特点是：①从旅游产业与国民经济的关系看属于超前发展模式。这些国家有独特的旅游资源，但由于国家经济落后，资金短缺，设施设备不足和人才缺乏等因素制约，旅游资源的潜力难以充分发挥出来。这些国家一般均采取国际旅游超前发展的政策。即经历了先国际旅游，后国内旅游、出境旅游的非常规发展过程。他们开始只是致力于接待外国游客，而对国内旅游和本国居民出境旅游不予重视和鼓励。发展旅游业的主要目的是：利用本国旅游资源吸引外国游客，赚取外汇，弥补贸易逆差，带动本国经济的发展；②旅游管理体制不完善。这些国家虽设立了不同的旅游管理机构，但由于对旅游业的认识不一致，旅游业的发展往往得不到各有关部门的重视与支持；③随着本国经济的发展，在大力吸引入境游客的同时，已注意到发展和促进国内旅游及本国公民的出境旅游，而国内旅游的发展又进一步促进了国际旅游，使整个旅游业获得协调发展。即在现代旅游需求不断变化的情况下，一旦入境游客来源受到影响，为了不使旅游经济效益受到严重损失，同时积极发展国内旅游对旅游业的持续、正常发展是必要的；④国家基本采用的是国有企业与私营企业并举的发展机制。这些国家为了发展旅游业，由国家成立了专门的旅游开发公司，从事旅游资源开发和旅游设施投资、建设与运营，由于其旅游业规模小、范围窄，这些国有企业在一定程度上具有垄断地位。但随着旅游业的逐步发展，这些国家政府开始相应放宽限制，取消了垄断，使国营和私营旅游企业处于平等的地位。

（四）巴哈马模式

这类国家一般国土面积小、人口少、经济资源有限，而旅游资源得天独厚，如具有独特的岛国风情、海洋风光、野生动植物和宗教活动等优势。有些国家在历史上曾是西方某个国家的殖民地，或处于国际交通要道，或靠近主要客源国。属于这一模式的国家有加勒比海诸国、南太平洋若干岛国、塞舌尔、马耳他、巴哈马、马尔代夫、塞浦路斯、贝宁、利比亚等。

巴哈马模式的主要特点是：①从旅游产业与国民经济的关系看属于超前发展模式。这些国家的国际旅游业是国民经济的支柱产业，是外汇收入的主要来源和最主要的就业部门，通过发展旅游业带动了各个相关行业的发展。在这些国家，旅游收入一般占国家外汇收入的 20%以上，如塞舌尔的旅游外汇收入占国家外汇收入的比例高达 70%；②从调节机制看属于政府主导型旅游经济发展模式。旅游行政管理机构地位高，权限较大。由于旅游业在国民经济中的重要地位，这些国家的旅游行政管理机构在政府中的地位一般较高，多由政府首脑或要员直接管辖。旅游管理机构的重点工作是颁布旅游法令、制定发展规划和对外促销等。虽有一些旅游组织经营主要旅游设施，但外国企业在旅游经营中发挥着重要的作用；③漏损严重。由于这些国家地域小，人才缺乏，其旅游设施建设以利用大批外资引进外国管理为主，旅游业主要靠外国企业来经营。不但在政治上受到控制，而且在经济上外汇收入严重漏损，使外国投资者获益巨大。

三、中国旅游经济发展模式

一国的旅游发展模式，必须从本国国情出发，同时也要参考外国的旅游发展模式，比较他们的优缺点，才能做出正确的选择。我国处于社会主义初级阶段，发展旅游业必须从实际出发，不能超越这个阶段。因此，我国旅游业的发展既不同于西方发达国家先国内后区域再国际旅游的自然递进过程，又不同于 20 世纪 60 年代后期一些发展中国家先发展国际旅游，再发展国内旅游的模式。

首先，我国旅游业发展模式属于推进型模式。我国旅游业的发展经历了从单一入境旅游市场到入境旅游、国内旅游两个市场再到入境旅游、国内旅游、出境旅游三个市场的并行发展过程。我国在改革开放初期，旅游业的基本模式是主要单一发展入境旅游市场，不提倡、不鼓励发展国内旅游。中国旅游业在 20 世纪 80 年代后期到 90 年代初期的基本模式是以入境旅游为先导，以国内旅游为基础，走入境、国内旅游协调发展、共同促进的道路。90 年代以来，随着我国人民生活水平的不断提高，出境旅游逐步产生，现已形成入境旅游、国内旅游和出境旅游三大市场。90 年代末，我国提出了“大力发展入境旅游，积极发展国内旅游，适度发展出境旅游”的总方针。“十五”计划中进一步明确指出我国旅游业发展的总方针为：加强开发入境旅游市场；积极培育国内旅游市场；规范出境旅游市场。“十一五”计划中，我国“入境旅游、出境旅游、国内旅游”三大市场的开发战略调整为：“大力发展入境旅游，规范发展出境旅游，全面提升国内旅游”。这样调整是为了适应旅游市场发展变化的需要，体现旅游业发展导向，有利于开发国际国内两个市场、两种资源，使之互相促进、协调发展。“十二五”计划中提出：坚持以国内旅游为重点，不断扩大旅游消费需求，积极发展入境旅游，有序发展出境旅游，实现三大市场协调发展。完善旅游产业要素体系，加快旅游产业结构调整。“十三五”时期，坚持创新发展理念，转变发展思路，加快由景点旅游发展模式向全域旅游发展模式转变，促进旅游发展阶段演进，实现旅游业发展战略提升。《“十四五”文化和旅游发展规划》提出，对外和对港澳台文化交流和旅游推广体系，提高文化和旅游发展的科技支撑水平，优化文化和旅游发展布局。

其次，我国旅游业发展模式属于政府主导型模式。我国旅游产业的发展一直得到政府的大力扶持。通过这些年的发展，目前我国旅游业正向“大旅游、大市场、大产业”的方向发展，作为国民经济的支柱产业已基本确立。

再次，我国旅游业发展属于超前发展模式。改革开放以来，我国旅游业高速发展，其发展速度超过了国民经济的发展速度，不少地区把旅游业作为国民经济的先导产业发展，对旅游业发展寄予厚望，对旅游业带动国民经济增长的作用也十分重视。

第三节　我国旅游经济发展战略

旅游经济发展战略是一个国家或地区对其旅游业所做的全局性和长远性的谋划和指导原则。科学的发展战略，能促使旅游业快速、持续、协调、健康的发展。它的主要内容有：旅游产业发展的战略目标，这是制定旅游经济发展战略的首要问题，如旅游产业发展所要达到的数量指标、增长速度、产业结构的变化、技术进步以及提高旅游经济效益和社会综合效益的要求等；旅游产业发展的战略重点、战略步骤等，即实现旅游产业发展战略目标的对策、途径和手段等。

旅游经济发展战略分三个层次，即全国旅游经济发展战略、地方旅游经济发展战略和旅游企业经济发展战略。

一、制定旅游经济发展战略的依据

世界上不同的国家和地区，由于国情不同，政治经济和社会发展水平不同，旅游资源丰富程度和发展潜力不同，旅游经济发展所处的阶段不同，因而各国在各个时期的旅游经济发展战略也不一样。一般来说，影响和决定旅游经济发展战略的主要因素有以下三个方面。

（一）社会经济发展水平

社会经济发展水平是影响和决定一个国家或地区旅游经济发展战略的基础条件。一方面社会经济发展水平的高低会对旅游产业的发展提出不同的要求，即经济发展水平高，居民的收入水平也高，旅游需求也强烈，要求旅游业快速发展；经济发展水平低，国内或地区内居民旅游需求虽然薄弱，但为了促进经济的发展，吸收外汇积累资金，而要求加速发展入境旅游。另一方面，经济发展水平又会对旅游产业的发展形成制约，表现在相关的其他产业能对旅游业提供多大的支持。如果经济发展水平高，这种支持就比较有保证，如果经济发展水平低，这种支持就会很有限，从而制约旅游产业的发展。所以在制定旅游经济发展战略时，尤其是考虑旅游经济发展战略目标时，必须考虑不同时期社会经济的发展会对旅游业提出什么要求和能提供多大支持。

（二）旅游资源的丰富程度与开发潜力

一个国家或地区的旅游资源状况是其旅游产业发展的前提条件，对制定旅游经济发展战略有直接影响。如果旅游资源丰富，品种齐全，就可以提供多种类型的旅游产品，满足各种不同的旅游需求，并且，由于开发潜力大，其旅游产业的发展后劲也大。因此，在制定旅游经济发展战略时，其战略眼光就可以放宽、放远。反之，若旅游资源不够丰富，又比较单一，例如某些岛国主要旅游形式就是海滨度假，其旅游产业的发展便会受到一定的限制，旅游经济发展战略也可能有别于前一类型的国家或地区。

（三）旅游产业发展所处的不同阶段

不同的发展阶段意味着旅游产业发展的基础不同，进一步发展的要求也不同，这对旅游经济发展战略的制定也有影响。一般说来，旅游产业若处于初期发展阶段，其发展速度较快，需要的基础设施投资也大，旅游产业的发展主要表现为数量型增长；旅游产业若处于中期发展阶段，其发展速度相对减缓，所需投资仍然较大，但与初期阶段相比将有所减少。而且其发展开始注重质量和效益，表现为从数量增长向质量提高转换，从速度型向效益型转换；进入成熟阶段的旅游产业，各种基础设施已成龙配套，各种接待设施也已完善，服务质量和管理水平也较高，产业体系健全，经济运行通畅，旅游产业的发展主要表现为低速度、高质量和高效益，即以内涵扩大再生产为主的效益型发展。

由于旅游产业所处的发展阶段不同，其发展的任务和提出的要求也不同，其发展战略也会不同。在初期发展阶段，主要任务和要求是创收，即增加外汇收入为经济建设积累资金；在成长阶段，要求同时兼顾速度和效益；而在成熟阶段，由于基数大，速度会减慢，主要获取更高的发展效益。

此外，影响旅游经济发展战略的因素还有政治制度、经济发展模式、产业政策、旅游市场需求与格局、周边环境和国际环境等。在具体制定过程中，应对这些因素进行深入分析，通盘考虑。根据我国的国情，我国旅游经济发展采取的战略主要有：适度超前的战略、政府主导型战略、可持续发展战略。

二、适度超前旅游经济发展战略

（一）基本含义

适度超前旅游经济发展战略指相当长的一段时间内，旅游经济总体水平上的适度超前。它的基本含义包括两个方面。首先是其发展速度既要超过我国 GDP 的增长速度，又要超过国际旅游业的平均增长速度，以体现一个新兴产业的内在生命力，以达到一个外向型产业的国际化要求。其次是适度，这是由我国的基本国情和旅游业的综合性与依托性较强的特点决定的。就是说，旅游业发展要受主客观条件的制约，要从实际情况出发。

超前与适度是相辅相成的关系，二者都是国民经济发展对旅游经济的基本要求，是从我国基本国情出发制定的旅游业发展战略方针。超前是战略配置的要求，适度是策略配置的要求，它们共同构成了我国当代旅游产业发展的完整政策体系；另一方面，在今后的长远发展过程中，在具体把握上，超前与适度存在一个动态协调的问题，既坚持超前，又注意适度，也是旅游业自身发展的客观要求。

（二）主要内容

适度超前旅游经济发展战略的主要内容是：①发展速度超前。旅游业发展速度既要快于国民经济发展速度和工农业的发展速度，又要超过世界旅游业的平均发展速度；②发展水平超前。旅游业的管理水平、技术水平和服务质量要达到的国际水平；③人才培养超前。旅游业是国际性的行业，也是一个特殊的产业，要达到国际服务水准，首先必须建立一支政治、业务素质相当高的队伍。因此，对旅游从业人员必须在政治素质、管理水平和操作技能方面提出更高的要求。其队伍建设、人员培训教育方面均应超前。

旅游业的超前要适度。适度的含义是：在发展速度上要略快于国民经济及工农业的发展，但必须与旅游业密切相关的产业，如民航、铁路等产业的发展相协调，不能盲目超前。旅游业的适度超前，在全国应根据各地资源状况区别对待，不是也不可能所有地区一律超前。这种超前是有条件的，即只有那些旅游资源丰富、配套设施较完备、发展旅游比较利益显著的旅游城市和地区才能超前发展，而一些不适合开展旅游的地方绝不能盲目超前。同时也应注意适度超前指总体超前，并不排除某些个别年度发展速度相对滞后的情况。

适度超前旅游经济发展的总体战略是国民经济长远发展的客观要求与旅游业诸多特点相结合的必然选择；是旅游业作为经济——文化产业和新兴的朝阳产业的内在要求与发展现状相结合的必然选择；是国家进一步改革开放与旅游业作为国际竞争性产业相结合的必然选择。适度超前旅游经济发展战略的提出，不是主观臆想的结果，而是客观发展的必然要求。它是以我国旅游产业的基本性质、主要特点、所处的发展阶段和其在当前国民经济和社会发展中所处的地位为出发点，根据世界旅游业的发展前景和发展规律做出的科学决策。

（三）战略成效

改革开放以来，我国旅游业一直采取适度超前发展战略，并取得了显著的成效，表现在：

1. 旅游产业规模不断扩大

根据《2019 年文化和旅游发展统计公报》，2019 年年末全国旅行社 3 8943 家，比上年年末增加 2940 家。全年入境旅游接待 1 829.62 万人次，国内旅游接待 18 472.66 万人次，出境旅游组织 6 288.06 万人次。2019 年度全国旅行社营业收入 6 621.76 亿元，营业利润 30.06 亿元。2019 年全国旅行社直接从业人员 41.06 万人。2019 年年末全国星级饭店 10 130 家，平均房价 378.55 元/间·夜，同比增长 6.3%；平均出租率 56.7%，同比下降 1.3%；每间可供出租客房收入 214.65 元/间·夜，同比增长 4.9%；每间客房平摊营业收入 40 424.51 元/间，同比增长 5.4%。

2. 旅游产业的地位逐步提升

1986 年旅游业被纳入国家经济和社会发展计划，国家开始有计划地予以投资支持；1991 年第七届全国人民代表大会第四次会议上通过的《关于国民经济和社会发展十年规划和第八个五年计划纲要的报告》中将旅游业作为一个产业列入第三产业的发展重点之一；1997 年第八届全国人民代表大会第四次会议通过的《中华人民共和国国民经济和社会发展“九五”计划和 2010 年远景目标纲要》，将旅游业列为新兴第三产业中积极发展序列第一位；1998 年 12 月，中央经济工作会议明确了旅游业等三个产业作为国民经济新的增长点；2009 年 11 月，国务院常务会议讨论并原则通过《关于加快发展旅游业的意见》，表示将把旅游业培育成国民经济的战略性支柱产业和人民群众更加满意的现代服务业。2018

年，国家旅游局与文化部合并，组建文化和旅游部，更加有利于推进文化和旅游领域治理体系和治理能力现代化，推动文化事业、文化产业和旅游业融合发展，满足人民美好生活需要。可见，旅游产业在国民经济中的地位逐步提升，目前已占相当重要的地位。

3. 旅游产业的效益稳步提高

1978 年至 1991 年，我国海外旅游入境人次年平均增长速度为 25%；国际旅游收入年均增长率为 20%，前者快于后者。1991 年至 1998 年，入境人次年均增长率为 9.6%，国际旅游收入的年增长速度却为 23.7%。说明我国旅游产业在 20 世纪 90 年代以后开始由数量增长向效益增长转化。1978 年，我国国际旅游收入为 2.629 亿美元，按当年汇率折算，占当年我国国民生产总值的 0.123%。2007 年，国际旅游收入为 419 亿美元，折合为人民币占当年我国国民生产总值的 1.285%，若加上国内旅游收入，则占我国国内生产总值的 4.436%。2019 年，国内旅游市场和出境旅游市场稳步增长，入境旅游市场基础更加牢固。全年国内旅游人数 60.06 亿人次，比 2018 年同期增长 8.4%；入境旅游人数 14 531 万人次，比 2018 年同期增长 2.9%；出境旅游人数 15 463 万人次，比 2018 年同期增长 3.3%；全年实现旅游总收入 6.63 万亿元，同比增长 11.1%。这反映我国旅游业产值在国民经济中的比重在稳步提高。

4. 我国旅游业的国际地位迅速上升

40 多年来我国旅游接待规模不断扩大，旅游外汇收入不断增加，使我国旅游业在世界国际旅游业中的排序不断提升。我国出境旅游人数稳居世界第 1 位。1995—2017 年，我国出境旅游人数由 0.05 亿人次增至 1.43 亿人次，年均增长 17%。我国出境旅游人数居世界位次不断提升，1995 年居世界第 17 位，2013 年首次跃居世界第 1 位，2014—2017 年稳居世界第 1 位，是全球最大的出境游市场。我国入境旅游人数和国际旅游收入逐年增加。我国接待入境旅游人数稳步增长，国际旅游收入大幅增加。1995 年，我国入境旅游人数居世界第 7 位，2013—2017 年稳居世界第 4 位。2018 年，我国国际旅游收入达 1 271 亿美元，比上年增长 3.0%。

三、可持续旅游经济发展战略

（一）基本定义

可持续发展指“既满足当代人的需求，又不对后代人满足其自身需求的能力构成危害的发展”。这是 1987 年世界环境与发展委员会向联合国大会提交的研究报告——《我们共同的未来》中提出的定义，这个定义有三个特点：一是要满足当代人的需求，即无论富国、穷国，富人、穷人，都有生存权和发展权；二是要考虑后人的满足，即达到代际公平；三是要考虑环境和资源的承受限度，以避免影响和破坏后代人需求能力的发挥。

1992年6月，在巴西里约热内卢召开的联合国环境与发展大会上，183个国家共同制定了一项关于可持续发展的全球行动计划，即《21世纪议程》。1997年，联合国第19届特别会议，首次将旅游业可持续发展列入联合国可持续发展议程，要求各国对环境保护与旅游业可持续发展之间的关系给予特别关注，要求加强对旅游业可持续发展的政策引导和有效管理，进一步扩大这一领域的国际合作，表明了国际社会对旅游业可持续发展的高度重视。旅游业可持续发展已经成为世界各国可持续发展不可缺少的组成部分。1998年，在我国桂林召开的亚太议员环发大会第六届年会，将会议主题确定为旅游与环保，并发表了《桂林宣言》，这表明，旅游与环保的和谐统一已成为一股势不可挡的世界性潮流。保护生态环境，促进可持续发展，已经成为世界各国的共同目标和战略选择。

我国十分重视可持续发展问题，在联合国环境与发展会议上，中国政府做出了履行《21世纪议程》的庄严承诺，并于1994年通过了世界第一部国家级可持续发展战略——《中国21世纪议程》。国家旅游局积极响应，率先在旅游业发展中提出了旅游业可持续发展战略。为了推动旅游业的可持续发展，中国政府提出了旅游资源“开发与保护并举”及“保持旅游资源，实现永续利用”的方针，加强了对各地旅游目的地区域和周围环境的保护和管理。

旅游经济可持续发展指在维持文化完整、保护生态环境的同时，满足人们对经济、社会和审美的需求。旅游与国家在生态、社会文化、经济三方面实现可持续发展有着密切的关系，在国家可持续发展战略中占有重要的地位。旅游业所需资源相对较少，环境代价相对较小，是天然具有可持续发展的优势产业。旅游业应是实施可持续发展战略的先导产业，也是各个国家和地区实现资源环境与社会经济协调发展的最佳切合点。

（二）实施内容

旅游业的可持续发展战略，具体实施内容有如下五个方面。

（1）坚持经济效益、社会效益和环境效益的统一。这三个效益的统一是旅游业可持续发展战略的核心。为此，一要加强旅游资源的科学管理，保障资源永续利用。积极开发和推广符合可持续发展的绿色旅游产品和各种新型的旅游产品，开展旅游资源普查和评价，对高品质的、稀缺的、脆弱的旅游资源实行严格的保护性开发。二要实行绿色营销，从保护生态环境、反对污染、充分利用旅游资源的角度出发，开发旅游资源。三要科学、有序地引导生态旅游，加强自然保护区和生态环境敏感区的科学管理，将生态多样性保护作为旅游开发利用的重要前提。

（2）开展全社会旅游业可持续发展的宣传与教育。加强宣传与教育，提高旅游者、旅游管理者的可持续发展意识，逐步形成文明旅游、科学旅游、健康旅游的社会氛围。

（3）完善保障旅游业可持续发展的政策、法规体系，建立高效运作的综合决策和协调管理机制，建立支持旅游业可持续发展的组织保障体系。充分发挥市场机制作用，运用行政、经济、法律手段，以政府为主导，协调各个方面的利益，形成共同参与、相互合作的组织体系和良好的伙伴关系。

（4）开展多种形式、多种内容的国际合作。开展广泛的双边、多边合作，扩大旅游可持续发展的科学研究及学术交流；在教育培训、规划、项目开发、海外融资等领域加强联系与合作。

（5）促进科学技术在旅游业的应用，走“科技兴旅”之路。“科技兴国”是我国社会经济可持续发展的重要内容，旅游业要可持续发展，也必须走“科技兴旅”之路，在开发和经营中将科技和教育放在重要位置，重视知识，重视人才，使旅游业朝规范化、质量型发展。为此，我们应加快科技转化为旅游业生产力的步伐，积极推广电子信息技术、清洁卫生技术、资源保护技术和能源节约技术，提高旅游产品科技含量，利用声光电技术建设高科技旅游景点；加强旅游基础科学研究，在旅游资源规划与开发、生态环境质量评估和旅游区环境容量等方面进行深入的研究与探讨；强化旅游大中专教育体系，尽快使旅游业各个重要岗位人员均接受系统教育与培训，发挥教育和人才在旅游业发展中的作用。

四、政府主导型旅游经济发展战略

（一）基本定义

政府主导型旅游经济发展战略，指在以市场为基础配置资源的前提下，充分、合理地发挥政府宏观调控职能，通过旅游产业政策、法规标准等措施，积极引导和规范各旅游主体的经营行为，以实现旅游资源的配置达到或接近最优状态。

政府主导型旅游经济发展战略要求按照旅游业自身的特点，在以市场为主合理配置资源的基础上，充分发挥政府的主导作用，促使旅游业更快发展。

（二）基本内容

我国旅游业实施的政府主导型发展战略表现在：

1. 政策主导

如前所述，1997 年，我国把旅游业列为积极发展的第三产业中的第一位。1998 年，中央经济工作会议又把旅游业与电子信息产业、住宅建设一起列为国民经济新的增长点。2013 年《国民休闲旅游纲要（2013—2020）年》出台。2014 年出台《关于促进旅游业改革发展的若干意见》，2015 年继续发布《关于进一步促进旅游投资和消费的若干意见》。2017 年，“旅游 +”首次被写入中央一号文件，文件提出，大力发展乡村休闲旅游业。同时，各地方政府也纷纷出台了支持旅游业发展的各种措施。

2. 法规主导

为加强旅游产业建设，规范旅游市场和企业行为，国家和地方政府先后发布了一系列支持和规范旅游业发展的法规，开始形成了依法治理的局面。

3. 管理主导

政府由过去的直接管理转为对行业的间接管理和服务。

4. 资金主导

政府由过去计划分配资金转为投资方向的引导。

20 世纪 90 年代以来，我们大力宣传云南等地发展旅游业的经验，大力提倡政府主导型发展旅游业的战略，使这一观念逐渐形成共识，创建中国优秀旅游城市的工作，正是政府主导型发展旅游业战略的生动体现。今后我国旅游业要向更高的目标迈进，必须坚持政府主导型的发展战略。只有各级党委、政府更加重视旅游业，旅游业才能开创出更加崭新的局面，达到发展经济、繁荣社会的目的。

（三）主要措施

实施政府主导型旅游经济发展战略应该采取的主要措施有以下三个方面。

（1）建立和完善旅游法制体系。我国在旅游业发展的实践中，旅游法规的建设还很不完善，无法可依和无执法手段的情况还普遍存在。但随着旅游业的快速发展，一些地方性的旅游法规建设取得了新的进展。例如：北京、湖北、安徽、内蒙古等省（区、市）出台了《旅游业管理条例》，山西、内蒙古做出了《关于加快旅游业发展的决定》，海南省发布了《海南省旅游度假区等级管理办法》等，依法治旅、依法行政正在各地区得到普遍重视和加强。

（2）提高旅游管理部门的地位，加强旅游业的行业管理。政府主导型战略的主体是政府，基础是市场。因此，在制定和实施这一战略的过程中涉及中央政府、地方政府、国家与地方文化和旅游管理等部门，按照发展的实际情况和要求，各个层次和方面应该有所侧重和分工。各级旅游局的行业管理包括旅游产品的开发、旅游市场管理和促销。

（3）加大政府的资金投入。2019 年，中央财政通过继续实施“三馆一站”免费开放、非物质文化遗产保护、公共文化服务体系建设、旅游发展基金等项目，共补助各地文化和旅游建设资金 101.00 亿元，比 2018 年增长 22.5%。2019 年，全年全国文化和旅游事业费 1 065.02 亿元，比 2018 年增加 136.7 亿元，增长 14.7%；全国人均文化和旅游事业费 76.07 元，比 2018 年增加 9.54 元，增长 14.3%。文化和旅游事业费占财政总支出的比重为 0.45%，比重比 2018 年增长 0.03 个百分点。据财政部统计，2019 年全国财政支出中，文化旅游体育传媒经费 4 033 亿元，比 2018 年同比增长 2.3%，占财政支出的 1.69%，比重比 2018 年增长 0.10 个百分点。

本章小结

旅游经济发展模式和发展战略是旅游经济健康稳定发展的重要问题。本章阐述了世界旅游经济发展的基本趋势和格局，介绍了国外有代表性的旅游经济发展模式，分析了我国旅游经济发展的模式和战略。

基本概念

旅游经济发展模式　旅游经济发展战略　可持续发展战略　适度超前发展战略　政府主导型旅游经济发展战略

思考题

1. 世界旅游发展的趋势有哪些?
2. 制定旅游产业发展战略的依据有哪些?
3. 国外有哪几种有代表性的旅游发展模式?
4. 可持续旅游发展目标是什么?

本章思维导图

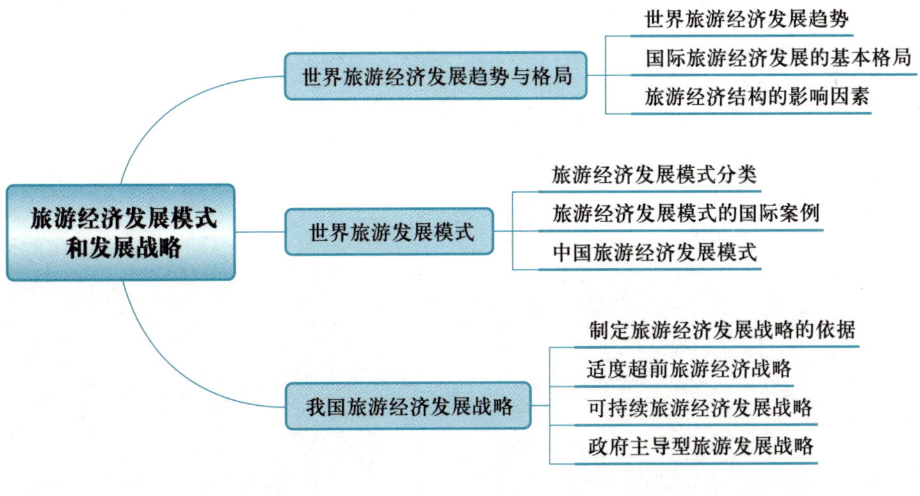

即测即评

案例分析

可持续旅游发展须处理好主客关系

推荐阅读